JN436853

法學叢書

商法事例演習

權 載 烈 著

法 文 社

머 리 말

저자가 1991년에 처음으로 대학에서 강의를 시작한 지 벌써 열여섯 성상(星霜)을 보냈다. 이처럼 십수년 이상을 상법 주변에서 생활하다 보니 이제는 이 분야에서 업적을 남겨야 한다는 일종의 의무감이 들어 「상법사례연습」을 세상에 상재한다.

본서는 문자 그대로 상법을 바탕으로 해결하여야 할 여러 사안을 제시한 사례들로 구성되어 있다. 저자는 가급적이면 학자들의 견해가 나누어지거나 중요한 판례가 있는 부분을 주된 대상으로 하여 사례들을 작성하였으며, 가능한 한 여러 가지 사안이 복합적으로 얽혀 있는 문제를 만들어보려고 노력하였다. 하지만 본서의 출간을 목전에 두고 있는 시점에서 저자는 독자들이 저자의 노력을 얼마나 실감할지에 관해서는 두려움이 앞선다.

본서에서 저자는 사례해결과정에서 나름대로의 견해를 제시하면서도 독자들이 저자와 의견을 달리할 수 있다는 점을 항상 염두에 두었다. 이에 저자는 각각의 사례를 풀이함에 있어 여러 학설과 판례를 일단 소개하고 그 학설과 판례마다 사안들이 어떻게 해결되는지를 일일이 밝혀두었다. 이러한 해결방법은 미국의 로스쿨에서 많이 사용되는 것을 저자가 차용한 것인데, 우리나라에서 앞으로 설립될 법학전문대학원에서의 공부에도 유용하게 쓰일 것이라 생각한다. 때문에 만약 독자들이 본서에서 법이론과 판례의 적용부분에서 자신의 논리에 맞는 견해를 취하고 그에 따른 사례해결을 할 수 있는 약간의 단서를 얻을 수만 있다면 본서가 이루고자 하는 소망은 일단 달성한 것으로 믿는다.

본서를 출간함에 있어 많은 분들의 도움을 받았다. 먼저 본서에 제자(題字)하여 주신 저자의 자친(慈親)께 감사드린다. 서예를 취미삼아 늘 즐겨하시고 여러 대회에서 수상하신 경력도 있어 이번에는 어머니의 글로 표지를 꾸몄다. 자식으로서는 부모님께서 늘 건강하셨으면 한다. 또한 출판계의 어려운 사정에도 불구하고 본서의 출간을 쾌락하여 주신 법문사의 배효선 사장님과 출간작업에 수고하신 현근택 차장님과 김영훈 차장님에게 깊은 감사의 뜻을 드린다.

2007년 9월 10일

저　자 씀

차 례

제1편 상법총칙 · 상행위법

제2편 회 사 법

제 3 편 어음 · 수표법

제 4 편 보험 · 해상법

제 1 편

상법총칙 · 상행위법

1

공동지배인의 권리행사

甲 주식회사가 지배인 X와 Y에게 언제나 공동으로 대리권을 행사하게 한 경우 이들의 권리행사에 관련된 법률관계를 논하시오.

Ⅰ. 논 점

본 사례는 수인의 지배인에게 영업주가 공동으로 지배권을 행사하도록 의사표시를 한 경우, 즉 지배인 X와 Y를 공동지배인으로 선임한 경우 그 공동지배인의 지배권행사에 관하여 묻고 있다.

Ⅱ. 공동지배인의 의의, 요건 및 형태

1. 공동지배인의 의의

지배인은 영업주인 상인의 영업에 관하여 재판상 또는 재판외의 모든 행위를 할 수 있으므로, 그 지배권의 범위는 방대하다(상법 제11조 제1항). 그러나 지배인의 이러한 권한이 남용되거나 오용되면 그 폐해가 심각하다. 따라서 영업주는 공동으로 지배권을 행사하여야 하는 2인 이상의 지배인을 공동지배인으로 선임하여 지배권에 대한 견제를 도모할 수 있다.[1)]

상법상 공동지배인제도와 같은 취지를 가진 다른 제도로는 주식회사의 공동대표이사제도(상법 제208조 제2항, 제389조 제2항 · 제3항)와 합명회사의 공동대표사원제도(상법 제208조), 유한회사에 있어서의 공동대표이사제도(상법 제208조 제2항, 제562조 제3항) 등이 있다.

2. 공동지배인의 요건

먼저 2인 이상의 지배인이 있어야 한다. 이들을 공동지배인으로 선임할 수 있는 자도 역시 영업주인 상인이다(상법 제12조 제1항). 공동지배인을 두기 위해서

1) 대법원 1989.5.23. 선고 89다카3677 판결 참조.

는 각 지배인에 대하여 공동으로만 지배권을 행사할 수 있다는 영업주의 의사표시가 있어야 한다. 공동지배인을 두거나 공동지배에 대한 변경사항이 있는 경우에는 그 지배인을 둔 본점이나 지점소재지에서 등기하여야 한다(상법 제13조). 공동지배는 거래의 상대방에 대하여 중요한 사항이기 때문에 그러하다. 이러한 등기를 하지 아니한 경우에는 선의의 제3자에게 대항할 수 없다.

3. 공동지배인의 형태

공동지배인의 형태로는 다음과 같이 나누어 생각할 수 있다. 즉, ① 수인의 지배인 전원이 언제나 공동으로 대리하여야 하는 형태, ② 수인의 지배인 중에서 어느 일부는 공동으로 대리를 하여야 하는 형태, ③ 일부는 단독으로, 나머지 일부는 공동으로 대리하여야 하는 형태, ④ 수인의 지배인 중에서 특정의 지배인은 단독으로 나머지 지배인 중 1인은 특정한 지배인과 공동으로 대리하는 형태 등이 있다.

이 밖에 지배인이 지배인의 선임자인 영업주와 같이 대리권을 행사하는 것이 가능한지의 문제가 있다. 이 경우에는 공동지배인의 요건을 충족시키지 못하므로 이를 부인하는 것이 타당하다.

또한 지배인은 지배인이 아닌 다른 상업사용인, 즉 부분적 포괄대리권을 가진 사용인(상법 제15조)이나 물건판매점포의 사용인(상법 제16조)과 공동으로 대리권을 행사할 수 없다. 왜냐하면 그러한 공동대리권행사는 지배인의 대리권이 다른 상업사용인의 대리권보다 범위가 넓기 때문에 인정되지 않는다. 이에 관해서는 이론이 없다. 이와 같은 이유로 어느 한 지배인이 인적회사에서 업무집행권이 없는 사원과 함께 지배권을 공동으로 행사하는 것은 허용되지 않는다.

Ⅲ. 공동지배권행사의 방법 및 효과

1. 공동지배권의 행사와 그 효과

(1) 개 관

공동지배인제도는 지배권의 불가제한성에 대한 법적 예외로서 인정되기 때문에 공동지배의 법률효과는 영업주와 지배인 사이의 대내적 관계는 물론이고 거래의 상대방에 대한 대외적 관계에도 미친다. 공동지배인은 공동으로 지배권을 행사하여야 한다는 제약 이외에는 단독지배인과 동일한 법적 지위를 가진다. 공동지배인의 대리권의 행사방법과 행사의 효과는 그 행사가 능동대리 또는 수동대리의 여부에 따라 다르게 나타난다.

(2) 능동대리

(가) 대리권의 행사방법

능동대리의 경우 공동지배인은 공동으로 대리권을 행사하여야 한다. 그러므로 지배인의 의사가 합체되어 하나의 완성된—결국은 통일된—의사로 거래의 상대방에 대하여 표시되어야 한다.

의사는 어떠한 형태로든, 즉 명시적 혹은 묵시적으로든 상대방에게 직접적으로 표시되면 된다. 의사표시의 방법이 법정되어 있는 경우에는 그러하지 아니하다. 예컨대, 엄격한 요식성을 갖는 어음·수표행위에 있어서는 수인의 공동지배인이 각각 기명날인 또는 서명을 하여야 한다. 그러나 공동지배인 사이의 의사가 외관상만으로만 합체된 것으로 보이는 경우처럼 공동지배인의 공동성이 없는 경우에는 거래는 성립하지 않는다. 공동대리의 의사표시는 반드시 시간적으로 동시에 있어야 하는 것은 아니므로, 이시적(異時的) 의사표시도 가능하다. 공동지배인 중의 일부가 한 대리행위를 그 밖의 다른 공동지배인이 내부적으로 동의 또는 추인하는 형태의 행위는 공동지배권의 행사로 인정되지 않는다.

공동지배권행사가 재판상의 대리에도 관철되는지의 여부가 문제된다. 이에 대하여 소송법상의 개별대리의 원칙(민사소송법 제93조) 때문에 공동지배권을 부정하는 견해[2]가 있으나, 공동지배인제도의 취지에 비추어 볼 때, 소송상의 대리도 예외가 아니라고 보아 공동지배권행사를 인정하는 것이 타당하다.

(나) 지배권의 위임불가

공동지배인 중의 1인이 그의 지배권을 포괄적으로 다른 지배인에게 위임하는 것은 공동지배인제도의 취지에 반하고 복임권을 행사한 것과 동일한 효과를 초래하므로 인정할 수 없다. 주식회사의 공동대표이사의 대표권위임에 관한 대법원의 판례도 이와 동일한 입장이다.[3]

그러나 특정한 행위 또는 특정한 종류의 거래에 한하여 다른 공동지배인에 대하여 개별적으로 위임할 수 있는지에 관하여는 긍정설과 부정설로 나누어진다.

2) 손주찬, 「상법(상)」 제15보정판(박영사, 2004), 102면.

3) 대법원 1989.5.23. 선고 89다카3677 판결.

긍정설은 특정한 행위에 한정하는 경우 대리권 남용의 위험은 크지 않다는 점과 기업활동의 원활을 도모하기 위해서는 인정할 필요가 있다는 데 그 근거를 둔다. 부정설은 대리권을 위임하는 것은 공동지배인제도의 목적과 본질에 반한다는 데 그 이유를 찾는다. 한편, 부정설의 논리적 근거에 찬성하면서도 상거래의 신속성을 확보하기 위하여 공동지배인간의 위임관계를 행위시에 현명하는 조건으로 긍정하는 일종의 절충설이 있다. 생각건대, 특정한 행위 또는 종류의 거래에서 지배권을 위임하는 것은 그 당해 행위나 거래에 한정해서 보면 공동지배인제도의 취지에 반할 뿐만 아니라 복임권을 행사한 것으로 되므로 부정하는 것이 타당하다.

(다) 공동지배권의 단독행사의 효과

공동지배인의 등기가 되어 있음에도 불구하고 공동지배인이 대리권을 공동으로 행사하지 않았다면 그의 대리행위는 무권대리가 한 것으로서 무효이다(민법 제130조). 따라서 본인인 영업주에게 효력이 발생하지 않는 것은 당연하다. 그러나 영업주가 이를 추인한 경우에는 대리행위를 한 때로 소급하여 그 행위의 효력이 영업주에게 미친다(민법 제133조).

(3) 수동대리

거래의 상대방은 공동지배인 가운데 1인에 대하여 의사표시를 하여도 영업주에 대하여 그 효력을 갖는다(상법 제12조 2항). 이처럼 수동대리의 경우에는 대리권을 남용할 염려가 없으므로 공동지배인이라도 각자가 단독대리권을 갖는다. 이러한 수동대리에서의 단독대리의 원칙은 거래의 상대방의 불편을 해소하는 효과도 있다. 예컨대, 공동지배인 중의 일부가 의사의 수령이 불가능한 상태에 있는 까닭에 유효한 의사표시를 할 수 없게 되는 상황을 방지할 수 있다.

2. 공동지배권행사에 관련한 문제점

(1) 의사표시의 하자 등

능동대리인가 수동대리인가를 불문하고 공동지배인 중의 1인이 의사의 흠결, 지 또는 부지, 선의 또는 악의 등의 주관적 사정이 있는 경우에는 영업주에 대하여 효력을 미친다. 왜냐하면 공동지배권은 하나의 합체된 대리권이기 때문이다. 예컨대, 어떠한 법률행위를 하였는데 그 행위에 하자가 있는 것을 공동지배인 중의 1인만이 알고 있더라도 그 효과는 영업주에 미친다. 거래상대방이 공동지배인 중의 1인에 대하여 사기행위를 하거나, 공동지배인 중의 1인의 의사표시에 하자가 있는 때에는 영업주는 이를 취소할 수 있다.

수동대리에 있어서 거래의 상대방이 한 공동지배인에 대한 의사표시의 흠결, 사기, 강박 또는 어느 사정을 알았거나 과실로 알지 못한 것으로 인하여 영향을 받을 경우에 그 사실의 유무를 결정하는 표준은 그 의사를 수령한 공동지배인이다(민법 제116조 1항).

(2) 공동지배인 중 일부의 대리권소멸

공동지배인 중 일부의 대리권이 소멸한 경우에도 나머지 공동지배인의 대리권은 소멸하지 않는다. 그 이유는 공동지배권은 하나의 지배권이 수인의 공동지배인에게 합유(合有)적으로 귀속되기 때문이다. 다만, 이 경우 공동의 대리권행사가 불가능하므로 능동대리는 불가능하다. 수동대리의 경우에는 아무런 영향을 미치지 않는다. 만약 남아있는 공동지배인이 단독으로 능동대리를 하였더라도 영업주가 이를 추인한 경우에는 무권대리의 추인으로 되어(민법 제130조, 제133조) 유효하게 된다.

3. 등 기

공동지배인을 두는 것은 거래의 상대방에 대하여 이해관계가 크므로, 공동지배인의 선임과 그 대리권의 소멸과 변경은 등기하여야 한다(상법 제13조).

Ⅳ. 결 론

본 사례에서 영업주인 甲 회사는 X와 Y를 공동지배인으로서 선임하였다. 공동지배인의 선임과 그 대리권의 소멸과 변경은 등기사항이다.

본 사례에서 X와 Y는 능동대리의 경우 언제나 공동으로 지배권을 행사하여야 하는데, 이는 지배권의 남용을 방지하는 데 그 목적이 있다. 또한 X와 Y 중 어느 1인이 다른 공동지배인에게 지배권을 위임하는 것은 불가능하다. 특정한 행위 또는 종류의 거래와 관련하여 지배권위임이 가능한지의 여부에 관해서는 학설이 나누어지나 부정설이 타당하다. 공동지배권을 단독행사하는 것은 무권대리행위로서 무효이다. 수동대리의 경우에는 X와 Y가 각자 단독으로 대리권을 가진다.

X와 Y 중 1인이 의사표시의 하자는 영업주에 대하여 효력을 미친다. X와 Y 중 일부의 대리권이 소멸하더라도 나머지 공동지배인의 대리권은 소멸하지 않으

며, 이 경우 공동의 대리권행사가 불가능하게 된다.

◎ 참조 판례

대법원 1989.5.23. 선고 89다카3677 판결

주식회사에 있어서의 공동대표제도는 대외관계에서 수인의 대표이사가 공동으로만 대표권을 행사할 수 있게 하여 업무집행의 통일성을 확보하고, 대표권행사의 신중을 기함과 아울러 대표이사 상호간의 견제에 의하여 대표권의 남용 내지는 오용을 방지하여 회사의 이익을 도모하려는 데 그 취지가 있으므로 공동대표이사의 1인이 그 대표권의 행사를 특정사항에 관하여 개별적으로 다른 공동대표이사에게 위임함은 별론으로 하고, 일반적, 포괄적으로 위임함은 허용되지 아니한다.

2

표현지배인

乙 보험주식회사는 보험사업을 영위하는 회사로서 영업상 다수의 어음발행이 매일 이루어지고 있음은 주지의 사실이다. 乙 회사의 강남영업소장 Y는 여러 고객과 보험계약을 체결하는 등의 영업을 행하였으며, 그 과정에서 "乙 보험주식회사 강남영업소장 Y"의 명의로 100만원 규모의 약속어음을 고객 X에게 발행하였다. 乙 회사는 Y를 동 회사의 강남영업소장으로 선임하였지만 어음행위를 할 수 있는 권한을 명시적으로 부여한 바는 없었다. 그러나 乙 회사는 Y의 영업실적이 좋다보니 Y가 동 회사의 강남영업소장의 명의로 어음을 발행하는 것을 여러 차례 묵인하였다. 이 경우 X가 어음금지급을 청구하였다면 乙 회사는 그 지급을 거절할 수 있는가?

Ⅰ. 문제의 소재

지배인은 영업주에 갈음하여 그 영업에 관한 재판상 또는 재판외의 모든 행위를 할 수 있다(상법 제11조 제1항). 상법은 더 나아가 민법상의 표현대리(민법 제125조, 제126조, 제129조)를 제도적으로 강화하고 정형화시켜 표현지배인을 인정하고 있다.

표현지배인이라 함은 지배인이 아닌 자가 본점 또는 지점의 영업주임 기타 유사한 명칭을 가짐으로서 본점 또는 지점의 지배인과 동일한 권한이 있는 것으로 의제되는 사용인으로 정의된다(상법 제14조 제1항). 이는 거래의 안전(선의의 제3자보호)을 위해서 영미법상의 금반언(禁反言)의 법리나 독일법상의 외관주의의 정신에 따라 영업주로부터 지배권을 부여받지 않았으면서도 사실과 다른 외관을 작출한 자에게 책임을 부담시키고 있는 것이다.

본 사례에서는 Y가 乙 회사의 영업소장의 명의로 어음행위를 한 것에 대하여 乙 회사의 책임 여부를 묻고 있다. 이에 Y가 상법상의 표현지배인에 해당하는지의 여부를 살펴볼 필요가 있다. 만약에 Y가 乙 회사의 표현지배인에 해당하는 경우에 한하여 乙 회사는 X에 대한 어음금지급을 거절할 수 없게 된다.

II. 표현지배인의 요건

1. 외관에 관한 요건

(1) 표현적 명칭

먼저 본점 또는 지점의 영업주임 기타 유사한 명칭을 가진 사용인이어야 한다 여기서의 명칭을 정형화하는 것은 쉽지 않지만, 적어도 그 영업소의 책임자임을 표시하는 것이어야 한다. 실제 거래계에서의 지배인, 지점장, 본점의 영업부장, 영업소장 등의 명칭은 대표적인 예라 하겠다.

지점차장이나 지점장대리 등은 영업소의 영업을 책임지는 지위가 아니므로 영업주임을 나타내는 명칭이 될 수 없다.[4)]

(2) 영업소의 실질

상법 제14조 제1항의 "본점 또는 지점"의 인정방법에 대하여 견해가 나누어진다. 이 경우 표현지배인이 근무하는 본점이나 지점이 형식적으로 본점 또는 지점의 외관을 갖추면 그 실질에 관계없이 영업소로 보아야 한다는 견해가 있다(형식설 · 외관설). 이 견해는 거래안전의 보호라는 측면에서 장점이 있다. 하지만 형식설을 따를 경우 외관의 작출에 귀책사유가 없는 경우에도 영업주에게 책임을 귀속시키는 불합리가 생겨난다.

우리나라 다수 학자들의 견해이자 대법원 판례의 태도[5)]는 형식적 명칭이나 등기의 유무와는 상관없이 상법상의 영업소의 실질을 구비하여야 한다는 입장이다(실질설). 따라서 보험회사의 지점장 또는 영업소장은 그 지사나 영업소가 진정한 지배인을 둘 만한 영업소의 실제를 가지고 있지 못하다는 점에서 설령 표현지배인의 성립에 필요한 다른 요건을 갖추더라도 표현지배인으로 될 수 없다.[6)]

2. 지배인의 권한 내 행위 요건

사용인이 표현적 명칭을 사용하여 한 행위가 지배인의 권한 내에 속하여야 한

4) 대법원 1993.12.10. 선고 93다36974 판결.

5) 대법원 1971.5.24. 선고 71다656 판결; 동 1978.12.13. 선고 78다1567 판결; 동 1998.10.13. 선고 97다43819 판결; 동 2000.8.22. 선고 2000다13320 판결.

6) 대법원 1967.9.26. 선고 67다1333 판결; 동 1978.12.13. 선고 78다1567 판결; 동 1983.10.25. 선고 83다107 판결.

다. 지배인의 행위가 영업주의 영업에 관한 것인지의 여부는 지배인의 행위 당시의 주관적인 의사와는 관계없이 그 행위의 객관적 성질에 따라 추상적으로 판단하여야 한다.[7]

재판상의 행위에 대하여는 표현지배인 규정이 적용되지 않는다(상법 제14조 제1항 단서). 이는 재판상의 행위는 거래도 아니며, 실체적 진실의 발견이 외관주의보다 더 중요하다는 데 그 이유가 있다.

3. 주관적 요건

(1) 영업주의 귀책사유

영업주는 사용인에게 명칭을 부여하고 그 사용을 명시적 또는 묵시적으로 허락하여야 한다. 이것이 바로 사용인의 표현적 명칭사용에 대한 영업주의 귀책사유이다.

(2) 상대방의 선의

표현적 명칭을 사용하는 사용인과 거래하는 상대방은 선의여야 한다(상법 제14조 제2항). 상대방이 악의인 경우에는 표현지배인제도에 의해 보호받지 못한다. 여기서의 선의라 함은 특정한 거래에 있어서 대리권이 없음을 모른 것으로 봐야 한다는 견해가 있으나, 표현적 명칭을 사용한 당해 사용인을 지배인이 아님을 모르는 것으로 풀이하여야 한다. 왜냐하면 표현지배인제도는 표현적 명칭으로 인하여 외관을 신뢰한 자를 보호하기 위한 것이기 때문이다.

선의에 경과실이 있는 경우에도 선의로서 보호를 받는다. 반대로 선의에 중과실이 있는 경우에는 악의로 보아 보호받지 못한다. 상대방의 선의 유무는 거래시를 기준으로 판단하며, 이에 대한 입증책임은 영업주가 부담한다.

Ⅲ. 표현지배인 성립의 효과

표현지배인은 상법 제14조 제1항에 따라 본점 또는 지점의 지배인과 동일한 권한이 있는 것으로 본다. 결과적으로 지배권 없는 자의 행위를 지배권이 있는 자의 행위로 의제되는 것이다. 즉, 무권대리행위가 진정한 지배권의 행위인 유권

7) 대법원 1997.8.26. 선고 96다36753 판결.

대리행위로 취급되므로 영업주가 이에 대하여 책임을 부담하여야 한다. 표현지배인의 어음행위의 경우에도 상법의 규정에 의하여 영업주가 어음상의 책임을 부담한다. 그러나 표현지배인제도는 거래의 상대방을 보호하기 위하여 지배인으로 의제할 뿐, 표현지배인이 지배인으로 되는 것은 아니다.

이러한 영업주의 책임은 지배인이 아닌 자의 행위에 대하여 부담하는 책임이므로 지배인이 내부적으로 제한된 지배권의 범위를 넘어서 선의의 제3자에게 한 행위에 대하여 영업주가 책임을 지는 상법 제11조 제3항의 경우와는 구별되어야 한다.

Ⅳ. 사례의 해결

본 사례에서 乙 보험주식회사 강남영업소장인 Y가 명시적인 수권은 없었지만 그 명의로 어음을 발행하는 것을 영업주 乙 회사가 묵인였다는 점에 대해서는 乙 회사의 귀책사유가 있다. 그러나 보험회사의 영업소는 상법상의 영업소로서의 실질을 구비하지 못하다는 실질설과 대법원 판례에 따르면 Y는 상대방 X의 선의 여부 및 Y의 어음발행행위가 지배인의 권한 내에 속하는지의 여부와 관계없이 어떤 경우라도 표현지배인으로 될 수 없다. 그 결과 乙 회사는 X에 대한 어음금 지급을 거절할 수 있다.

이와 달리 영업소의 외관만 있으면 그 실질을 요구하지 않는 형식설을 따를 경우 강남영업소는 형식적으로 지점의 외관을 갖추고 있다. 또한 乙 회사가 영업상 다수의 어음을 매일 발행해 온 것이 주지의 사실인 점에 비추어 보아 Y의 어음발행행위는 지배인의 권한 내의 행위에 속한다고 보는 것이 타당하다. 그 경우 X가 Y와 거래하는 데 선의라면 표현지배인이 성립하지만 X가 악의라면 금반언 내지 외관법리에 의하여 보호할 필요가 없으므로 표현지배인으로 될 수 없다. 따라서 표현지배인의 요건 중에서 영업소의 실질을 요구하지 않는 형식설을 따르고, X가 Y와 거래하는 데 선의인 경우에 한하여 Y는 진정한 지배인과 동일한 권리를 가지는 것으로 의제되어 영업주가 책임을 부담하게 되므로, 乙 회사는 X의 어음금지급청구를 거절할 수 없다.

◎ 참조 판례

대법원 1978.12.13. 선고 78다1567 판결

상법 제14조 제1항 본문에 본점 또는 지점의 영업주인 기타 유사한 명칭을 가진 사용인은 본점 또는 지점의 지배인과 동일한 권한이 있는 것으로 본다 하여 표현지배인을 규정하고 있는데 표현지배인으로서 본조를 적용하려면 당해 사용인의 근무장소가 상법상의 영업소인 "본점 또는 지점"의 실체를 가지고 어느 정도 독립적으로 영업활동을 할 수 있는 것임을 요한다.

보험회사의 영업소는 본·지점의 지휘 감독 아래 기계적으로 제한된 보조적 사무만을 처리하는 것으로 밖에 볼 수 없으니 이는 상법상의 영업소인 본점·지점에 준하는 영업장소라고 볼 수 없어 ○○○를 표현지배인이라고 볼 수 없다.

대법원 1978.12.13. 선고 78다1567 판결

지점 차장이라는 명칭은 그 명칭 자체로서 상위직의 사용인의 존재를 추측할 수 있게 하는 것이므로 상법 제14조 제1항 소정의 영업주임 기타 이에 유사한 명칭을 가진 사용인을 표시하는 것이라고 할 수 없고, 따라서 표현지배인이 아니다.

대법원 1997.8.26. 선고 96다36753 판결

지배인은 영업주에 갈음하여 그 영업에 관한 재판상 또는 재판외의 모든 행위를 할 수 있고, 지배인의 대리권에 대한 제한은 선의의 제3자에게 대항하지 못하며, 여기서 지배인의 어떤 행위가 영업주의 영업에 관한 것인가의 여부는 지배인의 행위 당시의 주관적인 의사와는 관계없이 그 행위의 객관적 성질에 따라 추상적으로 판단되어야 한다.

3

상호권의 보호와 역혼동

1990년 서울특별시에 설립된 「B컴 주식회사」(X 회사)는 자본금이 6억원이고 2006년 매출이 30억원인 중소규모의 회사로서 전자제품의 도소매를 영업으로 하여 운영하고 있던 중 「주식회사 B콤」(Y 회사)이라는 상호의 회사가 자본금 8천억원 규모로 2003년 서울특별시에 설립되어 건강식품 및 영양제 제조판매업을 하면서 2006년 1조 3천억원의 매출을 거두었다는 사실을 알게 되었다. 이에 X 회사는 Y 회사에게 상호폐지 및 손해배상의 청구를 하고자 한다. 이러한 X 회사의 청구는 인용될 것인가?

I. 문제의 소재

주식회사의 경우에는 상호는 반드시 등기할 사항이다(상법 제317조 제2항 제1호). 상호를 등기하여야만 회사의 존재를 인식할 수 있기 때문이다. 따라서 X 회사의 상호와 Y 회사의 상호는 모두 등기상호이다.

본 사례에서 X 회사가 Y 회사에 대하여 「주식회사 B콤」이라는 상호를 폐지할 것을 요구하고 그 상호의 사용을 이유로 발생한 손해에 대한 배상청구가 인용되기 위해서는 X 회사의 상호전용권이 인정되어야 한다. 이를 위해서는 먼저 상법 제23조 제1항의 위반이 있어야 한다.

또한 X 회사가 Y 회사의 상호와 유사한 상호를 사용하는 것으로 인식되어 X 회사가 마치 Y 회사의 명성에 무임승차하여 소비자를 기망한다는 오해를 받아 오히려 선사용자(先使用者)인 X 회사의 신용이 훼손되는 이른바 역혼동에 해당하는지의 여부를 살펴보아야 한다. 만약에 역혼동으로 인해 X 회사가 피해를 입었다면 이를 이유로 한 손해배상청구는 인용될 수 있다.

Ⅱ. X 회사의 상호전용권에 기한 상호폐지청구 및 손해배상청구의 인용 여부

1. 상호권의 개념

(1) 상호권의 의의와 종류

상호권이란 상인이 그의 상호에 관하여 가지는 권리를 말한다. 이 권리는 법적 이익으로서 보호의 대상이 된다. 상호권은 상호사용권과 상호전용권으로 이루어져 있는데, 전자는 상인이 그의 상호를 타인으로부터 그 사용을 방해받지 않을 권리이며, 후자는 타인이 동일 또는 유사한 상호를 부정하게 사용하는 것을 배척할 수 있는 권리를 의미한다.

(2) 상호권의 성질

상호권의 성질에 관하여 ① 인격권이라는 학설, ② 재산권으로 보는 학설, ③ 상호등기 전에는 인격권이지만, 등기 후에는 재산권 또는 재산권적 성질을 가진 인격권으로 보는 학설, ④ 등기의 전후를 불문하고 인격권적 성격을 가진 재산권으로 보는 학설 등이 있다.

생각건대, 상호는 상인이 그 사용에 관하여 경제적 이익을 가지며 양도가 가능한 재산이지만, 상인의 영업상의 명칭으로서 이에 대한 침해는 인격권의 침해로 된다는 점에서 상호권은 인격권적 성질도 가지고 있어 마지막 학설이 타당하다. 현재 인격권적 재산권설은 우리나라의 통설이다.

2. 상호권의 내용

(1) 특 징

상호를 보호하는 요건으로서 영미법은 사용주의의 입장에서 상호의 사용에 따라 보호하지만, 대륙법계에 속하는 국가에서는 대개 등록주의의 입장을 취하고 있어 상호는 등기 내지 등록된 경우에만 보호된다. 우리 상법은 영미법과 대륙법을 절충한 것으로 보인다. 그 이유는 우리나라에서는 상호의 등기 여부와 상관없이 상호사용권과 상호전용권을 인정하면서도 등기를 한 경우에는 상호전용권에 의한 보호가 강화된다.

(2) 상호사용권

상호사용권은 상호권자가 타인으로부터 방해받지 않고 상호를 사용할 수 있는 권리로서 이를 적극적 상호권이라고도 한다. 이는 등기 여부를 불문하고 인정되는 권리이다.

(3) 상호전용권

(가) 의 의

누구든지 부정한 목적을 가지고 타인의 영업이라는 것으로 오인하게 하기 위해 상호를 사용할 수 없다(상법 제23조 제1항). 만약 타인이 부정한 목적을 가지고 자기의 상호와 동일 또는 유사한 상호를 사용하는 경우 상호권자가 그 사용을 배척할 수 있는데, 이렇게 배척할 수 있는 권리를 상호전용권이라 한다(상법 제23조 제2항). 상호전용권의 행사요건은 등기 전과 후에 있어서 차이가 있다.

(나) 등기 전의 상호전용권

미등기상호에 대한 상호전용권을 근거로 타인의 상호사용을 배척하기 위해서는 다음과 같은 요건을 갖추어야 한다. 첫째, 타인이 "부정한 목적"으로 기존의 상호를 사용하여야 한다. 부정한 목적은 기존의 상호가 가지고 있는 신용 · 경제적 가치를 자기의 영업에 이용하고자 하는 의도가 있어야 한다. 상호권자가 타인의 부정한 목적을 입증하여야 한다.

둘째, 영업주체의 동일성에 관하여 오인할 수 있는 상호를 사용하여야 한다. 즉, 그 상호로 인하여 타인의 영업으로 오인할 수 있는 것이어야 하며, 그러한 상호에는 상호권자의 상호와 완전히 동일한 상호뿐만 아니라 유사한 상호도 포함한다. 상호의 유사성에 대한 판단은 상거래계의 일반적 관념에 따른 객관적인 고려하에 이루어져야 한다. 그러나 상호권자(被冒用者)와 상호의 모용자(冒用者)의 영업이 반드시 동종(同種)일 필요는 없다.

셋째, 상호를 "사용"하여야 한다. 여기서 사용이라 함은 상호가 법률행위에 사용되는 경우만이 아니라, 사실행위에 사용되는 경우 — 예컨대, 간판, 광고, 서장, 상품 등에 표시하는 경우 — 를 포함한다.

넷째, 상호권자는 상호가 모용당함으로써 손해를 받을 염려가 있어야 한다. 따라서 현재 상호권자의 재산이나 인격적 불이익이 발생한 경우는 물론 장래에 발생할 염려가 있는 경우가 포함된다. 이에 관한 입증은 손해를 받을 염려가 있는 상호권자가 하여야 한다.

이상의 요건을 갖춘 경우에는 상호권자는 모용자에 대하여 그 상호의 폐지를 청구할 수 있다(상법 제23조 제2항). 상호폐지청구의 구체적 내용으로서는 현재와 장래의 상호사용의 금지청구가 있다. 법률행위에 있어서의 상호의 사용뿐만 아니라, 사실상의 사용까지 금지청구가 가능하다. 그리하여 간판의 철거 또는 상호등기의 말소 등의 청구가 가능하다. 이에 덧붙여서, 상호의 부정사용으로 인하여 상호권자가 손해를 입은 경우에 손해배상을 청구할 수도 있다(상법 제23조 제3항). 상법 제23조 제1항에 위반하여 타인의 상호를 부정하게 사용한 자는 200만원 이하의 과태료의 처벌을 받는다(상법 제28조).

(다) 등기 후의 상호전용권

상호를 등기한 경우 이른바 등기독점력(登記獨占力)이 발생하며, 상호전용권의 행사의 요건이 완화된다. 첫째, 등기상호의 등기독점력에 의해 타인은 동일한 특별시, 광역시, 시, 군에서 동종의 영업을 위하여 이미 등기한 것과 동일한 상호를 등기할 수 없다(상법 제22조). 동일한 상호뿐만 아니고 등기한 상호와 확연히 구별할 수 없는 것도 등기가 금지된다(비송사건절차법 제164조). 여기서 말하는 동종의 영업에 해당하는지에 관해서는 그것이 등기배척의 여부에 관한 문제인 이상 실질적인 판단으로는 할 수 없고, 형식적 판단에 의존할 수밖에 없다. 말하자면, 실제적인 상인이 행하는 영업으로부터 판단되는 것이 아니라 등기부의 기재로부터 판단한다. 동종의 영업의 판단은 자연인인 경우 등기사항인 영업의 종류, 회사의 경우에는 등기사항인 회사의 목적을 기준으로 한다. 비교의 대상이 되는 회사의 목적이 완전히 일치하지 않아도 일방의 영업목적이 다른 상대방의 그것을 포함하거나 그 주요부분에 있어서 동일한 한, 영업은 동종의 것으로 이해하는 것이 바람직하다.

여기에는 두 가지 예외가 있다. 먼저 행정구역이 변경된 결과 동종영업에 대하여 동일한 상호가 동일지역 내에 양립하는 경우 등기할 수 있다. 그리고 본점소재지에서의 상호등기가 적법하다면 지점소재지에서의 상호등기는 인정된다. 후자의 경우에는 이미 등기된 상호와 구별하기 위하여 지점의 표시를 부기하는 것이 요구된다.

둘째, 등기상호권자는 부정한 목적으로 자신의 상호를 사용하는 자에 대하여 손해를 받을 염려를 불문하고 상호사용의 폐지를 청구할 수 있다(상법 제23조 2항).

셋째, 동일한 특별시, 광역시, 시, 군에서 동종의 영업을 위하여 상호권자가 등기한 상호를 사용하는 타인은 부정한 목적으로 사용하는 것으로 추정한다(제23조

제4항). 이에 따라 입증책임이 전환되어, 타인이 스스로 부정한 목적이 없음을 증명하여야 한다.

3. 사안에 대한 적용

본 사안에서는 X 회사와 Y 회사의 상호는 모두 등기상호이다. X 회사에게는 상호사용권과 상호전용권이 인정된다. X 회사가 Y 회사를 상대로 상호폐지를 청구하는 근거는 X 회사의 상호전용권이다. X 회사의 상호가 등기되었다는 점에서 미등기상호보다 상호전용권의 행사요건이 완화된다. 따라서 X 회사는 손해발생의 유무를 불문하고 Y 회사를 상대로 상호폐지를 청구할 수 있으며, 후에 등기한 Y 회사는 X 회사가 이미 등기한 상호를 부정한 목적으로 사용하는 것으로 추정한다. 그러므로 Y 회사는 스스로 부정한 목적이 없음을 증명하지 못하면 책임을 면할 수 없다.

본 사안의 경우에는 Y 회사가 X 회사와 유사한 상호를 사용하고 있는 사실은 인정되지만 Y 회사가 X 회사보다 규모, 명성 및 신용이 더 큰 회사라는 점에서 구태여 X 회사의 신용 또는 경제적 가치를 자신의 영업에 이용하고자 할 필요가 없고 X 회사와 Y 회사가 영위하고 있는 영업의 종류가 상이하다는 점을 고려할 때 Y 회사가 스스로 부정한 목적이 없다고 증명하는 것은 그다지 어렵지 않을 것이다. 그 결과 X 회사는 Y 회사의 부정한 목적에 의한 유사상호의 사용이 존재하지 않기 때문에 X 회사의 상호폐지청구 및 손해배상청구는 인용될 수 없을 것으로 판단된다.

Ⅲ. X 회사의 이른바 역혼동에 의한 손해배상청구의 인용 여부

1. 이른바 역혼동의 개념

이른바 역혼동(reverse confusion)이라 함은 상호의 선사용자(先使用者)에 비하여 후사용자(後使用者)가 저명한 까닭에 선사용자의 상호가 오히려 후사용자의 그것으로 인식하는 혼동을 초래하는 경우를 말한다. 즉, 이 경우 "후사용자의 상호사용으로 인하여 마치 선사용자가 후사용자의 명성이나 소비자 신용에 편승하여 선사용자의 상품의 출처가 후사용자인 것처럼 소비자를 기망한다는 오해를 받아 선사용자의 신용이 훼손된 때"가 이른바 역혼동이라 하며, 그로 인한 피해에 대해서는 후사용자는 선사용자에 대하여 손해배상책임을 부담할 여지가 있다.[8] 이른바 역혼동의 근거조문으로서는 상법 제23조와 「부정경쟁방지 및 영업비밀보호에 관한 법률」 제2조 제1호 다목을 들 수 있다. 역혼동으로 인한 손해배상청구와 관련하여 인과관계 등에 대한 입증책임은 불법행위의 경우와 동일하므로 원고가 부담한다.

2. 사안에 대한 적용

본 사안에서는 X 회사와 Y 회사의 영업의 종류가 서로 다르고 사업규모와 영업방법 및 그 수요자층이 상이하다는 점에서 일반 수요자들이 X 회사와 Y 회사의 영업주체가 동일인으로 오인하기 어렵기 때문에 Y 회사의 상호사용으로 인하여 X 회사의 신용이 훼손되고 경제적 가치가 침해되었다고 볼 수 없다. 따라서 사안의 경우에는 이른바 역혼동에 해당되지 않으므로 X 회사의 Y 회사에 대한 손해배상청구는 인용될 수 없다.

Ⅳ. 사례의 해결

1. Y 회사는 X 회사와 유사한 상호를 사용하고는 있지만 Y 회사가 X 회사보다 규모, 명성 및 신용이 더 클 뿐만 아니라 영업의 종류가 상이하므로 Y 회사에게 부정한 목적이 있다고 볼 수 없다. 따라서 X 회사의 상호전용권에 기한 상호폐지청구 및 손해배상청구는 인용될 수 없다.

2. X 회사의 영업이 Y 회사의 그것과 종류가 다르고 영업의 성질이나 규모 및 수요자층 등에서 밀접한 관련이 없기 때문에 이른바 역혼동에 해당하지 않는다. 따라서 X 회사의 역혼동을 이유로 한 손해배상청구는 인용될 수 없다.

참조 판례

대법원 2004.3.26. 선고 2001다72081 판결

상법 제22조의 취지는 일정한 지역 범위 내에서 먼저 등기된 상호에 관한 일반 공중의 오인·혼동을 방지하여 이에 대한 신뢰를 보호함과 아울러, 상호를 먼저 등기한 자가 그 상호를 타인의 상호와 구별하고자 하는 이익을 보호하는 데 있고, 한편 비송

8) 대법원 2002.2.26. 선고 2001다73879 판결.

사건절차법 제164조에서 "상호의 등기는 동일한 특별시 · 광역시 · 시 또는 군 내에서는 동일한 영업을 위하여 타인이 등기한 것과 확연히 구별할 수 있는 것이 아니면 이를 할 수 없다"고 규정하여 먼저 등기된 상호가 상호등기에 관한 절차에서 갖는 효력에 관한 규정을 마련하고 있으므로, 상법 제22조의 규정은 동일한 특별시 · 광역시 · 시 또는 군 내에서는 동일한 영업을 위하여 타인이 등기한 상호 또는 확연히 구별할 수 없는 상호의 등기를 금지하는 효력과 함께 그와 같은 상호가 등기된 경우에는 선등기자가 후등기자를 상대로 그와 같은 등기의 말소를 소로써 청구할 수 있는 효력도 인정한 규정이라고 봄이 상당하다.

대법원 1995.9.29. 선고 94다31365, 31372(반소) 판결

상법 제23조 제1항 · 제4항 소정의 부정한 목적이란 "어느 명칭을 자기의 상호로 사용함으로써 일반인으로 하여금 자기의 영업을 그 명칭에 의하여 표시된 타인의 영업으로 오인시키려고 하는 의도"를 말한다.

대법원 2002.2.26. 선고 2001다73879

상호를 먼저 사용한 자(선사용자)의 상호와 동일 · 유사한 상호를 나중에 사용하는 자(후사용자)의 영업규모가 선사용자보다 크고 그 상호가 주지성을 획득한 경우, 후사용자의 상호사용으로 인하여 마치 선사용자가 후사용자의 명성이나 소비자 신용에 편승하여 선사용자의 상품의 출처가 후사용자인 것처럼 소비자를 기망한다는 오해를 받아 선사용자의 신용이 훼손된 때 등에 있어서는 이를 이른바 역혼동에 의한 피해로 보아 후사용자의 선사용자에 대한 손해배상책임을 인정할 여지가 전혀 없지는 않다고 할 것이나, 상호를 보호하는 상법과 「부정경쟁방지 및 영업비밀보호에 관한 법률」의 입법 취지에 비추어, 선사용자의 영업이 후사용자의 영업과 그 종류가 다른 것이거나 영업의 성질이나 내용, 영업방법, 수요자층 등에서 밀접한 관련이 없는 경우 등에 있어서는 위와 같은 역혼동으로 인한 피해를 인정할 수 없다.

4

명의대여자의 책임

乙은 甲으로부터 자기의 상호를 사용하여 영업하는 것을 허락받고 영업을 하고 있었지만 제3자 丙은 甲을 영업주로 오인하고 乙과 거래하였다. 이 경우 甲의 책임을 논하시오.

Ⅰ. 논　　점

본 사례에서 甲은 乙에게 명의를 대여한 자이며 乙은 甲으로부터 명의를 차용한 자인데 제3자 丙은 甲을 영업주로 오인하고 乙과 거래하였다. 이 경우 상법에 따르면 명의대여자 甲은 자기를 영업주로 오인하여 거래하는 자인 丙에 대하여 그 거래에 의해 발생하는 채무를 명의차용자 乙과 연대하여 변제할 책임을 부담한다(상법 제24조). 이는 외관을 신뢰하여 거래를 한 제3자 丙을 보호하기 위한 것으로서 금반언 또는 외관이론이 발현된 하나의 형태라고 할 수 있다.[9] 이하에서는 甲의 명의대여자로서의 책임에 관하여 그 요건과 성질 및 범위를 중심으로 논하고자 한다.

Ⅱ. 甲의 책임발생요건

1. "명의"사용의 허락

甲이 자기의 성명 또는 상호를 사용하여 乙이 영업할 것을 허락하여야 한다. "명의"는 甲이 개인이라면 그의 성명 또는 상호이고, 회사인 경우에는 상호가 일반적이다. 더 나아가 거래통념상 甲의 영업으로 오인할 수 있는 명칭을 사용하는 경우에도 명의대여자의 책임이 발생할 수 있다.

명의대여자의 책임은 乙이 甲과 동일한 명칭을 사용하는 경우에 한하지 않는다. 甲의 명칭에다가 표기를 부가하여 실질적으로 甲의 영업소로 인정되는 경우에도 명의대여자의 책임을 긍정한다. 예를 들어, 甲 회사가 乙에게 甲 회사 부산

9) 대법원 1989.9.12. 선고 88다카26390 판결.

지점이라는 상호를 사용하는 것을 허락한 경우에 甲 회사에 대하여 명의대여자의 책임을 긍정할 수 있다. 대법원 판례도 판매처,[10] 현장사무소,[11] 영업소[12]라는 표기를 부가한 경우 등에서는 명의대여자의 책임을 인정하였다. 그러나 대리점이라는 명칭을 부가한 것으로는 명의를 대여한 경우로 인정하지 않았다.[13] 이는 대리점이라는 명칭은 타인의 영업을 종속적으로 표시하는 것이라 볼 수 없기 때문이다.

2. "영업"상의 사용

이 경우 甲은 현실적으로 영업을 스스로 하지 않더라도 좋으며, 상인일 필요는 없다.[14] 자기의 영업을 폐지한 자도 명의대여자의 책임을 부담할 수 있다.

乙은 상인이어야 하는가? 상법 제24조상에 따른 甲의 책임이 외관에 대한 신뢰의 보호를 바탕으로 한다는 점에서 乙이 상인인 경우에 한정할 필요가 없다는 견해가 있으나 수긍하기 어렵다. 상법 제24조는 명의차용자는 명의대여자의 명의를 사용하여 "영업"을 할 것이라고 규정하고 있으므로 乙은 상인이어야 한다. 다만, 자기의 명칭을 사용한 영업의 허락이므로, 乙이 실제로 그 명칭을 사용하여 영업을 하였는지는 불문한다.

3. 명의사용의 "허락"

명의의 "사용"은 甲의 성명 또는 상호라는 외관을 부여하는 것으로 족하다. 그러므로 甲과 반드시 동일한 성명 또는 상호일 것을 요구하지는 않는다. 사용의 "허락"은 甲이 명시적 또는 묵시적으로 하여도 좋다. 예컨대, 甲이 적극적으로 사용을 허락한 경우뿐만 아니라 乙이 자기의 이름과 상호를 사용하여 영업을 하는 것을 알고 있으면서도 저지하지 아니하거나 묵인 또는 장기간 방치한 경우에는 묵시적 허락이 있는 것으로 본다.[15]

물론 甲이 乙의 명의사용을 알면서도 아무런 조치를 취하지 않았다고 해서 무조건적으로 甲의 묵시적 승낙이 있는 것으로 보아 甲의 책임이 발생한다고 풀이

---

10) 대법원 1957.6.27. 선고 4290민상178 판결.
11) 대법원 1973.11.27. 선고 73다642 판결.
12) 대법원 1976.9.28. 선고 76다955 판결.
13) 대법원 1989.10.10. 선고 88다카8354 판결.
14) 대법원 1987.3.24. 선고 85다카2219 판결.
15) 대법원 1967.10.25. 선고 66다2362; 동 1977.7.26. 선고 77다797 판결; 동 1982.12.28. 선고 82다카887 판결.

할 수는 없다. 묵시적 허락의 경우에 명의대여자의 책임을 인정하기 위해서는 그 명의대여자가 오인받기 쉬운 상태를 시정하기 위한 작위의무의 부담하고 있는 것이 전제되어야 한다. 그러므로 타인이 제멋대로 명칭을 모용한 경우에 무조건 피모용자에 대하여 책임을 물을 수는 없다. 왜냐하면 거래 일반이 오인할 수 있는 가능성과 외관작출에 대한 귀책의 정도와의 상관관계에 따라 명의대여자의 책임이 결정되기 때문이다.

4. 제3자의 오인

제3자 丙은 甲을 영업주로 오인하여 거래하여야 한다. 즉, 丙이 명의대여의 사실을 알지 못하여야 한다. 丙이 甲을 영업주로 오인함에 있어서 과실이 있는 경우에도 甲에 대하여 명의대여자의 책임을 부담시키는지의 여부가 문제된다.

이에 관한 학설에는 丙에게 과실이 있는 이상 보호되지 않는나는 견해(부과실요구설), 중과실이 아닌 한 보호한다는 견해(중과실면책설), 악의가 아닌 경우에는 보호한다는 견해(악의면책설) 등으로 나누어진다.

생각건대, 명의대여자의 책임은 외관신뢰를 보호하기 위한 제도이며, 악의는 중대한 과실과 악의와 동일하게 취급된다는 점을 고려할 때 甲과 丙의 이익균형을 위해서는 丙이 오인으로 거래를 함에 있어서 중대한 과실이 있는 경우에는 甲은 명의대여자의 책임을 면하게 되는 것으로 풀이하는 것이 타당하다. 판례의 입장도 이와 동일하다.[16] 이 경우 책임을 면하려는 甲이 丙의 악의 또는 중과실을 입증하여야 한다.

Ⅲ. 甲의 책임의 성질과 범위

1. 책임의 성질

甲은 乙과 연대하여 丙에 대하여 변제책임을 부담한다. 丙은 甲 또는 乙 중에서 어느 자에 대하여도 그 거래로부터 발생한 채무에 대한 변제청구가 가능하다. 甲과 乙은 부진정연대채무의 관계에 있다. 따라서 丙은 어느 1인에 대한 청구뿐만 아니라 모든 채무자에 대하여 동시에 청구할 수 있다. 이 경우의 소송은 통상의 공동소송이 된다. 甲이 丙에 변제하는 경우 甲은 乙의 채무를 대신하여 지불

16) 대법원 1991.11.12. 선고 91다18309 판결; 동 2001.4.13. 선고 2000다10512 판결.

한 것으로 되므로 乙에 대하여 그 전액을 구상할 수 있다.

2. 책임의 범위

甲이 乙에게 명의의 사용을 허락한 경우 丙에 대하여 어느 범위 내에서 책임을 부담하는가에 관하여 다음과 같은 사항을 논할 필요가 있다. 첫째, 甲은 乙의 영업상의 거래와 관련하여 생긴 채무에 대하여 책임을 부담한다. 이는 원칙적으로 계약책임을 의미한다. 구체적으로는 거래로부터 직접 발생한 채무를 비롯하여 목적물에 관한 담보책임(민법 제570조 이하), 불이행에 의하여 발생한 손해배상책임, 계약해제에 따른 원상회복의무(민법 제548조) 등 영업거래에 따른 모든 책임을 포함한다.

둘째, 명의사용허락의 범위와의 관계가 문제된다. 예를 들어, 甲이 乙에 대하여 정미소업에 있어서 명의사용을 허락하였으나, 乙이 그 명의를 이용하여 건물임대업을 한 경우 甲은 乙의 거래에 대하여 명의대여인으로서 연대책임을 부담하는가? 이에 대하여 대법원은 명의대여자의 책임은 대여한 명의에서 추론되는 영업거래에 한하여 책임진다고 풀이하고서는 甲의 책임을 부정하였다.[17] 학자들의 견해도 판례와 대체적으로 동일하다.

셋째, 甲은 乙의 어음·수표행위에 대하여도 책임을 부담하는가? 이는 乙이 甲의 이름으로 어음행위를 한 경우 책임을 부담하는지의 문제이다. 이에 관하여는 견해가 나누어진다. 제1설은 영업상의 거래는 당연히 어음행위에 의한 채무도 포함하기 때문에 명의대여자의 책임을 긍정한다. 이 견해가 우리나라 판례의 태도이기도 하다.[18] 제2설은 어음의 추상성을 고려하여 볼 때 어음채무를 상법 제24조가 규정한 영업상의 채무로 볼 수 없다는 입장이다. 생각건대, 제2설이 타당하다. 그 이유는 다음과 같다. 먼저 乙이 영업거래로 인하여 채무를 부담하고 이를 이행하기 위해 어음을 발행한 경우 원인채무는 영업상의 채무이므로 상법 제24조의 적용을 받지만, 어음채무는 영업거래로부터 직접적으로 부담한 채무로 볼 수 없다. 또한 乙이 甲의 이름으로 어음행위 — 예컨대, 약속어음 발행 — 를 한 경우 乙의 명의가 어음상에 표시되지 않기 때문에 乙은 어음채무를 부담하지 않음에도 불구하고 甲이 乙의 채무에 대하여 연대책임을 부담하는 것은 모순이다. 이 경우에는 어음위조의 문제로 보아 해결하면 된다.

---

17) 대법원 1983.3.22. 선고 82다카1852 판결.

18) 대법원 1969.3.31. 선고 68다2270 판결.

넷째, 甲은 乙의 불법행위로 인한 손해에 대하여도 책임을 부담하는가? 위에서 논한 바대로 명의대여자의 책임을 인정하는 것은 외관을 신뢰한 자를 보호하려는 데 그 목적이 있다는 점을 염두에 둘 때, 불법행위로 인한 손해배상채무의 경우 그 성질상 외관의 신뢰와 손해 사이의 인과관계를 인정하기는 어렵다. 따라서 명의대여자의 책임은 명의차용자의 불법행위에까지 미친다고 볼 수 없다.

Ⅳ. 결 론

본 사례에서 甲의 명의대여자로서의 책임이 발생하기 위해서는 甲은 乙에게 명의사용을 허락하였고, 乙은 이를 영업상 사용하였으며, 제3자 丙은 乙을 영업주로 오인하여야 하였다. 사례에서 丙의 오인에 과실이 있었는지의 여부가 분명하지 않다. 만약에 명의대여자의 중과실면책설과 판례에 의할 경우에는 丙의 오인에 중과실이 없어야 甲의 책임이 발생하게 된다. 그러나 무과실요구설을 따를 경우 丙에게 어떠한 과실이라도 없어야만 甲의 명의대여자로서 책임이 발생한다. 악의면책설에 의할 경우에는 丙의 오인에 악의가 없다면 甲은 명의대여자로서 책임을 부담한다.

甲의 명의대여자로서의 책임이 발생하면 甲은 乙과 연대하여 丙에 대하여 변제책임을 부담하게 되며, 이 경우 甲과 乙은 부진정연대채무관계에 있다. 甲이 부담하는 책임의 범위로서는 대여한 명의와 관련한 영업거래로 인한 모든 책임에 한한다. 이와 관련하여 乙이 甲의 이름으로 어음행위를 한 경우에도 책임을 부담하는지에 관하여 긍정하는 견해와 판례를 비롯하여 부정하는 견해도 있다.

◎ 참조 판례

대법원 2002.6.28. 선고 2002다22380 판결

원칙적으로 물품대금 채무를 부담하는 자는 매도인으로부터 물품을 매수한 자이고, 매수인 아닌 자가 주채무자로서 물품대금 채무를 부담하기 위해서는, 실제로 매도인으로부터 물품을 매수한 자에게 자신의 성명 또는 상호를 사용하여 영업을 할 것을 허락하여 매도인이 그와 같이 명의를 대여한 자를 영업주로 오인하여 거래를 한 경우 등에 한한다 할 것이다.

대법원 1989.9.12. 선고 88다카26390 판결

상법 제24조의 명의대여자의 책임규정은 거래상의 외관보호와 금반언의 원칙을 표현한 것으로서 명의대여자가 영업주(여기의 영업주는 상법 제4조 소정의 상인보다는 넓은 개념이다)로서 자기의 성명이나 상호를 사용하는 것을 허락했을 때에는 명의차용자가 그것을 사용하여 법률행위를 함으로써 지게 된 거래상의 채무에 대하여 변제의 책임이 있다는 것을 밝히고 있는 것에 그치는 것이므로 여기에 근거한 명의대여자의 책임은 명의의 사용을 허락받은 자의 행위에 한하고 명의차용자의 피용자의 행위에 대해서까지 미칠 수는 없다.

5

영업양수인의 책임

X는 A 주식회사가 운영하던 4444번 시내버스를 타고 가던 중에 운전사의 과실로 다른 버스와 충돌하는 바람에 사망하였다. 그 후 A 회사는 위 노선의 시내버스영업을 새로 설립된 Y 주식회사에게 양도하였다. Y 회사는 일간신문에 "금번에 설립된 저희 Y 회사는 A 주식회사로부터 4444번 시내버스영업을 양수하여 새롭게 발전된 모습으로 출발하겠습니다. 잘 부탁드립니다"라고 광고하였다. 이에 X의 상속인 甲은 Y 회사에 대하여 X의 사망으로 인한 손해배상을 청구하고자 한다. 과연 甲의 청구는 인용될 것인가?

I. 문제의 소재

본 사례에서 X의 Y 회사에 대한 손해배상청구권의 행사가 인용될 것인지의 여부를 살펴보기 위해서는 다음과 같은 사항들을 검토하여야 한다. 첫째, X가 시내버스를 타고 가던 중 운전사의 과실로 인하여 사망하였으므로 여객운송인인 A 회사가 손해배상책임을 부담하는지의 여부가 문제된다. 이를 위해 본 사례에서 피해자 X가 사망하였기 때문에 그의 손해배상청구권이 그 상속인 甲에게 승계될 수 있는지의 여부를 살펴보아야 한다.

둘째, X(실질적으로는 그의 상속인 甲)가 Y 회사에 대하여 손해배상을 청구할 수 있으려면 시내버스영업의 양수인 Y 회사가 그 책임을 부담하는 지위에 있어야 한다. 본 사례에서 Y 회사가 A 회사의 상호를 속용하지 않았을지라도 Y 회사의 광고가 A 회사의 채무를 인수하는 취지로 볼 수 있다면 A측에 대해 채무를 변제할 책임을 부담하게 된다. 그러므로 Y 회사의 광고의 법적 성격이 문제된다.

Ⅱ. A 회사의 손해배상책임 부담 여부

1. 채무불이행에 따른 손해배상책임

(1) 여객운송인책임의 성립요건

(가) 여객운송계약의 존재

여객운송인이 상법상의 책임을 부담하기 위해서는 먼저 여객과 운송인 사이에 적법하게 체결된 운송계약이 존재하여야 한다.[19)]

(나) 여객운송인의 주의의무위반

상법에 따르면 여객운송인은 자기 또는 사용인이 운송에 관한 주의를 해태하지 아니하였음을 증명하지 아니하면 여객이 운송으로 인하여 받은 손해를 배상할 책임을 면하지 못한다(상법 제148조 제1항). 즉, 여객운송인은 여객이 안전하게 목적지에 도착하도록 선량한 관리자의 주의의무를 부담하고 있으며, 이 의무를 해태함으로써 여객에게 손해를 입혔을 때에는 채무불이행으로 인한 손해배상책임을 부담하게 된다. 이 경우 운송인측이 고의 · 과실이 없었음을 증명하여야 한다.

(2) 손해의 범위

상법 제148조 제1항의 "여객이 운송으로 인하여 받은 손해"라 함은 보통 여객의 사상(死傷)으로 인한 손해를 말한다. 이에는 재산적 손해는 물론이고 정신적 손해가 포함된다. 재산적 손해의 범위에는 여객의 사상으로 인한 장례비 및 치료비와 같은 적극손해는 물론 장래의 일실이익 등의 소극손해도 포함된다. 여객의 정신적 손해는 위자료를 말한다.

(3) 손해배상청구권의 상속성

피해자가 사망한 경우 그의 손해배상청구권은 상속인에게 승계된다. 운송채무의 불이행에 의한 위자료청구권도 피해자가 그 청구권을 특별히 포기 · 면제하는 의사를 밝히지 않는 한 피해자에게 당연히 성립하고 피해자의 사망에 의해 상속인에게 승계된다.[20)]

---

19) 대법원 1991.11.8. 선고 91다20623 판결.

20) 대법원 1967.5.23. 선고 66다1025 판결.

(4) 사안에 대한 적용

본 사안에서 X는 4444번 시내버스에 타고 가던 중에 사고를 당하였는데, 통상 시내버스 이용자는 요금을 지불한 후 승차한다는 점에서 운송계약의 체결과 관련하여 특별히 문제될 것은 없다. 따라서 A 회사는 그 사용인에 해당하는 버스운전사가 운송에 관한 주의를 해태하지 아니하였음을 증명하지 못하면 손해배상의 책임을 부담하여야 하는데, 본 사안에서는 버스운전사의 과실을 분명히 밝히고 있으므로 여객운송에 있어서 여객운송인의 주의의무위반이 인정된다.

X는 여객운송인측의 주의의무위반으로 사망하였으므로 X의 사망에 대하여 A 회사는 상법 제148조에 기하여 손해를 배상할 책임을 부담한다. 그 내용에는 재산적 손해와 정신적 손해가 모두 포함될 것이다. 그러나 본 사안에서 X가 사망하였으므로 A 회사에 대한 손해배상청구권은 상속인 甲에게 승계된다.

2. 불법행위로 인한 손해배상청구

(1) 운송인의 불법행위책임

상법 제148조 이하는 여객운송인의 채무불이행으로 인한 손해배상책임을 규정하고 있다. 그러나 운전사의 부주의로 인하여 여객이 손해를 입는 경우에는 피해자에 대한 침해로서 불법행위도 동시에 성립한다. 즉, 여객은 자신의 손해에 대하여 운송인의 채무불이행으로 인한 손해배상청구권은 물론이고 운전사의 불법행위로 인한 손해배상청구권(민법 제750조)과 운송인의 사용자책임에 따른 손해배상청구권(민법 제756조)이 동시에 발생한다. 게다가 생명에 대한 침해가 발생한 경우에는 피해자의 직계존속, 직계비속, 배우자에게 위자료청구권이 인정된다(민법 제752조).

(2) 운송인의 계약책임과 불법행위책임의 관계

운송인의 채무불이행으로 인한 손해배상청구권과 불법행위로 인한 손해배상청구권 사이의 관계에 관해서는 학설은 크게 청구권경합설과 법조경합설로 나누어진다.

청구권경합설은 채무불이행책임과 불법행위책임은 그 요건과 효과를 달리하는 별개의 법률관계에서 발생하는 것이므로 경합이 인정되어야 하며 또한 이렇게 경합을 인정함으로써 피해자인 권리자를 두텁게 보호할 수 있다는 입장이다.[21] 법조경합설은 계약법과 불법행위법은 특별법과 일반법의 관계이므로 특별법인 계약법이 일반법인 불법행위법보다 우선하여 적용되어야 하며, 따라서 피해자는 채무불이행으로 인한 손해상청구권만을 행사하여야 한다는 견해이다. 이들 견해 중 전자가 통설의 입장이다. 대법원 판례도 청구권경합설을 고수하고 있다.[22]

생각건대, 청구권경합설은 피해자의 보호에는 유리하지만 청구의 선택적 경합을 인정한다는 점에서 이론상의 어려움이 있고, 법조경합설은 이론상으로는 무난하지만 피해자의 보호에 소홀하다는 단점이 있다. 그러나 상법상 운송인의 채무불이행으로 인한 책임은 상당히 경감되어 있는 까닭에 오히려 피해자보호가 강조되어야 하므로 청구권경합설이 타당하다.

(3) 사안에 대한 적용

본 사안의 경우 A 회사 운전사의 과실로 인하여 X가 사망에 이르렀기에 운송인의 채무불이행책임 이외에도 불법행위책임이 발생한다. 채무불이행책임과 불법행위책임의 관계에 관하여 청구권경합설에 의하면 청구권자는 양자 중 어느 하나를 선택하여 청구할 수 있으며, 이 청구권은 X의 사망으로 상속인 甲에게 승계된다. 그러나 법조경합설에 의하면 채무불이행로 인한 손해배상청구권만이 성립되므로 X는 불법행위로 인한 손해배상청구권을 행사할 수 없으며, 채무불이행책임에 기한 손해배상청구권은 甲에게 상속된다. 본 사안에서 상속인 甲이 X의 직계존비속 또는 배우자인 경우에는 정신적 고통에 대한 입증이 없이도 위자료를 청구할 수 있는 권리가 있다.

Ⅲ. 영업양도로 인한 Y 회사의 채무인수 여부

1. 영업양도와 채권자보호

영업양도라 함은 일정한 영업목적으로 조직화된 유기적 일체로서의 영업재산을 그 동일성을 유지하면서 이전함을 목적으로 하는 채권계약을 뜻한다.[23] 영업양도의 효과로서 제3자와의 대외적 관계에서 영업상의 채권자는 영업양도로 인하여 피해를 입지 않아야 할 것이므로 양수인은 일정한 요건하에 기존의 영업상

21) 대법원 1983.3.22. 선고 82다카1533 판결.
22) 예컨대, 대법원 1962.6.21. 선고 62다102 판결 등.
23) 대법원 1989.12.26. 선고 88다카10128 판결; 동 2005.7.22. 선고 2005다602 판결.

채권자에게 채무를 변제할 책임을 부담하게 된다.

2. 양수인의 책임성립요건

(1) 영업의 양수

영업양수의 기초가 되는 계약의 법적 성질은 불문한다. 따라서 매매, 교환, 증여, 신탁 등의 방법을 통해 영업을 양수받을 수 있다.

(2) 영업으로 인한 채권일 것

상법은 영업으로 인한 채권에 한하여 상호를 속용하는 양수인의 책임(상법 제42조) 및 채무인수를 광고한 양수인의 책임(상법 제44조)을 인정하고 있다. 이 경우의 채권에는 영업양도 당시에 존재하는 영업상의 채권인 이상 거래상의 채권은 물론 불법행위, 부당이득 등으로 인한 채권도 보호범위에 포함한다. 판례도 같은 입장이다.[24]

(3) 책임을 물을 수 있는 외관의 형성

(가) 상호의 속용 또는 채무인수의 광고

영업양도계약을 이행하기 위해서는 양도인은 영업에 속하는 개별재산은 각각 따로 이전하여야 할 의무를 부담한다. 양도인의 제3자에 대한 영업상 채무의 경우에도 채무인수계약(민법 제453조, 제454조)을 따로 체결하지 않는 한, 영업양도의 사실만으로 양수인이 책임을 부담할 이유는 없다.

그러나 양수인이 양도인의 상호를 속용하는 등 일정한 사정으로 인하여 종전 영업의 채권자가 영업양도의 사실을 알지 못하는 경우와 실제로 채무이전을 하지 않았으면서도 채무를 이전한 것과 같은 외관을 야기한 경우에는 외관법리에 의해 채권자를 보호할 필요가 있다. 이에 상법은 특칙을 두어 양수인이 종전의 상호를 계속 사용한 경우(상법 제42조 제1항)와 사용하지 않는 경우라도 양수인이 양도인의 채무를 인수한 것처럼 광고한 경우(상법 제44조)에는 채무인수의 외관을 야기한 것으로 보아 양수인에게도 변제할 책임이 있다고 규정하고 있다. 이러한 양수인의 책임은 상호속용 또는 채무인수광고로 인한 외관에 따른 책임이므로 반드시 유효한 영업양도계약을 전제로 하지는 않는다.

---

24) 대법원 1989.3.28. 선고 88다카12100 판결.

(나) 양수인의 광고

① 취 지 양수인이 양도인의 상호를 속용하지 않는 경우에는 양수인은 양도인의 영업채무를 변제할 책임이 없다. 이 경우에는 영업이전의 외관이 뚜렷하므로 양수인은 원칙적으로 양도인의 영업으로 인한 채무를 변제할 책임이 없다는 것이다.

상호를 속용하지 않더라도 금반언의 법리에 의하여 양도인의 영업으로 인한 채무를 광고한 사실이 인정되면 책임을 진다. 양수인이 채무인수를 광고하였으나 실제로는 채무를 인수하지 않았거나 채무인수가 무효 · 취소된 경우에도 책임을 진다. 그러나 채무인수의 광고를 통해 양수인이 영업상 채무에 대하여 책임을 부담한다고 해도 양도인이 그 채무로부터 벗어날 수는 없으므로 상호속용의 경우와 마찬가지로 양도인과 양수인은 부진정연대채무관계에 놓이게 된다.

② 채무인수광고의 성립요건 상법 제44조의 채무인수의 광고는 불특정다수인에 대하여 양수인이 양도인의 채무를 인수하였다는 의사표시를 전제로 하고 있다. 광고의 주체는 양수인이어야 하며, 양도인에 의한 일방적인 광고는 법적요건을 전혀 충족시키지 못한다. 채무인수광고는 일반적으로 신문광고나 안내장배포 등의 방법으로 이루어지지만, 거래상대방 또는 채권자 일반에 대한 개별적인 서신 등을 통해서도 가능하다. 그러나 특정의 채권자를 대상으로 한 서신 등은 여기서의 광고에 해당되지 않는다.

어떤 경우에 광고의 내용이 채무인수의 취지를 포함하는가에 관해서는 학설은 대체적으로 "채무인수"라고 문자를 쓰지 않더라도 채권자가 사회(또는 거래)통념상 영업으로 인하여 생긴 채무를 인수한 것으로 일반적으로 믿을 수 있는 외관을 야기한 경우이면 충분하다고 보고 있다. 따라서 단순히 영업양수 또는 사업승계의 사실을 광고한 것만으로는 채무인수가 있는 것으로 판단하기에는 미흡하다. 적어도 영업양수인이 채권자에 대하여 직접 변제할 책임을 부담한다는 뜻으로 풀이할 수 있을 정도의 표시가 있어야 한다.

3. 사안에 대한 적용

본 사안에서는 A 회사가 Y 회사에게 영업을 양도하였고 양수인은 양도인의 상호를 속용하지 않았다. 영업양도에 있어서 상호를 속용하지 않더라도 Y 회사가 A 회사의 영업으로 인한 채무를 인수할 것을 광고한 때에는 양수인의 책임이 성립한다. 본 사안에서 상법 제148조에 터잡은 채무불이행으로 인한 손해배상청구권은 물론이고, 민법 제756조에 근거한 사용자에 대한 손해배상청구권 및 민법 제752조에 의한 위자료청구권도 영업으로 인한 채권이라는 요건을 일단 충족한다. 따라서 Y 회사가 일간신문에 A 회사의 4444번 시내버스영업을 양수한 후 Y 회사로서 출발한다고 광고하였는데, 이 광고를 양수인의 채무인수광고로 볼 수 있는지의 여부에 따라 X의 손해배상청구권행사가 정당한지의 여부가 좌우된다. 그러나 Y 회사가 단순히 영업양수를 하였다는 광고만으로 상법 제44조의 채무인수의 광고의 요건을 충족시켰다고는 볼 수 없다. 왜냐하면 그 광고문면상으로는 Y 회사가 A 회사의 채무를 인수하겠다는 의사가 명시적으로 드러나 있지 않으므로 사회통념상 채무인수를 인정할 수 있는 신뢰할 만한 일정한 외관이 형성되었다고도 볼 수 없기 때문이다.

Ⅳ. 사례의 해결

1. A 회사의 버스충돌로 인하여 X가 사망함에 따라 운송인의 채무불이행책임 및 불법행위책임이 발생한다. 이들 책임의 관계에 관한 청구권경합설에 따를 경우 X는 양자 중 어느 하나를 선택하여 손해배상을 청구할 수 있지만 법조경합설에 의하면 채무불이행로 인한 손해배상청구권만을 행사할 수 있다. 어느 견해를 따르던 간에 X의 손해배상청구권은 甲에게 상속된다. 만약 상속인 甲이 X의 직계존비속 또는 배우자인 경우에는 X 회사에 대하여 위자료를 청구할 수 있는 권리가 있다.

2. Y 회사의 버스노선 영업양수의 광고는 영업양수의 사실을 통지하는 것에 불과하고 채무인수의 의사가 명백하게 포함되어 있지 않다. 이러한 이유로 해서 Y에 대한 X의 손해배상청구는 인용될 수 없다.

◎ 참조 판례

대법원 1991.11.8. 선고 91다20623 판결

입장권을 소지한 사람이 객차 안까지 들어가 전송을 한 다음 진행중인 열차에서 뛰어내리다가 사망한 사고에 있어 입장권발매로써 여객운송계약이 체결되었다고 볼 수 없고 아울러 위 사고가 오로지 위 망인이 안내방송에 따라 우선 열차 내에 오르지 아니하여야 하고 승차한 경우라도 열차 출발 전에 조속히 하차하여야 하는 등 주의

의무를 위반한 과실로 발생하였다 하여 국가(철도청)의 여객운송인으로서의 책임이나 사용자책임이 인정되는 것은 아니다.

대법원 1983.3.22. 선고 82다카1533 판결

본래 채무불이행책임과 불법행위책임은 각각 요건과 효과를 달리하는 별개의 법률관계에서 발생하는 것이므로 하나의 행위가 계약상 채무불이행의 요건을 충족함과 동시에 불법행위의 요건도 충족하는 경우에는 두 개의 손해배상청구권이 경합하여 발생한다고 보는 것이 당연할 뿐 아니라, 두 개의 청구권의 병존을 인정하여 권리자로 하여금 그 중 어느 것이든 선택하여 행사할 수 있게 하는 것이 피해자인 권리자를 두텁게 보호하는 길이다.

대법원 2005.7.22. 선고 2005다602 판결

상법 제42조 제1항의 영업이란 일정한 영업목적에 의하여 조직화된 유기적 일체로서의 기능적 재산을 말하고, 여기서 말하는 유기적 일체로서의 기능적 재산이란 영업을 구성하는 유형·무형의 재산과 경제적 가치를 갖는 사실관계가 서로 유기적으로 결합하여 수익의 원천으로 기능한다는 것과 이와 같이 유기적으로 결합한 수익의 원천으로서의 기능적 재산이 마치 하나의 재화와 같이 거래의 객체가 된다는 것을 뜻하는 것이므로, 영업양도가 있다고 볼 수 있는지의 여부는 양수인이 유기적으로 조직화된 수익의 원천으로서의 기능적 재산을 이전받아 양도인이 하던 것과 같은 영업적 활동을 계속하고 있다고 볼 수 있는지의 여부에 따라 판단되어야 한다.

6

영업양도인의 의무와 책임

서울특별시에서 영업을 하고 있던 X 회사(설문에서의 "과거 X 회사")는 주주총회 특별결의를 거쳐서 Y 회사(설문에서의 "과거 Y 회사")에게 영업을 양도하기로 하였다. X 회사와 Y 회사간에 체결된 영업양도계약은 첫째, X 회사의 상호를 비롯하여 영업 전부를 양도하며 둘째, Y 회사는 계약체결과 동시에 "X 회사"라는 상호를 속용하여 영업을 하며 셋째, 양도대금은 현금으로 100억원을 받기로 하며 넷째, X 회사는 영업양도 후 상호를 甲 회사(설문에서의 "현재 甲 회사")로 변경하며 다섯째, X 회사는 영업을 양도한 후 3년간은 서울특별시에서 동종영업을 재개할 수 없다는 것을 내용으로 하고 있다. 이에 Y 회사는 영업양수계약을 체결한 당일 상호를 X 회사(설문에서의 "현재 X 회사")로 변경하여 영업을 해 왔다. 이와 관련하여 다음의 물음에 답하시오.

(1) 영업양도가 있은 지 2년이 경과한 시점에서 현재 甲 회사는 과거 Y 회사에게 양도한 영업과 동종의 영업을 서울특별시에서 재개하고 丙 회사와 거래를 하였는데, 그러한 거래는 유효한가?

(2) 영업양도가 있은 지 3년이 경과한 시점에서 과거 X 회사의 영업으로 인한 채권자 乙 회사가 현재 X 회사에 대하여 채무를 변제할 것을 청구하고자 하는데, 가능한가?

Ⅰ. 문제의 소재

영업양도라 함은 영업의 동일성을 유지하면서 조직화된 기능적 일체로서의 재산의 이전을 목적으로 하는 채권계약을 의미한다. 대법원 판례도 영업양도를 일정한 영업목적에 의하여 조직화된 영업의 일체로서의 이전을 목적으로 하는 것으로서 영업이 그 동일성을 유지하면서 이전됨을 요한다고 판시한 이래[25] 오늘날까지 일관된 입장을 유지하고 있다.[26] 영업양도인은 재산의 종류에 따라 각각 유효한 양도방법에 따라 개별적으로 양도하여야 하며,[27] 영업양수인은 영업양수의 대가로 금전을 지급하는 것이 일반적이다.

25) 대법원 1968.4.2. 선고 68다185 판결.
26) 대법원 1995.7.14. 선고 94다20918 판결 등.
27) 대법원 1991.10.8. 선고 91다22018 · 22025 판결.

본 사례에서의 설문은 영업양도와 관련하여 다음과 같이 2가지를 묻고 있다. 첫째, 상법은 총칙편에서 영업양도인의 경업금지의무를 규정하고 있다(상법 제41조). 설문 (1)은 영업양도인인 현재 甲 회사가 경업금지의무를 위반하고 제3자와의 거래를 한 경우 그 거래가 사법상(私法上) 유효한지의 여부를 묻고 있다. 둘째, 상법은 영업양도의 대외적 효력으로서 영업양수인이 영업양도인의 상호를 속용하는 경우 전자에게 후자의 채권자에 대한 변제책임을 부담시키는 한편(상법 제42조 제1항), 영업양도인의 책임은 영업양도 또는 광고 후 2년이 경과하면 소멸하는 것으로 규정하고 있다(상법 제45조). 설문 (2)에서는 영업양도인의 책임이 소멸되는 경우 영업양수인인 현재 X 회사가 영업양도인인 과거 X 회사의 영업으로 인한 채권에 대해 변제할 책임을 부담하는지의 여부를 살펴보아야 한다.

Ⅱ. 설문 (1)에 대하여

1. 영업양도인의 경업금지의무

(1) 경업금지의무의 의의

영업양도는 재산 및 지위의 양도이므로 양도인의 경업은 영업양도의 본질에 반한다. 이에 상법은 영업양도의 실효성을 확보하고 영업양수인을 보호하기 위하여 영업양도인은 영업양도 후 동종영업을 동일지역과 인접지역에서 다시 개업하는 것을 금지하고 있다(상법 제41조).

(2) 경업금지의무의 내용

영업양도인은 한 10년간 동일지역과 인접지역에서 동종의 영업을 할 수 없다(상법 제41조 제1항). 당사자의 약정에 의해 영업양도인의 경업금지의무를 별도의 약정을 할 수 있지만, 경업금지기간은 20년을 초과할 수 없다(상법 제41조 제1항). 따라서 경업금지의무를 면제하거나 지역 또는 기간을 단축할 수 있다. 이 의무는 영업양도인이 상인인 경우에 한하여 적용된다.[28]

(3) 경업금지의무의 발생시기

경업금지의무의 발생시기는 영업양도계획이 이행되어 영업양수인이 영업을

28) 대법원 1969.3.25. 선고 68다1560 판결.

할 수 있는 상태에 이른 때이다.

(4) 경업금지의무위반의 효과

영업양도인이 경업금지의무를 위반한 경우 영업양수인은 경업행위의 중지를 청구할 수 있으며, 이로 인해 손해를 입은 경우에는 손해배상청구권을 행사할 수 있다. 그러나 설령 영업양도인이 경업금지의무를 위반하더라도 영업양도인과 제3자의 거래는 반드시 사법적으로 무효가 되는 것은 아니다.[29]

2. 사안에 대한 적용

본 사안에서 영업양도인은 상인으로서 그와 영업양수인간에 경업금지의무의 기간에 관하여 3년으로 약정한 것은 적법하다. 영업양수인은 영업계약을 체결한 당일 영업을 하였으므로 영업양도인은 경업금지의무를 계약체결일부터 3년간 부담하게 된다. 따라서 甲 회사는 실질적으로 과거 Y 회사에게 영업양도를 한 과거 X 회사와 동일한 회사이므로 그 회사가 영업양도 후 2년이 지난 시점에서 동종영업을 재개한 것은 경업금지의무의 위반으로 되지만, 丙 회사와의 거래 그 자체는 유효하다.

Ⅲ. 설문 (2)에 대하여

1. 영업양수인의 상호속용시 영업양도인의 채무자에 대한 책임

(1) 영업양수인의 책임의 의의 및 요건

영업양수인이 영업양도인의 영업을 양수하면서 상호를 속용하는 경우에는 영업양도인의 채무를 인수하지 않았다고 하더라도 원칙적으로 영업양도인의 영업으로 인한 제3자의 채권에 대하여 영업양수인도 변제할 책임을 진다(상법 제42조 제1항). 즉, 영업양도인과 영업양수인은 채권자에 대하여 부진정연대책임을 부담한다. 이는 외관법리에 의해 영업양도인의 채권자를 보호하기 위해 영업양수인이 중첩적 채무인수를 한 것으로 의제하는 것이다. 따라서 영업양수인이 영업양도인의 채무를 인수하지 않았음을 입증하여도 영업양수인은 면책될 수 없다(법정책임). 이 경우 영업양수인이 책임을 부담하는 것은 영업양도인의 영업상 활동으로

---

29) 대법원 1996.12.23. 선고 96다37985 판결.

인한 채무이며, 이에는 거래상의 채무, 거래상 채무의 불이행으로 인한 손해배상 채무뿐만 아니라 불법행위나 부당이득 등으로 인하여 발생한 채무도 포함된다.

그러나 영업양수인이 영업양도를 받은 후 지체없이 영업양도인의 채무에 대하여 책임이 없음을 등기하거나 영업양도인과 영업양수인이 지체없이 그 뜻을 제3자, 즉 영업양도인의 영업상의 채권자에게 통지한 때에는 예외적으로 영업양수인에게 귀책사유가 있다고 볼 수 없어 그의 변제책임은 인정되지 않는다(상법 제42조 제2항).

(2) 영업양도인의 책임의 존속기간

영업양수인이 상호속용으로 인하여 영업양도인의 영업상의 채권자에 대하여 변제책임을 부담하는 경우 영업양도인은 영업양도 또는 광고 후 2년이 경과하면 그의 책임은 소멸한다(상법 제45조). 즉, 영업양도인의 책임존속기간이 경과하면 영업양수인만이 책임을 부담하게 된다. 이는 영업상의 채무는 영업양도인의 개인적인 채무라기보다는 영업 그 자체의 채무이기 때문에 2년이라는 제척기간의 도과를 조건으로 영업양도인의 책임을 소멸시키는 것이다.

2. 사안에 대한 적용

현재 X 회사가 과거 X 회사의 상호를 속용하고 있기 때문에 乙 회사는 현재 X 회사에 대하여는 채무를 변제할 것을 청구할 수 있다. 그러나 만약 현재 X 회사가 영업양수 후 지체없이 과거 X 회사의 채무에 대하여 책임이 없음을 등기하였거나 과거 X 회사와 현재 X 회사가 지체없이 그 뜻을 乙 회사에게 통지하였다면 乙 회사는 현재 X 회사에 대하여 채무를 변제할 것을 청구할 수 없다.

Ⅳ. 사례의 해결

1. 설문 (1)의 경우 영업양수인은 영업계약을 체결한 당일 영업을 하였으므로 영업양도인은 영업양수인과의 약정에 따라 경업금지의무를 계약체결일부터 3년간 부담한다. 甲 회사가 영업양도 후 2년이 지난 시점에서 경업금지의무를 위반하였지만 丙 회사와의 거래 그 자체는 유효하다.

2. 설문 (2)의 경우 乙 회사는 과거 X 회사의 상호를 속용하고 있는 현재 X 회사에 대하여는 채무를 변제할 것을 청구할 수 있다. 그러나 현재 X 회사가 영

업양수 후 지체없이 과거 X 회사의 채무에 대하여 책임이 없음을 등기하였거나 과거 X 회사와 과거 Y 회사가 지체없이 그 뜻을 乙 회사에게 통지한 경우 乙 회사는 현재 X 회사에 대하여 채무변제를 청구할 수 없다.

◎ 참조 판례

대법원 1998.4.14. 선고 96다8826 판결

상법 제42조 제1항이 상호를 계속 사용하는 영업양수인에게 양도인의 영업으로 인한 채무에 대하여도 변제할 책임이 있다고 규정하고 있는 것은, 일반적으로 채무자의 영업상 신용은 채무자의 영업재산에 의하여 실질적으로 담보되는 것이 대부분인데 채무가 승계되지 아니함에도 상호를 계속 사용함으로써 영업양도의 사실 또는 영업양도에도 불구하고 채무의 승계가 이루어지지 않은 사실이 대외적으로 판명되기 어렵게 되어 채권자에게 채권 추구의 기회를 상실시키는 경우 양수인에게도 변제의 책임을 지우기 위한 것이므로, 영업양도인이 사용하던 상호와 양수인이 사용하는 상호가 동일할 것까지는 없고 다만 전후의 상호가 주요 부분에 있어서 공통되기만 하면 상호를 계속 사용한다고 보아야 한다.

대법원 1996.7.9. 선고 96다13767 판결

상법 제42조 제1항은 영업양수인이 양도인의 상호를 계속 사용하는 경우에는 양도인의 영업으로 인한 제3자의 채권에 대하여 양수인도 변제할 책임이 있다고 규정하고 있는바, 영업을 출자하여 주식회사를 설립하고 그 상호를 계속 사용하는 경우에는 영업의 양도는 아니지만 출자의 목적이 된 영업의 개념이 동일하고 법률행위에 의한 영업의 이전이라는 점에서 영업의 양도와 유사하며 채권자의 입장에서 볼 때는 외형상의 양도와 출자를 구분하기 어려우므로 새로 설립된 법인은 상법 제42조 제1항의 규정의 유추적용에 의하여 출자자의 채무를 변제할 책임이 있고, 여기서 말하는 영업의 출자라 함은 일정한 영업목적에 의하여 조직화된 업체 즉 인적·물적 조직을 그 동일성을 유지하면서 일체로서 출자하는 것을 말한다.

7

상행위의 대리

보석매매업을 하는 乙 주식회사를 대리하는 Y는 매매대금을 먼저 받고 물품은 1개월 내에 인도하는 내용의 매매계약을 X와 체결하였다. Y는 乙 회사를 대리한다는 사실을 명시하지 않은 채 계약서에 자신의 이름으로 서명하고 자신의 인감으로 날인하였다. 그러나 Y가 대금수령 후 1개월이 지났지만 해당 물품을 인도하지 않자 X는 Y에 대해 물품인도를 청구하는 소송을 제기하였다. X는 해당 매매계약이 Y와 체결되는 과정에서 Y가 乙 회사의 대리인으로서 乙 회사를 위해서 계약을 체결한 것으로 알지 못한 것에 대하여 선의이며 전혀 과실이 없었음을 입증하면서 자신은 乙 회사와 새로운 법률관계를 만들고 싶지는 않다는 의사를 밝혔다. 이에 Y는 자신이 乙 회사의 대리인으로서 매매계약을 체결하였으므로 직접 물품인도를 할 의무가 없다고 주장하는데, 과연 이 주장은 인용될 것인가?

Ⅰ. 문제의 소재

본 사례는 상행위의 대리에서 대리인과 상대방의 관계에 관한 문제이다. 사례를 해결하기 위해서는 먼저 Y가 乙 회사의 상사대리인으로서 상행위 대리의 요건 및 방식을 충족하였는지의 여부를 검토하여야 한다. 그 다음으로 상대방 X가 상사대리인 Y에 대하여 이행을 청구하는 경우 Y가 이를 거절할 수 있는지의 여부를 살펴보아야 한다.

Ⅱ. Y의 상행위 대리의 요건 및 방식의 적절성

1. 상행위 대리의 요건

상행위라 함은 실질적으로는 영리를 위한 기업활동이며, 형식적으로는 상법과 특별법에서 상행위라고 규정한 행위를 말한다. 상법 제46조에서 기본적 상행위로 동산·부동산·유가증권 기타의 재산의 매매행위(제1호)를 비롯하여 21가지의 영업적 상행위를 열거하고 있다.

2. 상행위 대리의 방식

상행위는 영리성, 신속성, 집단성, 비개인성, 정형성 등의 특색을 가지므로 민법의 대리에 대한 특칙을 두고 있다. 민법상의 대리의 경우 대리인이 본인을 위한 것임을 표시하여야 하며, 만약 대리인이 본인을 위한 것임을 표시하지 않았을 경우에는 그 행위는 대리인의 행위로 되며 본인의 책임은 발생하지 않는다(민법 제114조). 이처럼 대리인관계를 표시하는 입장을 현명주의(顯名主義)라 한다.

상행위의 대리는 비현명주의(非顯名主義)를 취하고 있다. 다만, 상법은 비현명주의를 택하되 대리의 상대방 보호를 위해 상행위의 대리는 대리인이 본인을 위한 것임을 표시하지 않아도 본인에 대하여 효력이 생기며(상법 제48조 본문), 만약 상대방이 본인을 위한 것임을 알지 못한 경우에는 대리인에게도 이행을 청구할 수 있음을 규정하고 있다(상법 제48조 단서).

3. 사안에 대한 적용

Y는 X와의 매매계약서에 Y 개인이 서명·날인만 했을 뿐 乙 회사 대리인이라는 사실을 명시하지 않았다. 乙 회사의 보석매매업은 상법 제46조 제1호에 규정한 동산의 매매에 해당한다. Y는 상행위의 대리인으로서 상법 48조가 적용되며 대리관계의 현명이 없어도 원칙적으로 본인에게 효과가 귀속한다. Y의 행위는 상행위 대리의 요건과 방식을 제대로 갖추고 있다.

Ⅲ. X의 이행청구에 대한 Y의 거절가능 여부

1. 상대방이 대리관계를 알지 못한 경우의 특칙

(1) 대리인에 대한 이행청구권과 본인에 대한 이행청구권과의 관계

(가) 서 언

상행위 대리의 상대방이 대리관계를 알지 못하는 경우 본인과 대리인은 상대방에 대하여 어떠한 관계에 놓이는지에 관하여 살펴볼 필요가 있다. 이를 위해 상법 제48조 단서에 따라 상대방이 대리인에게 이행을 청구한 경우 상대방의 본인에 대한 이행청구는 부정되는지의 여부에 관하여 학설들을 이해하여야 한다.

(나) 학 설

학설로는 연대설과 택일설이 있다. 연대설에 따르면 대리인은 본인의 채무에

대해 부진정연대채무의 관계에 있으므로 상대방은 본인 또는 대리인 중 어느 일방에 청구한 후에도 다른 일방에 대하여 청구할 수 있다. 택일설은 상대방은 법률관계를 선택할 수 있어 본인이나 상대방의 어느 일방에 청구한 경우에는 다른 일방과의 관계는 주장할 수 없다는 견해이다.

(다) 검 토

상법 제48조 본문은 상행위의 대리방식이 비현명주의를 취하고 있는 이상 상행위 대리의 상대방이 대리관계를 알지 못한 것에 대하여 과실 유무를 불문하고 대리행위에 따라 본인과 상대방과의 사이에는 법률관계가 발생한다. 그러나 이러한 본인과의 법률관계발생으로 인하여 오히려 본인을 위해서 행한 것을 알지 못한 상대방은 예측하지 못한 불이익을 입을 수도 있다. 따라서 택일설에 따라 상대방은 그 선택에 따라 본인과의 법률관계를 부정하고 대리인과의 법률관계를 주장할 수 있다고 해석하는 것이 바람직하다.

2. 상대방의 대리관계를 알지 못한 것에 대한 무과실 요부

(가) 서 언

상사대리의 상대방은 상법 제48조 단서규정의 "본인을 위한 것임을 알지 못한" 것을 입증하여야 한다. 이 경우 과실로 인하여 대리관계를 알지 못한 경우도 상법 제48조 단서가 적용될 수 있는지의 여부에 관해서는 긍정설과 부정설로 견해가 나누어진다.

(나) 학 설

먼저 긍정설은 상법 제48조 단서규정은 상대방을 보호하기 위한 것이므로 상대방의 과실 유무를 불문하고 대리인에 대해 이행을 청구할 수 있다는 견해이다. 부정설에는 상법 제48조 단서규정은 상대방보호를 위한 규정이기는 하지만, 선의 · 무과실인 경우에 한해서만 적용되어야 한다는 견해와 상대방보호를 위한다고 하더라도 중대한 과실이 있는 상대방까지 보호할 필요가 없다는 견해[30]가 있다.

(다) 검 토

상법 제48조 단서규정의 취지가 상대방보호에 있다고는 하지만 그렇다고 해서 상대방이 중대한 과실이 있는 경우까지 보호할 필요는 없다고 보는 것이 타당하다.

---

30) 최준선, 「상법총칙 · 상행위법」 제3판(삼영사, 2007), 225면.

3. 사안에 대한 적용

상행위 대리의 상대방인 X는 해당 매매계약에서 Y가 乙 회사를 위해서 계약을 체결한 것으로 알지 못한 것에 대하여 과실이 없었음을 입증하였기 때문에 과실 요부에 관한 어떠한 견해에 따르더라도 X는 상법 제48조 단서의 적용을 받는다. 대리인에 대한 이행청구권과 본인에 대한 이행청구권과의 관계에서 택일설에 따라 대리인에 대해 이행청구권을 행사할 경우 본인에 대해서는 이행청구를 할 수 없다. 만약 연대설에 의하면 대리인에 대해 이행청구권을 행사하더라도 본인에 대하여서도 이행청구권행사가 가능하다. 택일설과 연대설 중 어느 견해에 의하더라도 X가 Y에 대하여 이행청구를 하였으면 Y는 직접 물품을 인도할 의무를 부담하므로, 이를 거절하는 주장은 인용될 수 없다.

Ⅳ. 사례의 해결

Y는 乙 회사의 상행위를 대리하여 X와 계약을 체결하였지만 X는 Y의 대리관계를 선의무과실로 알지 못하였다. X는 상법 제48조 단서에 의하여 본인과 대리인 중 대리인을 선택하여 이행을 청구하였으며, 이에 Y가 물품을 인도하여야 하는 의무를 부담한다. 그러므로 Y가 물품인도의무를 부인하는 주장은 인용될 수 없다. 이러한 결론은 대리인에 대한 이행청구권과 본인에 대한 이행청구권과의 관계에 관한 택일설과 연대설 중 어느 견해를 취하더라도 동일하다.

◎ **참조 판례**

대법원 1996.10.25. 선고 94다41935, 41942 판결

상가건물 분양업체에게 그 소유자를 대리할 권한이 있고, 그 점포의 분양행위가 그 규모, 횟수, 분양기간 등에 비추어 볼 때 상법 제46조 제1호 소정의 부동산의 매매로서 본인인 상가건물 소유자의 상행위가 되는 경우, 분양업체가 수분양자와 분양계약을 체결하면서 건물 소유자의 대리인임을 표시하지 않았다 하더라도 상법 제48조에 의하여 유효한 대리행위로서 그 효과는 본인인 건물 소유자에게 귀속된다.

8

상사유치권

전문적인 임대사업자인 乙 주식회사는 자신이 구입한 토지에 임대용 건물을 건축하는 공사를 건설사업자인 X 주식회사에 요청하였다. 乙 회사는 X 회사와 건축도급계약을 체결하면서 건물은 乙 회사 소유의 토지위에 완공되는 날 乙 회사에게 귀속하고 건축대금을 지급한다는 취지의 특약을 넣었다. X 회사는 건축공사장 주위를 강판으로 만든 가림벽으로 막고 출입구를 자물쇠로 채워 X 회사의 건설인부 및 임직원 이외에는 출입을 철저히 통제하면서 공사를 진행하여 건물을 완공하였다. 건물이 완공된 시점에서 X 회사가 우연히 乙 회사의 재정상태가 악화되었다는 소식을 듣고서는 건축대금채권을 담보하기 위하여 토지와 건물을 유치하려 하는데, 가능한가?

Ⅰ. 문제의 소재

본 사례는 X 회사의 피담보채권의 변제기가 도래한 후 상사유치권의 성립이 가능한지를 묻고 있다. 따라서 본 사례가 상법 제58조에 규정된 상사유치권의 성립요건을 충족하고 있는지의 여부를 검토하여야 한다.

Ⅱ. X 회사의 상사유치권 성립가능 여부

1. 상사유치권의 의의

유치권이라 함은 점유하고 있는 타인의 물건 또는 유가증권에 관하여 생긴 채권의 이행을 담보하기 위하여 형평의 관념에서 그 물건 또는 유가증권을 유치할 수 있는 권리를 말한다(민법 제320조 제1항). 상인 간에는 계속적인 거래관계로 인하여 주로 신용거래를 하는 것이 일반적인 현상이므로 담보를 상호 취득하게 하는 것이 편리하다. 이에 상법은 민법상의 유치권, 즉 민사유치권보다 성립요건을 완화 내지 변경하여 채무자의 변제를 간접적으로 강제함으로써 채권자의 이익을 보호하고 거래의 원활을 도모할 수 있는 상사유치권에 관하여 규정하고 있다(상법 제58조).

2. 상사유치권의 성립요건

(1) 상법 제58조의 규정

상법에 따르면 상인간의 상행위로 인한 채권이 변제기에 있는 때에는 채권자는 변제를 받을 때까지 그 채무자에 대한 상행위로 인하여 자기가 점유하고 있는 채무자소유의 물건 또는 유가증권을 유치할 수 있다(상법 제58조 본문). 그러나 당사자간에 다른 약정이 있으면 그러하지 않다(상법 제58조 단서).

(2) 당사자

(가) 상법 제58조의 요건

유치권 성립시에 당사자 쌍방이 상인이어야만 한다. 즉, 피담보채권의 성립시와 유치물의 점유가 개시된 시점에 상인자격이 있어야 한다.

(나) 사안에 대한 적용

당연상인이란 자기명의로 상행위를 하는 자를 말한다(상법 제4조). 설령 상행위를 하지 않더라도 영업의 형식에 따라 상인으로 취급되는 의제상인의 일종인 설비상인(상법 제5조)도 있다. 따라서 주식회사는 상법 제46조에 규정된 상행위를 하는지의 여부를 불문하고 인정되는 태생적인 상인이다. 본 사안에서 乙 회사와 X 회사는 상인이므로 상사유치권의 당사자로서의 요건을 충족하고 있다.

(3) 피담보채권

(가) 상법 제58조의 요건

피담보채권은 상인 간의 쌍방적 상행위로 인하여 발생한 것이어야 한다. 이러한 상행위는 기본적 상행위(상법 제46조)이든 보조적 상행위(상법 제47조)이든 불문한다. 피담보채권은 변제기가 도래한 것이어야 한다.

(나) 사안에 대한 적용

乙 회사와 X 회사는 상인이다. 乙 회사가 X 회사와 건물건축도급계약을 체결한 것은 상인 乙 회사가 영업을 위한 행위로서, 이는 보조적 상행위에 해당한다. X 회사의 건축도급계약의 인수는 기본적 상행위(상법 제46조 제5호)이다. 본 사안에서 건물이 완공되었으므로 X의 피담보채권의 변제기가 도래하였다. 이에 상사유치권의 피담보채권의 요건을 충족하고 있다.

(4) 목적물

(가) 상법 제58조의 요건

채권자가 유치할 수 있는 목적물은 채권자가 채무자에 대한 상행위로 인하여 자기가 점유하고 있는 채무자소유의 물건 또는 유가증권이다. 이를 나누어 살펴보면 다음과 같다.

첫째, 목적물의 점유를 취득한 원인이 채권자가 채무자와의 상행위로 인하여야 한다. 유치권의 발생에 점유의 요건이 필요한 것은 그것에 의해서 피담보채권의 변제를 심리적으로 강제하기 위한 것이기 때문에 점유는 사실상의 지배로써 충분하다(민법 제192조 제1항).

둘째, 목적물은 채무자가 소유권을 갖는 것이어야 한다. 채무자의 소유권은 유치권의 행사시가 아니라 유치권의 성립시에 있으면 충분하다.

셋째, 유치의 목적물은 물건 또는 유가증권에 한한다. 이 경우 물건에는 부동산도 포함되는지의 여부에 관하여 견해가 나누어진다. 즉, 불포함설은 부동산에 대해서는 등기의 전후(前後)에 따라 우선권이 결정되는 저당권제도가 존재하고 있음에도 불구하고 상사유치권을 인정한다면 저당권과의 경합이 발생하여 부동산거래의 안전을 해한다는 견해이다. 포함설은 물건의 문리적 해석을 하는 경우는 물론이고 상사유치권의 취지가 채권담보에 있다는 점을 고려할 때 부동산도 포함된다는 견해이다. 이들 견해 중에서 부동산의 상품화(商品化)라는 현상을 감안한다면 상인 간의 부동산을 둘러싼 계속적인 거래에서의 채권담보를 위해서는 부동산도 물건에 포함된다고 해야 할 것이다.

(나) 사안에 대한 적용

X 회사가 목적물의 점유를 취득한 것은 乙 회사로부터 건물건축도급을 인수라는 상행위를 원인으로 한다. X 회사는 건축공사장 주위를 막고 출입구를 봉쇄하며, X 회사의 건설인부 및 임직원 이외에는 출입을 철저히 통제한 것은 사실상의 지배가 있어 乙 회사 소유의 토지와 건물을 점유한 것으로 풀이된다.

건물이 세워진 토지는 乙 회사의 소유이다. 乙 회사와 X 회사 사이의 건축도급계약상의 특약에 따르면 건물의 소유권은 완공 즉시 乙에게 귀속한다. 본 사안의 설문이 완공시점에 유치권 성립여부를 묻고 있는데, 그 시점에서는 목적물은 분명히 乙의 소유물이다.

X가 유치하고자 한 것은 乙 회사 소유의 토지와 건물, 즉 부동산이다. 상사유치권의 목적물인 물건에 부동산도 포함된다는 견해에서는 乙의 토지와 건물에

대한 유치권이 성립한다. 그러나 부동산이 포함되지 않는다는 견해에 의하면 乙의 토지와 건물에 대한 유치권 성립은 불가능하다.

(5) 목적물과 피담보채권의 견련성 불요

(가) 상법 제58조의 요건

상법 제58조는 상사유치권의 성립을 위해 피담보채권과 목적물 사이의 견련성(牽連性)을 요구하지 않고 있다. 따라서 피담보채권이 그 목적물에 관하여 발생할 필요는 없다.

(나) 사안에 대한 적용

우연히 점유하게 된 물건 또는 유가증권도 피담보채권을 위하여 유치할 수 있을 정도로 담보목적물의 범위가 확대되고 유동적이므로, 목적물과 피담보채권의 견련성 불요 요건은 본 사안과 같은 경우에 상사유치권이 성립하는지의 여부에 대해서는 영향을 미치지 못한다.

(6) 유치권배제특약의 부존재

(가) 상법 제58조의 요건

당사자간에 유치권의 발생을 배제하는 특약이 있으면 그 특약은 유효하다(상법 제58조 단서). 특약은 명시 또는 묵시에 의해서도 성립될 수 있다. 따라서 그러한 특약이 없어야만 유치권이 성립될 수 있다.

(나) 사안에 대한 적용

본 사안에서는 당사자간 유치권을 배제한다는 약정에 관하여는 언급이 없다. 만약 다른 요건을 갖추더라도 유치권배제특약이 있다면 乙 회사 소유의 토지와 건물에 대한 X 회사의 유치권은 성립하지 않는다. 그러한 특약이 없다면 유치권이 성립될 수 있다.

Ⅲ. 사례의 해결

X 회사는 유치하고자 하는 乙 회사의 토지 및 건물에 대하여 상법 제58조가 규정한 당사자 및 피담보채권, 목적물의 채권자 점유 및 채무자 소유 등의 요건을 충족하고 있다. 여기에다가 유치권의 대상이 될 수 있는 목적물인 물건에 부동산도 포함된다는 견해를 따르고, 본 사례에서 밝히고 있지는 않지만 당사자간

유치권을 배제한다는 특약이 없다면 X 회사는 乙 회사 소유의 토지와 건물을 유치할 수 있다. 그러나 만약 유치권 대상 목적물에 부동산이 불포함된다는 입장을 지지할 경우 또는 당사자간 유치권배제의 특약이 있는 경우에는 X 회사의 유치권은 성립할 수 없다.

9

퇴임 대리상의 권리 · 의무

X는 대리상으로서 甲 회사를 위하여 수년 동안 그 영업을 보조하다가 1개월 전에 대리상계약이 종료되었다. 대리상계약이 종료된 후 X가 甲 회사에 대하여 행사할 수 있는 권리와 부담하는 의무에 관하여 논하시오.

Ⅰ. 논 점

일정한 상인을 위하여 상업사용인이 아니면서 상시 그 영업부류에 속하는 거래의 대리 또는 중개를 영업으로 하는 자를 대리상이라 한다(상법 제87조). 본인인 상인과 대리상이 되고자 하는 자는 낙성 · 불요식의 대리상계약을 체결하여야만 대리상의 지위를 획득한다. 이하에서는 대리상계약이 종료한 경우 퇴임 대리상 X가 종료한 대리상계약의 당사자였던 본인 甲 회사에 대하여 행사할 수 있는 권리인 보상청구권 및 미지급보수에 대한 청구권과 甲 회사에 대하여 부담하는 영업비밀준수의무에 관하여 논하고자 한다.

Ⅱ. X의 甲 회사에 대한 권리와 의무

1. 보상청구권

(1) 보상청구권의 의의

대리상의 보상청구권이라 함은 대리상의 활동으로 본인이 새로운 고객을 획득하거나 영업상의 거래가 현저하게 증가하고 이로 인하여 계약의 종료 후에도 그가 이익을 얻고 있는 경우에는 퇴임 대리상이 그에 대하여 상당한 보상을 청구할 수 있는 권리를 말한다(상법 제92조의 2 제1항). 이는 대리상계약 종료 전에 대리상의 노력으로 발생한 무형의 재산적 가치에 대한 응분의 대가를 지급하도록 하여 형평의 관점에서 대리상을 보호하기 위한 것으로서 1995년 개정상법에서 신설되었다.

(2) 보상청구권의 성질

대리상의 기여에 대하여 통상의 보수로 지급되지 않는 부분에 대하여 인정된 법정청구권이다. 따라서 보상청구권의 법정요건을 충족하는 한 이 권리는 성립하며 당사자간의 특약으로 배제할 수 없다.

(3) 보상청구권의 성립요건

(가) 대리상계약의 종료

유효하게 계속된 대리상계약이 종료되어야 하며 그 사유는 불문한다. 대리상계약은 체약대리의 경우에는 본인으로부터 법률행위에 관한 사무의 위탁을, 그리고 중개대리의 경우에는 사실행위에 관한 사무의 위탁을 받은 것이므로 위임의 성격을 지닌다. 따라서 대리상계약은 위임의 일반적인 종료사유로 종료한다. 이 밖에 본인 또는 대리상이 영업을 폐지한 경우에도 종료한다. 그러나 대리상이 사망하면 대리상계약은 종료하지만(민법 제690조) 본인이 사망한 경우에는 종료하지 않는다(상법 제50조).

민법상 위임인 또는 수임인은 언제든지 계약을 해지할 수 있지만(민법 제689조) 이를 그대로 대리상계약에 적용한다면 대리상의 지위를 위협할 수 있다. 이 때문에 상법은 대리상계약의 존속기간을 정하지 않은 경우에는 각 당사자는 2월 전에 예고하고 계약을 해지할 수 있게 하였다(상법 제92조 제1항). 부득이한 사정이 있는 때에는 언제든지 해지할 수 있다(상법 제92조 제2항). 다만, 계약의 종료가 대리상의 책임 있는 사유로 인한 경우에는 보상청구권은 인정되지 않는다(상법 제92조의 2 제1항 단서).

(나) 종료한 대리상계약의 본인이었던 자의 이익의 존재

대리상계약이 종료한 후에도 그 대리상계약의 본인이었던 자가 이익을 얻고 있어야 한다. 구체적으로는 대리상계약의 종료 전 대리상의 활동으로 본인이 새로운 고객을 획득하거나 영업상의 거래가 현저하게 증가하고 그러한 상태가 대리상계약의 종료 후에도 지속되어 그 본인이 이익을 얻고 있어야 한다. 이에 관한 입증책임은 퇴임 대리상이 부담한다.

(다) 형평성의 충족

퇴임 대리상이 보상청구권을 행사하는 것이 형평에 부합되어야 한다.

(4) 보상청구권 성립의 효과

위의 요건을 구비하면 퇴임 대리상은 본인에 대하여 상당한 보상을 청구할 수 있다(상법 제92조의 2 제1항 본문). 보상금액은 계약종료 전 5년간의 평균연보수액을 초과할 수 없다. 계약의 존속기간이 5년 미만인 경우에는 그 기간의 평균연보수액을 기준으로 한다(상법 제92조의 2 제2항).

(5) 보상청구권의 행사기간

보상청구권은 계약이 종료한 날부터 6월을 경과하면 소멸한다(상법 제92조의 2 제3항). 이 기간은 제척기간이다.

2. 미지급보수의 청구권

대리상의 보수는 통상 대리상계약에서 정해진다. 만약에 보수에 관한 약정이 없더라도 상법 제61조에 의해 당연히 보수청구권을 가진다. 대리상계약이 종료되면 퇴임 대리상은 그간의 대리 · 중개행위에 대한 미지급보수에 대한 정산을 요구할 수 있다.

3. 영업비밀준수의무

(1) 영업비밀준수의무의 의의

퇴임 대리상은 계약의 종료 후에도 계약과 관련하여 알게 된 계약종료 전의 본인의 영업상의 비밀을 준수하여야 한다(상법 제92조의 3). 대리상은 본인과 지속적인 긴밀한 관계를 유지하는 까닭에 본인의 영업상 비밀에 쉽게 접근할 수 있는 지위에 있다. 만약에 대리상이 그 비밀을 스스로 이용하거나 제3자에게 누설하면 본인이 손해를 입을 우려가 있어 상법은 대리상에 대하여 대리상계약의 종료 후에도 계약종료 전의 본인의 영업상의 비밀을 준수할 의무를 부과하고 있다. 다만, 상법은 퇴임 대리상의 영업비밀준수의무만을 선언하고 있을 뿐 그 구체적인 의무의 내용에 대해서는 규정하고 있지 않다.

(2) 영업비밀준수의무의 구성요소

(가) 대리상계약의 종료

대리상계약이 종료되어야 하며 그 사유는 불문한다.

(나) 대리상계약에 관련되어 알게 된 영업비밀

대리상계약이 종료된 후에도 퇴임 대리상이 수비(守秘)하여야 하는 대상은 대리상계약에 관련되어 알게 된 본인의 영업비밀이다. 여기서 영업비밀이라 함은 기업의 영업에 관련된 공지되지 않은 사실이면서 동시에 그 비밀의 유지에 본인의 경제적 이익이 존재하는 사실을 말한다. 이미 공개되어 제3자가 쉽게 접근할 수 있는 것은 여기서 말하는 영업비밀에 해당하지 않는다.

(다) 영업비밀의 공개금지

퇴임 대리상은 자신이 알게 된 본인의 영업비밀을 공개하거나 사익을 추구하는 데 이용할 수 없다.

(3) 영업비밀준수의무위반의 효과

퇴임 대리상이 영업비밀준수의무를 위반한 경우에는 대리상계약 종료 전의 본인이었던 자에 대하여 손해배상책임을 부담한다.

Ⅲ. 결 론

대리상계약이 종료한 후에도 甲 회사가 이익을 얻고 있다면 형평의 관점에서 그 계약이 X의 책임 있는 사유로 종료되지 않은 한 X는 계약종료일로부터 6월 이내에 보상청구권을 행사할 수 있다. 만약 그간 대리상으로서 지급받지 못한 보수가 있다면 X는 그에 대한 정산을 甲 회사에 대하여 요구할 수 있다. 또한 X는 계약과 관련하여 알게 된 甲 회사의 영업상의 비밀을 준수하여야 한다. X가 영업비밀준수의무를 위반한 경우에는 甲 회사에 대하여 손해배상책임을 부담한다.

10

위탁매매인의 이행담보책임

증권거래의 문외한인 X는 Y 증권회사를 통하여 주식투자를 하기로 하고 언론에서 당시 유망하다고 소개된 乙 주식회사의 발행주식총수의 0.1%에 해당하는 주식 100주를 Y 회사의 이름으로 매입할 것을 부탁하면서 주식매수대금조로 금전과 매입에 대한 보수를 선지급하였다. 며칠 후 Y 회사는 자기의 명의로 A로부터 乙 회사의 주식을 매입하는 계약을 체결하였다. 그러나 A는 乙 회사의 주식을 B에게 매각하는 바람에 Y 회사에게 위의 주식을 인도할 수 없게 되었다. 이에 X는 Y 회사에 대하여 다른 주주로부터 주식을 매입해서라도 자신의 부탁을 반드시 이행하도록 요구하고 있다. 이러한 X의 요구를 뒷받침하는 상법상의 근거에 관하여 논하시오.

Ⅰ. 논　　점

본 사례에서는 X는 Y 회사에게 X가 주식매수대금과 보수를 지급하면서 Y 회사의 명의로 특정한 기업 주식의 매수라는 법률행위를 위탁하고 있다. 상법은 자기명의로써 타인의 계산으로 물건 또는 유가증권의 매매를 영업으로 하는 자를 위탁매매인이라 하는데(상법 제101조), 사례에서의 Y 회사가 이에 해당한다.

위탁매매인의 법률관계는 3면관계로 구성된다. 즉, 위탁자와 위탁매매인의 관계, 위탁매매인과 매매계약의 체결하는 제3자의 관계 및 위탁매매인과 위탁물의 귀속관계가 그것이다. 본 사례는 위탁매매인인 Y 회사가 X로부터 위탁받은 매매와 관련하여 상대방인 A가 채무를 제대로 이행하지 않았다. 이 경우 상법은 위탁매매인은 위탁자를 위한 매매에 관하여 상대방이 채무를 이행하지 않은 경우에는 위탁자에 대하여 이행담보책임을 부과하여 이행을 강제하고 있다(상법 제105조 본문). 따라서 위탁자에 대한 위탁매매인의 의무 중에서 이행담보책임을 논하여야 한다.

Ⅱ. 위탁매매인의 이행담보책임

1. 이행담보책임의 의의

위탁매매인이 자신의 의무를 이행하기 위해서는 위탁의 취지에 따라서 매매를 하면 된다. 그러나 위탁매매인의 매매가 위탁자의 계산으로 이루어지는 까닭에 그 상대방인 제3자가 채무를 이행하지 않으면 위탁자가 손해를 입게 된다. 또한 위탁매매 자체가 위탁매매인의 명의로 이루어지므로 위탁자는 그 상대방과는 직접적인 법률관계가 없다. 위탁자와 위탁매매인간의 계약은 그 성격이 위임이므로 위탁매매인이 선량한 관리자의 주의로서 상대방을 선택하며 매매를 하였다면 위탁자는 위탁매매인에게 손해배상을 청구할 수 없다. 게다가 위탁매매인도 그 상대방의 채무불이행으로 인하여 어떠한 손해를 입은 것은 아니므로 그 상대방에 대하여 손해배상을 청구하는 것도 불가능하다.

이 때문에 상법은 위탁자를 보호함으로써 위탁매매거래의 안전을 도모하기 위하여 위탁매매인에게 이행담보의무를 부담시키고 있다. 즉, 위탁매매인은 위탁자를 위한 매매에 관하여 상대방이 채무를 이행하지 아니하는 경우에는 위탁자에 대하여 이를 이행할 책임을 부담한다(상법 제105조 본문).

2. 이행담보책임의 법적 성질

위탁매매인은 그 상대방이 채무를 이행하지 않는 경우 이행담보책임을 부담한다는 점에서 보증채무와 유사하지만, 상대방의 위탁자에 대한 주채무가 존재하지 않으므로 위탁매매인은 주채무에 대한 보증채무를 부담한다고는 볼 수 없다. 이 때문에 위탁매매인은 최고 및 검색의 항변권(민법 제437조, 제438조)을 행사할 수 없다. 따라서 위탁매매인의 이행담보책임은 위탁자의 위탁매매의 신용을 확보하고 이를 이용하는 위탁자를 보호하기 위하여 법률이 특별히 규정한 무과실책임이다.

3. 이행담보책임의 발생요건

상법상 위탁매매인의 이행담보책임의 발생요건으로서는, 첫째 상대방이 채무를 이행하지 않아야 하며, 둘째 그 책임의 성질상 대체급여가 가능하여야 하며, 셋째 위탁자와 위탁매매인 사이에 이행담보책임을 배제하는 특약이나 관습이 없어야 한다(상법 제105조 단서).

4. 이행담보책임의 내용 및 범위

위탁매매인의 이행담보책임이 적용되는 범위는 상대방과 동일한 내용의 채무를 부담한다. 예컨대, 매수위탁의 경우에는 매매목적물을 인도하여야 한다. 그러나 상대방이 동시이행의 항변권을 행사할 수 있는 경우에는 위탁매매인은 위탁자에 대하여 대항할 수 있다.

5. 의무이행의 효과

위탁매매인이 상대방의 채무를 이행한 경우에는 상대방이 스스로 채무를 이행한 것과 동일하게 위탁자에 대하여 보수를 청구하거나 비용의 상환을 청구할 수 있다(상법 제55조, 제61조).

6. 이행담보책임의 소멸

위탁매매인의 이행담보책임은 위탁매매인의 영업상의 책임이므로 상대방 채무의 시효기간과는 별도로 5년의 시효로 소멸한다(상법 제64조).

Ⅲ. 결　　론

본 사례에서는 위탁매매계약에서 위탁매매인의 이행담보책임에 관한 것이다. 본 사례에서는 상대방 A가 채무를 이행하지 않았기에 위탁매매인인 Y 회사가 이행담보책임을 부담한다. 이는 위탁자를 보호하기 위한 법정책임이자 무과실책임이다.

X가 Y 회사에 대하여 위탁한 주식은 乙 회사의 발행주식 총수의 0.1%에 해당하는 100주에 지나지 않는다. 굳이 A가 아니더라도 다른 주주로부터 주식을 매입할 수도 있어 대체급여가 가능하다. 그러므로 X와 Y 회사 사이에 이행담보책임을 배제하는 특약이나 관습이 없는 한 Y 회사는 A 이외의 자로부터 乙 회사의 주식을 매입하여 자신의 의무를 이행하여야 한다. 이러한 이행담보책임의 소멸시효는 5년이다.

참조 판례

대법원 1980.5.27. 선고 80다418 판결

증권거래의 문외한이며 초심자들인 원고들이 피고 회사인 증권회사의 영업부장 겸 지배인을 통하여 주식투자를 하기로 하고 동인에게 유망한 종목의 주식을 적당한 시기에 적당한 수량을 매입매도 하여 이득금을 남기도록 부탁하면서 주식매수대금조로 금전을 지급하였다면 원고들과 피고 회사 사이에 증권매매거래의 위탁계약이 성립된다.

대법원 1996.1.23. 선고 95다39854 판결

위탁자의 위탁상품공급으로 인한 위탁매매인에 대한 이득상환청구권이나 이행담보책임이행청구권은 위탁자의 위탁매매인에 대한 상품공급과 서로 대가관계에 있지 아니하여 등가성이 없으므로 민법 제163조 제6호소정의 '상인이 판매한 상품의 대가'에 해당하지 아니하여 3년의 단기소멸시효의 대상이 아니고, 한편 위탁매매는 상법상 전형적 상행위이며 위탁매매인은 당연한 상인이고 위탁자도 통상 상인일 것이므로, 위탁자의 위탁매매인에 대한 매매위탁으로 인한 위의 채권은 다른 특별한 사정이 없는 한 통상 상행위로 인하여 발생한 채권이어서 상법 제64조 소정의 5년의 상사소멸시효의 대상이 된다.

11

화물상환증의 성격 및 효력

A는 악어가죽 1,000kg과 양털 100kg을 B와 C에게 각각 판매하였다. A로부터 악어가죽과 양털의 운송을 위탁받은 D는 A의 청구에 의해 운송물을 "악어가죽 1,000Kg"과 "양털 100Kg"으로 각각 기재한 화물상환증 2통을 발행한 후 B와 C에게 교부하였으며, 현재 B와 C가 화물상환증을 소지하고 있다. 이와 관련하여 다음의 물음에 답하시오.

(1) 실상 B가 D로부터 인도를 받은 것은 소가죽이었다면 D는 어떠한 의무를 부담하는가?

(2) A는 D가 운송 중이던 양털 100Kg을 훔쳐 제3자인 E에게 인도하기로 하였더라도 당해 양털의 소유권은 C에게 귀속하는가?

Ⅰ. 문제의 소재

화물상환증은 운송물을 운송인이 수취한 것을 인증하고, 이것을 도착지로 운송한 다음 증권의 정당한 소지인에게 인도할 것을 약속한 유가증권을 말한다(상법 제128조 내지 제133조). 본 사례는 화물상환증의 성격과 효력에 관하여 묻고 있다. 설문 (1)에서는 화물상환증에 운송물로 기재되어 있는 물품과 실제로 인도를 받은 물품이 다른 경우 운송인 D의 책임과 관련하여 화물상환증의 요인증권성과 문언성을 어떻게 조화시킬 것인지가 문제된다. 설문 (2)에서는 당해 운송물의 소유권에 관한 문제로서 상법 제132조의 처분증권성과 상법 제133조의 물권적 효력을 살펴보아야 한다.

Ⅱ. 설문 (1)에 대하여

1. 화물상환증의 요인성 및 문언성

상법은 화물상환증이 원인관계인 운송계약상의 권리를 표현하므로 비설권(非設權)·요인증권성을 가지는 반면에 운송에 관한 사항에 대해서는 문언증권임을 규정하고 있다(상법 제131조). 이와 같은 요인증권성과 문언증권성의 이론적 충돌을 어떻게 해소시킬 것인지의 문제는 실제 수령한 운송물과 증권에 기재된 것이 다른 경우 그 운송인의 증권소지인에 대한 책임을 구성하는 법리에 연계되어 있다.

2. 학　설

(1) 요인성을 중시하는 견해

화물상환증은 유효한 운송계약에 기하여 수령한 운송물을 인도할 채무에 관한 것이므로 증권에 기재된 물품이 실제 운송물과 동일하지 않다면 실제로 수취한 운송물을 인도할 의무를 부담한다는 견해이다.[31] 이 견해에 따르면 증권에 부실기재한 데 대하여 운송인의 귀책사유가 있다면 운송인에게 불법행위책임을 추궁할 수 있다. 이 견해에서는 증권소지자가 불법행위의 요건을 입증해야만 책임을 추궁할 수 있다는 점에서 운송인에게 유리하다.

(2) 문언성을 중시하는 견해

증권의 작성행위 자체가 유효하다면 실제와 다른 물품인 경우에도 운송인은 증권기재의 문언에 따라 화물상환증과 운송물을 상환할 의무를 부담한다는 견해이다. 이에 운송인은 증권에 기재된 운송물을 반환할 수 없기 때문에 채무불이행에 입각한 손해배상의무를 부담하게 된다. 이 견해는 증권소지인에게 유리하다.

(3) 절충적인 견해

화물상환증은 기본적으로 요인증권이지만 증권의 선의취득자보호를 위하여 금반언(禁反言)의 원칙 또는 외관법리에 의하여 운송인이 책임을 부담할 수도 있다는 견해이다.

(4) 검　토

화물상환증의 요인성을 강조하는 견해에서는 증권소지인의 보호가 경시되어 거래안전이 소홀하게 되며 더 나아가서는 화물상환증의 유통을 해할 우려가 있다. 추상적인 금전채권을 표현하는 어음과 같이 화물상환증의 문언성을 철저히 요구하는 것은 그것이 표현하는 권리가 구체적인 운송계약상의 권리라는 점을 경시한

31) 대법원은 공권(空券)인 선하증권에 관하여 이와 동일한 입장을 취하고 있다. 대법원 1982.9. 14. 선고 80다1325 판결.

측면이 있다. 절충설도 금반언의 원칙에 근거를 두고 있는 문언증권성을 중시한다는 점에서 문언성을 중시하는 견해와 큰 차이가 없다는 단점도 있다.

생각건대, 요인성과 문언성을 조정하는 방법으로 이 문제를 해결하는 것이 바람직하다. 즉, 화물상환증의 작성에 관해서는 요인증권성을 강조하고, 이것이 일단 성립한 후에는 유통확보의 관점에서 문언성을 강조하는 방법이 타당하다. 따라서 운송인이 실제로 물품을 수취하지 않은 이른바 공권(空券)의 경우에는 화물상환증이 무효이지만, 화물상환증이 일단 작성된 후에는 유통확보를 위해서는 기재된 물품과 실제 인도된 물품이 다른 경우 운송인은 화물상환증의 문언에 따른 책임을 부담하는 것으로 해석하여야 한다.

3. 사안에 대한 적용

화물상환증의 작성과 유통을 나누어 보는 견해에 따르면 운송인 D는 증권의 문언대로 악어가죽을 B에게 인도할 의무를 부담하지만 현실적으로 가능하지 않으므로 B는 D에 대해 채무불이행 책임을 추궁할 수 있다. 한편, 요인성을 중시하는 견해에서는 실제로 수취한 소가죽을 인도할 의무를 부담하므로 D는 B에게 소가죽을 인도한 것으로 의무를 이행한 것으로 된다. 그러나 그 과정에서 D의 귀책사유가 있다면 불법행위책임을 진다. 문언성을 중시하는 견해에서는 화물상환증의 기재에 따라 D는 B에게 악어가죽을 인도할 의무를 부담하지만 운송인이 소가죽을 인도하였으므로 채무불이행의 책임을 부담하게 될 것이다. 절충적인 견해에서는 문언성을 중시하는 견해와 차이가 없다.

Ⅲ. 설문 (2)에 대하여

1. 화물상환증의 처분증권성

화물상환증이 발행된 경우에는 소유권 이전 등의 운송물에 관한 처분은 화물상환증으로써 하여야 한다(상법 제132조).

2. 화물상환증의 물권적 효력

(1) 서 언

상법 제133조는 화물상환증의 교부는 운송물의 인도와 동일한 효력을 가진다고 규정하고 있다. 이 규정을 동산의 양도에서 목적물반환청구권의 양도에 의한 점유의 이전을 규정하고 있는 민법 제190조와 관련하여 어떻게 이해하여야 하느냐가 문제된다.

(2) 학 설

(가) 절대설

민법의 점유취득원인 이외에 상법은 증권의 인도라고 하는 특별한 점유취득원인을 인정한 것으로 풀이하는 견해이다. 즉, 증권의 교부는 운송물의 인도와 동일한 효력이 있다. 이 경우 운송인의 운송물 점유 여부를 불문한다.

(나) 상대설

상대설에는 엄정상대설과 대표설이 있다. 엄정상대설은 상법 제133조를 민법 제190조의 목적물반환청구권의 양도에 의한 인도의 한 방법으로 보는 견해인데, 우리나라에서는 이 견해를 지지하는 학자는 없다. 따라서 이하에서도 엄정상대설에 대해서는 별도로 검토하지 않는다.

대표설에 따르면 증권소지인은 운송물의 직접점유자인 운송인에 대해 운송물반환청구권을 소유하므로 운송물을 간접점유한다. 즉, 증권의 소지는 운송물의 간접점유를 대표하므로 증권의 인도는 운송물의 간접점유를 이전하는 것으로 된다. 원칙적으로 운송인은 운송물을 직접 점유하여야 하지만, 설령 그가 일시 직접점유를 하지 못하더라도 점유회수청구권(민법 제204조)이 인정되는 동안에는 운송인이 운송물을 점유하고 있는 것으로 보아 물권적 효력에는 영향이 없다.

(다) 절충설(유가증권적 효력설)

상법 제133조를 화물상환증에 표창된 운송물반환청구권을 유가증권법적으로 양도하는 특별한 방식을 규정한 것으로 보는 견해이다. 이 경우 운송인은 운송물을 직접 점유하여야 한다. 다만, 운송인이 점유회수청구권을 가지고 있다면 화물상환증의 물권적 효력이 인정된다.

(라) 검 토

절대설은 화물상환증소지인의 지위를 강화하고 증권의 유통을 보호하는 것으로 보이지만 공권이 발생하거나 운송물이 멸실된 경우 또는 제3자가 선의취득한 경우에는 물권적 효력이 부정되는 문제점이 있다. 절충설은 물권변동에 관하여 형식주의를 취하고 있는 우리나라에서는 수용하기 어렵다. 따라서 화물상환증 없이는 운송물의 처분이나 반환청구를 할 수 없다는 점을 고려할 때 증권이 운송물을 대표한다는 방식으로 논리를 구성하는 것이 타당하다.

3. 사안에 대한 적용

대표설에 의하는 경우 D에 의한 운송물의 직접점유의 요건을 충족하지 못하므로 C의 물권적 권리를 인정할 수 없다. 다만, D가 점유회수청구권을 가지고 있는 동안에는 C의 소유권취득을 인정할 수 있다.

한편, 절대설에서는 D의 운송물 점유가 요구되지 않는 까닭에 악어가죽에 대한 소유권은 화물상환증을 가지고 있는 C에게 귀속한다. 절충설에서는 D가 운송물을 직접점유하지 못하기 때문에 결과에 있어서는 대표설과 차이가 없다.

Ⅳ. 사례의 해결

1. 설문 (1)의 경우 화물상환증의 요인증권성과 문언성을 충돌과 관련하여 그 작성과 유통을 나누어서 보는 입장에서는 D는 악어가죽을 B에게 인도할 의무를 부담하며, B는 D에 대해 채무불이행 책임을 추궁할 수 있다. 요인성을 중시하는 견해에서는 D는 B에게 소가죽을 인도하여야 하며, 증권에 대한 부실기재와 관련하여 D의 귀책사유가 있다면 그는 불법행위책임을 부담하여야 한다. 문언성을 중시하는 견해와 절충적인 견해에서는 D는 B에게 악어가죽을 인도할 의무를 부담하며, 증권에 기재된 운송물을 반환할 수 없다면 채무불이행의 책임을 부담하게 될 것이다.

2. 설문 (2)의 경우 화물상환증의 물권적 효력에 관한 대표설에 따르면 C에게 귀속하지 않지만, D가 점유회수청구권을 가지고 있는 동안에는 C의 소유권취득을 인정할 수 있다. 절대설에서는 C에게 귀속한다. 절충설은 결과에 있어서 대표설과 동일하다.

참조 판례

대법원 1982.9.14. 선고 80다1325 판결

선하증권에 의한 운송물의 인도청구권은 운송인이 송하인으로부터 실제로 받은 운송물 즉 특정물에 대한 것이고 따라서 운송물을 수령 또는 선적하지 않았음에도 불구하고 선하증권이 발행된 경우에는 그 선하증권은 원인과 요건을 구비하지 못하여 목적물의 흠결이 있는 것으로서 이는 누구에 대하여도 무효라고 봄이 상당하다.

12

운송인의 고가물에 대한 책임

지폐를 수집 및 판매를 하는 상인 X는 고객에게 1억원 상당의 희귀한 지폐를 전달하기 위하여 지폐를 월간지 속에 끼워 넣어 운송업자 Y에게 운송할 것을 위탁하였다. Y는 X에게 만약 운송물이 고가물이면 분실에 대비하여 보험에 가입하는 것이 바람직하다고 권유하였다. 그러나 X는 보험료를 아끼기 위하여 월간지 속에 희귀한 지폐가 끼워져 있다는 사실과 지폐의 가액을 밝히지 않았다. Y가 배송차로 운송하는 도중 그의 과실로 월간지를 분실하는 바람에 지폐도 사라지게 되었다. 이 경우 Y는 X에 대하여 지폐분실과 관련하여 부담하여야 하는 손해배상액은 어느 정도인가? Y는 어떤 책임을 부담하는가? 단, Y의 운송에는 면책약관이 적용되지 않은 것으로 전제한다.

Ⅰ. 문제의 소재

본 사례에서 운송인 Y의 과실로 지폐가 끼워져 있는 월간지를 분실하였다. 이는 Y의 운송물에 대한 책임으로서 채무불이행책임(상법 제135조)을 비롯하여 송하인 X의 소유권을 침해하여 불법행위(민법 제750조, 제756조)가 동시에 성립한다. 운송인의 채무불이행책임과 관련하여 상법 제136조는 고가물(高價物)에 대한 특칙을 마련하고 있다.[32] 즉, 상법에 따르면 송하인이 고가물의 운송을 위탁할 때에 그 종류와 가액을 명시한 경우에 한하여 운송인이 손해배상할 책임을 진다.

본 사례에서 X가 운송물의 종류와 가액을 명시하지 않았으므로 특칙으로서의 상법 제136조가 적용되기 위해서는 그 운송물이 고가물이어야 한다. 이에 1억 상당의 희귀한 지폐가 고가물에 해당하는지의 여부 및 그 종류 및 가격을 확실하게 알리지 않은 경우의 책임을 검토하여야 한다. 특히 X가 운송물의 종류와 가격을 명시하지 않더라도 Y가 그 물건이 고가물인 것을 알고 있는 경우와 Y가 고가물임을 알지 못한 경우의 책임으로 나누어 살펴보아야 한다. 마지막으로 Y가 X의 운송물에 대해 손해를 가하였으므로 불법행위책임도 부담하는지의 여부도 논하여야 한다.

32) 대법원 1991.8.23. 선고 91다15409 판결.

Ⅱ. Y의 고가물에 대한 책임 부담 여부

1. 운송인의 고가물에 대한 책임

(1) 상법 제136조의 취지

운송인은 운송품의 수령, 인도, 보관과 운송에 관해 주의를 소홀히 하지 않았다는 것을 증명하지 않으면 운송품의 멸실, 훼손 또는 연착에 대해 손해배상의 책임을 부담한다(상법 제135조). 배상해야 할 금액의 산정방법은 도착지의 가격을 손해배상으로 하는 등 상법에 정형화되어 있다(상법 제137조).

만약 상법 제135조와 제137조를 운송인에게 수정없이 적용하는 경우 운송인은 예측할 수 없는 손해를 배상하여야 하는 불합리가 발생하게 된다. 이에 송하인이 운송물이 고가물이라는 사실을 명시하였다면 고가물에 상응하는 운송방법을 취할 수 있었는데, 그런 기회를 부여받지 못했던 운송인에게 예상할 수 없는 거액의 손해배상책임을 부담시키는 것이 가혹하다는 점을 고려하여 운송인보호 차원에서 정책적으로 상법 제136조를 두고 있다. 게다가 운송인에게 고가물을 보통물로서 가액을 결정하여 손해배상책임을 부담시키는 것도 곤란하다는 사실도 반영되어 있다. 이렇게 운송인의 면책규정을 둠으로 인하여 송하인에게 고가물의 명시를 촉구하는 간접적인 효과도 있다.

(2) 고가물의 개념

상법 제136조는 고가물에 적용되는 운송인의 책임을 규정하고 있다. 동조의 입법취지를 고려할 때 동조에서 말하는 고가물이라 함은 예상 외의 거액의 손해배상책임을 질 수 있는 가능성이 있는 물건, 즉 용적 또는 중량에 비하여 현저하게 고가인 것을 말한다. 구체적으로 고가물은 사회통념에 비추어 판단하여야 한다.[33] 따라서 주로 객관적·경제적 가치가 큰 것을 말하며 주관적 가치는 고려대상이 아니다.

---

33) 대법원 1963.4.18. 선고 63다126 판결.

(3) 고가물을 명시하지 않은 경우의 책임

(가) 원 칙

상법 제136조의 고가물에 관한 특칙에 따르면 송하인이 고가물의 운송을 위탁하면서 그 종류 및 가격을 명시하지 않으면 손해배상책임을 전혀 부담하지 않는 것으로 하고 있다. 그러나 운송품에 발생한 손해에 대한 운송인의 책임에 관해서는 송하인이 명시하지 않았더라도 운송인이 당해 운송물을 고가물인 것을 알게 된 경우 및 운송인이 고가물임을 알지 못한 경우로 나누어서 다양한 견해가 제시되어 있다.

(나) 운송인이 고가물인 것을 알게 된 경우

① 서 언   운송물이 고가물임에도 불구하고 그 종류 및 가격을 명시하지 않았지만 그 운송물이 고가물인 것을 알게 된 운송인에게 상법 제136조가 적용되어 운송인이 면책되는지 혹은 고가물 내지 보통물로서의 주의의무를 부담하는지가 문제된다.

② 학 설   이와 관련하여서는 대량거래에서 운송인의 주관적 사정을 고려하는 것은 부당하므로 전혀 책임을 지지 않는다는 견해(무책임설), 운송인은 고가물로서의 주의의무를 부담하되 만약 이를 해태할 경우 고가물로서 책임을 진다는 견해(고가물책임설), 보통물로서의 주의의무를 부담하지만 그 의무를 게을리할 경우 고가물로서 책임을 진다는 견해(절충설) 등이 있다.

③ 검 토   이상의 견해중에서 무책임설은 신의칙에 반하므로 수용하기 어렵다. 또한 절충설은 위반의 대상이 되는 주의의무의 정도와 그로 인하여 부담하는 책임 사이에 불균형이 존재하는 모순이 발생하므로 타당하지 않다. 왜냐하면 고가물로 명시하지 않은 이상 송하인은 보통물로 운송을 위탁하고 그 대가도 보통물에 상응하게 지급함에도 불구하고 운송인이 운송 도중에 고가물이라는 사실을 알게 됨으로써 고가물에 상당하는 책임을 부담하여야 한다는 것은 형평에 맞지 않기 때문이다.

생각건대, 운송인이 운송물이 고가물임을 알게 되는 경우 운송인은 고가품에 어울리는 운송방법을 취할 기회가 있다면 송하인이 고가물로 명시한 경우와 동일시하여 고가물책임설이 타당하다. 다만, 이 경우에 운송인은 고가물로서의 운임의 증액을 비롯하여 기타 추가비용을 별도로 청구할 수 있다.

(다) 운송인이 고가물인 것을 알지 못한 경우

운송인이 고가물임을 알지 못한 채 보통물로서의 주의도 기울이지 않아 운송물이 훼손·멸실된 경우 보통물로서의 가격산정이 어렵고 송하인으로 하여금 고가물의 명시를 촉구하는 의미에서 운송인은 책임을 전혀 부담하지 않는다는 견해(무책임설) 및 운송인은 자신의 귀책사유에 대하여 책임을 전혀 부담하지 않는 것은 불공평하므로 보통물로서 책임을 부담하여야 한다는 견해(보통물책임설) 등이 있다.

생각건대, 보통물로 의제하여 가격산정하는 것이 곤란하다는 이유로 귀책사유가 있어도 책임을 물릴 수 없다는 것은 형평의 관념에 반하므로 제2설이 타당하다.

2. 사안에 대한 적용

본 사안에서의 지폐는 월간지에 끼워넣을 수 있을 정도로 경량임에도 불구하고 희귀하여 1억원 상당의 가치가 있기 때문에 고가물에 해당된다. 따라서 지폐의 운송인에 대해서는 상법 제136조가 적용된다.

X가 고가물에 대하여 그 종류 및 가격을 명시하지 않았지만 Y가 고가물인 것을 알게 된 경우 고가물책임설에서는 Y가 고가물로서의 주의의무를 해태하였다면 X에 대하여 손해배상책임을 부담하여, 그 배상액은 지폐의 가치 1억원과 월간지 가격 상당이 될 것이다. 이 경우도 Y는 X에 대하여 보통물(월간지)과 보통물과 고가물(월간지와 지폐)로서의 운임의 차액 등 추가비용을 별도로 청구할 수 있다. 한편, 무책임설에 의하면 Y는 지폐에 대해서는 책임이 없으므로 그가 보통물로서 주의의무를 해태하였더라면 월간지 가격만 배상하면 되지만, X가 고가물임을 주장하는 경우 Y는 아무런 책임도 부담하지 않는다. 절충설에서는 Y가 보통물로서 주의의무를 제대로 이행하지 못한 경우 손해배상책임을 부담하며, 그 배상액은 지폐의 가치 1억원 상당이다.

반대로 Y가 고가물인 것을 알지 못한 상황에서 운송인의 귀책사유로 인하여 운송품이 멸실·훼손되었다면 보통물로서 책임을 부담하여야 한다는 견해에서는 Y가 보통물로서의 주의를 해태하였다면 법원은 재량으로 지폐의 분실에 대해 보통물로서 배상액을 산정하게 될 것이다. 그러나 이 경우 운송인은 전혀 책임을 부담하지 않는다는 견해에서는 보통물로서의 주의를 기울이지 않았더라도 Y는 지폐에 대해서는 손해배상책임을 면하게 된다.

Ⅲ. Y의 불법행위책임 부담 여부

1. 불법행위 책임과 채무불이행책임과의 관계

(1) 서 언

운송인의 행위가 채무불이행은 물론이고 동시에 불법행위를 구성할 수 있다. 이 경우 상법 제136조를 적용하여 불법행위책임까지 면제하여야 하는지의 여부가 문제된다.

(2) 학 설

(가) 청구권경합설

불법행위에 입각한 손해배상청구권은 계약책임으로서의 손해배상책임과는 그 성립요건과 효과가 별개인 권리이므로, 송하인은 그의 선택에 따라 운송인에 대하여 권리를 행사할 수 있다는 견해이다. 송하인의 보호를 강조하는 입장이다.

(나) 법조경합설

청구권의 실질적인 경합은 있을 수 없고, 형식상 조문상에서 경합하는 것에 불과하므로 송하인은 특별법인 상법 제136조에 의하여 운송인의 채무불이행책임만을 추궁할 수 있다는 견해이다. 결국 법조경합으로 인하여 불법행위로서의 위법성은 조각된다.

(3) 판 례

대법원 판례는 일관되게 청구권경합설을 지지하고 있다.[34] 특히 대법원은 상법 제136조는 일반적으로 운송인의 운송계약상의 채무불이행으로 인한 청구에만 적용되고 불법행위로 인한 손해배상청구에는 그 적용이 없다고 판시하고 있다.[35]

(4) 검 토

운송인의 책임에 대해서는 상법상 고가물에 관한 특칙(상법 제136조), 정액배상주의(상법 제137조), 책임의 특별소멸사유(상법 제146조) 및 단기소멸시효(상법 제121조, 제147조)가 적용될 뿐만 아니라 현실에서는 면책약관을 적용하여 그 책

34) 예컨대, 대법원 1999.7.13. 선고 99다8711 판결 등.
35) 대법원 1991.8.13. 선고 91다15409 판결.

임을 경감시키고 있다. 이 때문에 만약에 법조경합설에 따라 채무불이행책임만을 인정하여 결과적으로 운송인이 아무런 책임도 부담하지 않는 것으로 된다면 송하인에게는 가혹한 처사가 될 것이다. 이에 채무불이행책임과 불법행위책임은 각각 상이한 요건으로 효과가 규정되어 있는 별개의 청구권이므로 청구권경합을 인정하는 것이 송하인보호에 도움이 된다.

2. 사안에 대한 적용

본 사안에서 Y의 과실로 지폐가 끼워져 있는 월간지를 분실하였다. 이처럼 X의 운송물을 배송함에 있어 운송인의 과실이 있고 불법행위의 구성요건까지 충족한다면 운송인의 채무불이행책임 이외에 불법행위책임도 인정할 것인지가 문제된다. 이와 관련하여 청구권경합설과 대법원 판례를 따를 경우 X의 선택에 따라 Y는 채무불이행책임 또는 불법행위책임을 부담한다. 그러나 법조경합설을 따를 경우 Y는 X에 대하여 채무불이행책임을 진다.

Ⅳ. 사례의 해결

본 사례에서의 지폐는 고가물이므로, 상법 제136조에서 규정한 고가물에 관한 특칙이 적용된다. X가 고가물의 종류 및 가격을 명시하지 않았지만 Y가 고가물인 것을 알게 된 경우 고가물책임설에서는 Y가 고가물로서의 주의를 기울이지 않았다면 지폐의 가치 1억원과 월간지 가격 상당의 손해배상을 하여야 할 책임을 부담한다. 이 경우도 Y는 X에 대하여 운임의 증액을 비롯하여 기타 추가비용을 별도로 청구할 수 있다. 무책임설에 의하면 Y는 보통물로서 주의의무를 제대로 이행하지 않았더라면 월간지 가격만 배상하면 되며, 만약 X가 고가물임을 주장한다면 Y는 어떤 책임도 부담하지 않는다. 절충설에서는 Y가 보통물로서 주의의무를 해태한 경우 지폐의 가치 1억원 상당을 배상할 책임을 부담한다.

만일 Y가 고가물인 것을 알지 못하였지만 운송품의 멸실·훼손에 대하여 운송인의 귀책사유가 있는 경우 보통물로서 책임이 있다는 견해에서는 Y가 보통물로서의 주의를 해태하였다면 지폐의 분실에 대해 보통물로서 배상하여야 할 것이다. 반면에 운송인은 전혀 책임을 부담하지 않는다는 견해에서는 보통물로서의 주의를 해태하였더라도 손해배상책임을 지지 않는다.

Y의 과실로 운송물에 대한 X의 소유권을 침해한 결과 불법행위를 구성한다

면 운송인의 채무불이행책임과 불법행위책임간의 관계가 문제된다. 청구권경합설에 의하면 Y는 채무불이행책임 또는 불법행위책임을 선택적으로 부담한다. 그러나 법조경합설을 따를 경우 Y는 채무불이행책임을 진다.

◎ 참조 판례

대법원 1991.8.23. 선고 91다15409 판결

상법 제136조와 관련되는 고가물불고지로 인한 면책규정은 일반적으로 운송인의 운송계약상의 채무불이행으로 인한 청구에만 적용되고 불법행위로 인한 손해배상청구에는 그 적용이 없다.

대법원 1963.4.18. 선고 63다126 판결

견직물은 오늘날 사회경제 및 거래상태로 보아 상법 제136조 소정의 고가물이라 볼 수 없으므로 그 종류와 가격을 명시하지 아니하였다 하여도 운송인은 손해배상책임을 면할 수 없다.

제 2 편

회 사 법

1

법인격부인론

Y 주식회사는 건축업을 주된 목적으로 2000년에 설립되었다. Y 회사는 동 회사의 사무실에 레미콘 공급을 영업으로 하는 甲 주식회사까지 설립하였다. Y 회사는 甲 회사의 발행주식 총수의 약 95%를 소유하고 있으며, Y 회사의 대표이사인 A가 甲 회사의 대표이사직을 겸하고 있다. 甲 회사는 설립 이후 지금까지 Y 회사와는 별도의 조직을 가지고 안정적인 영업활동을 전개하고 있다. 그러나 상당한 기간 동안 甲 회사에 시멘트를 계속 공급해 온 X 주식회사는 물품공급대금 10억원을 받지 못하게 되자 Y 회사에 대하여 그 금액을 지급할 것을 청구하였다. 이 경우 Y 회사는 X 회사에 대하여 10억원을 지급하여야 하는가?

Ⅰ. 문제의 소재

본 사례의 Y 주식회사와 甲 주식회사는 전자가 후자의 주식을 약 95% 소유하고 있다. 상법은 다른 회사의 발행주식의 총수의 100분의 50을 초과하는 주식을 가진 회사를 모회사라고 하며, 그 다른 회사를 자회사라고 하므로(상법 제342조의 2 제1항 본문), Y 회사와 甲 회사는 모자회사관계에 있다. 그러나 양자는 법형식적으로 별개의 법인이다. 따라서 甲 회사에 대한 채권으로 Y 회사에 대해 그 이행청구를 요구할 수 없는 것이 원칙이다.

예외적으로 법인격이 남용되어 독립적인 권리주체로서 적합하지 않다고 인정되는 경우에는 회사의 법인격을 부인하고 배후의 실체와 동일시할 수 있다. 즉, 甲 회사에 이른바 법인격부인론(法人格否認論)이 적용된다면 Y 회사에 대해 해당 채무의 이행을 청구할 수 있게 된다. 이에 본 사례에서는 甲 회사의 법인격을 부인할 수 있는지의 여부를 살펴보아야 한다.

Ⅱ. 법인격부인론의 의의, 근거 및 요건

1. 법인격부인론의 의의 및 근거

(1) 의 의

법인격부인론이라 함은 주식회사의 법인격 자체를 박탈하는 것이 아니라 그 법인격이 남용된 특정한 경우에 한하여 회사와 사원간의 분리원칙의 적용을 배제하여 그 회사의 독립적인 법인격을 제한함으로써 회사형태의 남용으로부터 생기는 폐단을 교정하고 구체적으로 타당한 해결을 기하려는 이론을 말한다.

이 이론은 사원유한책임제도가 확립되고 소유와 경영이 분리된 물적 회사 특히 주식회사에서 발전된 이론으로서 매우 예외적인 경우에만 인정된다. 왜냐하면 상법상 인적 회사인 합자·합명회사나 물적 회사인 유한회사에는 사해행위취소에 해당하는 설립취소제도가 마련되어 있으며(상법 제184조, 제261조, 제552조), 또한 인적 회사에서는 사원의 무한책임제도로 인하여 회사의 법인격남용행위의 폐단이 적지만, 주식회사는 그러한 제도적 장치가 없기 때문이다.

(2) 인정근거

(가) 학 설

법인격부인론 인정의 근거를 민법상 신의칙 내지 권리남용금지규정(민법 제2조) 또는 상법상 회사의 법인성 요건(상법 제171조 제1항)에서 찾는 견해가 있다. 전자는 법이 회사에게 법인격을 부여한 근본취지에 반하여 그것을 악용할 경우에 제한하여야 한다는 견해이며, 후자는 회사의 법인격은 공공의 편의와 이익, 대외적 법률관계의 간명한 처리를 위해 법정책적으로 인정되고 있으므로 법인격이 법의 목적에 반하여 악용되는 경우에는 그 법인격을 부인하는 것이 당연하다는 견해이다. 그러나 법인격부인론은 회사와 거래하는 자의 신뢰보호를 위해 회사의 거래상의 책임을 사원에게 전가하는 것을 목적으로 하고 있으므로 전자에서 그 근거를 찾는 것이 타당하다.

(나) 판 례

대법원 판례는 법인격부인론의 근거를 신의칙 또는 권리남용금지의 원칙에 두고 있다.[1]

2. 법인격부인론의 적용요건

(1) 객관적 요건

(가) 형태요건

형태요건은 첫째, 회사의 독립된 법인격이 사원 개인과 분리하여 존재하지 않아 이해 및 소유의 일치가 있거나, 사원에 의한 회사의 지배가 있어야 한다는 요건으로서 주주총회·이사회의 불개최 등 회사로써 필요한 절차를 무시한 경우가 이에 해당한다. 둘째, 회사 자산과 사원이 상호 혼융되어 있어 대외적인 기업거래 활동 등이 명확히 구분되어 있지 않는 등의 객관적 징표가 있어야 한다.

(나) 공정요건

공정요건은 어느 행위가 회사의 행위로 인정되다면 형평에 어긋나는 결과가 발생해야 한다는 요건으로써, 그 대표적인 예로서는 자본이 불충분한 경우를 들 수 있다.

(2) 주관적 요건의 요부

(가) 서 언

법인격부인론을 적용하기 위해서는 객관적 요건 이외에도 회사의 법인격을 이용하여 계약상의 의무 내지 법의 적용을 회피하려고 하는 위법 또는 부정한 목적이 있어야 하는지에 관하여 견해가 나누어지고 있다.

(나) 학 설

① 불요설 다수설은 법인격을 남용하고자 하는 주관적인 의사 내지 목적을 입증하기가 사실상 용이하지 않으므로 주관적 요건을 요구하지 않아야 한다는 입장이다. 이처럼 주관적 남용의사가 불필요하다고 풀이하면 결과적으로 법인격 남용의 입증책임이 완화되는 효과가 있다.

② 필요설 법인격부인론은 그 적용상의 남용을 방지하고 법적 안정성을 위해서 주관적인 요소가 요구된다는 견해이다.[2] 특히 위법 또는 부정한 목적의 요건에 대한 입증은 회사설립의 경과, 지배 상황 등 객관적인 사실에서 추정될 수 있는 것이므로 입증상의 어려움이 반드시 수반되는 것은 아니라고 보고 있다.

---

1) 대법원 1989.9.12. 선고 89다카678 판결; 동 2001.1.19. 선고 97다21604 판결.

2) 서헌제, 「사례중심체계 상법강의(상)」(법문사, 2001), 460면.

(다) 판 례

대법원 판례는 필요설의 입장을 취하고 있다.[3)]

(라) 검 토

법인격을 부인한다는 것은 법인제도에 대하여 예외적으로 인정되어야 하므로, 법인격부인론도 제한적인 경우에 한하여 적용되어야 한다. 따라서 필요설이 타당하다.

Ⅲ. 사례의 해결

본 사례에서 Y 회사와 甲 회사의 사무실과 대표이사가 동일하다는 점과 Y 회사는 동 회사의 건축업과 상호관련성이 있는 레미콘 공급을 영업으로 하는 甲 회사의 주식 약 95%를 소유하고 있다는 점에서 사원(Y 회사)이 회사(甲 회사)를 상당한 정도로 지배하고 있는 것으로 보인다.

모자회사의 경우에는 상당한 정도의 인적·자본적 결합관계가 존재하는 것은 당연하다. 그러므로 모자회사의 관계에서는 단순히 지배·종속한다는 사실만으로는 법인격을 부인할 수는 없다. 그러나 본 사례에서 甲 회사의 법인격을 부인할 만한 다른 단서는 존재하지 않는다. Y 회사와 甲 회사가 별개의 조직 및 영업활동을 하고 있는 것으로 보아 이들 회사의 재산이 상호 혼융되어 대외적인 기업거래활동 등이 명확히 구분되어 있지 않는 등의 객관적 징표가 발견되지 않는다. 따라서 본 사례에서는 법인격부인론의 적용을 위한 객관적 요건을 충족하지 못하였기 때문에 주관적 요건의 요부와는 상관없이 甲 회사의 법인격을 부인할 수 없다. 이에 Y 회사는 X 회사에 대하여 10억원을 지급할 의무가 없다.

◎ 참조 판례

대법원 1977.9.13. 선고 74다954 판결

이른바 법인형해론의 입장에서 회사의 법인격이 부인되기에 이르렀다고 보려면 회사의 대표이사가 회사의 운영이나 기본재산의 처분에 있어서 주식회사 운영에 관한 법적절차 등을 무시하고 위법부당한 절차에 의하여 외형상 회사형태를 유지하는데 불과한 경우를 말한다.

3) 대법원 2006.8.25. 선고 2004다26119 판결.

대법원 2001.1.19. 선고 97다21604 판결

회사가 외형상으로는 법인의 형식을 갖추고 있으나 이는 법인의 형태를 빌리고 있는 것에 지나지 아니하고 그 실질에 있어서는 완전히 그 법인격의 배후에 있는 타인의 개인기업에 불과하거나 그것이 배후자에 대한 법률적용을 회피하기 위한 수단으로 함부로 쓰여지는 경우에는, 비록 외견상으로는 회사의 행위라 할지라도 회사와 그 배후자가 별개의 인격체임을 내세워 회사에게만 그로 인한 법적 효과가 귀속됨을 주장하면서 배후자의 책임을 부정하는 것은 신의성실의 원칙에 위반되는 법인격의 남용으로서 심히 정의와 형평에 반하여 허용될 수 없고, 따라서 회사는 물론 그 배후자인 타인에 대하여도 회사의 행위에 관한 책임을 물을 수 있다고 보아야 한다.

대법원 2006.8.25. 선고 2004다26119 판결

친자회사는 상호간에 상당 정도의 인적·자본적 결합관계가 존재하는 것이 당연하므로, 자회사의 임·직원이 모회사의 임·직원 신분을 겸유하고 있었다거나 모회사가 자회사의 전 주식을 소유하여 자회사에 대해 강한 지배력을 가진다거나 자회사의 사업 규모가 확장되었으나 자본금의 규모가 그에 상응하여 증가하지 아니한 사정 등만으로는 모회사가 자회사의 독자적인 법인격을 주장하는 것이 자회사의 채권자에 대한 관계에서 법인격의 남용에 해당한다고 보기에 부족하고, 적어도 자회사가 독자적인 의사 또는 존재를 상실하고 모회사가 자신의 사업의 일부로서 자회사를 운영한다고 할 수 있을 정도로 완전한 지배력을 행사하고 있을 것이 요구되며, 구체적으로는 모회사와 자회사간의 재산과 업무 및 대외적인 기업거래활동 등이 명확히 구분되어 있지 않고 양자가 서로 혼용되어 있다는 등의 객관적 징표가 있어야 하며, 자회사의 법인격이 모회사에 대한 법률적용을 회피하기 위한 수단으로 사용되거나 채무면탈이라는 위법한 목적달성을 위하여 회사제도를 남용하는 등의 주관적 의도 또는 목적이 인정되어야 한다.

2

현물출자와 발기인의 자본충실책임

자본금규모가 10억원인 乙 주식회사의 설립을 위한 발기인 Y는 乙 회사에 꼭 필요한 특허권을 보유하고 있던 차에 이를 현물출자하기로 하였다. 乙 회사는 Y의 특허권의 그 가치를 5,000만원으로 평가하여 액면가 5,000원인 보통주 10,000주를 배정하기로 하고 이러한 사항을 정관에 기재하였다.

(1) 이 경우의 Y가 하기로 한 특허권 현물출자는 적법한가?
(2) 乙 회사가 설립된 후 원래 Y가 출자하기로 한 특허권이 타인의 권리를 침해하였다는 이유로 무효판결을 받아 현물출자를 이행하지 못한 사실이 밝혀진 경우 Y는 자본충실의 책임을 부담하는가?

Ⅰ. 문제의 소재

본 사례의 설문 (1)에서는 특허권이 현물출자의 목적으로 적법한지의 여부를 묻고 있다. 설문 (2)에서는 회사가 성립된 후 현물출자의 불이행에 대해 발기인이 자본충실책임(납입담보책임)을 부담하는지의 여부를 검토하여야 한다.

Ⅱ. 설문 (1)에 대하여

1. 현물출자의 의의

현물출자라 함은 금전 이외의 재산을 가지고 하는 출자를 말하며, 이는 회사에 출자하여 주주로 된다는 점에서 금전출자와 동일하다. 주식회사의 자본은 금전을 원칙으로 하여 출자하여야 하지만 특정재산을 미리 확보할 필요가 있는 경우에는 현물에 의한 출자가 가능하여야 한다는 현실적인 필요성 때문에 상법이 허용하고 있다.

2. 현물출자의 전제조건

(1) 출자당사자

상법은 현물출자의 당사자에 관하여 특별히 제한을 두지 않고 있다. 다만, 주식회사의 설립시 현물출자를 하는 때에는 출자자의 성명, 목적재산의 종류, 수량, 가격과 이에 대하여 부여할 주식의 종류와 수를 반드시 정관에 기재하여야 한다(상법 제290조 제2호). 따라서 회사설립시의 현물출자의 당사자는 정관에 기재된 출자자에 한한다.

(2) 출자목적으로서의 적격

상법은 현물출자의 목적에 관하여는 명문으로 규정하지는 않고 있지만, 학설은 대차대조표 자산의 부에 계상할 수 있으면 무엇이든지 가능한 것으로 보고 있다. 현물출자의 목적물의 예로서는 동산, 부동산, 채권, 유가증권, 특허권 등의 무체재산권 등을 들 수 있다.

(3) 정관에의 기재

현물출자목적물에 대한 평가의 공정성을 확보하기 위해 정관에 현물출자에 관한 사항을 기재하여야 한다. 정관에의 기재를 통해 자본충실을 도모하고 다른 주주의 주주권이 희석되는 것을 방지할 수 있다.

3. 사안에 대한 적용

본 사안에서는 발기인 Y의 특허권 현물출자의 당사자 및 목적으로서의 적격성과 정관의 기재요건을 다 충족하고 있어 Y가 하기로 한 특허권 현물출자는 적법하다.

Ⅲ. 설문 (2)에 대하여

1. 서　언

현물출자는 대체성이 없는 특정물의 급부이므로 현물출자의 불이행은 금전출자의 불이행과는 그 효과에서 차이가 있다. 이 때문에 회사가 설립등기를 마친 후에 현물출자의 불이행이 발견된 경우 주금납입의 흠결에 대하여 발기인의 자본충실책임(상법 제321조 제2항)을 인정할 수 있는지의 여부를 검토할 필요가 있다.

2. 학 설

(1) 자본충실책임 부정설

현물출자는 그 자체가 개성이 강해 타인이 대체이행을 하기가 곤란하므로 현물출자의 불이행이 있는 경우 발기인의 자본충실책임을 부정하고 설립무효사유로 보는 입장이다. 이와 관련하여 상법이 현물출자의 이행과 금전출자의 납입으로 표현을 달리하고 있는 것(상법 제295조, 제305조 제1항)은 현물출자의 불이행에 대해서는 발기인의 자본충실책임을 인정하지 않으려는 의도가 있다는 견해도 있다.

(2) 자본충실책임 긍정설

발기인의 자본충실책임을 긍정하는 입장으로는 현물출자의 목적재산이 사업목적의 수행에 불가결한 것이 아니라면 현물출자의 불이행이 있어도 그 부분의 주식을 금전으로 환산하여 발기인에게 자본충실의 책임을 인정할 수 있다는 견해와, 대체성이 있는 재산이 현물출자의 목적으로 되어 있는 경우 그 불이행이 회사설립 후에 발견되었다면 발기인에게 자본충실의 책임을 인정하여 설립무효를 구제하여야 한다는 견해가 있다.

(3) 검 토

회사성립 후에는 가급적 기업유지를 위해 현물출자의 목적재산이 사업목적의 수행에 불가결한 경우에 한하여 설립무효로 보는 것이 바람직하므로 발기인의 자본충실책임 긍정설이 바람직하다.

3. 사안에 대한 적용

본 사안에서는 발기인 Y가 현물출자하기로 한 특허권이 乙 회사에 꼭 필요하다는 것은 특허권은 그 성질상 현물출자의 목적물이 대체가능하지 않을 뿐만 아니라 그것이 乙 회사의 사업수행에 불가결하다는 것을 의미한다. 그러므로 그러한 Y의 현물출자 불이행에 대해서는 발기인의 자본충실책임 부정설에 의하든 긍정설에 의하든 간에 발기인의 자본충실책임은 인정되지 않는다.

Ⅳ. 사례의 해결

1. 설문 (1)에서 Y가 하기로 한 특허권 현물출자는 적법하다.

2. 설문 (2)에서 Y는 특허권 현물출자의 불이행에 대하여 자본충실의 책임을 부담하지 않는다.

3

재산인수의 추인 및 발기인의 책임

甲 주식회사의 설립을 기획 · 주도하는 대표발기인 Y는 甲 회사의 성립을 조건으로 X의 토지를 매입하는 계약을 체결하였다. 그러나 甲 회사가 성립되었음에도 불구하고 여전히 그 회사의 정관에는 당해 계약에 관하여는 기재되지 않고 있다.

(1) 만약 당해 토지의 가격이 급격히 상승하게 되자 X는 토지매입계약이 정관에 기재되지 않았음을 이유로 하여 Y와 체결한 그 계약은 무효라고 주장한다면, 이 경우 甲 회사는 추인으로서 대응할 수 있는가?

(2) 만약 당해 토지의 가격이 하락하게 되자 설립 후의 甲 회사가 토지매입계약이 정관에 기재되지 않아 무효를 주장한다면, X는 Y에 대하여 발기인으로서의 책임을 추궁할 수 있는가?

Ⅰ. 문제의 소재

발기인이 회사성립을 조건으로 특정의 재산을 양수할 것을 약속하는 계약을 재산인수라 한다(상법 제290조 제3호). 본 사례는 재산인수와 관련된 물음으로 구성되어 있다.

먼저 본 사례에서 Y와 X가 체결한 토지매입계약의 성격을 파악하여야 한다. 그 다음으로 설문 (1)에서 재산인수가 정관에 기재되어 있지 않은 경우 그 효과가 문제된다. 이에 X의 무효주장에 대응하여 甲 회사는 법정요건이 결여된 재산인수를 추인할 수 있는지의 여부를 검토하여야 한다. 마지막으로 설문 (2)에서는 甲 회사의 무효주장이 있는 경우 X는 구제를 받기 위하여 Y에게 발기인 책임을 부담시킬 수 있는지의 여부를 살펴보아야 한다.

Ⅱ. Y의 토지매입계약의 성격

1. 재산인수의 의의 및 규제취지

재산인수는 개업준비행위의 성질을 가지며, 정관에 기재되고(상법 제290조 제3호) 검사인 또는 공인된 감정인의 감정을 받아야 유효하며(상법 제298조 제4항,

제299조의 2, 제310조), 성립 후의 회사에 그 권리의무가 귀속한다. 상법이 이처럼 재산인수를 변태설립사항으로서 엄격한 규제를 하고 있는 이유는 불공정하게 재산인수를 한다면 회사의 재산적 기초를 위태롭게 하여 회사 채권자를 해할 수 있고, 특히 양도인이 발기인이라면 현물출자에 대한 규제를 피하기 위한 수단으로서 악용할 우려가 있기 때문이다.[4)]

2. 재산인수의 목적이 되는 재산

현물출자와 같이 대차대조표의 자산의 부에 기재할 수 있고 이전가능한 재산으로서 종류의 여하를 불문한다.

3. 사안에 대한 적용

본 사안에서는 甲 회사의 대표발기인 Y가 甲 회사의 성립을 조건으로 양도인 X와 토지매입계약을 체결하였지만 甲 회사의 정관에 그 매입계약이 기재되어 있지 않으므로 상법상 재산인수로서의 요건을 결하고 있다.

Ⅲ. 설문 (1): Y의 토지매입계약에 대한 甲 회사의 추인 가부

1. 서 언

재산인수는 정관에 기재되지 않으면 효력을 갖지 못하는 상대적 기재사항인 변태설립사항의 하나이다(상법 제290조 제3호). 따라서 정관에 기재되지 않은 재산인수는 무효이다.[5)] 그러나 회사성립 후 이것을 추인할 수 있는지의 여부에 대해서는 학설 및 판례가 일치되지 않고 있다.

2. 학설 및 판례의 태도

(1) 학 설

(가) 추인긍정설

재산인수의 추인을 부인하면 상대방의 행위를 저지하는 구실을 주게 되어 성립 후의 회사는 그 영업에 필요한 재산을 취득할 수 없고, 오히려 회사채권자를

4) 대법원 1994.5.13. 선고 94다323 판결.
5) 대법원 1994.5.13. 선고 94다323 판결.

포함한 회사의 이익을 방해한다. 따라서 성립 후의 회사는 사후설립(상법 제374조, 제375조)에 준하여 주주총회의 특별결의로써 추인할 수 있다는 견해이다.

(나) 추인부정설

설립 중의 회사는 회사의 설립을 목적으로 한다. 재산인수와 같이 회사설립 자체보다는 회사성립 후의 영업준비를 위하는 행위는 법이론적으로는 설립 중의 회사는 할 수가 없다고 풀이하여야 하지만, 상법은 실제상의 필요를 감안하여 엄중한 법정조건하에서 발기인에게 재산인수를 허용하고 있다. 이러한 의미에서 정관에 규정이 없는 재산인수는 절대적 무효이므로 추인의 대상이 될 수 없다는 입장이다. 추인부정설에서도 재산인수가 동시에 사후설립의 요건(상법 제375조)을 충족하는 경우에는 사후설립을 인정하고 있다.

(2) 판 례

대법원 판례는 위법한 재산인수가 사후설립의 요건을 구비한 경우에는 주주총회의 특별결의에 의해 추인할 수 있는 것으로 보고 있다.[6)]

(3) 검 토

추인긍정설은 상대방에게 계약이탈의 자유를 주지 않는다는 점에서 의미가 있다. 법정요건을 결여한 재산인수에 대하여 주주총회의 특별결의에 의한 추인을 인정한다면 재산인수를 엄격하게 규제한 법의 취지가 무시될 뿐만 아니라 설령 주주총회의 결의라고 하더라도 자본충실을 위한 절차상의 규정을 배제하는 꼴이 된다. 따라서 추인부정설이 타당하다. 다만, 상법상의 재산인수의 요건을 충족하지 못하더라도 회사가 성립된 후 사후설립의 법정요건을 갖추고 그에 대해 주주총회의 특별결의가 있다면, 위법한 재산인수로 인한 폐해를 방지할 수 있다. 그러한 점에서 추인할 수 있다고 보는 대법원 판례의 입장을 수긍할 수 있다.

3. 사안에 대한 적용

Y가 X와 체결한 토지매입계약은 甲 회사가 영업을 하기 위해서 필요한 재산을 회사성립 전에 확보한 개업준비행위로서 구체적으로는 재산인수에 해당되지만, 정관에 기재되지 않았기 때문에 무효이다.

정관에 기재되지 않은 재산인수의 추인 여부에 대해서는 학설에 따라 결과를

6) 대법원 1992.9.14. 선고 91다33087 판결.

달리한다. 추인부정설에 따르면 甲 회사로서는 추인으로 대응할 수 없으므로 X의 무효주장을 받아들일 수밖에 없다. 만약 당해 재산인수가 사후설립의 요건을 충족하는 경우에는 사후설립은 인정할 수 있다.

추인긍정설의 입장에서는 甲 회사는 X의 무효주장에도 불구하고 주주총회에서의 특별결의로서 당해 재산인수를 추인할 수 있다. 이에 재산인수의 상대방인 X는 민법의 규정에 따라 회사에 대하여 상당한 기간을 정하여 추인 여부를 최고할 수 있고(민법 제131조), 또 추인이 있기 전까지 재산인수를 철회할 수도 있다(민법 제134조). 대법원 판례에 의할 경우 사후설립의 요건을 동시에 갖추고 주주총회 특별결의가 있다면 추인가능하다.

Ⅳ. 설문 (2): X의 Y에 대한 발기인책임 추궁 가부

1. 서　언

주식회사의 설립절차가 복잡하고 까다로운 까닭에 그 과정에서 상법을 위반할 우려가 크다. 만약 민법의 일반원칙에 따라 발기인에 대하여 책임을 부담시킨다면 회사설립의 준칙주의로 인해 야기되기 쉬운 회사설립의 부실과 기타 폐단의 예방을 비롯하여 구제에 충분하지 못하게 된다. 이에 상법은 회사설립에 관하여 발기인의 책임을 별도로 규정하고 있다.

2. 발기인의 제3자에 대한 책임

(1) 의의 및 법적 성질

발기인이 악의 또는 중대한 과실로 인하여 그 임무를 해태한 때에는 그 발기인은 제3자에 대하여도 직접 연대하여 손해배상책임을 부담한다(상법 제322조 제2항). 이러한 책임의 법적 성질에 관해서는 발기인이 제3자와 직접적인 법률관계를 갖지 않음에도 불구하고 회사의 설립과 관련된 제3자를 충분히 보호하기 위하여 상법이 인정한 특별한 책임으로 보는 견해(법정책임설)와 불법행위책임의 일종으로 보는 견해(불법행위책임설)가 있다.

생각건대, 상법상 발기인의 책임은 제3자에 대한 직접적인 가해행위를 전제로 하지 않은 채 회사에 대한 임무해태로 말미암아 책임이 발생한다는 점에서 불법행위책임의 일종이라기보다는 상법이 규정한 특별한 책임을 풀이하는 것이 타당하다.

(2) 책임의 요건

발기인의 회사에 대하여 악의 또는 중과실로 임무를 해태하여야 하며, 이로 인하여 제3자에게 손해가 발생하여야 한다.

(3) 제3자의 범위

여기서 분명한 것은 설립 중의 회사와 거래한 상대방은 제3자의 범위에 포함된다는 사실이다. 이와 관련하여 발기인이 책임을 져야 하는 제3자에는 회사 이외의 모든 자가 다 포함된다는 견해와 회사가 손해를 입어 주주가 간접적으로 손해를 입은 주주는 포함되지 않는다는 견해가 있다.

생각건대, 제3자의 범위에 주주를 제외시키는 경우 주주는 대표소송에 의하여 구제받을 수밖에 없게 되지만, 주주대표소송의 요건이 상당히 엄격하기 때문에 주주도 직접 발기인의 책임을 추궁할 수 있는 것으로 해석하여야 한다.

3. 사안에 대한 적용

정관에 기재되지 않은 재산인수는 무효이다. 따라서 甲 회사는 토지매입계약의 무효를 주장할 수 있다. 재산인수는 회사의 성립을 조건으로 그 권리의무가 성립 후 회사에 귀속하는 것을 약속한 계약이므로 재산인수가 무효이더라도 그 권리의무를 Y에게 귀속시킬 이유도 없다. 다만, 발기인이 정관 미기재로 인하여 재산인수가 무효인 까닭에 제3자에게 손해를 야기하였다면 제3자에 대하여 책임이 문제된다. 본 사안에서처럼 정관에 기재하지 않은 재산인수의 경우에는 발기인에게 특별한 사정이 없는 한 중대한 과실이 있는 것으로 보아야 할 것이므로 X는 Y를 상대로 그의 책임을 추궁할 수 있다.

Ⅴ. 사례의 해결

1. 설문 (1)에서 Y가 X와 체결한 토지매입계약은 구체적으로는 재산인수에 해당되지만 정관에 기재되지 않았으므로 무효이다. 정관에 기재되지 않은 재산인수에 대하여 추인을 부정하는 견해에 따르면 甲 회사로서는 추인으로 대응할 수 없다. 예외적으로 당해 재산인수가 사후설립의 요건을 갖추면 사후설립이 인정된

다.

추인긍정설의 입장에서는 甲 회사는 주주총회에서의 특별결의로 당해 재산인수를 추인할 수 있다. 대법원 판례에 따를 경우 Y의 토지매입계약이 사후설립의 요건을 충족한다면 주주총회의 특별결의에 의해 추인할 수 있다.

2. 설문 (2)에서 정관에 기재되지 않은 재산인수는 무효이다. 무효인 재산인수에 관련된 권리의무를 Y에게 귀속시킬 수 없다. 정관 미기재로 인해 재산인수가 무효여서 X가 손해를 입었다면 그는 Y를 상대로 발기인 책임을 추궁할 수 있다.

◎ 참조 판례

대법원 1992.9.14. 선고 91다33087 판결

상법 제290조 제3호는 변태설립사항의 하나로서 회사성립 후에 양수할 것을 약정한 재산의 종류, 수량, 가격과 그 양도인의 성명은 정관에 기재함으로써 그 효력이 있다고 규정하고 있고, 이 때에 회사의 성립 후에 양수할 것을 약정한다 함은 이른바 재산인수로서 발기인이 회사의 성립을 조건으로 다른 발기인이나 주식인수인 또는 제3자로부터 일정한 재산을 매매의 형식으로 양수할 것을 약정하는 계약을 의미한다고 할 것이고, 아직 원시정관의 작성 전이어서 발기인의 자격이 없는 자가 장래 성립할 회사를 위하여 위와 같은 계약을 체결하고 그 후 그 회사의 설립을 위한 발기인이 되었다면 위 계약은 재산인수에 해당하고 정관에 기재가 없는 한 무효라고 할 것이다.

甲과 乙이 공동으로 축산업 등을 목적으로 하는 회사를 설립하기로 합의하고 甲은 부동산을 현물로 출자하고 乙은 현금을 출자하되, 현물출자에 따른 번잡함을 피하기 위하여 회사의 성립 후 회사와 甲간의 매매계약에 의한 소유권이전등기의 방법에 의하여 위 현물출자를 완성하기로 약정하고 그 후 회사설립을 위한 소정의 절차를 거쳐 위 약정에 따른 현물출자가 이루어진 것이라면, 위 현물출자를 위한 약정은 그대로 상법 제290조 제3호가 규정하는 재산인수에 해당한다고 할 것이어서 정관에 기재되지 아니하는 한 무효라고 할 것이나, 위와 같은 방법에 의한 현물출자가 동시에 상법 제375조가 규정하는 사후설립에 해당하고 이에 대하여 주주총회의 특별결의에 의한 추인이 있었다면 회사는 유효하게 위 현물출자로 인한 부동산의 소유권을 취득한다.

4

정관에 기재되지 않은 설립비용

甲, 乙, 丙은 Y 주식회사의 설립을 위한 발기인으로서 정관작성에 드는 설립비용으로 2,500만원을 정관에 기재하였다. 그 후 甲을 대표발기인으로 선임하고 모집설립의 방법에 따라 설립절차를 진행하였다. 그러나 물가 및 부동산임대료 등의 상승으로 인하여 예상 외로 추가적인 자금을 끌어다 쓸 수밖에 없는 상황에 처하게 되었다. 이에 甲, 乙, 丙은 상호 합의하에 정관에 기재 없이 甲의 명의로 은행으로부터 1,500만원을 빌려서 설립비용으로 사용하였다. Y 회사가 설립된 후 동 회사는 정관에 기재된 설립비용 2,500만원과 甲 명의로 된 채무액 1,500만원을 전액변제하였다. 이러한 Y 회사의 행위는 정당한가?

Ⅰ. 문제의 소재

본 사례에서는 설립비용이 정관에 기재된 금액을 초과하는 바람에 성립 후 회사가 그 초과한 금액을 변제한 경우 그 변제행위의 정당성이 문제된다. 따라서 본 사례에서는 설립 중에 발기인이 했던 행위의 효과가 성립 후의 회사에 귀속하는지의 여부 및 발기인의 권한 범위를 살펴보아야 한다. 그 다음으로 법정요건이 결여된 설립비용을 누가 부담할 것인지와 초과한 설립비용을 회사가 변제한 경우의 법률관계도 검토하여야 한다.

Ⅱ. 정관에 기재된 설립비용에 대한 Y 회사의 부담 여부

1. 정관의 상대적 기재사항으로서의 설립비용

발기인이 설립 중의 회사의 기관으로서 회사설립을 위해 지출한 비용을 설립비용이라 하는데, 정관작성비용·주주모집의 광고비·사무소의 임대료 등이 그 예이다. 설립비용은 회사가 성립한 때는 당연히 회사로부터 변제받을 수 있다. 그러나 무제한적인 변제를 허용한다면 회사의 재산적 기초를 해할 것이므로 상법은 변태설립사항으로서 정관의 상대적 기재사항으로 규정하고 있으며(상법 제290

조 제4호), 검사인의 조사대상이다(상법 제299조 제1항).

2. 발기인이 회사설립을 위해서 취득한 권리의무의 귀속

회사는 설립등기에 의해서 성립하지만, 그 실체는 일시에 완성되는 것은 아니다. 회사는 성립 전에는 권리능력 없는 사단(社團)으로서 존재하고, 발기인은 이러한 설립 중의 회사의 집행기관으로서의 지위를 가진다. 설립 중의 회사가 실체형성을 거쳐 법인격을 구비함에 따라 완전한 회사가 되므로 설립 중의 회사와 성립 후의 회사는 실질적으로는 동일한 존재라고 말할 수 있다. 이에 발기인이 설립 중의 회사의 기관으로서 했던 권한 내 행위의 효과는 실질상 설립 중의 회사에 귀속하고 있으므로 당연히 성립 후의 회사에 귀속하게 된다(동일성설).[7]

3. 발기인의 권한범위

(1) 서 언

동일성설(同一性說)에서도 발기인이 행한 행위의 효과가 성립 후의 회사에 귀속하는 것은 발기인이 설립 중의 회사의 기관으로서 행한 권한 내의 행위에 한정된다. 그러므로 여기서는 발기인의 권한범위가 문제된다. 이에 관해서는 3가지 견해가 제시되어 있다.

(2) 학 설

(가) 최협의설

이 견해에서는 설립 중의 회사의 실질적 권리능력은 사단법인인 회사의 형성·설립을 직접적인 목적으로 하는 범위에 한정되므로 발기인의 권한도 그 범위내의 행위에 한정된다고 보고 있다. 개업준비행위는 발기인의 권한범위로부터 당연히 제외된다.

(나) 협의설

이 견해에서는 설립 중의 회사의 실질적 권리능력은 회사에 있어서 법률상·경제상 필요한 범위까지 미치므로 발기인도 그 범위 내에 속하는 행위에 대하여 권한을 가지지만 개업준비행위는 할 수 없다.

---

7) 대법원 1970.8.31. 선고 70다1357 판결; 동 1990.12.26. 선고 90누2536 판결; 동 1994.1.28. 선고 93다50215 판결.

(다) 광의설

광의설에서는 설립 중의 회사의 실질적 권리능력은 개업준비행위까지도 포함하는 것으로 본다. 말하자면, 발기인도 개업준비행위를 할 수 있는 것으로 이해한다.

(3) 판 례

대법원 판례는 발기인의 권한에 개업준비행위를 포함시키고 있어 광의설을 취하는 것으로 읽힌다.[8)]

(4) 검 토

이상의 견해 중에서 설립 중의 회사는 회사의 설립을 첫번째 목적으로 하고 있다. 그렇다고 해서 발기인의 권한을 설립을 직접 목적으로 하는 행위에 한정하는 것은 거래의 실제와는 괴리감이 있으므로 회사의 설립과 관련하여 개업준비행위까지도 포함하는 광의설이 타당하다. 위의 어느 견해에 의하더라도 변태설립사항으로서의 설립비용은 상법에 정해져 있는 까닭에 발기인이 지출할 수 있다.

4. 사안에 대한 적용

발기인의 권한범위에 관한 여러 가지 견해 중 어느 것을 따르더라도 정관에 기재된 설립비용은 그 기재된 범위 내의 설립 중의 회사가 부담하며, 만약 성립 시까지 그 비용이 전액변제되지 못한 경우에는 성립 후의 회사가 변제할 책임을 진다. 요컨대, 정관에 기재한 설립비용은 법정의 요건을 갖춘 것이므로 Y 회사가 설립비용 2,500만원을 변제한 것은 정당하다.

Ⅲ. 정관에 기재되지 않은 설립비용에 대한 Y 회사의 부담 여부

1. 법정요건이 결여된 설립비용의 부담주체

(1) 서 언

정관에 기재되지 않거나 기재액을 초과하는 등 법정요건이 결여된 설립비용을 누가 부담할 것인가에 관하여 학설이 나누어지고 있다.

8) 대법원 1970.8.31. 선고 70다1357 판결.

(2) 학 설

첫째는 발기인전액부담설이다. 이는 설립비용으로 부담한 채무는 모두 발기인에게 귀속하고, 발기인은 법정절차를 거친 설립비용금액의 범위 내에서 회사에 구상할 수 있을 뿐이라는 견해이다.

둘째는 회사전액부담설이다. 이는 설립비용으로 부담한 채무는 회사의 성립에 의해서 모두 회사에 귀속하고, 채무의 금액이 법정절차를 거친 설립비용금액을 초과할 때에는 회사가 발기인에게 구상할 수 있다는 견해이다.

마지막으로 회사·발기인분담설이 있다. 이는 설립비용이 정관에 기재되었거나 또는 검사인의 조사를 통한 한도에서 회사가 제3자에 대해 채무를 부담하지만, 이러한 요건을 충족시키지 못한 채무는 발기인이 부담한다는 입장이다.

(3) 판 례

대법원은 회사전액부담설의 입장을 취하고 있다.[9]

(4) 검 토

설립비용을 정관의 상대적 기재사항으로 규정한 이유는 발기인의 권한이 광범위하므로 그 남용의 가능성을 감안하여 회사·발기인 간의 비용부담에 대한 내부관계를 정한 것으로 보아야 하기 때문이다. 따라서 이상의 견해 중에서 회사전액부담설이 타당하다. 즉, 정관에 기재한 금액을 초과한 채무에 대해서는 회사가 채무를 변제한 후에 발기인에게 구상할 수 있는 것을 규정한 것이라고 해석해야 한다. 이와 같이 풀이하는 것이 회사의 설립과 관련한 동일성의 입장하에서 거래안전을 도모할 수 있다.

2. 사안에 대한 적용

발기인 甲, 乙, 丙이 설립비용으로 추가적으로 빌린 1,500만원에 대해서는 회사전액부담설을 따를 경우 일단 회사가 전액변제 후 甲, 乙, 丙에게 다시 1,500만원을 구상할 수 있다. 만약 발기인전액부담설에 의한다면 Y 회사는 전혀 책임이 없다. 따라서 Y 회사가 설립 후 1,500만원을 전액변제한 것은 적절하지 못한 행위로 된다. 마지막으로 회사·발기인분담설에서는 추가적인 1,500만원이 정관에 설립비용으로 기재되지 않았지만 만약 검사인의 조사가 있고 그 금액이 적정하

9) 대법원 1994.3.28.자 93마1916 결정.

다고 하다면 회사가 제3자에 대해 채무를 부담하므로 Y 회사의 전액변제는 적절한 행위로 된다. 그러나 그러한 요건을 충족시키지 못한 채무는 발기인이 부담하여야 함에도 불구하고 사안에서 Y 회사가 변제하였으므로 1,500만원을 반환청구할 수 있다.

Ⅳ. 사례의 해결

발기인이 설립 중의 회사의 기관으로서 또는 그 권한 내에서 행한 행위의 결과는 실질상 설립 중의 회사에 귀속하고, 성립과 동시에 당연히 성립 후의 회사에 귀속한다. 따라서 설립 후의 Y 회사가 2,500만원을 변제한 것은 적법한 행위이다.

추가적으로 부담한 1,500만원과 관련하여서는 학설에 따라 Y주식회사의 전액변제행위의 효과가 다르다. 회사전액부담설에서는 Y 회사가 추가적인 설립비용에 대한 책임을 지므로 회사가 전액변제한 것은 정당하다. 그 후 Y 회사는 甲, 乙, 丙에게 1,500만원을 구상할 수 있다. 발기인전액부담설에서는 Y 회사의 전액변제행위는 적절한 것은 아니지만 Y 회사가 발기인을 위하여 체당(替當)한 것으로 되어 반환을 청구할 수 있다. 회사·발기인분담설에서는 정관에 설립비용으로 기재되지 않았더라도 검사인의 조사가 있어 승인되었다면 Y 회사의 전액변제는 적절한 행위이다. 만약 그러한 요건을 충족시키지 못한 경우에는 Y 회사는 甲, 乙, 丙에게 1,500만원을 반환청구할 수 있다.

◎ 참조 판례

대법원 1994.1.28. 선고 93다50215 판결

설립 중의 회사라 함은 주식회사의 설립과정에서 발기인이 회사의 설립을 위하여 필요한 행위로 인하여 취득하게 된 권리의무가 회사의 설립과 동시에 그 설립된 회사에 귀속되는 관계를 설명하기 위한 강학상의 개념으로서 정관이 작성되고 발기인이 적어도 1주 이상의 주식을 인수하였을 때 비로소 성립하는 것이고, 이러한 설립 중의 회사로서의 실체가 갖추어지기 이전에 발기인이 취득한 권리, 의무는 구체적 사정에 따라 발기인 개인 또는 발기인조합에 귀속되는 것으로서 이들에게 귀속된 권리의무를 설립 후의 회사에 귀속시키기 위하여는 양수나 채무인수 등의 특별한 이전행위가 있어야 한다.

대법원 1994.3.28.자 93마1916 결정

회사의 설립비용은 발기인이 설립 중의 회사의 기관으로서 회사설립을 위하여 지출한 비용으로서 원래 회사성립 후에는 회사가 부담하여야 하는 것(상법 제290조, 제326조)이다.

5

주금의 위장납입

자본금 5,000만원 규모의 丁 주식회사를 설립하기 위한 7인의 발기인들의 대표 Y는 발기인 전원의 합의하에, A 은행으로부터 발기인 모두의 주식에 대한 인수가액을 납입시키기 위하여 총 5,000만원을 차입하여 납입금보관은행 B 은행에 납입하였다. Y가 대표이사에 취임하고 丁 회사의 설립등기가 있은 직후 丁 회사는 B 은행으로부터 납입금 5,000만원을 인출하고 이사회의 승인을 얻어 Y에게 빌려주었으며, Y는 그것을 A 은행에 대한 채무를 변제에 충당하였다. 이 경우 丁 회사의 설립의 효력은 어떠한가? 다만, 이사회의 승인에 관련된 사항은 적법한 것으로 전제한다.

Ⅰ. 문제의 소재

본 사례는 금융기관을 통한 일시차입금으로 주식인수가액을 납입한 이른바 가장납입에 관련되어 문제가 제기된다. 우선 설문에서 요구하는 바와 같이 이러한 일시 차입금에 의한 가장납입, 즉 위장납입의 경우에 회사의 실질적 자본구성이 이루어지지 않았으므로 Y를 비롯한 발기인들(이하 "Y 등"이라 함)의 주금납입을 무효로 볼 것인지, 그리고 주금납입이 무효이면 회사설립 자체도 무효가 되는지에 관하여 살펴보아야 한다.

Ⅱ. Y 등의 위장납입의 효력

1. 위장납입의 의의 및 효력

(1) 의 의

가장납입이라 함은 현실적인 주금납입이 없음에도 불구하고 형식상 납입된 것으로 가장하는 것을 말한다. 이에는 통모가장납입, 위장납입, 이들을 절충한 형태, 그리고 회사자금에 의한 가장납입 등이 있다. 통모가장납입은 납입금보관은행과의 공모에 의한 가장납입(이른바 예합)을 말하며, 위장납입은 일시차입금에 의한 가장납입(이른바 견금)을 뜻한다. 통모가장납입과 위장납입을 절충한 가장납입의 대표적인 형태는 발기인대표가 납입금보관은행으로부터 납입금 상당액을 대출받아 주금으로 납입한 후 회사성립 후 이를 인출하여 발기인대표에게 빌려주고 그가 은행에 차입금을 변제하는 방식이다. 회사자금에 의한 가장납입은 신주인수인이 회사로부터 융자받은 자금으로 신주인수가액을 납입하는 것을 말한다.

(2) 위장납입의 효력

(가) 서 언

상법은 주주의 출자의무와 관련하여 전액납입주의를 취하고 있다(상법 제305조 제1항). 가장납입은 자본충실의 원칙에 반하여 선의의 주주와 회사채권자의 이익을 해할 우려가 크다. 이에 통모가장납입과 절충형태의 가장납입은 무효라는 데 학설과 판례가 일치하고 있다. 그러나 일시차입의 형태로 이루어지는 가장납입, 즉 위장납입에 대해서는 학설과 판례가 나누어지고 있다.

(나) 학 설

① 유효설 제3자로부터 차입한 금전으로 주금을 납입하였지만 이는 현실적으로 납입이 있었다는 점과 그러한 납입과 관련한 발기인의 주관적 의도를 문제삼는 것은 단체법이 관여할 바가 아니라는 점 등을 이유로 하여 이러한 방식의 주금납입은 유효하다는 입장이다.

② 무효설 위장납입은 상법이 규제하고 있는 통모가장납입행위를 잠탈하는 행위로서 실질적인 자본구성이 없어 무효로 보는 견해이다.

(다) 판 례

대법원은 회사가 일시차입금을 가지고 주주들의 주금을 체당납입하고 주금납입의 절차완료 후 회사는 주주에 대하여 체당납입한 주금의 상환을 청구하면 어느 정도 자본충실을 기할 수 있다는 점 등을 이유로 차입금에 의한 가장납입을 유효하다고 보는 입장을 취하고 있다.[10)]

(라) 검 토

생각건대, 발기인이 납입금을 어떠한 방식으로 조달하는지에 관해서는 발기인의 재무적 전략에 따른 것이므로 이에 대해 회사법이 관여할 수 없는 사항이며, 또한 발기인이 회사에 대하여 연대하여 손해배상책임을 부담하여 자본충실을 기할 수 있다면 차입금에 의한 가장납입을 구태여 무효라고 볼 필요는 없으므로 유효설과 대법원 판례의 견해가 타당하다.

---

10) 예컨대, 대법원 1998.12.23. 선고 97다20649 판결 등.

(3) 사안에 대한 대한 적용

본 사안에서 대표발기인 Y는 A은행에서 빌린 5,000만원을 발기인이 인수한 주식의 납입금으로 납입하였다. 이러한 행위는 일시차입금에 의한 가장납입, 즉 위장납입에 해당한다. 본 사안에서의 위장납입은 유효하지만, 이와는 반대로 무효로 보는 견해도 있다. 대법원 판례는 유효한 것으로 보고 있다.

Ⅲ. Y 등의 위장납입에 따른 회사설립의 유효 여부

1. 개　관

위장납입에 따른 회사설립의 유효 여부는 위장납입 자체의 유효 여부에 관한 학설과 판례에 따라 결론을 달리한다. 또한 위장납입을 무효로 보면서도 그에 의한 회사설립은 유효로 판단하는 견해도 있다.

2. 학설 및 판례의 태도

(1) 학　설

(가) 위장납입의 유효설에 의할 경우

위장납입에 관한 유효설에 따를 경우 회사설립은 유효하다.

(나) 위장납입의 무효설에 의할 경우

위장납입에 대한 무효설에 따르면 회사설립은 당연무효이다. 그러나 무효설을 취하면서도 회사설립의 유효 여부를 다시 판단하는 견해도 있다. 즉, 먼저 발기인의 납입담보책임에 의해 설립무효의 하자가 치유될 수 있다는 다수의 견해에서는 납입흠결의 경중에 따라 또는 전보(塡補) 가부에 따라 회사설립의 유효 여부를 판단하여야 하며, 납입무효흠결의 경중에 상관없이 발기인의 납입담보책임만을 주장할 수 있다는 소수설에 의하면 위장납입은 무효이지만 회사설립은 유효하다.

(2) 판　례

위장납입을 유효한 것으로 보는 대법원 판례에 따를 경우 회사설립은 유효하다.

(3) 검　토

위장납입에 의한 회사설립이 있었느냐의 여부는 회사설립이 완료된 상태에서 밝혀지게 된다. 그러므로 회사설립 후에 위장납입이 있었다고 해서 일괄적으로 무효로 하는 것은 회사설립에 드는 노력과 회사설립 후의 회사의 법률관계 등을 고려할 때 반드시 바람직하다고는 할 수 없다. 이러한 점에서 위장납입으로 인한 흠결부분을 발기인에 의하여 쉽게 전보할 수 있는 경우에 한하여 회사설립은 유효하다고 보아야 할 것이다.

3. 사안에 대한 적용

위장납입을 유효라고 보는 견해와 대법원 판례에 따르면 Y 등의 주금납입에 의한 회사설립은 당연 유효하다. 그러나 위장납입을 무효로 보는 입장과 그러한 무효설 중에도 하자치유 여부에 따라 회사설립의 유효 여부를 판단하는 다수설에 의하면 본 사안에서의 Y 등의 주금납입은 설립시 발행되는 주식 전부에 대해 인수가액을 납입하지 않았다는 점에서 회사설립을 무효라고 보아야 할 것이지만 발기인의 납입담보책임만을 주장가능하다는 소수설에 의하면 丁 회사의 설립은 유효하다.

Ⅳ. 사례의 해결

Y 등의 가장납입은 제3자로부터 금전을 차입한 위장납입의 방식으로 이루어졌다. Y 등의 위장납입은 유효하다. 대법원 판례도 유효한 것으로 본다. 그러나 위장납입을 무효로 보는 견해도 있다.

Y 등의 위장납입에 의한 회사설립은 위장납입에 관한 유효설과 대법원 판례에 따르면 유효하다. 그러나 무효설을 취하면서도 하자치유 여부에 따라 회사설립의 유효를 판단하는 입장에서는 Y 등이 주식 전부에 대해 인수가액을 납입하지 않았으므로 회사설립은 무효이지만 발기인의 납입담보책임을 주장할 수 있다는 입장에서는 丁 회사의 설립은 유효하다.

◎ 참조 판례

대법원 1998.12.23. 선고 97다20649 판결

주식회사를 설립하면서 일시적인 차입금으로 주금납입의 외형을 갖추고 회사 설립절차를 마친 다음 바로 그 납입금을 인출하여 차입금을 변제하는 이른바 가장납입의 경우에도 주금납입의 효력을 부인할 수는 없다.

6

명의개서미필한 주주의 지위

Y는 甲 주식회사의 주식을 X에게 양도하였지만 아직 주주명부에는 명의개서를 하지 못하였다. 그러한 상황에서 甲 회사는 이사회의 결정을 거쳐 주주에게 배정하는 방식으로 신주발행이 이루어졌다.

(1) 甲 회사는 X가 명의개서를 하지 않은 주주라는 사실을 알게 된 경우 그에 대하여 신주인수권을 배정할 수 있는가?
(2) 甲 회사는 X를 명의개서미필을 이유로 주주로 인정하지 않은 경우 신주인수권의 귀속과 관련된 법률관계는 어떠한가?
(3) 甲 회사가 X의 명의개서 청구를 받았음에도 부당하게 그 청구를 거절한 경우에는 X는 甲 회사에 대하여 신주인수권을 행사할 수 있는가?

Ⅰ. 문제의 소재

먼저 설문 (1)에서는 회사가 실질주주를 아는 경우 주주로서 권리행사를 하는 것을 허용할 수 있는지를 살펴보아야 한다. 그 다음으로 설문 (2)에서는 실기주(失期株)가 양도인 또는 양수인 중 어느 자에게 귀속되는지와 그 귀속주체가 반환청구할 수 있는 근거와 대상이 문제된다. 마지막으로 설문 (3)에서는 회사가 정당한 사유 없이 명의개서를 거절한 경우 거절당한 양수인이 신주인수권을 행사할 수 있는지의 여부를 검토하여야 한다.

Ⅱ. 설문 (1)에 대하여

1. 명의개서의 의의 및 필요성

주식의 양도는 주권을 양수인에게 교부하는 것만으로 실행된다(상법 제336조). 그러나 양수인이 주주가 되었다는 것을 회사에 대항하기 위해서는 주주명부에 그의 성명·주소를 기재하여야 하는데(상법 제337조 제1항), 이와 같은 행위를 명의개서라 한다. 요컨대, 명의개서는 회사가 주주명부상 명의개서된 주주를 획일적으로 주주로 인정하여 편의성을 제고하기 위한 기술적 조치이다.

2. 실질주주에 대한 회사의 권리행사 허용 가부

(1) 서 언

주주명부상의 기재는 회사에 대하여 주주권을 주장하기 위한 요건이며, 그것에 주주로 기재된 자는 적법한 주주로 추정된다. 또한 회사는 주주명부에 기재된 자를 주주로 취급하면 면책된다. 그러므로 이미 타인에게 주식을 이전하였다 하더라도 주주명부상의 주주는 실질적으로는 회사에 대해서는 주주로 취급되고 주주로서의 권리를 행사할 수 있는 반면에 명의개서를 하지 못한 실질상 주주는 회사에 대하여 주주임을 주장할 수 없다. 이처럼 명의개서를 하지 않은 자가 회사에 대하여 주주임을 주장할 수는 없을지라도 회사는 명의개서를 하지 않은 실질상 주주를 주주로서 인정할 수 있는 것인지에 관해서는 학설이 나누어지고 있다

(2) 학 설

(가) 부정설

이 견해는 회사는 명의개서를 하지 않은 주식취득자에 대하여 주주로서의 권리행사를 인정하여서는 안 된다는 입장이다. 그 근거로서 첫째, 명의개서는 주주관계를 획일적으로 처리하기 위한 것이며 둘째, 회사는 명의개서를 미필한 양수인을 주주로 취급하게 되면 주주인정과 관련하여 선택권을 갖게 되므로 거래의 안전을 해하고 주주평등의 원칙에 반한다는 점 등을 들고 있다.

(나) 긍정설

이 견해는 명의개서 전의 실질주주를 회사가 주주로 취급하여 그 자에게 주주로서의 권리를 행사하게 할 수 있다고 본다. 그 이유로서 상법 제337조 제1항은 집단적 주주의 법률관계를 처리함에 있어서 편의를 추구하기 위한 규정으로서 회사가 주주명부의 면책력을 포기하고 자기의 위험부담하에 주권의 점유자를 주주로 취급하는 것을 굳이 막을 필요가 없다는 점을 들고 있다.

(3) 판 례

대법원은 긍정설의 취지에서 기명주식의 취득자가 명의개서 없이는 회사에 대하여 주주권을 주장할 수 없을지라도 회사측에서 명의개서를 하지 않은 실질상의 주주를 주주로 인정하는 것은 무방한 것으로 판시하고 있다.[11]

---

11) 대법원 1989.10.24. 선고 89다카14714 판결; 동 2001.5.15. 2001다12973 판결.

(4) 검 토

주식을 양도하였기에 이미 무권리자이지만 주주명부상 성명 등이 기재되어 있다고 하여 무조건적으로 그에게 권리의 행사를 인정하는 것은 비합리적이다. 따라서 회사가 회사의 업무편의를 위해 마련된 주주명부의 면책력을 포기하고 자기의 위험부담으로 주주명부상의 주주 이외의 자를 주주로 취급하는 것을 굳이 부정할 필요는 없다고 보는 긍정설과 대법원 판례의 입장이 타당하다.

3. 사안에 대한 적용

회사가 실질주주의 권리행사를 인정할 수 있느냐의 여부에 대한 긍정설과 판례의 입장에서는 甲 회사는 X를 주주로 인정하여 신주인수권을 부여할 수 있다. 그러나 부정설의 입장에서는 정반대의 결론이 도출된다.

Ⅲ. 설문 (2)에 대하여

1. 권리의 귀속주체

(1) 서 언

구주(舊株)의 양수인이 신주배당기일까지 명의개서를 하지 않은 결과 양도인에게 신주가 배당된 경우 그러한 신주를 실기주(실념주)라 하는데, 여기서는 실기주가 누구에게 귀속하는지가 문제된다. 본디 권리의 귀속은 양도인과 양수인 간의 개인법적인 사항일 뿐 회사법상의 그것은 아니지만 그 권리의 귀속에 관하여 당사자간의 합의가 없는 경우 이를 어떻게 처리할 것인지를 검토할 필요가 있다.

(2) 학 설

(가) 양도인(명의주주)귀속설

이는 일정한 시점에서 주주명부상의 주주에게 신주인수권을 부여함으로써 신주발행절차상의 편의를 도모할 수 있다는 견해이다. 특히 이 견해는 신주발행에 있어서 구체적 신주인수권은 주주권의 내용을 이루는 권리가 아니므로 주주권의 이전에 수반되지 않는다는 것을 그 근거로 들고 있다.

(나) 양수인(실질주주)귀속설

이는 신주발행과 관련한 추상적 신주인수권과 구체적 신주인수권도 주주자격을 기반으로 하는 일종의 지분에 속하는 것이므로 특약이 없는 한 주주권의 이전에 따라 실질적으로 양수인에게 이전된다는 견해이다.

(다) 검 토

주주에게 신주인수권이 배정되는 것은 회사에 있어서 실질상의 구성원인 주주의 이익을 도모하기 위한 것이며, 회사와의 관계에서 주주명부상의 주주에게 신주인수권을 배정하는 것은 신주발행절차를 획일적으로 처리하기 위함이지 당사자간의 귀속까지 규율하는 것이 아니다. 따라서 양도당사자간에 있어서 실기주는 주식양수인에게 귀속된다고 보는 양수인귀속설이 타당하다.

(3) 사안에 대한 적용

양수인귀속설에 따를 경우 실기주는 X에게 귀속한다. 그러나 양도인귀속설에서는 정반대의 결론이 나게 되므로 Y가 신주인수권을 향유하게 된다.

2. 반환청구권의 근거 및 대상

(1) 서 언

신주인수권이 양수인에게 속한다고 할 때 양수인은 양도인에 대하여 어떤 근거로 무엇을 청구할 수 있는지를 살펴보아야 한다.

(2) 학 설

(가) 부당이득설

이는 양도인이 신주를 배정받은 것은 당사자간에 있어서 실질적으로 부당하며 법률상의 원인 없이 양수인에게 귀속해야 할 재산으로 인하여 이익을 얻고 있는 것으로 보는 견해이다. 이 견해에 따르면 신주 자체는 명의주주에게 속하기 때문에 실질주주는 그 반환을 청구하지는 못하지만 실질주주인 양수인은 명의주주에 대하여 그 이익, 즉 신주발행가액과 시가와의 차액의 반환을 청구할 수 있다(민법 제741조).

(나) 사무관리설

이는 양도인이 신주의 청약·납입을 하는 것은 양수인의 사무를 처리하는 것이므로 양수인은 양도인에 대하여 그가 배정받은 신주 자체의 반환을 청구할 수 있다는 견해이다.

(다) 준사무관리설

양도인이 신주를 인수·납입하는 것은 자기를 위하여 하는 것이므로 사무관리에 필요한 "타인을 위하여"라는 요건을 결하여 사무관리로는 되지 않지만 양도인이 양수인을 위하여 신주청약을 한 것으로 법적으로 의제하자는 견해이다. 이 입장에서는 양도인은 양수인에 대하여 신주인도의무를 부담하는 한편 양수인에 대하여 납입금 및 일정한 사례금을 포함한 유익비의 상환청구권을 가진다.

(라) 검 토

신주인수권의 귀속과 관련하여 양도인과 양수인 중에서 양수인이 주주의 지위를 갖는다고 보더라도 부당이득설에서는 양수인이 양도인에 대하여 신주 자체의 반환을 청구할 수 없다는 점에서 수용하기 어렵다. 사무관리설은 사무관리에 필요한 타인을 위한 의사라는 주관적 요건을 충족하지 못한다는 단점이 있다. 준사무관리설의 경우 민법상 명문의 근거가 없는 까닭에 그 개념이 아직 정립되어 있지 않다는 곤란한 점은 있으나 양수인은 주주권 행사로 인한 모든 이익을 반환청구할 수 있는 대신 양도인은 주주권행사에 소요된 비용을 유익비로서 상환청구할 수 있으므로 양자의 이익보호에 소홀하지 않는다고 보아 가장 합리적이라 판단된다.

(3) 사안에 대한 적용

준사무관리설에 의하면 X는 Y에 대하여 신주를 반환청구할 수 있다. 만약 Y가 신주를 이미 매각하였다면 그 대금을 청구할 수 있다. 다만, 이 경우 Y가 지출한 신주납입금은 X가 부담하여야 한다. 한편, 부당이득설에서는 신주의 신주인수권의 가격인 신주의 시장가격과 신주발행가액과의 차액을 청구할 수 있다. 사무관리설의 경우는 준사무관리설과 결과에 있어서는 동일하다.

Ⅳ. 설문 (3)에 대하여

1. 명의개서의 부당한 거절시의 주주권행사 가부

(1) 상법상 규정

주식의 양수인은 명의개서청구권을 가지고 있으므로 회사는 정당한 사유가 없는 한 명의개서를 하여야 하는 할 의무를 부담한다. 만약 회사가 부당하게 명의개서를 거절한 경우에는 명의개서에 갈음하는 판결을 구하거나 손해배상을 청구할 수 있으며, 회사의 이사 등은 일정한 과태료의 제재를 받는다(상법 제635조 제1항 제7호). 그러나 상법은 명의개서를 부당하게 거절당한 실질주주가 주주권 행사를 행사할 수 있는지의 여부에 관해서는 명문의 규정을 두지 않고 있다.

(2) 명의개서 없이 주주권행사 가능 여부

(가) 학 설

① 긍정설 　　이 견해는 회사가 부당하게 명의개서를 거절한 경우에는 명의개서 없이 주주권을 행사할 수 있다고 본다. 그 이유는 명의개서의 의무를 해태한 회사가 그 불이익을 실질상의 주주에게 넘기는 것은 신의칙에 반하므로 명의개서 없이도 회사에 대하여 주주의 권리를 행사할 수 있다고 보아야 하기 때문이라 한다.

② 부정설 　　이 견해는 명의개서가 없는 경우에도 주주권을 인정한다면 주주관계의 획일적 처리라는 주주명부제도의 취지를 몰각시킬 수 있다고 본다. 또한 명의개서청구의 정당성 유무에 관한 판단을 회사에 일임하는 것은 바람직하지 않으므로 양수인의 명의개서가 이루어지지 않는 한 일률적으로 그가 회사에 대해서는 권리를 행사할 수 없다는 것이다.

(나) 판 례

대법원 판례도 긍정설과 같은 취지로 판시하고 있다.[12]

(다) 검 토

이상의 학설 중에서 긍정설이 타당하다. 그 이유로서는 첫째, 명의개서의무를 부당하게 소홀히 한 회사가 그로부터 발생하는 불이익을 실질상의 주주에게 강압적으로 귀속시키는 것은 신의칙에 반하며, 둘째 명의개서는 회사의 사무처리를 편리하게 하기 위하여 기술적 요청에서 나온 제도이므로 절대적인 것으로 고집할 필요는 없으며, 셋째 명의개서거절을 이유로 실질상의 주주가 회사로부터 손해를 배상받는다고 하더라도 의결권을 행사하지 못한 불이익이 완전히 보상되지 않을 여지가 있기 때문이다.

2. 사안에 대한 적용

주주권행사를 긍정하는 학설과 판례에 따르면 X는 명의개서가 없어도 회사에

---

12) 대법원 1993.7.13. 선고 92다40952 판결.

대해 주주로서의 권리를 행사할 수 있다. 그러므로 X는 甲 회사에 대하여 주주라는 지위를 주장할 수 있어 신주인수권을 행사할 수 있다. 반대로 부정설에 의하는 경우 X는 주주권을 가지지 못하므로 신주인수권을 행사할 수 없다.

V. 사례의 해결

1. 설문 (1)에서 회사가 실질주주의 권리행사를 인정할 수 있다는 긍정설과 판례에 의하면 甲 회사는 X를 주주로 인정하여 신주인수권을 배정할 수 있다. 그러나 부정설을 취할 경우 인정할 수 없게 된다.

2. 설문 (2)에서 실기주의 귀속과 관련하여 양수인귀속설에서는 신주인수에 대한 주주권은 X에게 귀속한다. 그러나 양도인귀속설에서는 Y가 신주인수권을 가진다. 양수인이 신주인수권을 가진다고 전제할 때 반환청구권의 대상과 관련하여 준사무관리설에 의하면 X는 Y에 대하여 신주를 반환청구할 수 있으며, Y가 신주를 이미 매각하였다면 그 대금을 청구할 수 있다. 이 경우 Y의 신주납입금은 X가 부담하여야 한다. 사무관리설에 의할 경우도 그 결과는 준사무관리설과 동일하다. 부당이득설에서는 신주의 신주인수권의 가격인 신주의 시장가격과 신주발행가액과의 차액을 청구할 수 있다.

3. 설문 (3)에서 회사가 양수인의 명의개서를 부당하게 거절한 경우에도 주주권행사를 긍정하는 학설과 판례에 따르면 X는 명의개서 없이 회사에 대해 주주로서의 권리를 행사할 수 있다. 따라서 X는 甲 회사에 대하여 주주라는 지위를 주장할 수 있으므로 신주인수권을 행사할 수 있다. 그러나 부정설에 의하는 경우 X는 주주로서의 지위를 주장할 수 없어 신주인수권의 행사는 불가능하다.

◎ 참조 판례

대법원 1989.7.11. 선고 89다카5345 판결

상법상 주권의 점유자는 적법한 소지인으로 추정하고 있으나(제336조 제2항) 이는 주권을 점유하는 자는 반증이 없는 한 그 권리자로 인정된다는 것, 즉 주권의 점유에 자격수여적 효력을 부여한 것이므로 이를 다투는 자는 반대사실을 입증하여 반증할 수 있고, 또한 등기주식의 이전은 취득자의 성격과 주소를 주주명부에 기재하여야만 회사에 대하여 대항할 수 있는 바(제337조 제1항), 이 역시 주주명부에 기재된 명의상의 주주는 실질적 권리를 증명하지 않아도 주주의 권리를 행사할 수 있게 한 자격수여적 효력만을 인정한 것뿐이지 주주명부의 기재에 창설적 효력을 인정하는 것이 아니므로 반증에 의하여 실질상 주식을 취득하지 못하였다고 인정되는 자가 명의개서를 받았다 하여 주주의 권리를 행사할 수 있는 것은 아니다.

대법원 2001.5.15. 선고 2001다12973 판결

상법 제337조 제1항의 규정은 기명주식의 취득자가 주주명부상의 주주명의를 개서하지 아니하면 스스로 회사에 대하여 주주권을 주장할 수 없다는 의미이고, 명의개서를 하지 아니한 실질상의 주주를 회사측에서 주주로 인정하는 것은 무방하다.

대법원 1993.7.13. 선고 92다40952 판결

주식을 양도받은 주식양수인들이 명의개서를 청구하였는데도 위 주식양도에 입회하여 그 양도를 승낙하였고 더구나 그 후 주식양수인들의 주주로서의 지위를 인정한 바 있는 회사의 대표이사가 정당한 사유 없이 그 명의개서를 거절한 것이라면 회사는 그 명의개서가 없음을 이유로 그 양도의 효력과 주식양수인의 주주로서의 지위를 부인할 수 없다.

대법원 1998.9.8. 선고 96다45818 판결

주식회사가 주주명부상의 주주에게 주주총회의 소집을 통지하고 그 주주로 하여금 의결권을 행사하게 하면, 그 주주가 단순히 명의만을 대여한 이른바 형식주주에 불과하여도 그 의결권행사는 적법하지만, 주식회사가 주주명부상의 주주가 형식주주에 불과하다는 것을 알았거나 중대한 과실로 알지 못하였고 또한 이를 용이하게 증명하여 의결권행사를 거절할 수 있었음에도 의결권 행사를 용인하거나 의결권을 행사하게 한 경우에는 그 의결권행사는 위법하게 된다.

7

주식의 양도담보와 주주의 의결권

비상장회사인 乙 주식회사의 정관에는 주주는 당 회사 발행의 기명주식을 양도하기 위해서는 이사회의 승인을 요하는 취지의 규정을 두고 있었지만, 회사성립 후 1년이 지난 현재 주권을 발행하지 않고 있다. 乙 회사의 주주 X는 Y로부터 금전을 차입함에 있어 자신의 채무를 담보하려는 목적으로 명의개서 없이 주식을 양도하기로 합의하였지만 주권이 발행되지 않아 주권 없이 자신의 주식을 Y에게 양도하였다. 이 경우 X는 乙 회사의 주주총회에서 의결권을 행사할 수 있는가?

Ⅰ. 문제의 소재

본 사례에서는 다음과 같은 사항들을 검토하여야 한다. 첫째, 주주 X가 Y로부터의 금전차입에 대한 담보목적으로 명의개서 없이 이루어진 주식양도의 의의를 밝혀야 한다. 둘째, 乙 회사의 주권발행 전에 X가 담보목적으로 주식양도를 지명채권의 양도방법으로 할 수 있는지의 여부를 살펴보아야 한다. 셋째, 乙 회사의 주주가 정관에 따라 주식양도를 하기 위해서는 이사회의 승인이 요구되는 상황에서 X가 이사회승인 없이 한 주식양도담보행위가 유효한지의 여부를 검토하여야 한다. 넷째, 주주 X가 주식양도담보를 설정하더라도 주주권, 특히 의결권과 같은 공익권을 계속하여 보유·행사할 수 있는지의 여부를 가늠해 보아야 한다.

Ⅱ. X의 담보목적 주식양도행위의 의의

1. 양도담보의 의의

자신의 채무를 담보하려는 목적으로 주식의 소유권을 형식상(외관상) 채권자에게 양도하고, 채무자가 변제하면 그 주식을 반환받을 수 있지만 그렇지 못한 경우에는 채권자가 그 주식의 소유권을 확정적으로 취득하게 되는 형식의 비전형담보를 양도담보라 한다. 상법은 주식의 양도담보에 관해서는 명문규정을 두지 않고 있다. 그러나 채권확보가 주식의 입질보다 더 유리하고 또 그 집행절차도

간편하기 때문에 오래 전부터 실질적으로 주식의 양도담보는 관습법상으로는 인정되고 있다.

2. 양도담보와 입질의 구별기준

기명주식의 양도담보는 주식의 입질의 경우와 유사하게 약식양도담보와 등록양도담보로 나누어진다. 전자는 명의개서는 하지 않고 단순히 주권의 교부만으로 이루어지는 양도담보인 반면에, 후자는 주주인 채무자가 채권자에게 주권을 교부할 뿐만 아니라 주주명부에 명의개서까지 마치는 형식을 말한다.

약식양도담보는 주권의 교부를 요건으로 하고 있어 약식질과는 외관상 구별하기 어렵다. 결국 당사자의 의사에 따라 입질 혹은 양도담보를 결정할 수밖에 없다. 이와 관련하여 당사자 의사가 불분명하다면 실정법상 근거가 있는 약식질로 보자는 견해와 채권자인 담보권자에게 유리하게 약식양도담보로 추정하자는 견해가 있다. 생각건대, 당사자의 의사가 명확하지 않는 경우에는 채권자를 위한 것으로 풀이하여야 하므로 약식양도담보로 추정하는 것이 바람직하다.

3. 사안에 대한 적용

본 사안에서 X의 Y에 대한 주식양도는 X와 Y의 합의하에 이루어진 양도담보의 성격을 지닌다. 특히 명의개서 없이 당사자의 명확한 의사에 의하여 양도담보가 이루어졌기 때문에 이는 약식양도담보에 해당한다. 다만, 본 사안에서 X는 회사성립 후 1년이 경과한 시점에서 주권 없이 주식을 양도하였는데, 과연 상법에서 그러한 행위가 가능한지의 여부도 검토하여야 한다.

Ⅲ. 乙 회사의 주권발행 전 이루어진 양도담보의 가능 여부

1. 주권발행 전 주식의 양도제한의 원칙 및 예외

주식은 주권에 의하여서만 양도할 수 있다는 것이 주식회사의 본질적인 사항이므로(상법 제336조 제1항) 주권이 발행되기 전에 한 주식의 양도는 회사에 대하여 효력이 없다(상법 제335조 제3항 본문). 예외적으로 상법은 주권발행을 고의로 지연시켜 자유로운 주식양도를 방해하는 회사로부터 주주를 보호하기 위해 회사

성립 後 또는 신주의 납입기일 後 6월이 경과한 때에는 주권발행 전의 주식양도를 유효하다고 규정하고 있다(상법 제335조 제3항 단서). 6월 이후에 주권 없이 주식을 양도한 경우에는 주식양도는 그 당사자간에는 물론이고 회사에 대하여도 유효하게 된다.

2. 주권발행 전 주식의 양도담보의 가능 여부 및 그 방법

회사성립 後 또는 신주의 납입기일 後 6월이 경과하더라도 아직 주권이 발행되지 않은 경우 주식의 양도는 주권의 교부에 의하여 할 수 없으므로, 결국 지명채권의 양도에 관한 일반원칙에 따라 당사자의 의사표시만으로 주식을 양도하는 도리밖에 없다. 이러한 입장이 우리나라의 통설이자 대법원 판례의 태도[13]이다. 주식의 양도담보도 그것이 양도담보의 합의를 전제로 외관상 주식의 "양도"를 구성요건으로 하므로 주권발행이 이루어지지 않았더라도 회사성립 後 또는 신주의 납입기일 後 6월이 경과하면 지명채권의 양도방법에 의하여 가능하며,[14] 구체적으로는 당사자의 의사표시만으로 효력이 발생한다.

3. 사안에 대한 적용

본 사안에서 X는 乙 회사가 회사성립 後 1년이 지났음에도 불구하고 여전히 주권이 발행되지 않았기에 X와 Y 사이의 의사표시에 의하여 이루어진 주식의 양도담보는 유효하다. 다만, X가 보유하는 주식은 이사의 승인이 있어야 양도가능한 이른바 양도제한주식인데, 본 사안에서는 이사회의 승인이 없었다는 점에서 그러한 양도담보의 효력이 문제된다.

Ⅳ. X의 양도담보에 대한 이사회 승인 요부 및 그 효력

1. 정관에 의한 주식양도제한의 취지

주식회사에서는 주주의 개성이 문제되지 않고, 주주는 주식양도 이외에는 투하자본을 회수하는 방법이 없으므로 주식양도의 자유는 원칙적으로 인정된다. 예

13) 예컨대, 대법원 1988.10.11. 선고 87누481 판결; 동 1996.6.25. 선고 96다12726 판결; 동 2003.10.24. 선고 2003다29661 판결 등.

14) 대법원 1995.7.28. 선고 93다61338 판결.

외적으로 주식회사에서도 동족회사(同族會社)처럼 주주의 개성이 중요하거나 원하지 않는 자가 주식을 양도받아서 주주가 되는 것을 곤란해 하는 회사도 있다. 그런 이유로 이와 같은 회사에서는 정관에 주식의 양도에 대해 이사회의 승인을 요하는 취지를 정할 수 있다. 이러한 양도제한은 기명주식에 한하여 가능하다. 왜냐하면 무기명주식은 주권을 소지함으로써 권리가 증명되므로 소지인제한이 불가능하기 때문이다.

2. 양도담보에 대한 이사회 승인의 필요 여부

정관으로 주식양도를 제한하고 있는 회사의 경우 그 주주의 양도담보권설정에 대해 이사회의 승인이 있어야하는지의 여부에 관하여 견해가 나누어진다. 먼저, 주식의 양도담보의 법형식을 중시하는 입장으로서 주식의 소유권이 담보권자에게 이전되므로 이사회의 승인을 요한다는 견해(필요설)가 있다. 이와는 달리, 양도담보는 그 실질이 주식의 양도가 아니라 담보의 제공에 있으므로 주식의 입질과 마찬가지로 양도담보의 설정시에 이사회의 승인은 필요 없다는 견해(불요설)가 있다.

생각건대, 이사회의 승인을 요구하는 정관규정은 주식의 양도에 한하여 적용되어야 한다. 특히 양도담보권의 설정·소멸은 회사에 대해서는 전혀 관계가 없는 것이므로 이사회의 승인을 요한다고 할 이유가 없으므로 불요설이 타당하다.

3. 사안에 대한 적용

X의 양도제한주식의 양도담보설정에 있어서 불요설의 경우 그 행위는 유효하다. 다만, 불요설의 입장을 따를 때 과연 X가 乙 회사의 주주총회에서 의결권을 행사할 수 있을지의 여부가 다시 문제될 뿐이다. 이와는 반대로 이사회의 승인이 필요하다는 견해에 따르면 X의 주식양도담보는 이사회의 승인 없이 이루어졌으므로 무효이다. 이 경우에는 X는 乙 회사의 주주총회에서 의결권을 행사할 수 있다.

Ⅴ. 주주총회에서 X의 의결권행사 가부

1. 학설 및 판례의 태도

(1) 서 언

양도담보권자와 양도담보설정자간에 담보목적이 존재하지만 주식은 전자에게 양도되어 있다. 약식양도담보의 경우에는 명의개서가 없기 때문에 대외적으로는 여전히 양도담보설정자가 주주로 되어 있다. 이 때문에 약식양도담보설정자가 주주권, 특히 의결권을 비롯한 공익권을 행사할 수 있는지의 여부에 관하여 의견이 나누어진다.

(2) 학 설

(가) 제1설

명의개서까지 마친 등록양도담보권자는 모든 주주권을 행사할 수 있는 반면에 양도담보설정자는 주주권을 행사할 수 없으며 마찬가지로 약식담보권자도 명의개서를 하지 않으면 회사에 대항하지 못한다는 견해(다수설)이다.

(나) 제2설

이에 반하여 양도담보권자는 채권담보를 위하여 주식을 양도하는 형식을 취한 것에 불과하므로 채권이 종속하는 한 그 주식에 대하여 의결권을 비롯한 공익권을 행사할 수 없어 여전히 양도담보설정자가 주주총회에서 의결권행사를 할 수 있다는 견해(소수설)이다

(3) 판 례

대법원 판례의 태도는 분명하지 않다. 제1설에 의한 판례[15]도 있는 반면에 제2설을 취하는 것으로 짐작할 수 있는 관련 판례[16]도 있다.

(4) 검 토

주주명부에 명의개서까지 마친 경우에 한하여 대외적으로 양도담보권자를 주주로 인정하는 것이 주주명부의 효력을 법적으로 보장하고 법률관계의 획일적 확정이라는 편의성 등을 고려할 때 바람직하다는 점에서 제1설이 타당하다.

2. 사안에 대한 적용

명의개서를 마친 양도담보권자에 한하여 주주권을 인정하는 견해를 취하는 경우 X는 명의개서 없이 이루어진 약식양도담보의 설정자이기 때문에 여전히 乙

15) 대법원 1992.5.26. 선고 92다84 판결; 동 1993.12.28 선고 93다8719 판결; 동 1995.7.28. 선고 93다61338 판결.

16) 대법원 1992.5.12 선고 90다8862 판결 참조.

회사의 주주총회에서 의결권행사를 할 수 있다. 등록양도담보권자이든 약식양도담보권자를 불문하고 양도담보권자를 순수한 담보권자로 보는 견해에서도 X는 의결권행사를 할 수 있다.

Ⅵ. 사례의 해결

1. X가 담보목적으로 명의개서 없이 주식을 Y에게 양도한 행위는 약식양도담보에 해당한다.

2. 乙 회사가 회사성립 후 1년이 지났지만 주권이 발행되지 않았으므로 X와 Y 사이의 의사표시에 의하여 지명채권의 양도방법으로 이루어진 주식의 양도담보는 유효하다.

3. 정관에 의한 양도제한주식의 양도담보설정에 대하여 이사회 승인을 요구하지 않는 불요설의 경우에는 그러한 X의 행위는 유효하다. 그러나 이사회의 승인이 필요하다는 견해에서는 X의 주식양도담보는 무효이며, 乙 회사의 주주총회에서 의결권행사를 할 수 있다.

4. 명의개서를 한 양도담보권자의 주주권을 인정하는 견해에서는 X는 乙 회사의 주주총회에서 의결권행사를 할 수 있다. 양도담보권자를 순수한 담보권자로 보는 입장에서도 X는 의결권행사를 할 수 있다.

◎ 참조 판례

대법원 1995.7.28. 선고 93다61338 판결

채권담보의 목적으로 이루어진 주식양도 약정 당시에 회사의 성립 후 이미 6개월이 경과하였음에도 불구하고 주권이 발행되지 않은 상태에 있었다면, 그 약정은 바로 주식의 양도담보로서의 효력을 갖는다.

대법원 1993.12.28. 선고 93다8719 판결

채권담보의 목적으로 주식이 양도되어 양수인이 양도담보권자에 불과하다고 하더라도 회사에 대한 관계에는 양도담보권자가 주주의 자격을 갖는다.

대법원 1996.6.25. 선고 96다12726 판결

상법 제335조 제3항 소정의 주권발행 전에 한 주식의 양도는 회사성립 후 6월이 경과한 때에는 회사에 대하여 효력이 있는 것으로서, 이 경우 주식의 양도는 지명채권의 양도에 관한 일반원칙에 따라 당사자의 의사표시만으로 효력이 발생하는 것이고, 상법 제337조 제1항에 규정된 주주명부상의 명의개서는 주식의 양수인이 회사에 대한 관계에서 주주의 권리를 행사하기 위한 대항요건에 지나지 아니한다.

대법원 2006.9.14. 선고 2005다45537 판결

주권발행 전 주식의 양도는 당사자의 의사표시만으로 효력이 발생하고, 주권발행 전 주식을 양수한 사람은 특별한 사정이 없는 한 양도인의 협력을 받을 필요없이 단독으로 자신이 주식을 양수한 사실을 증명함으로써 회사에 대하여 그 명의개서를 청구할 수 있지만, 회사 이외의 제3자에 대하여 양도 사실을 대항하기 위하여는 지명채권의 양도에 준하여 확정일자 있는 증서에 의한 양도통지 또는 승낙을 갖추어야 한다는 점을 고려할 때, 양도인은 회사에 그와 같은 양도통지를 함으로써 양수인으로 하여금 제3자에 대한 대항요건을 갖출 수 있도록 해 줄 의무를 부담한다. 따라서 양도인이 그러한 채권양도의 통지를 하기 전에 제3자에게 이중으로 양도하고 회사에게 확정일자 있는 양도통지를 하는 등 대항요건을 갖추어 줌으로써 양수인이 그 제3자에게 대항할 수 없게 되었고, 이러한 양도인의 배임행위에 제3자가 적극 가담한 경우라면, 제3자에 대한 양도행위는 사회질서에 반하는 법률행위로서 무효이다.

8

주식소각 및 주주평등의 원칙

200△년 설립된 비상장회사인 Y 주식회사는 200☆년 이후 회사의 수익이 증가하게 되었다. 200☆년 Y 회사는 정관에 주식을 이익에 의한 안분비례방식으로 강제소각하는 규정을 신설하기로 하였다. 이에 적법한 절차에 의하여 소집된 주주총회에서 주식의 5% 이상을 보유한 주주는 보유주식 수의 2배에 해당하는 의결권을 행사하게 하고 5% 미만을 보유한 주주에 대해서는 그 보유주식의 수와 동일한 수의 의결권을 행사하도록 하여 특별결의로서 회사정관에 이익소각규정을 신설하여 정관을 변경하고 그 다음해부터 발행하는 주식에 대한 청약서에 이를 명시하였다.

(1) Y 회사의 변경된 정관은 정관규정에 의한 주식의 이익소각이 가능한 정관으로서의 요건을 갖추었는가?

(2) Y 회사의 소수주주인 X는 주주총회의 결의에서 주식의 이익소각규정의 신설에 의한 정관변경 의안에 찬성표를 던졌으나 그 후 마음을 바꾸어서 주주총회결의에 하자가 있다고 주장하면서 소송을 제기하고자 한다. 소제기가 가능한가? 가능하다면 어떤 종류의 소(訴)를 제기할 수 있는가?

Ⅰ. 문제의 소재

주식의 소각이라 함은 회사의 존속 중에 특정한 주식의 절대적인 소멸을 목적으로 하는 회사의 행위를 말한다. 본 사례에서처럼 정관의 규정을 근거로 하여 주주에게 배당할 이익으로서 하는 주식소각을 정관규정에 의한 이익소각이라 한다(상법 제343조 제1항 단서). 그러나 정관규정에 의한 이익소각에 관해서는 상법에 자세한 규정을 두고 있지 않아 정관의 요건에 관하여 상당한 논란이 있다. 본 사례의 설문 (1)에서는 Y 회사의 변경된 정관이 상법상 정관규정에 의한 이익소각의 요건 중 정관의 요건을 갖추었는지의 여부가 문제되는데, 이를 위해서는 상법 제343조 제1항 단서에서의 정관의 의미와 정관에 규정할 사항을 살펴보아야 한다.

정관변경을 통해 이익소각의 근거가 되는 규정을 정관에 설치하기 위해서는 적법하게 소집된 주주총회에서 결의가 이루어져야 하는데, 이 경우 주주평등의 원칙이 적용된다. 본 사례의 설문 (2)에서 Y 회사의 정관변경절차가 주주평등의 원칙에 반하는지의 여부를 우선적으로 가늠해보고, 만약 주주평등의 원칙에 위배될 경우 X가 Y 회사를 상대로 소제기가 가능한지의 여부 및 가능하다면 어떤 종류의 소를 제기할 수 있는가를 검토하기로 한다.

Ⅱ. 설문 (1)에 대하여

1. 정관규정에 의한 이익소각에서의 정관의 의미

정관규정에 의한 이익소각에 있어서의 정관의 의미에 관하여 견해가 3가지로 나누어진다. 제1설은 정관규정에 의한 이익소각은 회사의 존립 중에 소각을 통해 주주의 지위를 강제로 상실케 하는 것이어서 미리 주주가 알고 있는 경우에만 한정적으로 인정되어야만 하므로, 반드시 원시정관 혹은 총주주의 동의로 변경한 정관만을 의미한다는 견해이다.

제2설은 정관규정에 의한 이익소각은 자본의 감소를 초래하지 않으므로 감자를 위한 주식소각보다 엄격한 절차를 요구할 필요가 없다는 점에서 일반적인 정관변경절차(상법 제434조)에 의해 변경된 정관만으로 족하다고 보는 견해이다.

제3설은 제1설과 제2설을 절충한 입장으로서 강제소각시에는 원시정관 또는 총주주의 동의에 의해 변경된 정관이어야 하고 임의소각시에는 특별결의에 의한 변경된 정관에 의하는 것으로 족하다는 견해이다.

생각건대, 이상의 견해 중에서 제2설이 타당하다. 왜냐하면 주식이 널리 분산되었으나 원시정관에 주식소각의 근거가 없는 회사가 주식을 이익소각하기 위해서는 총주주의 동의가 있어야 한다는 것은 결과적으로 이익소각의 실행에 상당한 장애로 작용할 수 있기 때문이다.

2. 사안에 대한 적용

본 사안의 경우 제2설에 따르면 Y 회사가 주주총회의 특별결의에 의하여 변경된 정관이므로 정관규정에 의한 이익소각에서의 정관의 요건을 충족하였다. 그러나 본 사안에서의 이익소각은 강제소각의 성격을 띠고 있으므로 정관의 의미에 관한 제1설과 제3설에 의하면 Y 회사의 원시정관에 이익소각규정이 없을 뿐만 아니라 총주주의 동의를 얻는 방식으로 변경된 것도 아니므로 정관규정에 의한 이익소각에 필요한 정관의 요건을 충족하지 못하였다.

Ⅲ. 설문 (2)에 대하여

1. Y 회사 정관변경절차의 주주평등의 원칙 위반 여부

(1) 주주평등의 원칙

(가) 의 의

주주평등의 원칙이라 함은 주주는 회사와의 법률관계에 대해서는 그가 소유하고 있는 주식의 수에 따라 평등한 대우를 받아야 한다는 원칙을 말한다. 이는 각 주식의 내용이 원칙적으로 평등하다는 점(권리의 평등) 및 각 주식의 내용이 동일하게 존재하는 한 동일한 취급이 이루어져야 한다는 점(기회의 평등)으로 이루어져 있다.

(나) 내 용

주식은 주식회사의 사원에 해당하는 지위를 표창하고 균등한 비율적 단위로서 구성되어 있기 때문에 회사와의 관계에서 평등하게 취급되는 것은 당연하다. 이러한 주식평등의 원칙을 주주의 입장에서 표현한 것이 주주평등원칙이다.

우리 상법은 명시적으로 주주평등의 원칙을 인정하고 있지는 않지만 주주의 의결권(상법 제369조 제1항), 신주인수권(제418조), 이익배당청구권(제464조), 잔여재산분배청구권(제538조) 등에서 구체화되어 있다. 하지만 수종의 주식(상법 제344조), 의결권 없는 주식(제370조), 감사의 선임(제409조), 소수주주권(상법 제366조 등), 단주의 처리(제443조) 등에 관한 규정은 주주평등의 원칙의 예외를 설정하고 있다.

(다) 효 과

주주평등원칙은 다수결의 남용 및 다수파를 대표하는 이사의 자의적 경영으로부터 일반주주를 보호하는 기능이 있다. 그러므로 주주평등원칙은 강행법규이며, 이 원칙에 위반하는 주주총회결의는 무효이다.

(2) 사안에 대한 적용

본 사안에서 Y 회사는 정관변경을 위하여 개최된 주주총회에서 특정주주에 한하여 복수의 의결권을 인정함으로서 1주 1의결권이라는 주주평등의 원칙을 위반하였다.

2. X의 주주총회결의무효확인의 소의 제기가능 여부

(1) 주주총회결의의 하자를 다투는 소송 개관

(가) 소의 종류

상법은 주주총회결의의 효력을 부정할 원인이 되는 하자의 유형을 법정하고 그 유형에 따라 결의취소의 소(제376조), 결의무효확인의 소(제380조), 결의부존재확인의 소(제380조), 부당결의취소·변경의 소(제381조) 등 4가지를 마련하고 있다. 본 사안에서의 정관규정에 의한 이익소각은 이익에 의해 이루어지는 주식소각이므로 회사의 자본에는 전혀 변동을 야기하지 않아 자본감소무효의 소는 제기할 수 없다(상법 제445조). 그러므로 여기서는 주주총회결의의 하자를 다투는 소송과 자본감소무효의 소와의 관계를 논할 필요가 없다.

(나) 소의 원인

주주총회결의에 하자가 있는 경우 제기가능한 결의취소의 소는 결의에 형식적 하자가 있음을 이유로 하여 결의의 날로부터 2월 내에 주주·이사 또는 감사가 그 결의의 취소를 구하는 소이다(상법 제376조 제1항). 총회의 결의내용이 법령에 위반하는 실질적 하자를 이유로 하여 결의무효의 확인을 청구하는 소송형태를 결의무효확인의 소라고 한다(상법 제380조 전단). 총회의 소집절차 또는 결의방법에 총회결의가 존재한다고 볼 수 없을 정도의 중대한 하자가 있는 때에는 결의부존재확인의 소가 인정된다(상법 제380조 후단). 부당결의취소·변경의 소는 총회의 결의에 관하여 특별한 이해관계를 가짐으로 말미암아 의결권을 행사할 수 없었던 주주(상법 제368조 제4항)가 그 결의가 자기에게 현저하게 부당하다는 이유로 결의의 취소 또는 변경을 구하는 소이다(상법 제381조 제1항).

(2) 결의무효확인의 소

(가) 결의무효확인의 소의 원인

주주총회결의의 내용이 법령 또는 정관에 위반하는 경우 결의무효확인의 소를 제기할 수 있다. 여기서 총회의 결의의 내용이 법령에 위반하는 경우에는 주주유한책임(株主有限責任)의 원칙을 위반한 결의, 회사채권자의 이익에 반하는 결의, 선량한 풍속 기타 사회질서에 어긋나는 사항을 회사의 목적으로 정하는 정관변경결의, 주주평등의 원칙에 위반하는 결의, 주주유한책임의 원칙에 어긋나는 결의, 주주총회의 총회의 결의사항에 속하지 아니하는 사항에 관한 결의 등이 이에 해당한다. 총회의 결의의 내용이 정관에 위반하는 경우의 예로서는 정관소정의 원수를 초과하는 수의 이사 또는 감사를 선임하는 결의 등을 들 수 있다.

(나) 결의무효확인의 소의 당사자적격

상법은 결의무효확인의 소의 제소권자에 대하여 아무런 제한을 하지 않고 있다. 따라서 소의 이익을 가지는 자는 모두 당사자적격을 가질 수 있다. 대법원 판례는 주주총회에서 가표를 던진 주주도 결의무효확인의 소를 제기할 수 있다고 판시한 바 있다.[17]

(3) 사안에 대한 적용

본 사안에서의 정관변경을 위한 주주총회의 결의는 주주평등의 원칙에 위반되므로 결의무효확인의 소의 원인이 되며, X가 주주총회에서 정관변경의 의안에 찬동하였다는 이유로 제소권이 박탈되지 않는다.

Ⅳ. 사례의 해결

1. 설문 (1)의 경우 정관규정에 의한 이익소각에서의 정관의 요건에 관한 학설 중 일반적 정관변경절차에 따라 변경된 정관이어야 한다는 견해에 의하면 Y 회사의 변경정관은 이 요건을 충족한다. 그러나 정관의 의미에 관한 나머지 학설에 따르면 그 요건을 충족하지 못한다.

2. 설문 (2)의 경우 Y 회사는 주주총회에서 특정주주에게는 복수의 의결권을 인정함으로서 주주평등의 원칙을 위반하였다. X는 주주총회에서 정관변경의 의안에 찬동하였더라도 결의무효확인의 소를 제기할 수 있다.

◎ 참조 판례

대법원 1982.4.27. 선고 81다358 판결

무효이거나 존재하지 않는 주주총회결의에 의하여 이사직을 해임당한 자는 그가 주주인 여부를 막론하고 주주총회결의의 무효 또는 부존재확인의 청구를 할 수 있다.

17) 대법원 1977.4.26. 선고 76다1440·1441 판결; 동 1980.8.26. 선고 80다1263 판결.

대법원 1983.3.22. 선고 82다카1810 판결

회사의 이사선임 결의가 무효 또는 부존재임을 주장하여 그 결의의 무효 또는 부존재확인을 구하는 소송에서 회사를 대표할 자는 현재 대표이사로 등기되어 그 직무를 행하는 자라고 할 것이고, 그 대표이사가 무효 또는 부존재확인청구의 대상이 된 결의에 의하여 선임된 이사라고 할지라도 그 소송에서 회사를 대표할 수 있는 자임에는 변함이 없다.

9

상환주식의 상환 및 주주권의 상실 등

A 주식회사는 乙 주식회사의 발행주식 총수의 60%를 보유하고 있으며 甲 주식회사는 A 회사가 발행한 주식 총수의 10%를 보유하고 있었다. 그러던 차에 乙 회사는 甲 회사를 흡수합병하고자 한다.

(1) 甲 회사는 乙 회사와의 합병에 앞서서 상환주식을 상환하고자 한다. 이 경우 甲 회사는 채권자를 보호하기 위한 채권자이의절차를 밟아야 하는가?

(2) 甲 회사의 주식 1주를 보유한 X는 자신이 甲 및 乙 회사간의 합병에 관련되는 것이 오히려 번잡한 일이라 생각하여 아예 甲 회사에 대하여 주식을 포기하겠다는 의사를 밝혔다. 이 경우 X는 자신의 주주로서의 지위를 상실하는가?

(3) 乙 회사는 주주총회특별결의를 거쳐서 합병이 있은 지 5월이 경과한 시점에서 乙 회사는 A 회사의 주주총회에서 의결권을 행사할 수 있는가?

Ⅰ. 문제의 소재

합병이란 상법의 절차에 따라 2개 이상의 회사가 계약에 의하여 청산절차를 거치지 아니하고 1개의 회사로 통합되는 것을 말한다. 사례와 같은 흡수합병에서는 어느 한 회사만 존속하고 다른 회사는 소멸하여 존속회사에 흡수된다.

본 사례에서 검토할 사항은 다음과 같다. 설문 (1)에서는 甲 회사가 상환주식을 상환하는 경우 채권자이의절차가 요구되는지를 묻고 있다. 설문 (2)에서는 주주 X가 주식포기의 의사만으로 주주권이 상실되는지를 살펴보아야 한다. 설문 (3)에서는 乙 회사가 甲 회사를 흡수합병한 결과 A 회사의 자회사인 乙 회사가 A 회사의 주식을 취득하게 되었는데, 이 경우 乙 회사는 A 회사의 주주총회에서 보유한 주식 10%에 대한 의결권을 행사할 수 있는지의 여부를 검토하여야 한다.

Ⅱ. 설문 (1)에 대하여

1. 상환주식의 의의

상환주식이라 함은 발행시부터 회사가 장차 배당가능이익으로서 상환하여 소각할 것으로 예정된 우선주를 말한다(상법 제345조). 상환주식에서 이익으로 상환 및 소각할 것을 예정한 조항을 상환조항이라 하는데, 이 때문에 상환주식은 상환조항이 부과되어 발행하는 특별한 종류의 주식이라고 불리기도 한다.

일단 발행된 주식은 회사와 운명을 같이할 수밖에 없으나 상환주식은 그러하지 않다. 상환주식은 자기자본조달의 편의성을 확보하기 위한 수단이지만 다른 종류의 주식소각과 마찬가지로 회사의 존속 중에 상환으로 소각이 예정되어 있다는 점에서 일반적인 보통의 주식과는 성격이 다르다.

2. 상환주식의 상환에서 채권자이의절차의 요부

상환주식의 상환이라 함은 이미 발행된 상환주식을 회사가 취득하여 소멸시키는 것을 뜻한다. 상법은 상환절차에 관하여 구체적인 규정을 두고 있지 않으므로 정관의 규정에 좇아서 상환하여야 한다. 예컨대, 정관에 정하여진 상환기간이 도래하면 정관 소정의 방법에 따라 주권을 환수하여 소멸시키면 된다.

비록 상환의 기간이 도래하였더라도 이익이 없으면 상환하지 못한다. 만약에 이익이 없음에도 불구하고 상환하는 것은 자본의 감소를 초래하기 때문이다. 상환주식을 상환하는 경우 회사는 주권을 취득한 후 지체없이 주식실효의 절차를 밟아야 한다(상법 제341조 제1호, 제342조). 구체적인 주식실효절차에 대하여는 상법이 따로 규정하고 있지 않으므로 적당한 방법을 택하면 처리하여야 한다. 그러나 자본감소규정에 의한 소각의 경우와는 달리 상환주식의 상환은 이익으로 소각하므로 원칙적으로 자본에는 아무런 변화가 없으므로 채권자이의절차가 요구되지 않는다. 즉, 감자(減資)는 회사채권자에 대한 담보액이 감소하는 결과를 초래하므로 주주와 회사채권자를 보호하기 위한 절차가 필요하지만, 상환주식의 상환은 자본을 감소시키지 않으므로 그러한 절차가 요구되지 않는다.

3. 사안에 대한 적용

甲 회사가 상환주식을 상환하는 경우 그 상환의 재원이 이익인 까닭에 자본의 감소를 초래하지 않아 채권자이의절차를 밟을 필요가 없다.

Ⅲ. 설문 (2)에 대하여

1. 주주권의 상실

주주는 주식회사의 사원이며, 이는 주식을 취득함으로써 얻는 회사법적 지위를 뜻한다. 주주는 자익권과 공익권이라는 주주권을 가진다. 따라서 주주권은 주식을 취득・상실함으로써 발생・소멸한다.

그 중에서 주주권의 상실은 구체적으로 절대적 상실과 상대적 상실로 나누어진다. 전자는 주식의 소각이나 회사의 해산의 경우처럼 주식 자체의 상실에 의해 주주권을 상실하는 경우를 의미하고, 상대적 상실은 승계취득이 있는 경우 주식을 이전한 자의 입장에서 주주가 바뀐 것을 뜻한다. 그러나 주권은 요인증권인 까닭에 주주권은 주식양도, 주식의 소각 또는 주금체납에 의한 실권절차 등 법정사유에 의하여서만 상실되고, 단순히 당사자간의 특약이나 주식포기의 의사표시만으로는 주식이 소멸되거나 주주의 지위가 상실되지 않는다.[18]

2. 사안에 대한 적용

甲 회사의 주주 X가 단순히 주식을 포기하겠다는 의사를 표시하였다고 하더라도 주주로서의 지위를 상실하지 않는다.

Ⅳ. 설문 (3)에 대하여

1. 자회사에 의한 모회사 주식취득의 제한

(1) 모자회사의 인정기준

다른 회사의 발행주식의 총수의 100분의 50을 초과하는 주식을 가진 회사를 모회사라고 하며, 그 다른 회사를 자회사라고 한다(상법 제342조의 2 제1항 본문).

---

18) 대법원 1963.11.7. 선고 62다117 판결; 동 1991.4.30.자 90마672 결정; 동 1999.7.23. 선고 99다14808 판결; 동 2002.12.24. 선고 2002다54691 판결.

(2) 자회사의 모회사 주식취득 제한

자회사는 모회사의 주식을 취득할 수 없다(상법 제342조의 2 제1항 본문). 그 이유는 자기주식취득과 마찬가지로 출자의 환급으로 인한 자본의 공동화를 초래하기 때문에 자회사에 의한 모회사 주식의 취득을 금지하고 있다. 그러나 주식의 포괄적 교환, 주식의 포괄적 이전, 회사의 합병 또는 다른 회사의 영업 전부의 양수로 인한 때와 회사의 권리를 실행함에 있어 그 목적을 달성하기 위하여 필요한 때에는 예외적으로 자회사가 모회사의 주식을 취득할 수 있다(상법 제342조의 2 제1항 제1호・제2호). 예외적으로 모회사 주식의 취득이 인정되는 경우에도 자회사는 그 주식을 취득한 날로부터 6월 이내에 모회사 주식을 처분하여야 한다(상법 제342조의 2 제2항). 위와 같이 예외적인 경우에 모회사의 주식을 취득하더라도 일체의 주주권은 행사할 수 없다.

2. 사안에 대한 적용

본 사안에서는 A 회사가 乙 회사의 발행주식 총수의 60%를 보유하고 있었으므로 양자는 모자회사관계에 있다. 이에 원칙적으로 乙 회사는 A 회사의 주식을 취득할 수 없다. 그러나 A 회사의 주식을 보유하고 있는 甲 회사를 흡수합병함으로써 乙 회사가 A 회사의 주식을 취득하는 것은 상법상 예외적인 경우로서 인정된다. 그러나 乙 회사가 보유하는 A 회사 주식에 대해서는 주주총회에서 의결권을 행사할 수 없다.

Ⅴ. 사례의 해결

1. 설문 (1)에서 상환주식의 상환은 자본의 감소를 초래하지 않으므로 甲 회사는 채권자이의절차를 밟을 필요가 없다.

2. 설문 (2)에서 甲 회사 주주 A의 주식포기의사만으로는 주주로서의 지위를 상실하지 않는다.

3. 설문 (3)의 경우 A 회사는 乙 회사와 모자회사관계에 있으므로 乙 회사가 보유하는 A 회사 주식에 대해서는 A 회사의 주주총회에서 의결권을 행사할 수 없다.

◎ 참조 판례

대법원 2002.12.24. 선고 2002다54691 판결

주주권은 주식의 양도나 소각 등 법률에 정하여진 사유에 의하여서만 상실되고 단순히 당사자 사이의 특약이나 주주권포기의 의사표시만으로 상실되지 아니하며 다른 특별한 사정이 없는 한 그 행사가 제한되지도 아니한다.

10

주주총회 의장의 퇴장

A 주식회사는 소수주주의 청구에 의하여 이사 甲, 乙 및 감사 丙의 해임을 목적으로 6월 3일을 회일로 하여 임시주주총회를 소집하였다. 정관의 규정에 따라 주주총회의 의장이 된 대표이사 X는 주주총회에 이사와 감사의 해임결의에 필요한 정족수를 초과할 정도로 많은 주주가 참석한 것을 발견하고는 의사에 들어가지 않고 바로 주주총회의 폐회를 선언하고서는 퇴장해버렸다. 다른 이사들 전원도 사장을 따라서 퇴장하였다. 이에 임시주주총회에 참석한 주주들이 보통결의의 방식으로 Y를 의장으로 선임하여 특별결의로 甲, 乙, 丙을 해임하기로 하였다. 이러한 해임결의는 적법한가?

I. 문제의 소재

임시주주총회의 의장인 X가 이사 甲, 乙 및 감사 丙의 해임을 목적으로 개최된 주주총회에서 주주들의 의사에 반하여 일방적으로 폐회선언을 하고 퇴장한 경우 남아있는 주주들이 새로운 의장을 선임하여 회의를 진행할 수 있는지의 여부가 문제된다. 따라서 본 사례에서는 X의 폐회선언 및 퇴장의 적법 여부와 甲, 乙, 丙에 대한 해임결의의 효력을 살펴볼 필요가 있다.

II. X의 의장으로서 선임의 적법 여부

주주총회는 회의체 기관이므로 주주총회의 의사진행을 담당할 의장이 필요하다(상법 제373조 제2항 참조). 대개의 경우 의장은 정관의 규정에 의해 대표이사가 되지만, 그러한 규정이 없으면 주주총회에서 보통결의로 선임한다(상법 제366조의 2 제1항, 제368조 제1항). 주주총회의 의장은 반드시 주주일 것을 요하지 않으며, 주주총회의 결의에 관하여 특별한 이해관계를 가지는 경우에도 의사진행을 할 수 있다.

본 사안에서는 A 회사의 정관에는 주주총회 의장의 선임에 관한 규정이 마련되어 있고, 그 규정에 따라 X가 의장으로 선임되었으므로 X의 선임은 적법하다.

Ⅲ. X의 일방적 폐회선언 및 퇴장으로 인한 주주총회의 폐회·종결 여부

주주총회의 진행은 상법에 명문규정이 없는 사항에 대해서는 정관 또는 총회결의에 의하고, 그것이 없으면 보충적으로 관습 및 회의의 일반원칙에 의한다. 주주총회의 의장은 총회의 질서를 유지하고 의사를 정리하는 권한을 보유한다(상법 제366조의 2 제2항). 또한 주주총회의 의장은 고의로 의사진행을 방해하기 위한 발언·행동을 하는 등 현저히 질서를 문란하게 하는 자에 대하여 그 발언의 정지 또는 퇴장을 명할 수 있다(상법 제366조의 2 제3항). 이상과 같은 의장의 권한은 주주총회에서 이른바 총회꾼에 의한 회의질서를 문란하게 하는 행위를 규제하여 주주총회의 원만한 진행을 도모하기 위한 것이다.

주주총회의 개회 및 폐회의 선언은 의장의 권한이지만 주주총회의 폐회 및 종결의 결정은 주주총회의 결의에 따라야 한다. 대법원 판례는 주주들의 의사에 반하여 의장이 회의장을 자진하여 나가버렸다고 하더라도 임시주주총회가 폐회되었다거나 그 총회가 종결되었다고 할 수는 것으로 판시하고 있다.[19]

본 사안에서 주주총회의 의사진행을 담당할 의장인 X가 불리한 상황에 처해 있다는 것을 이유로 주주총회의 결정 없이 폐회를 선언하고 퇴장한 것은 X가 의장으로서의 권한을 스스로 포기한 것으로 볼 수 있을 뿐 임시주주총회가 폐회·종결되었다고는 볼 수 없다.

Ⅳ. Y가 진행한 임시주주총회에서의 결의의 적법 여부

의장이 일방적으로 주주총회의 폐회를 선언하고 퇴장해버린 후 그 총회에 참석한 주주들이 새로운 자를 임시의장으로 선임하여 의사를 진행을 맡긴 것은 주주로서의 정당한 권리행사이다. 대법원 판례도 이와 동일한 입장이다.[20] 그리고 상법상 이사의 해임은 그 의안(議案)의 중요성 때문에 주주총회의 특별결의사항이다(상법 제385조 제1항, 제434조).

19) 대법원 1983.8.23. 선고 83도748 판결; 동 2001.5.15. 선고 2001다12973 판결.
20) 대법원 1983.8.23. 선고 83도748 판결; 동 2001.5.15. 선고 2001다12973 판결.

본 사안에서 주주총회가 폐회·종결되지 않았으므로 보통결의로 Y를 임시의장으로 선임하여 특별결의 방식으로 이사 甲, 乙 및 감사 丙의 해임을 결의한 것은 주주의 정당한 권리행사로서 적법하다.

V. 사례의 해결

임시주주총회의 의장인 X가 의사진행권을 포기하고 일방적으로 폐회선언 및 퇴장을 하였다고 하더라도 총회가 폐회·종결되었다고 할 수 없다. 따라서 퇴장 당시에 남아있던 주주들이 보통결의로 Y를 새로운 의장으로 선임하고 甲, 乙, 丙의 해임을 특별결의한 임시주주총회의 결의는 모두 적법하다.

◎ 참조 판례

대법원 1983.8.23. 선고 83도748 판결

개회선언된 임시주주총회에서 의안에 대한 심사도 아니한 채 법률상으로나 사실상으로 의사를 진행할 수 있는 상태에서 주주들의 의사에 반하여 대표이사나 이사가 자진하여 퇴장한 경우 임시주주총회가 개회되었다거나 종결되었다고 할 수는 없으며, 설령 당시 대표이사가 독단으로 개회선언을 하고 퇴장하였더라도 의장으로서 적절한 의사운영을 하여 의사일정의 전부를 종료케 하는 등의 직책을 포기하고 그의 권한 및 권리행사를 하지 아니하였다고 볼 것이니 그 당시 회의장에 남아있던 총주식수의 과반수 이상의 주주들이 전주주의 동의로서 임시의장을 선출하여 진행한 임시주주총회의 결의는 적법하다.

11

주주의결권의 포괄적 위임

Y 주식회사는 재무제표의 승인을 의안으로 하여 정기주주총회를 개최하기로 하였다. Y 회사는 정관에다가 의결권행사의 대리인 자격을 주주로 한정한다는 취지의 규정을 두고 있었다. 그러나 Y 회사의 이사이자 주주인 甲은 자신이 질병으로 인하여 직접 주주총회에 참석하기가 어렵게 되자, 자신의 아들이지만 동 회사의 주식을 전혀 보유하지 않은 X에게 자신이 사망할 때까지 Y 회사에서 개최되는 모든 주주총회에서 매회 의결권을 대리행사하도록 하였다. 이 경우 Y 회사는 X의 의결권대리행사를 거절할 수 있는가?

Ⅰ. 문제의 소재

상법 제368조 제3항은 주주총회에 출석할 수 없는 주주의 의결권행사기회를 보장하고 있다. 즉, 상법의 규정에 따르면 주주는 대리인에 의해서 의결권을 행사할 수 있다(제368조 제3항). 반드시 주주 자신이 주주총회에 출석할 것을 요구하는 것은 현실적으로 무리이며, 또한 개성이 없는 주주에 대해서는 그럴 필요도 없기 때문이다.

주주총회의 결의에 관하여 특별한 이해관계가 있는 자는 의결권을 행사할 수 없다. 즉, 주주 자신이 주주총회의 결의에 관하여 특별한 이해관계가 있는 경우에는 주주의 이해관계가 대리의사에 화체(化體)되므로 대리인을 통해 의결권을 행사할 수 없는 것이다. 본 사례에서 만약에 甲이 재무제표의 승인과 관련하여 특별이해관계인이라면 Y 회사는 X의 의결권대리행사를 거절할 수 있게 되므로 먼저 Y 회사의 이사이자 주주인 甲이 재무제표의 승인에 관하여 특별한 이해관계가 있는지의 여부를 살펴보아야 한다.

둘째, Y 회사는 의결권을 대리행사할 수 있는 대리인의 자격을 주주로 한정하는 정관규정을 두고 있다. 본 사례에서 동 정관규정이 유효하다면 X는 그 규정상의 요건을 충족하지 못하므로 Y 회사는 X의 의결권대리행사를 거절할 수 있다. 이처럼 동 정관규정의 유효 여부에 X의 의결권대리행사의 가부가 달려있다.

셋째, 본 사례에서 甲은 X에게 수회의 총회에 대하여 포괄적인 대리권을 수여하였다. 그러나 만약에 대리권을 개별적·구체적인 사항에 국한해서 수여하는 경우에만 그 대리권 수여가 법적으로 유효하다면 Y회사는 X의 의결권대리행사를 거절할 수 있다. 이에 본 사례에서 甲의 대리권 수여의 범위가 적정하였는지의 여부를 검토하여야 한다.

Ⅱ. 甲의 재무제표승인에 관한 특별이해관계 유무

1. 특별이해관계의 의의

(1) 서 언

상법은 주주총회에서의 결의의 공정성을 확보하기 위하여 주주총회의 결의에 관하여 특별한 이해관계를 가지는 자의 의결권행사를 배제하고 있다(상법 제368조 제4항). 이처럼 상법규정이 일반적·추상적인 표현만을 하고 있는 까닭에 구체적으로 어느 경우가 특별한 이해관계가 있는 것으로 보아야 하는지에 관해서는 다양한 견해가 제시되어 있다.

(2) 학 설

(가) 법률상이해관계설

이 견해는 주주총회의 결의에 대하여 직접적으로 권리의무에 득실이 생기는 경우와 같이 법률상 특별한 이해관계가 있어야 한다는 입장이다.

(나) 특별이해관계설

주주총회의 결의사항이 모든 주주에게 평등한 관계에 있는 것이 아니라 특정 주주의 이해에만 관련되는 경우 특별이해관계에 있다고 보는 견해이다.

(다) 개인법설

특정한 주주가 사단법상의 이해관계가 아니라 순수한 개인적 이해관계가 있는 경우에 특별이해관계가 있다고 보는 견해이다.

(3) 검 토

회사의 소유자가 주주라는 점에서 그 소유권에 바탕을 둔 의결권의 행사에 대한 제한은 가능한 한 좁게 해석하는 것이 바람직하므로 개인법설이 타당하다.

2. 재무제표승인 관련 특별이해관계인 여부

(1) 서 언

이사는 재무제표를 정기주주총회에 제출하여 그 승인을 요구하여야 한다(상법 제449조 제1항). 정기총회가 재무제표를 승인하면 그 후 2년 내에 다른 결의가 없으면 이사와 감사, 또는 감사위원회의 책임은 부정행위가 있는 경우를 제외하고 해제된 것으로 본다(상법 제415조의 2 제6항, 제450조). 이와 같은 재무제표의 승인과 이사의 책임해제와의 관련성으로 인하여 주주인 이사가 특별이해관계인으로 되는지에 관하여는 특별이해관계의 의의에 관련된 학설을 기초로 하여 견해가 나누어져 있다.

(2) 학 설

(가) 긍정설

재무제표의 승인을 위한 정기총회에서 주주인 이사가 의결권을 행사하여 책임해제에 영향을 미칠 수 있으므로 그 승인결의에 관하여 특별이해관계인이라는 입장이다.

(나) 부정설

정기주주총회에서의 재무제표의 승인결의는 2년의 제척기간의 기산점을 정하는 것일 뿐 이사의 책임해제는 2년의 제척기간의 경과로 인한 부수적인 효과에 불과하므로, 주주인 이사는 재무제표의 승인결의에 관하여 특별이해관계인이 아니라는 견해이다.

(3) 검 토

재무제표의 승인결의는 제척기간을 위한 단순한 기산점을 결정하는 데 지나지 않는다. 따라서 이사의 책임해제는 재무제표의 승인결의의 부수적인 효과일 뿐이므로 설령 승인결의와 관련하여 주주인 이사가 의결권을 행사하더라도 이는 주주의 개인적인 이해관계가 발생하지 않기 때문에 부정설이 타당하다.

3. 사안에 대한 적용

재무제표의 승인결의와 관련하여 주주인 이사가 특별이해관계인인지의 여부를 판단함에 있어서 부정설에 따를 경우 甲은 특별이해관계인이 아니다. 그러나 긍정설을 취한다면 그가 주주총회에서 재무제표의 승인결의에 참여하여 이사의 책임해제에 영향을 미칠 수 있는 까닭에 甲은 특별이해관계인으로 된다. 따라서 긍정설에 한하여 甲이 대리인으로 선임한 X의 의결권대리행사는 적법하지 않으므로 Y 회사는 그의 대리권행사를 거절할 수 있다.

Ⅲ. Y 회사의 정관규정의 유효 여부

1. 개 관

주주는 본인 자신이 의결권을 행사하는 것이 원칙이다. 상법은 주주총회에 출석할 수 없는 주주의 의결권행사 기회를 보장하기 위해 대리인에 의한 의결권행사를 허용하고 있다(상법 제368조 제3항 제1문). 그러나 대리인을 통해 주주의 의결권을 행사함에 있어 정관에 의하여 그 자격을 주주로 한정하는 경우 그 정관규정의 효력에 관하여는 견해가 나누어진다.

2. 학설 및 판례의 태도

(1) 학 설

(가) 유효설

이와 같은 정관규정은 주주총회가 주주 이외의 제3자에 의해서 교란되는 것을 방지하고 회사의 이익을 보호하기 위한 것이므로 충분히 합리성을 가지고 있어 유효하다는 견해이다. 특히 의결권행사를 위한 위임장의 권유가 인정되고 상법상 서면투표제도가 도입된 점(상법 제368조의 3)을 고려하면 이러한 정관규정은 부당하다고 말할 수 없다는 것이다.

(나) 제한적 유효설

이는 원칙적으로 유효이지만 주주총회를 교란시킬 위험이 없는 경우, 즉 법인주주가 그 직원을 대리인으로 선임하거나 개인주주가 질병 또는 고령 등으로 그 가족을 대리인으로 선임하는 경우 등 일정한 합리적 이유가 있다면 그러한 정관의 적용은 배제되어야 한다는 것이다.

(다) 무효설

상법 제368조 제3항 제1문은 주주의 의결권을 최대한으로 보장하기 위한 강행법규이므로, 정관에 의해서도 그것을 제한하는 것은 인정할 수 없다는 입장이다.

(2) 판 례

대법원의 판례 중에는 의결권행사를 위한 대리인의 자격을 주주로 제한한 정관규정의 유효 여부를 직접적으로 다룬 것은 아직 없다. 다만, 법정 요건을 갖추지 못한 의결권불통일행사를 위한 주주의 의결권대리행사의 위임과 관련하여 그로 인하여 주주총회의 개최가 부당하게 저해되거나 또는 회사의 이익이 부당하게 침해될 염려가 있는 등의 특별한 사정이 있다면 주주의 의결권대리행사의 위임을 회사가 거절할 수 있다고 판시한 바 있다.[21]

(3) 검 토

대리인의 자격을 주주로 제한한 정관의 유효 여부에 관해서는 여러 견해 중에서 무효설이 타당하다. 왜냐하면 유효설과 제한적 무효설은 주주의 이익보다는 회사의 그것을 우선적으로 보호하는 반면에 무효설은 주주보호에 충실하기 때문이다. 특히 서로 대립하는 2인의 주주로만 구성된 회사에서는 그러한 정관이 무효가 아니라면 궁극적으로 어느 일방의 주주는 그의 권리를 포기하거나 반대편 주주에게 의결권대리행사를 위임하여야 하는 상황이 연출될 수 있으므로 더 더욱이 무효설이 바람직하다.

3. 사안에 대한 적용

본 사안에서는 Y 회사가 정관으로 대리인의 자격을 주주로 한정하고 있음에도 불구하고 주주 甲이 질병으로 인하여 주주가 아닌 가족(아들) X에게 의결권의 대리행사를 위임한 것이 문제된다. 무효설에서는 의결권의 대리인을 반드시 주주에 한정하고 있는 Y 회사 정관은 무효이므로 Y 회사는 X의 의결권대리행사를 거절할 수 없다. 제한적 유효설에서도 甲의 질병으로 인하여 가족 X에게 의결권대리행사를 위임하였으므로 Y 회사 정관의 적용이 배제되어 결과에 있어서는 무효설과 동일하다. 그러나 유효설에 의할 경우 X는 Y 회사의 주주가 아니므로 Y 회사는 X의 의결권대리행사를 거절할 수 있다.

21) 대법원 2001.9.7. 선고 2001도2917 판결.

Ⅳ. X에 대한 대리권의 포괄적 위임 가부

1. 개 관

주주는 의결권을 대리행사하기 위해서는 대리인으로 하여금 대리권을 증명하는 서면을 주주총회에 제출하여야 한다(상법 제368조 제3항 제2문). 이와 관련하여 주주는 대리권을 증명하는 서면인 위임장을 매회 제출하여야 하는지 또는 포괄적 위임장을 제출할 수 있는지에 관하여 견해가 나누어진다.

2. 학설 및 판례의 태도

(1) 학 설

(가) 포괄적 위임 긍정설

이 견해는 실제적인 편의성을 중시하고 있다. 즉, 은행·신탁회사 등의 관리를 받고 있는 회사 등의 경우에는 포괄적 위임을 허용할 필요가 있으므로, 이를 인정하자는 입장이다.

(나) 포괄적 위임 부정설

포괄적 위임을 인정하는 것은 우리 법상 인정가능하지 않는 의결권신탁을 인정하는 것과 다름이 없을 뿐만 아니라, 이는 의결권만을 주주지위에서 분리하여 양도하는 효과를 발생시킬 우려가 있기 때문에 허용될 수 없다는 견해이다. 이 견해에서는 적어도 총회별로 대리권이 수여되어야 한다고 주장한다.

(2) 판 례

대법원의 판례 중에는 주주의 대리인에 대한 수권의 범위에 관해서 구체적으로 입장을 밝힌 것은 아직 없다. 다만, 특정총회에서의 위임이 개별적·구체적인 사항에 국한되어야 하는 것은 아니라는 입장을 제시하고 있다.[22)]

(3) 검 토

이상의 학설 중에서 포괄적 위임 긍정설이 타당하다. 상법이 주주의 의결권 대리행사를 허용하는 것은 원칙적으로 주주보호를 위한 것이다. 따라서 주주보호

---

22) 대법원 1969.7.8. 선고 69다688 판결.

를 위해서는 의결권대리행사와 관련해서 주주의 자치(自治)가 인정되어야 한다. 이에 주주의 선택에 따라 포괄적인 위임이 가능하다고 해석하는 것이 타당하다.

3. 사안에 대한 적용

본 사안에서 甲이 자신의 아들에게 사망할 때 까지 포괄적으로 의결권의 대리행사를 위임한 것은 적법하다. 그러나 매 주주총회마다 수권이 이루어져야 한다는 입장에서는 본 사안의 포괄적 위임행위가 법에 반하므로 Y 회사는 X의 의결권대리행사를 거절할 수 있다.

Ⅴ. 사례의 해결

1. 재무제표의 승인결의와 관련하여 주주인 이사인 甲은 특별이해관계인이 아니다. 따라서 甲은 주주총회에서 의결권을 행사할 수 있다. 그러나 긍정설을 따를 경우 甲은 특별이해관계인으로서 의결권행사를 할 수 없다. 즉, 긍정설에 의하는 경우 甲이 대리인으로 선임한 X가 특별이해관계인이므로 Y 회사는 그의 의결권대리행사를 거절할 수 있다.

2. 의결권행사의 대리인의 자격을 주주로 제한하고 있는 정관을 무효로 보는 견해에서는 Y 회사는 甲의 아들인 X가 의결권을 대리행사하는 것을 거절할 수 없다. 제한적 유효설에 의하는 경우에도 甲은 질병 때문에 자신의 아들을 대리인으로 선임하는 것이므로 X의 의결권대리행사를 거절할 수 없다. 반대로 Y 회사의 정관규정이 유효하다고 보는 견해에서는 X의 의결권대리행사를 거절할 수 있다. 이러한 유효설의 입장에서는 甲이 X에 대하여 포괄적 위임을 할 수 있는가의 여부는 더 이상 논할 실익이 없다.

3. 의결권의 포괄적 위임이 가능한지의 여부에 관한 학설에서 긍정설에 의하면 甲이 X에게 한 의결권대리행사의 포괄적 위임은 적법하며, 따라서 Y 회사는 X의 의결권대리행사를 거절할 수 없다. 그러나 포괄적 위임을 부정하는 견해에 따르는 경우 정반대의 결론이 나온다.

◎ 참조 판례

대법원 1969.7.8. 선고 69다688 판결

주식회사에 있어서 주주권의 행사를 위임함에는 구체적이고 개별적인 사항에 국한한다고 해석하여야 할 근거는 없고 주주권행사를 포괄적으로 위임할 수 있다고 하여야 할 것이며 포괄적 위임을 받은 자는 그 위임자나 회사 재산에 불리한 영향을 미칠 사항이라고 하여 그 위임된 주주권행사를 할 수 없는 것이 아니다.

대법원 2001.9.7. 선고 2001도2917 판결

주주의 자유로운 의결권행사를 보장하기 위하여 주주가 의결권의 행사를 대리인에게 위임하는 것이 보장되어야 한다고 하더라도 주주의 의결권행사를 위한 대리인 선임이 무제한적으로 허용되는 것은 아니고, 그 의결권의 대리행사로 말미암아 주주총회의 개최가 부당하게 저해되거나 혹은 회사의 이익이 부당하게 침해될 염려가 있는 등의 특별한 사정이 있는 경우에는 회사는 이를 거절할 수 있다고 보아야 할 것이며, 주주가 자신이 가진 복수의 의결권을 불통일행사하기 위하여는 회일의 3일 전에 회사에 대하여 서면으로 그 뜻과 이유를 통지하여야 할 뿐만 아니라, 회사는 주주가 주식의 신탁을 인수하였거나 기타 타인을 위하여 주식을 가지고 있는 경우 외에는 주주의 의결권불통일행사를 거부할 수 있는 것이므로, 주주가 위와 같은 요건을 갖추지 못한 채 의결권불통일행사를 위하여 수인의 대리인을 선임하고자 하는 경우에는 회사는 역시 이를 거절할 수 있다.

12

주주총회결의취소의 소 및 부실등기자의 책임 등

甲 주식회사의 발행주식 총수의 51%를 소유한 Y가 대표이사로서 그리고 나머지 49%를 소유한 X가 이사로서 동 회사를 경영하고 있었다. Y는 자신과 감정대립을 보여 온 X에 대해 불만을 품고 있던 차에 주주총회소집을 위한 이사회도 개최하지 않고 X에게 소집통지도 없이 단독으로 주주총회를 열어 자신의 측근인 A와 B를 이사로 선임하였다. Y는 새로 선임된 이사 A와 B와 함께 이사회를 개최하여 자신을 대표이사로 재선임하고 등기를 마쳤다. 그 후 Y는 자신의 친구이면서 甲 회사의 주주총회의 하자를 비롯하여 그간의 사정을 잘 알고 있는 乙에게 대표이사 명의로 甲 회사 소유의 부동산을 소유권이전등기를 하여 주었다. 이 경우 甲 회사의 다른 주주인 X는 그 주주총회결의에 대해 어떤 유형의 소(訴)를 제기할 수 있으며, 만일 X가 승소의 확정판결을 받았다면 乙의 동 부동산에 대한 소유권은 어떻게 되는가?

Ⅰ. 문제의 소재

1. 상법은 주식회사에 있어서의 법률관계의 획일적인 확정을 위하여 하자주장의 방법을 제한하여 결의취소의 소(상법 제376조), 결의무효 및 부존재확인의 소(상법 제380조), 부당결의취소·변경의 소(상법 제381조) 등 4종의 소만을 허용함으로써 의결권남용으로부터 회사의 주주와 이해관계인의 이익을 보호하고 기타 법률관계의 법적 안정성을 유지하여 이익의 조정을 꾀하고 있다. 본 사례에서는 Y가 이사회의 결의 없이 단독으로 주주총회를 소집하여 이사를 선임한 경우로서 X는 어떠한 소송을 제기할 수 있는지가 문제된다.

2. 주주총회결의의 하자를 이유로 한 소에서 승소한 경우 판결의 효력은 제소권자와 회사를 비롯하여 제3자에게도 미친다(상법 제376조, 제380조, 제381조). 따라서 이 경우 본 사례에서 하자 있는 주주총회에서의 결의에 의해 선임된 이사들로 이사회가 구성되고, 그 이사회에서 선정된 대표이사 Y는 그 자격을 소급하여 상실하는지의 여부가 문제된다. 만약 주주총회결의의 하자를 다투는 소에서 소급효를 사단적 행위 또는 거래행위를 내용으로 하는 결의에는 적용하지 않는다면 乙의 부동산매입행위는 그의 선의·악의와 상관없이 유효하다. 반대로 X의 승소

판결에 대해 소급효가 인정된다면 甲 회사로부터 부동산을 매입한 乙의 소유권을 인정할 수 있는지의 여부를 살펴보아야 한다. 만약 소급효를 인정하면서도 제3자를 외관이론에 의하여 보호하여야 한다면 Y가 대표이사 자격에서 한 부동산 매도행위는 무효이더라도 乙을 상법 제39조 또는 제395조에 의하여 보호할 수 있는지의 여부가 문제된다. 특히 본 사례에서는 乙은 甲 회사의 주주총회에서 일어난 그간의 사정을 잘 알고 있는 것으로 보아 주주총회가 개최과정에서 하자가 있었음을 인지하고 있는데, 이 것이 乙의 소유권인정에 어떠한 영향을 미치는지도 검토하여야 한다.

Ⅱ. 甲 회사의 주주총회결의의 하자 유형

1. 주주총회소집의 절차

주주총회의 소집은 원칙으로 이사회에서 결정하고 대표이사가 구체적인 소집절차를 취한다(상법 제362조). 소수주주나 감사도 회의의 목적과 소집이유를 서면으로 이사회에 제출하여 임시총회의 소집을 청구할 수 있으며 이사회가 이를 시행하지 않을 때에는 법원을 허가를 통해 소집할 수 있다(상법 제366조, 제412조의 3). 총회를 소집함에는 회일을 정하여 2주간 전에 각 주주에 대하여 서면으로 통지를 발송하여야 한다. 즉, 소집통지를 발송한 날의 다음날로부터 회일의 전일까지 적어도 14일의 기간이 있어야 한다. 이는 의결권 없는 주주에 대하여는 적용되지 않는다. 그리고 총회소집통지서에는 회의의 목적사항을 기재하여야 한다. 회의의 목적사항은 일일이 구체적으로 기재할 필요는 없고, 결의될 사항이 어떤 범위의 것인지를 주주에게 알릴 수 있을 정도면 된다(상법 제363조). 총회는 정관에 다른 정함이 없으면 본점 소재지 또는 이에 인접한 곳에서 소집하여야 한다(상법 제364조).

2. 사안에 대한 적용

본 사안에서는 Y는 이사회 개최 없이 주주총회를 소집하였을 뿐만 아니라 X에 대한 주주총회소집통지를 하지 않았으므로 상법이 정한 소정의 주주총회소집절차를 준수하지 않았다.

Ⅲ. 甲 회사의 주주총회결의에 대한 하자 주장방법

1. 개　　관

주주총회는 다수의 투자자의 의사를 단일한 단체의사로 수렴하는 기관이다. 따라서 그 결의에 있어서 내용과 절차가 적법하고 공정하여야 한다. 만약에 그 결의가 절차나 내용상 하자가 있다면 정당한 주주들의 의사로 인정될 수 없어 그 효력이 부정되어야 한다. 그런데 주주총회결의는 사단적 법률행위로서 그 성립과정에 다수인의 의사와 이해관계가 개입하며, 그 결의 후에는 결의의 유효를 전제로 각종의 후속행위가 이루어진다. 그러므로 주주총회결의의 하자에 대하여 취소·무효의 일반법리를 그대로 적용한다면 사단적 법률행위의 불안정을 초래하여 다수인의 이익을 해하게 된다.

이에 상법은 결의의 효력을 부정할 원인이 되는 하자의 유형을 법정하고, 원칙적으로 소(訴)로만 하자를 주장할 수 있도록 규정하고 있다. 그러한 소로서는 결의취소의 소(상법 제376조), 결의무효확인의 소(상법 제380조), 결의부존재확인의 소(상법 제380조), 부당결의취소·변경의 소(상법 제381조)가 있다.

2. 주주총회결의의 하자를 다투는 소의 종류

(1) 결의취소의 소

주주총회의 결의가 성립과정에 있어서 총회소집의 절차나 결의방법이 법령과 정관에 위반된 경우와 현저하게 불공정한 때 또는 그 결의의 내용이 정관에 위반한 때에는 그 결의의 날로부터 2월 내에 주주 이사 또는 감사는 결의취소의 소를 제기할 수 있다(상법 제376조). 이처럼 결의취소는 경미한 형식적 하자가 있는 경우에 소에 의해서만 가능하고 제소권자와 제소기간을 한정하고 있는 점이 특징적이다. 결의취소의 소가 제기됨이 없이 제소기간을 경과하면 그 결의는 확정적으로 유효하게 된다. 결의취소의 소는 그 성격상 형성소송이다.

(2) 결의무효확인의 소

주주총회의 결의의 내용이 법령의 강행법규에 위반하는 실질적인 하자가 있는 경우에는 그 결의는 당연히 무효이다(상법 제380조). 이 때에는 소로써 무효를 확인할 수 있는 자 및 그 시기에 대하여도 아무런 제한이 없다.

(3) 결의부존재확인의 소

이는 주주총회의 소집방법에 총회결의가 존재한다고 볼 수 없을 정도의 중대한 하자를 그 이유로 한다. 예컨대, 소집권이 없는 자가 총회를 소집하여 결의한 경우 등이 이에 해당된다. 이 소는 결의무효확인의 소와 함께 규정되어 있다(상법 제380조).

(4) 부당결의취소·변경의 소

주주총회의 결의에 관하여 특별한 이해관계를 가지기 때문에 의결권을 행사할 수 없었던 특정주주가 자기에게 현저하게 부당한 결의의 취소 또는 변경을 구하는 소이다. 결의의 내용이 법령이나 정관에 위반되지 않더라도 사회통념상 회사나 이해관계 있는 자의 이익을 현저하게 해친다고 볼 수 있으면 이 소를 제기할 수 있다. 또한 이해관계 있는 주주가 의결권을 행사하였더라면 결의를 저지할 수 있어야 한다. 결의취소소송과 같이 결의가 있는 날로부터 2개월 내에 소를 제기해야 하고 회사의 청구에 의한 담보제공의무도 있다(상법 제381조). 승소판결은 당사자 이외에 다른 제3자에게도 효력이 미치며 소급효가 인정된다.

3. 이사회결의 및 주주총회소집통지의 결여를 원인으로 제기가능한 소

(1) 이사회결의 없이 한 주주총회소집에 대한 소

(가) 서 언

상법은 주주총회결의취소의 소와 결의부존재확인의 소의 원인을 하자의 중대성 여부를 기준으로 하여 구분하고 있다. 따라서 이사회의 결의 없이 주주총회를 소집한 것이 중대한 하자인지의 여부를 살펴보아야 한다. 만약 주주총회를 형해화할 정도로 중대한 경우 결의부존재확인의 소의 사유가 되며, 그러하지 않을 경우에는 결의취소의 소의 사유에 지나지 않게 된다.

(나) 학 설

① 결의부존재사유설 이사회의 결의는 주주총회가 성립할 수 있는 법적 기초이므로, 이 요건의 흠결을 결의부존재의 사유로 보는 견해이다(소수설).[23]

② 결의취소사유설 상법이 이사회가 주주총회소집을 결정하고 그 후

23) 이철송, 「회사법강의」 제14판(박영사, 2007), 479면.

주주총회를 소집하도록 한 것은 총회소집에 있어서의 신중과 적정성을 확보하기 위한 것이므로, 이사회결의의 결여는 주주총회결의취소의 원인으로 보는 입장이다(다수설).

(다) 판 례

예전의 대법원 판례는 주주총회소집에 관한 이사회의 의사록을 허위로 작성함으로써 이사회의 결의 없이 소집된 주주총회는 주주총회 자체의 성립을 인정하기 어렵고 주주총회 자체를 부인하는 이상 그 결의 자체도 법률상 존재한다고 할 수 없다고 보았다.[24] 그러나 그 후의 판례는 이 입장을 변경하여 이사회의 결의 없이 주주총회가 소집되었다고 하더라도 소집권한이 있는 자가 적법하게 소집절차를 밟은 이상 결의는 부존재한다고 볼 수 없고, 이사회의 결의가 없었다는 사정은 취소사유에 불과하다고 판시하고 있다.[25]

(라) 검 토

이사회의 결정이 없다고 하더라도 외관상 이사회의 결정에 의한 소집형식을 갖추어 소집권한 있는 자가 적법하게 소집절차를 밟았다면, 이는 주주총회의 운영을 형해화할 정도로 소집절차상의 하자가 중대하다고 볼 수 없으므로 단지 취소사유에 불과하다고 보아야 할 것이다.

(3) 주주총회소집통지의 결여에 대한 소

일부주주에게 소집통지를 하지 않은 것도 소집절차상의 하자로서 결의취소의 소의 사유가 된다. 대법원 판례도 같은 입장이다.[26]

4. 사안에 대한 적용

본 사안에서 다수설과 현재의 판례에 따르면 X가 이사회 개최와 Y에 대한 주주총회 소집통지를 결여하였으므로 Y는 결의취소의 소를 제기할 수 있다. 소수설에 의하는 경우 결의부존재확인의 소를 제기할 여지도 있다.

24) 대법원 1973.6.29. 선고 72다2611 판결; 동 1978.9.26. 선고 78다1219 판결.

25) 대법원 1980.10.27. 선고 79다1264 판결; 동 1987.4.28. 선고 86다카553 판결; 동 1989.5.23. 선고 88다카16690 판결.

26) 대법원 1981.7.28. 선고 80다2745·2746 판결; 동 1987.4.28. 선고 86다카553 판결; 동 1993.10.12. 선고 92다21692 판결.

Ⅳ. X의 승소판결에 대한 소급효 인정 여부

1. 결의취소의 소의 판결효력

(1) 서 언

1995년 상법개정 이전에는 결의취소의 판결이 확정되더라도 회사와 주주 또는 제3자간의 권리관계에는 영향을 미치지 않는다는 상법 제190조 단서가 준용되어 소급효가 인정되지 않았다. 그러나 1995년 개정상법은 상법 제190조 본문만을 준용할 뿐 불소급효를 규정한 상법 제190조 단서를 준용하지 않고 있다(상법 제376조 제2항). 이와 같이 불소급효 규정을 준용하지 않고 있는 것을 이유로 상법이 결의취소의 소의 소급효를 인정하고 있다고 풀이할 수 있는지에 관해서는 견해가 나누어진다.

(2) 학 설

(가) 제1설

결의취소의 소에 대하여 일률적으로 소급효를 인정하고, 이로부터 발생하는 거래안전문제는 상법 제39조(부실등기의 효력), 제395조(표현대표이사), 민법 제126조(표현대리) 등 외관이론에 의하여 해결한다는 견해이다. 이 견해에 따르면 이사의 선임을 위한 결의에서 소집절차상의 하자가 있는 경우는 그 취소에 의하여 소급하여 무효가 된다.

(나) 제2설

영업양도 등 완료적 의미가 있는 주주총회의 결의에는 소급효가 인정되지만, 주주총회의 결의를 전제로 하여 사단적 법률관계 또는 거래행위가 전개되는 내용의 결의가 취소되는 경우에는 소급효가 부인된다는 견해이다. 이 견해에서는 이사의 선임이 취소되더라도 소급효는 인정되지 않는다.

(3) 판 례

대법원 판례는 결의취소의 소에 대하여 소급효를 인정하고 있으며, 거래상대방은 외관이론에 의해 보호된다는 입장이다.[27]

---

27) 대법원 2004.2.27. 선고 2002다19797 판결.

(4) 검 토

주주총회결의취소의 소의 효력에 관해서는 1995년 상법 개정에서 제190조 단서를 준용하던 기존의 입장을 변경한 것으로 보아 그 개정취지가 소급효를 인정하는 데 있는 것으로 판단된다. 이에 제1설에 따라 원칙적으로 소급효를 인정하되 제3자보호는 외관이론에 의해 해결하는 것이 바람직하다.

2. 결의부존재확인의 소의 판결효력

결의부존재확인의 소에서도 대세적 효력 및 소급효가 인정되며(상법 제380조), 소급효와 관련된 외관이론 적용 등의 논의는 결의취소의 소와 동일하게 제기될 수 있다.[28]

3. 사안에 대한 적용

결의취소의 소가 인정된다고 풀이하는 경우 제1설과 대법원 판례에 따를 경우 결의취소판결의 소급효가 인정되어 주주총회 결의취소, 이사선임취소 및 이사회에 의해 선임된 대표이사의 자격도 소급하여 무효가 된다. 취소판결이 확정되기 전에 한 대표이사의 행위는 대표권이 없는 자가 한 행위로서 무효이다. 또한 乙은 甲 회사의 주주총회의 하자와 그간의 내부사정을 알고 있으므로 굳이 외관주의에 의하여 보호할 필요도 없다. 그러므로 Y의 부동산 매각행위는 무효이다. 그러나 제2설에 의하면 이사 선임은 취소되지만 소급효는 인정되지 않기 때문에 Y의 부동산 매각행위는 유효한 거래이다.

결의부존재확인의 소가 인정되는 경우에도 결의취소의 소와 동일한 효력을 가진다.

Ⅴ. 부동산에 대한 乙의 소유권 인정 여부

1. 상법 제39조에 의한 乙의 부동산 소유권 인정 여부

(1) 부실등기자의 책임

(가) 부실등기자책임제도의 취지

상업등기는 원래 등기한 사항에 대한 확보적(선언적) 효력만 있는 까닭에 공신력이 인정되지 않아 등기한 사항은 사실상의 추정을 받을 뿐이다. 이와 같은

---

28) 대법원 1992.8.18. 선고 91다39924 판결 참조.

상업등기의 효력을 철저히 관철하면 기업과 거래하는 자는 등기를 신뢰할 수 없게 되어 거래시마다 등기사항을 확인해야 하므로 거래의 신속과 안전을 저해하고 상업등기의 효용을 크게 감소시킬 수 있다. 따라서 등기의무자측의 귀책사유가 있는 부실등기의 경우에는 제한적으로 상업등기에 공신력을 인정하여 등기된 대로의 책임을 등기의무자측에 지우자는 것이 상법 제39조에 규정된 부실등기자 책임제도의 취지이며, 부실등기의 요건 및 책임 또한 이러한 취지에 비추어 해석하여야 한다.

(나) 부실등기자책임의 요건

상법 제39조에 의하여 부실등기에 의한 책임이 발생하기 위해서는 ① 등기한 자의 고의 또는 과실로 인하여 사실과 상위한 사항을 등기하여야 하며, ② 제3자는 선의이어야 한다. 여기의 제3자는 등기신청인의 직접상대방 이외에도 그 등기에 관한 이해관계인을 포함한다.

(다) 부실등기자의 책임

부실등기자는 등기와 사실의 상위로써 선의의 제3자에 대하여 대항하지 못하고, 부실등기된 사항에 따라 책임을 진다.

(2) 사안에 대한 적용

부실등기자의 책임을 묻기 위해서는 ① 제3자의 사실과 상위한 등기와 ② 제3자의 선의를 요건으로 하지만 본 사안에서는 乙이 甲 회사에서 주주총회의 소집절차상의 하자가 있음을 알고 있다는 점에서 乙의 선의를 인정할 수 없다. 이에 乙은 외관이론에 의한 보호를 받지 못하기 때문에 부동산에 대한 乙의 소유권은 인정되지 않는다.

2. 상법 제395조에 의한 Y의 부동산 소유권 인정 여부

(1) 표현대표이사제도의 의의

상법 제395조에서는 표현대표이사의 행위에 대한 회사의 책임을 인정하고 있다. 이는 상법상 대표이사 외에는 원칙적으로 회사를 대표할 권한이 없음에도 불구하고 제3자가 이러한 권한 없는 자를 권한 있다고 믿은 것에 대하여 회사의 책임을 인정하도록 한 것으로서, 상거래에 있어 선의의 제3자를 보호하려는 입법정책의 소산 및 거래안전보호를 위하여 금반언 내지 외관이론에 의하여 규정된 것이다.

대법원 판례는 이사 선임을 위한 주주총회의 결의 또는 대표이사 선임을 위한 이사회결의가 무효·부존재확인 또는 취소되기 전에 사실상의 이사·대표이사가 한 행위에 대해서도 상법 제395조를 유추적용하고 있다.[29]

(2) 표현대표이사의 성립요건

(가) 외관의 존재

표현대표이사로 인정되기 위해서는 행위주체가 제3자에게 오인을 일으킬 만한 명칭을 사용하였어야 한다. 상법 제395조는 사장, 부사장, 전무, 상무 등을 예시적으로 열거하고 있다.

(나) 외관조성에 대한 회사의 유책성

표현대표이사라고 볼 수 있는 자의 외관조성에 대하여 회사의 귀책사유가 있어야 한다. 즉, 회사가 표현적 명칭의 사용을 명시적 또는 묵시적으로 허락한 경우에 한한다.

(다) 행위자의 대표행위

상법 제395조는 대표행위에 국한하여 적용된다. 즉, 행위자가 대표이사의 권한 내에 속하는 대표행위에 한하여 회사의 책임이 발생한다.

(라) 외관의 신뢰

제3자가 회사를 대표할 권한이 없다는 것을 몰랐어야 한다. 이 경우의 제3자는 직접의 거래상대방 외에 그 명칭의 표시를 신뢰한 모든 제3자를 포함하며 제3자의 선의에는 무과실을 필요로 하지 않는다. 다만, 제3자에게 중과실이 있는 경우에는 회사는 면책된다.[30]

(3) 사안에 대한 적용

본 사안에서는 乙은 Y가 주주총회 소집절차상의 하자로 인하여 회사를 대표할 권한이 없다는 사실을 알고 있었다는 점에서 Y를 표현대표이사로 볼 수 없다. 따라서 乙의 甲 회사로부터의 부동산매입은 무효이므로 소유권을 인정할 수 없다.

---

29) 대법원 1985.6.11. 선고 84다카197 판결; 동 1992.7.28. 선고 91다35816 판결; 동 1992.9.22. 선고 91다5365 판결 참조.

30) 대법원 1973.2.28. 선고 72다1907 판결; 동 1999.11.12. 선고 99다19797 판결; 동 2003.7.22. 선고 2002다40432 판결; 동 2003.9.26. 선고 2002다65073 판결.

Ⅵ. 사례의 해결

1. Y는 이사회 개최 없이 주주총회를 소집하였고 X에 대한 주주총회소집통지를 하지 않아 상법이 규정한 주주총회소집절차를 준수하지 않았다. 이러한 주주총회결의의 하자를 다투기 위해 결의취소의 소를 제기할 수 있다. 현재의 대법원 판례도 이와 동일한 입장이다. 그러나 이 경우에 결의부존재확인의 소를 제기가 능하다는 견해도 있다.

2. 결의취소의 소를 제기하는 경우 소급효가 인정된다. 대법원 판례도 이와 동일한 취지이다. 따라서 A와 B의 이사 선임을 위한 결의는 취소되고 이사회에 의해 선임된 Y의 대표이사의 자격도 소급하여 상실한다. 이에 취소판결확정 전의 대표이사의 행위는 무효이다. 그러므로 Y의 부동산 매각행위는 무효이다. 특히 본 사례에서 乙이 甲 회사에서 주주총회의 소집절차상의 하자가 있음을 알고 있어 상법 제39조상의 부실등기자의 책임과 상법 제395조가 규정한 표현책임의 요건을 갖추지 못하므로 乙의 甲 회사로부터의 부동산매입은 효력이 없다. 그 결과 乙은 부동산의 소유권을 확보할 수 없다. 한편, 결의취소의 소에서 이사 선임은 취소되지만 소급효는 인정되지 않는다고 보는 견해에서는 Y의 부동산 매각행위는 유효한 거래이다. 결의부존재확인의 소가 인정되는 경우에도 결의취소의 소와 결론에 있어서는 동일하다.

◎ 참조 판례

대법원 1980.10.27. 선고 79다1264 판결

이사회의 결정 없이 주주총회가 소집되었다고 하더라도 외관상 이사회의 결정이 있었던 것과 같은 소집형식을 갖추어 소집권한 있는 자가 적법한 소집절차를 밟은 이상 이사회의 결정이 없었다는 사정은 주주총회결의부존재의 사유는 되지 않고 주주총회결의 취소의 사유가 됨에 불과하다.

대법원 1987.4.28. 선고 86다카553 판결

정당한 소집권자에 의하여 소집된 주주총회가 아니라면 그 결의는 당연무효라 할 것이나 그렇지 아니하고 정당한 소집권자에 의하여 소집된 주주총회의 결의라면 설사 주주총회의 소집에 이사회의 결의가 없었고 그 소집통지가 서면에 의하지 아니한 구두소집통지로서 법정소집기간을 준수하지 아니하였으며 또한 극히 일부의 주주에 대하여는 소집통지를 빠뜨렸다 하더라도 그와 같은 주주총회소집절차상의 하자는 주주총회결의의 단순한 취소사유에 불과하다 할 것이고, 취소할 수 있는 결의는 법정기간 내에 제기된 소에 의하여 취소되지 않는 한 유효하다.

대법원 2004.2.27. 선고 2002다19797 판결

이사 선임의 주주총회결의에 대한 취소판결이 확정된 경우 그 결의에 의하여 이사로 선임된 이사들에 의하여 구성된 이사회에서 선정된 대표이사는 소급하여 그 자격을 상실하고, 그 대표이사가 이사 선임의 주주총회결의에 대한 취소판결이 확정되기 전에 한 행위는 대표권이 없는 자가 한 행위로서 무효가 된다.

이사 선임의 주주총회결의에 대한 취소판결이 확정되어 그 결의가 소급하여 무효가 된다고 하더라도 그 선임결의가 취소되는 대표이사와 거래한 상대방은 상법 제39조의 적용 내지 유추적용에 의하여 보호될 수 있으며, 주식회사의 법인등기의 경우 회사는 대표자를 통하여 등기를 신청하지만 등기신청권자는 회사 자체이므로 취소되는 주주총회결의에 의하여 이사로 선임된 대표이사가 마친 이사 선임 등기는 상법 제39조의 부실등기에 해당된다.

대법원 1992.8.18. 선고 91다39924 판결

비록 주주총회의 소집절차 또는 결의방법에 중대한 하자가 있어서 법률상 유효한 주주총회의 결의가 존재하지 않았던 것과 같이 평가할 수밖에 없더라도 주주총회의 결의라는 주식회사 내부의 의사결정이 일단 존재하는 경우에는, 의사결정절차상의 하자라는 주식회사 내부의 사정을 이유로 그 주주총회의 결의를 기초로 하여 발전된 사단적인 법률관계를 일거에 무너뜨리거나 그 주주총회의 결의가 유효한 것으로 믿고 거래한 제3자가 피해를 입도록 방치하는 결과가 되어서는 부당하다고 할 것이나, 이런 경우와는 달리 주주총회의 의사결정 자체가 전혀 존재하지 않았던 경우에는, 상법 제39조(부실의 등기)나 제395조(표현대표이사의 행위와 회사의 책임) 또는 민법에 정하여져있는 제3자보호규정 등에 의하여 선의의 제3자를 개별적으로 구제하는 것은 별론으로 하고, 특별한 사정이 없는 한 그와 같이 처음부터 존재하지도 않는 주주총회의 결의에 대하여 주식회사에게 책임을 지울 이유가 없기 때문이다.

13

공동대표이사의 단독대표행위

丙 주식회사는 A와 B를 공동대표이사로 선임하였다. 丙 회사는 자금이 필요하여 丙 회사가 소유하는 토지를 丁 회사에게 매각하고자 하였다. 丁 회사는 丙 회사가 공동대표이사제에 의해 운영되고 있음을 알고 A에 대하여 공동대표이사 전원이 참석하여 토지의 매매계약을 체결할 것을 요구하였다. 그러나 A는 매매계약체결의 건을 B에게 알리지도 않은 채 단독으로 계약체결현장에 참석하고서는 丁 회사에 대하여 B가 질환으로 참석하지 않았지만 매매계약에 반대하지 않을 것이므로 염려할 필요가 없다고 설명하고 그 자리에서 매매계약을 체결하고 이행하였다. 그러나 B는 A의 회사대표행위에 대하여 추인하지 않았다. 그 후 부동산가격이 급격히 상승하자 계약을 이행한 지 3년이 지난 오늘 丙 회사는 본건의 매매계약이 공동대표이사제도를 위반하였으므로 무효라고 주장하면서 토지의 반환을 요구하고 있다. 丙 회사의 주장은 정당한가?

Ⅰ. 문제의 소재

본 사례에서 丙 회사는 공동대표이사제의 위반을 이유로 당해 매매계약이 무효하고 주장하고 있다. 즉, 본 사례에서 丙회사는 공동대표이사가 공동으로 행동하여야 한다는 요건을 위반하였다고 주장하고 있는데, 여기서 공동대표이사 1인이 다른 공동대표이사에게 의사의 결정과 대외적인 표시 등을 위임할 수 있는지가 문제된다. 그리고 매매계약이 체결된 후 3년이 경과된 시점에서 丙 회사가 공동대표이사제도의 위반을 이유로 자신의 매매계약의 무효를 주장하는 것의 타당성을 살펴보아야 한다.

Ⅱ. 丙 회사의 매매계약에서 공동대표권위임 가부

1. 공동대표이사제의 의의 및 요건

(1) 의 의

주식회사에 있어서 대표이사의 권한행사에는 단독대표주의가 적용된다. 대표이사가 수인인 경우에도 각자가 독립하여 회사를 대표하는 것이 원칙이다. 그러나 회사는 이사회 또는 주주총회의 결의로서 수인의 대표이사가 공동으로 회사를 대표하도록 정할 수 있다(상법 제389조 제1항 · 제2항). 이처럼 다른 대표이사와 공동으로써만 회사를 대표할 수 있는 대표이사를 공동대표이사라고 한다. 공동대표이사제는 수인의 대표이사를 둔 회사에서 대외적인 업무집행에 통일성을 확보하고 회사의 의사결정을 신중하게 하는 방법으로서 대표이사의 대표권남용을 사전에 견제하기 위한 취지에서 이용된다.[31]

(2) 공동대표이사의 등기

공동대표이사를 정한 때에는 그 내용을 등기하여야 하는데, 등기 후에는 선의의 제3자에게도 대항할 수 있다. 즉, 등기 후에는 제3자의 악의가 의제되는 것이다(상법 제37조 제1항). 따라서 이 경우의 등기는 공동대표이사의 효력요건이라기보다는 대항요건이다.

(3) 공동대표권의 행사방법

공동대표이사의 대표권행사의 유형은 크게 능동대표와 수동대표로 나누어지는데, 전자의 경우에만 공동대표이사들이 공동으로 회사를 대표하여야 한다. 수동대표의 경우에는 권한남용의 우려가 없어 거래상대방이 공동대표이사 중 1인에게만 의사표시를 하더라도 효력이 있다(상법 제208조 제2항, 제389조 제3항).

(4) 사안에 대한 적용

본 사안에서 丙 회사가 공동대표이사의 취지를 등기하였는지의 여부는 분명하지 않다. 만약에 등기를 하지 않았다면 선의의 제3자에게 대항하지 할 수 없지만, 본 사안에서의 丁 회사는 丙 회사가 공동대표이사제를 운영하고 있다는 사실을 알고 있으므로 선의의 제3자로 볼 수 없어 등기 후의 경우와 실질적 차이가 없다. 또한 사안에서는 丙 회사가 제3자인 丁 회사와 매매계약을 체결한다는 점에서 능동대표에 속하므로 공동대표이사들이 공동으로 대표하여야 한다.

2. 공동대표권의 위임

(1) 서 언

공동대표이사 중 1인에게 다른 공동대표이사가 공동대표권을 위임할 수 있는

31) 대법원 1989.5.23. 선고 89다카3677 판결.

지의 문제를 2가지로 나누어 살펴볼 수 있다. 일반적·포괄적인 대표권의 위임은 실질적으로 단독대표를 가능하게 하는 것이어서 공동대표의 취지에 반하므로 허용될 수 없다. 대법원 판례도 이와 같은 입장이다.[32] 그러나 공동대표권행사의 개별적 위임, 즉 특정거래 또는 일정한 종류의 거래에 대하여 공동대표권행사를 위임할 수 있는지의 여부에 대해서는 다양한 견해가 제시되고 있다.

(2) 학설과 판례의 태도

(가) 학 설

① 적극설 공동대표이사간에 내부적인 의사합치만 있으면 그 외부적 표시는 개별적인 위임에 의할 수 있다는 견해이다. 즉, 의사결정은 공동으로 하여야 하지만 의사표시는 1인의 공동대표에게 위임할 수 있는 것이다. 그러나 이 견해는 거래상대방이 공동대표이사간의 합의를 알기가 어려우므로 거래의 안전을 확보하기 어렵다는 단점이 있다.

② 백지위임설 적극설을 변형한 것으로서 내부적인 의사결정과 대외적 의사표시 모두를 위임할 수 있다고 보는 견해이다. 그러나 이 견해에 따르면 포괄위임과 실질상의 차이가 없는 경우가 발생할 수 있다.

③ 표시행위위임설 적극설을 변형한 또 다른 견해로서는 대외적 표시를 위임할 수 있으나 그 위임관계를 현명하여야 한다는 입장이다. 그러나 이 견해에 대해서는 위임관계의 현명이라는 요건을 특별히 요구하지 않는 상법과는 입장이 상이하다는 비판이 제기되고 있다.

④ 소극설 내부적 의사합치가 있더라도 대외적인 표시행위를 반드시 공동으로 하여야 한다는 견해이다. 그러나 모든 대표행위에 공동대표이사들이 사실상 물리적으로 공동참여를 해야 하는 어려움이 있다.

(나) 판 례

이상의 견해 중에서 대법원 판례가 어느 것을 취하고 있는가는 명확하지 않다. 적극설을 취한 것으로 보이는 판례[33]가 있기는 하지만 분명하지 않다.

(다) 검 토

공동대표권행사의 개별적 위임 여부에 관하여 학설이 나누어지는 것은 조직운영의 능률성과 공동대표이사제의 실효성 중에서 어느 것을 우선할 것인지에

---

32) 대법원 1989.5.23. 선고 89다카3677 판결.

33) 대법원 1996.10.25. 선고 95누14190 판결.

관하여 생각을 달리하기 때문이다. 그러나 공동대표이사제의 운영상의 신속성과 능률성을 확보한다는 차원에서 적극설에 찬성한다.

(3) 사안에 대한 적용

丙 회사의 공동대표이사는 A와 B 2인이며 B는 토지매매계약에 대해서 알지 못하였으며 계약체결 현장에도 있지 않았다. 따라서 A와 B 사이에는 의사결정이나 의사표시의 위임은 존재하지 않은 것으로 보인다. 이에 적극설은 물론이고 다른 학설이나 대법원 판례에 의하더라도 B가 A에 대하여 공동대표권을 위임한 것으로 풀이할 수 없다. 결국 사안은 공동대표이사 A가 단독으로 대표행위를 한 경우이다.

3. 공동대표이사의 단독대표행위의 효력

(1) 공동대표이사 1인의 단독행위의 효력

상법 제389조 제2항을 위반한 대표이사의 대표행위는 선의·악의를 불문하고 무효인 것이 원칙이다. 또한 공동대표이사 1인이 행한 단독대표행위의 효력은 무권대리에 준한다. 일부 공동대표이사가 행한 회사대표행위에 대하여 다른 공동대표이사의 추인이 있으며 그 행위는 유효하다.

공동대표이사 1인이 행한 단독대표행위의 상대방이 선의라면 그 공동대표이사에 대하여 개인적인 불법행위책임(민법 제750조) 또는 이사의 제3자에 대한 책임(상법 제401조)을 물어 손해배상을 청구할 수 있고, 공동대표이사 1인의 단독행위로 인한 손해는 회사의 업무집행상의 손해로 보아 회사도 연대하여 손해배상책임을 부담한다(상법 제210조, 제389조 제3항). 만약에 단독대표행위를 한 공동대표이사 1인이 표현대표이사의 요건(상법 제395조)을 충족하는 경우에는 회사에 대하여 책임을 물을 수 있다.

(2) 사안에 대한 적용

본 사안의 경우는 丙 회사가 매매계약의 무효를 주장한 것이라는 점에서 이상에서 언급한 손해의 구제방법은 논할 실익이 없다.

Ⅲ. 乙 회사의 매매계약 무효주장의 가부

1. 모순행위금지의 원칙

신의성실의 원칙의 구체적 유형의 하나로서 모순행위금지의 원칙이 있다. 이는 자신의 선행행위와 모순되는 행위를 허용하지 않는다는 원칙이다. 구체적으로 살펴보자면, 이는 어떠한 사람의 행위가 그의 선행하는 행위와 모순되는 상황에서 그 후행행위에 법이 의도하는 원래대로의 효과를 인정하는 경우 그 선행행위로 인하여 형성된 다른 사람의 신뢰를 부당하게 침해하게 된다면 그 후행행위의 효력은 제한되어야 한다는 법원칙이다.

2. 사안에 대한 적용

본 사안에서 丙 회사의 공동대표이사 A는 단독으로 丁 회사간의 매매계약을 체결한 후 3년이 지난 오늘의 시점에 이르러 그 매매계약이 무효라고 주장하는 것은 선행된 행위와 모순된 행위를 하는 것으로서 자기에게 유리한 법적 지위를 악용하려 함에 지나지 않으므로 법률상 용납할 수 없다. 요컨대 丙 회사가 공동대표이사제도의 위반을 주장하는 것은 여러 정황을 보아 신의칙에 반하므로 인정하기 어렵다.

Ⅳ. 사례의 해결

A와 B는 丙 회사의 공동대표이사이다. A와 B 사이에는 의사결정이나 의사표시의 위임이 이루어지지 않은 채 A가 단독으로 丙 회사와 丁 회사간에 토지매매계약을 체결하고 이행하였다. 부동산가격이 상승하게 되자 계약체결·이행 후 3년이 지난 오늘에 이르러서야 丙 회사가 그 매매계약이 무효라고 주장하는 것은 선행된 행위와 모순된 행위로서 신의칙에 반하므로 정당하지 않다.

◎ 참조 판례

대법원 1989.5.23. 선고 89다카3677 판결

주식회사에 있어서의 공동대표제도는 대외관계에서 수인의 대표이사가 공동으로만 대표권을 행사할 수 있게 하여 업무집행의 통일성을 확보하고, 대표권행사의 신중을 기함과 아울러 대표이사 상호간의 견제에 의하여 대표권의 남용 내지는 오용을 방지하여 회사의 이익을 도모하려는 데 그 취지가 있으므로 공동대표이사의 1인이 그 대표권의 행사를 특정사항에 관하여 개별적으로 다른 공동대표이사에게 위임함은 별론으로 하고, 일반적, 포괄적으로 위임함은 허용되지 아니한다.

대법원 1996.10.25. 선고 95누14190 판결

회사의 공동대표이사 2명 중 1명이 단독으로 동의한 것이라면 특별한 사정이 없는 한 이를 회사의 동의라고 볼 수 없으나, 다만 나머지 1명의 대표이사가 그로 하여금 건물의 관리에 관한 대표행위를 단독으로 하도록 용인 내지 방임하였고 또한 상대방이 그에게 단독으로 회사를 대표할 권한이 있다고 믿은 선의의 제3자에 해당한다면 이를 회사의 동의로 볼 수 있다.

대법원 1993.12.28. 선고 93다47653 판결

회사가 수인의 대표이사가 공동으로 회사를 대표할 것을 정하고 이를 등기한 경우에도, 공동대표이사 중의 1인이 대표이사라는 명칭을 사용하여 법률행위를 하는 것을 용인하거나 방임한 때에는, 그 공동대표이사가 단독으로 회사를 대표하여 한 법률행위에 관하여 회사가 선의의 제3자에 대하여 상법 제395조에 따른 책임을 진다.

14

이사회소집절차의 하자와 대표이사의 행위

자산규모가 10억 정도인 乙 주식회사의 대표이사 X는 5명의 재적이사와 1인의 감사 중 명목상 이사 3인에 대해 소집통지를 하지 않고서 이사회를 소집하여 A를 지배인으로 선임하고 8억원 상당의 새로운 건물을 매입하기로 결의하였다. X는 이러한 결의에 입각하여 A를 지배인으로 선임하고 건물도 매입하였다. X가 행한 각각의 행위는 그 상대방에 대해서는 유효한가?

Ⅰ. 문제의 소재

본 사례에서는 우선 명목이사에 대한 통지가 결여된 경우 이사회 결의의 적법성과 이사회결의에 하자가 있는 경우의 대표이사 X의 행위의 효력을 묻고 있다. 만약에 이사회결의가 적법하다면 그에 기초한 지배인 선임과 건물매입은 자동적으로 유효하게 된다. 그러나 이사회결의가 무효인 경우에 X가 한 행위의 효력을 검토하여야 한다. 보다 구체적으로는 X의 지배인 선임과 건물매입을 개별적으로 나누어 그 효력을 살펴보아야 한다.

Ⅱ. 지배인 선임 및 중요한 자산의 양수에 대한 이사회결의 요부

1. 이사회의 의의

상법상 주식회사에서는 이사 전원에 의해서 구성된 이사회라는 필요적 상설기관을 설치하여야 한다. 회사의 업무집행에 관한 의사결정은 그 회의에서 이루어지며(상법 제393조), 그 실행은 이사회에서 선임된 대표이사가 행한다(상법 제389조 제1항 본문 · 제3항).

2. 이사회의 결의사항

(1) 지배인의 선임

지배인은 영업주에 갈음하여 그 영업에 관한 재판상 또는 재판외의 모든 행위를 할 수 있는 최상급의 상업사용인이다(상법 제11조). 지배인의 선임권자는 영업주인 상인이다(상법 제10조). 이 경우의 영업주라 함은 상법 제4조와 제5조에 의해 상인성이 인정되는 자를 의미한다. 주식회사의 지배인은 내부의 일정한 절차를 거쳐(상법 제393조) 대표이사가 선임한다.

(2) 중요한 자산의 양수

상법은 중요한 자산의 처분 및 양수・양도를 이사회의 전속적 결의사항으로 하고 있다(상법 제393조 제1항). 여기서 "중요한"이라는 요건을 충족하기 위해서는 회사의 존립에 영향을 줄 정도까지는 이르지 않아도 회사의 재산구성이나 경영방침에 상당한 영향을 미칠 것으로 예상되어야 한다. 이와 관련하여 대법원 판례는 어느 재산의 처분이 "중요한 자산의 처분에 해당하는가 아닌가는 당해 재산의 가액, 총자산에서 차지하는 비율, 회사의 규모, 회사의 영업 또는 재산의 상황, 경영상태, 자산의 보유목적, 회사의 일상적 업무와 관련성, 당해 회사에서의 종래의 취급 등에 비추어 대표이사의 결정에 맡기는 것이 상당한지 여부에 따라 판단하여야" 한다고 판시한 바 있다.[34]

3. 사안에 대한 적용

본 사안에서 지배인의 선임이 상법상 이사회의 결의사항이라는 점에 대해서는 이견이 없다. 8억원 상당의 건물을 매입하는 것이 중요한 자산의 양수에 해당하는지에 관해서는 상법상 명확하고 구체적인 기준을 두고 있지 않지만 건물의 매입가액이 전체 회사자산의 80%에 해당한다는 점에서 중요한 자산의 양수에 해당한다. 따라서 반드시 이사회의 결의를 거쳐야 한다.

Ⅲ. X의 이사회소집절차의 하자 유무

1. 이사회소집통지

(1) 이사회소집통지의 취지

이사회는 각 이사에 의한 충분한 의견의 교환과 토의를 통하여 의사결정을 하는 합의체 기관이다. 따라서 모든 이사 및 감사에 대하여 소집통지를 하여야 한

34) 대법원 2005.7.28. 선고 2005다3649 판결.

다(상법 제390조 제3항). 이는 이사 및 감사에게 출석의 기회 및 토의를 위한 준비의 기회를 보장하고, 그로 인해서 이사회의 적절 내지 공정한 운영을 도모하려는 취지이다.

(2) 명목상 이사에 대한 통지의 필요성

명목상 이사의 개념은 2가지로 나누어진다. 첫째는 좁은 의미의 명목상 이사로서, 실제상 이사로서의 직무를 행하고 있지 않지만 법적으로는 정규 절차에 따라서 선임된 정식적인 이사를 뜻한다. 둘째는 넓은 의미의 명목상 이사로서, 이에는 사외이사와 비상근이사 등이 포함된다. 대법원 판례는 명목상의 이사에게도 업무집행을 하고 있는 이사와 동일한 주의의무를 부과하는 것으로 보아 양자를 차별하지 않는다는 입장을 취하고 있다.[35] 이에 이사회를 소집하기 위해서는 명목상 이사에 대한 그 통지가 요구된다고 풀이하여야 한다.

(3) 소집통지의 누락과 이사회결의의 유효성 관계

일부 이사에 대한 소집통지에 누락이 있다면 결의의 성립과정에 중대한 하자가 있는 것으로 되므로 이사회 결의는 무효이다. 그러나 소집통지에 누락이 있지만 그 통지를 받지 못한 이사가 출석한 것으로 가정하고, 그 가정하에서도 출석한 이사가 이사회의 결의에 아무런 영향을 미치지 못하였을 것임을 증명하는 경우 그 이사회결의가 유효하게 될 것인지가 문제가 된다.

이와 관련하여 결의에 아무런 영향이 없는 경우에까지 소집절차의 하자를 이유로 결의를 무효로 할 이익은 없다는 유효설이 있다. 이 입장에서는 소집통지를 받지 못했던 이사가 출석하더라도 결의 결과에 전혀 영향을 미치지 않은 것으로 보아야 할 특별한 사정이 있는 경우에는 상기의 하자가 있더라도 결의는 유효하다고 풀이한다. 대법원 판례 중에는 이 입장을 취하는 것도 있다.[36]

그러나 이사회는 소수의 합의체이기 때문에 각 이사의 발언이 결의에 미치는 영향력이 상당히 크다. 따라서 소집통지를 받지 못했던 이사가 출석하여 의견을 제시하는 것을 가정하고 그 의견제시가 다른 이사의 의결권행사에 어떠한 영향을 줄지를 제대로 평가하기가 곤란하다는 점에서 여전히 무효로 보는 것이 타당하다.[37]

---

35) 대법원 2003.4.11. 선고 2002다70044 판결; 동 2006.9.8. 선고 2006다21880 판결 참조.
36) 대법원 1992.4.14. 선고 90다카22698 판결.

2. 사안에 대한 적용

본 사안에서 명목상 이사에 대하여 소집통지 누락이 있었기에 이사회결의는 상법상 무효이다. 소집통지를 받지 못했던 이사가 출석하더라도 이사회결의의 결과에 전혀 영향을 미치지 않았을 것을 입증한다면 그 결의가 유효하다는 입장에서는 통지받지 못한 이사가 명목상의 이사에 지나지 않아 그 영향력이 과소할 것이므로, 이를 입증한다면 그 결의에 따른 대표이사의 후속행위는 모두 유효하다고 볼 수도 있다. 그러나 소집통지누락이 있는 이사회결의를 무효로 판단할 경우 그 결의에 따른 후속행위의 효력이 문제된다.

Ⅳ. 대표이사 X의 행위의 효력

1. 하자가 있는 이사회결의에 입각한 대표이사 행위의 효력

하자가 있는 이사회결의에 바탕하여 대표이사가 행위를 한 경우 회사 내부조직적인 이익과 그 대표이사의 행위를 신뢰한 제3자의 이익을 비교하여 구체적으로 판단하여야 한다. 즉, 순수하게 내부적인 사항은 무효이고 대외적인 거래는 상대방이 선의인 경우에 한하여 유효하게 보는 것이 타당하다. 상대방의 악의는 이를 주장하는 회사측에서 입증하여야 한다. 대법원 판례도 이와 동일한 입장이다.[38] 그러나 회사의 집단적 행위는 그 효력이 획일적이어야 하므로 이사회결의의 하자에 대한 상대방의 선의·악의를 불문하고 유효하다.

2. 사안에 대한 적용

본 사안에서 X는 하자 있는 이사회결의에 대한 후속행위로서 지배인을 선임하고 건물을 매입하였다. X가 A를 지배인으로 선임한 행위는 순수하게 회사 내부의 문제이므로 무효이다. 그러나 X가 건물을 매입한 행위의 효력은 제3자에게 미치지만 그 행위의 상대방은 유효한 결의의 존재 여부는 용이하게 알 수 없어 거래의 안전이 문제된다. 따라서 X의 건물매입은 乙 회사가 거래상대방이 이사회의 결의가 없었거나 무효인 사실을 알고 있거나 알 수 있었음을 입증하지 못하는 한 유효하다.

---

37) 대법원 1992.7.24. 선고 92다749 판결 참조.

38) 대법원 1995.4.11. 선고 94다33903 판결; 동 2005.7.28. 선고 2005다3649 판결.

V. 사례의 해결

명목상 이사에 대한 이사회소집통지의 누락은 이사회 결의의 성립과정에서 중대한 하자이므로 그 이사회결의는 원칙적으로 무효이다. 다만, 소집통지를 받지 못한 이사가 출석하였더라도 이사회결의에 영향을 미치지 않을 것인 경우에는 유효하다는 견해에서는 재적이사 중에서 명목상의 이사에 대해서만 통지누락이 있었으므로 명목상 이사가 이사회에 참석하였더라도 이사회결의에 영향을 미치지 못하였을 것임을 입증한다면 그러한 결의는 유효한 것으로 판단될 수 있다. 따라서 그 결의에 따른 대표이사 X의 후속행위는 모두 유효하다.

무효설에서는 그러한 영향의 대소에 관계없이 여전히 무효이다. 더 나아가 하자있는 이사회결의에 따른 대표이사의 순수한 내부적인 행위의 효력은 무효이다. 그러나 대표이사의 대외적 거래에 해당 행위는 원칙적으로 유효하지만 상대방이 악의가 있다면 회사는 일반 악의의 항변을 이유로 대항할 수 있다. 따라서 본 사례에서 X의 지배인 선임은 무효이지만, 건물매입은 乙 회사가 당해 거래에 관하여 상대방의 악의·과실을 입증하지 못하는 한 유효하다.

◎ 참조 판례

대법원 2006.9.8. 선고 2006다21880 판결

주식회사의 대표이사가 대표이사의 업무 일체를 다른 이사 등에게 위임하고 대표이사의 직무를 전혀 집행하지 않는 것은 그 자체가 이사의 직무상 충실 및 선관의무를 위반하는 행위에 해당하므로, 명의상 대표이사에 불과하더라도 상법 제401조 제1항에 의한 손해배상책임이 있다.

대법원 1992.4.14. 선고 90다카22698 판결

이사 3명 중 회사의 경영에 전혀 참여하지 않고 경영에 관한 모든 사항을 다른 이사들에게 위임하여 놓고 그들의 결정에 따르며 필요시 이사회 회의록 등에 날인만 하여 주고 있는 이사에 대한 소집통지 없이 열린 이사회에서 한 결의는 위 이사가 소집통지를 받고 참석하였다 하더라도 그 결과에 영향이 없었다고 보여지므로 유효하다.

대법원 1992.7.24. 선고 92다749 판결

민법상 비영리 재단법인의 정관에 이사회를 개최하기에 앞서 미리 일정한 기한을 두고 회의 안건 등을 기재한 소집통지서를 발송하도록 하고 있음에도 불구하고 이러한 소집통지에 관한 절차를 거치지 아니한 관계로 그 소집통지를 받지 못한 이사가 참석하지 아니하였고, 이사회를 개최하지도 아니하였으면서 일부 이사들이 이를 개최한 양 의사록만 작성하거나 일부 이사들만이 모여 이사회를 개최하였다면 이러한 이사회의 결의는 존재하지 아니하는 것이거나 당연무효라고 보아야 할 것이며, 이 경우 적법한 소집통지를 받지 못한 이사가 출석하여 반대의 표결을 하였다 한들 이사회 결의의 성립에 영향이 없었다고 하더라도 그 이사회결의가 당연무효라고 하는 결론에 지장을 주지 아니한다.

대법원 2005.7.28. 선고 2005다3649 판결

상법 제393조 제1항은 주식회사의 중요한 자산의 처분 및 양도는 이사회의 결의로 한다고 규정하고 있는바, 여기서 말하는 중요한 자산의 처분에 해당하는가 아닌가는 당해 재산의 가액, 총자산에서 차지하는 비율, 회사의 규모, 회사의 영업 또는 재산의 상황, 경영상태, 자산의 보유목적, 회사의 일상적 업무와 관련성, 당해 회사에서의 종래의 취급 등에 비추어 대표이사의 결정에 맡기는 것이 상당한지 여부에 따라 판단하여야 할 것이고, 중요한 자산의 처분에 해당하는 경우에는 이사회가 그에 관하여 직접 결의하지 아니한 채 대표이사에게 그 처분에 관한 사항을 일임할 수 없는 것이므로 이사회규정상 이사회 부의사항으로 정해져 있지 아니하더라도 반드시 이사회의 결의를 거쳐야 한다.

주식회사의 대표이사가 이사회의 결의를 거쳐야 할 대외적 거래행위에 관하여 이를 거치지 아니한 경우라도, 이와 같은 이사회 결의사항은 회사의 내부적 의사결정에 불과하다 할 것이므로, 그 거래상대방이 그와 같은 이사회 결의가 없었음을 알았거나 알 수 있었을 경우가 아니라면 그 거래행위는 유효하다 할 것이고, 이 경우 거래의 상대방이 이사회의 결의가 없었음을 알았거나 알 수 있었음은 이를 주장하는 회사측이 주장·입증하여야 한다.

15

표현대표이사의 성립

2000년부터 2005년까지 甲은 Y 주식회사의 상무이사로서 회사의 명의로 회사의 영업행위에 해당하는 매매계약의 체결을 담당하였다. 2006년 초 甲은 임기만료로 이사직을 그만둔 뒤 퇴임등기까지 마쳤으나, 여전히 상무이사로 행사하면서 Y 회사 명의로 X 회사를 비롯하여 다른 회사들과 여러 차례 계약을 체결하였으며 Y 회사는 그 계약을 제대로 이행하였다. 그러나 2007년 이후부터 Y 회사는 甲이 체결한 X 회사와 계약을 이행하지 않았다. 이에 대하여 X 회사는 甲이 Y 회사의 표현대표이사이므로 Y 회사가 이행책임이 있다고 주장하였다. 그러나 Y 회사는 甲이 임기만료로 이사직을 그만두고 퇴임등기를 하였기 때문에 표현대표이사가 될 수 없으므로 아무런 책임이 없다고 항변하였다. X 회사의 주장과 Y 회사의 항변 중 어느 쪽이 옳은가?

I. 문제의 소재

본 사례에서는 Y 회사가 甲이 체결한 계약에 따른 이행책임을 부담하는지가 문제가 된다. Y 회사의 이행책임을 인정하기 위해서는 甲이 표현대표이사에 해당하여야 한다. 이에 甲의 행위가 상법 제395조상의 표현대표이사의 성립요건을 충족하였는지를 살펴보아야 한다.

그러나 본 사례에서는 甲이 이미 퇴임등기까지 마친 상황이다. 상법 제37조가 적용된다면 등기한 사항에 관해서는 제3자의 악의가 의제되어 외관주의에 바탕을 두고 있는 표현대표이사를 인정할 수 없게 된다. 따라서 상법 제37조와 상법 제395조와의 관계를 검토한 후 최종적으로 甲이 표현대표이사로서 인정될 수 있는지의 여부를 판단하여야 한다. 만약 甲이 표현대표이사로 성립되는 경우 Y 회사가 이행책임을 부담하게 되어 X 회사의 주장이 타당하게 되며, 그 반대의 경우에는 Y의 항변이 타당하다.

Ⅱ. 甲의 표현대표이사 성립 여부

1. 표현대표이사제도의 의의

상법 제395조에서는 "사장, 부사장, 전무, 상무 기타 회사를 대표할 권한이 있는 것으로 인정될 만한 명칭을 사용한 이사의 행위에 대하여는 그 이사가 회사를 대표할 권한이 없는 경우에도 회사는 선의의 제3자에 대하여 그 책임을 진다"라고 규정하면서 표현대표이사의 행위에 대한 회사의 책임을 인정하고 있다. 이는 거래의 안전을 보호하기 위하여 금반언 내지 외관이론에 의하여 규정된 것으로서 일종의 명칭외관에 대한 신뢰를 보호하기 위한 것이다.[39]

2. 표현대표이사의 성립요건

(1) 외관의 존재

표현대표이사로 인정되기 위해서는 대표권한이 있는 것으로 인정될 만한 명칭을 사용하여야 한다. 상법은 그러한 명칭으로서 사장, 부사장,[40] 전무,[41] 상무[42] 등을 들고 있는데, 이는 예시적인 것에 불과하다. 통설과 대법원 판례는 이사직을 퇴임한 자가 회사를 대표할 권한이 있는 것으로 보일 수 있는 명칭을 사용한 경우에도 상법 제395조가 유추적용되는 것으로 풀이하고 있다.[43]

(2) 외관의 허락

외관에 따른 회사의 책임을 추궁하려면 진실에 반하는 외관의 조성에 대하여 회사의 귀책사유가 인정되어야 한다. 즉, 회사가 행위자에 대하여 회사를 대표할 권한이 있는 것으로 인정될 만한 명칭의 사용을 명시적으로 혹은 묵시적으로 허락하여야 한다.[44] 당해 행위자가 임의로 그와 같은 명칭을 단순히 참칭(僭稱)하여 사용한 것만으로는 상법 제395조가 적용되지 않는다.[45]

---

39) 대법원 1988.10.11. 선고 86다카2936 판결.
40) 대법원 1971.6.29. 선고 71다946 판결.
41) 대법원 1979.2.13. 선고 77다2436 판결.
42) 대법원 1973.2.28. 선고 72다1907 판결 참조.
43) 대법원 1985.6.11. 선고 84다카963 판결; 동 1998.3.27. 선고 97다34709 판결 참조.
44) 대법원 1975.5.27. 선고 74다1366 판결; 동 2005.9.9. 선고 2004다17702 판결.
45) 대법원 1988.10.11. 선고 86다카2936 판결.

(3) 행위자의 대표행위

표현대표이사가 성립하기 위해서는 대표이사의 권한 내에 속하는 대표행위를 하였어야 한다. 회사합병계약이나 영업양도계약처럼 행위의 성질상 주주총회나 이사회의 결의 등 일정한 절차를 거쳐야 하는 것이 명백한 행위에 대해서는 상법 제395조가 적용되지 않는다. 불법행위와 소송행위에 대해서도 상법 표현대표이사의 성립이 부정된다.

(4) 외관에 대한 신뢰

회사는 선의의 제3자에 대해서만 책임을 부담한다. 제3자의 선의에 과실이 없어야 하는지에 관하여 중과실이 있으면 회사는 면책된다는 견해(중과실면책설), 제3자가 과실이 있는 경우라도 선의인 경우에 한하여 회사는 책임을 져야 한다는 설(악의면책설)과 거래의 안전·신속을 확보한다는 차원에서 표현대표이사의 성립에는 제3자의 선의이면 족하고 경과실 또는 중과실의 유무를 불문하여야 한다는 견해(단순선의설·무과실설)가 있다. 대법원 판례는 중과실면책설의 입장에 서 있다.[46]

생각건대, 제3자의 악의를 입증하기가 용이하지 않을 뿐만 아니라 중과실이 있는 제3자까지 보호하는 것은 불공평한 위험분배를 허용하는 불합리가 발생하는 까닭에 중과실면책설이 타당하다.

3. 사안에 대한 적용

본 사안에서 甲은 Y 회사의 상무이사로 행사하였으므로 표현적 명칭의 사용 요건을 충족한다. 甲은 회사의 명의로 회사의 영업행위에 해당하는 매매계약을 체결하였는데, 이는 대표이사의 권한 내에 속하는 대표행위에 해당한다. 또한 Y 회사는 甲이 상무이사직을 그만둔 이후에도 회사명의로 매매계약을 체결해 온 것을 방치해 둔 점과 Y 회사가 2007년 이전까지 甲이 체결한 계약을 이행하여 온 점은 제3자가 甲이 Y 회사의 대표권이 있다고 믿을 만한 사유를 Y 회사가 제공한 것이라고 볼 수 있다.

甲은 이미 상무이사의 퇴임등기가 이미 종료된 상황이다. 만약 본 사안에 대하여 상법 제37조를 적용하면 정당한 사유가 없는 한 그 등기된 사항에 관하여 제3자인 X 회사의 악의가 의제되며 표현대표이사의 성립에 필요한 외관에 대한

46) 대법원 2003.7.22. 선고 2002다40432 판결; 동 2003.9.26. 선고 2002다65073 판결.

신뢰요건을 충족하지 못하게 된다. 반대로 상법 제395조가 제37조보다 우선적으로 적용된다면 X 회사의 선의 여부를 다시 따져보아 표현대표이사의 나머지 성립요건을 충족하였는지를 판단하여야 한다.

Ⅲ. X의 악의의제 여부

1. 상법 제395조와 상법 제37조와의 관계

(1) 서 언

이사를 선임하거나 퇴임한 때에는 등기하여야 한다(상법 제317조 제2항 제8호・제9호). 여기서는 면책적 등기사항과 관련하여 이사의 퇴임등기와 표현대표이사와의 관계가 문제 된다. 상법 제37조에 의하면 등기사항을 등기하면 정당한 사유가 없는 한 선의의 제3자에게도 대항할 수 있다. 상업등기부상 이사의 퇴임등기를 한 자가 회사를 대표하는 명칭을 대외적으로 사용하여 거래를 한 경우에는 선의의 제3자라도 정당한 사유가 없는 한 악의로 의제되므로 회사에게 그 거래책임을 지울 수 없게 되는 모순이 발생한다.

이에 상법 제395조를 적용함에 있어서 상호 모순되는 것으로 보이는 동법 제37조와의 관계를 어떻게 조화시킬 것인지의 문제가 제기된다. 이와 관련하여 학설과 판례는 표현대표이사의 성립에 있어서 상법 제395조를 동법 제37조보다 우선적용하는 데에는 일치하지만 그 근거에 관해서는 다양한 입장이 제시되어 있다.

(2) 학 설

(가) 예외규정설(例外規定說)

상법 제395조는 외관을 신뢰한 제3자를 보호하기 위하여 특별히 규정된 것으로서 동법 제37조의 예외규정으로 보는 견해이다. 따라서 상법 제395조가 적용되는 범위에 한해서는 상법 제37조의 상업등기의 공시력이 미치지 않게 된다.

(나) 이차원설(異次元說)

상법 제395와 동법 제37조는 서로 차원 내지 법익을 달리한다는 견해이다. 말하자면, 전자는 외관주의에 바탕을 둔 반면에 후자는 기업관계의 외부적 공시에 대하여 일정한 범위 내에서 공시자의 면책을 보장한다는 점에서 양자는 별개의 기능과 근거를 가지는 제도라는 입장이다.

(다) 정당사유설(正當事由說)

표현적 명칭에 의해 대표권 있다고 믿은 것이 상법 제37조의 정당한 사유에 의한 선의에 해당한다는 견해이다. 즉, 상업등기의 공시주의도 외관주의의 한 표현으로 이해한다면 상법 제395조과 동일한 차원에서 조화시킬 수 있다는 입장이다.

(3) 판 례

대법원 판례는 표현대표이사제도는 상업등기와는 다른 차원의 제도이므로 그 적용에 있어서 상업등기의 여부가 고려되어서는 안 된다고 판시하고 있어 이차원설을 취하는 것으로 풀이된다.[47]

(4) 검 토

상업등기의 공시력을 절대시하는 것은 거래의 실정에 적합하지 않다. 제3자가 대표권이 있는 것으로 보는 이사와 거래할 때마다 등기부를 열람하여 대표권 유무를 확인한다는 것은 실제상 불가능할 뿐만 아니라 집단적·대량적으로 이루어지는 기업거래의 실정에도 부합하지 않는다는 점에서 상법 제395조는 상법 제37조의 예외규정으로 보는 것이 타당하다.

2. 사안에 대한 적용

상법 제395조와 상법 제37조와의 관계에 관하여 예외규정설을 비롯하여 어떠한 학설이나 판례의 입장을 따르더라도 표현대표이사의 성립과 관련하여 甲이 퇴임등기를 하였다고 해서 바로 X 회사의 악의가 의제되지는 않는다.

Ⅳ. 사례의 해결

본 사례에서 甲은 상무이사직을 퇴임한 후에도 대표행위에 관하여 표현적 명칭을 사용하였다. Y 회사는 甲이 매매계약을 체결하는 것을 묵시적으로 허락하였으므로 외관의 조성에 대하여 회사의 귀책사유도 있다. 다만, 본 사례에서 제3자인 X 회사의 선의 여부가 분명하지 않다. X 회사가 甲에게 대표권이 없음을 알고 있는 경우에는 甲의 행위에 대해서는 상법 제395조를 적용할 수 없으며, 그 결과 Y 회사는 甲과 X 회사간의 매매계약에 대한 이행책임을 면하게 되므로 Y 회

47) 대법원 1979.2.13. 선고 77다2436 판결.

사의 항변이 타당하다.

반대로 X 회사가 甲에게 대표권이 없음을 알지 못하는 경우에는 외관의 신뢰에 대한 학설에 따라 결론을 달리한다. 즉, 중과실면책설에 따를 경우 X 회사의 선의에 중과실이 있으면 甲은 표현대표이사로 성립되지 않는다. 그 결과 Y 회사는 문제된 계약에 대해서 이행책임을 면하므로 Y 회사의 항변이 옳게 된다. 한편, 악의면책설에서는 X의 선의에 과실이 있더라도 악의가 아니라면 Y 회사가 책임을 부담하여야 하므로 X 회사의 주장이 옳다. 단순선의설에서도 X가 선의인 경우에는 과실유무에 상관없이 동일한 결론이 나온다.

◎ 참조 판례

대법원 1998.3.27. 선고 97다34709 판결

상법 제395조가 회사를 대표할 권한이 있는 것으로 인정될 만한 명칭을 사용한 이사의 행위에 대한 회사의 책임을 규정한 것이어서, 표현대표이사가 이사의 자격을 갖출 것을 요건으로 하고 있으나, 이 규정은 표시에 의한 금반언의 법리나 외관이론에 따라 대표이사로서의 외관을 신뢰한 제3자를 보호하기 위하여 그와 같은 외관의 존재에 대하여 귀책사유가 있는 회사로 하여금 선의의 제3자에 대하여 그들의 행위에 관한 책임을 지도록 하려는 것이므로, 회사가 이사의 자격이 없는 자에게 표현대표이사의 명칭을 사용하게 허용한 경우는 물론, 이사의 자격이 없는 사람이 임의로 표현대표이사의 명칭을 사용하고 있는 것을 회사가 알면서도 아무런 조치를 취하지 아니한 채 그대로 방치하여 소극적으로 묵인한 경우에도 위 규정이 유추적용되는 것으로 해석함이 상당하다.

대법원 1975.5.27. 선고 74다1366 판결

상법 395조에 의하여 표현대표자의 행위에 대하여 회사가 책임을 지는 것은 회사가 표현대표자의 명칭 사용을 명시적으로나 묵시적으로 승인할 경우에만 한하는 것이고 회사의 명칭사용 승인 없이 임의로 명칭을 참칭한 자의 행위에 대하여는 비록 그 명칭사용을 알지 못하고 제지하지 못한 점에 있어서 회사에게 과실이 있다고 할지라도 그 회사의 책임으로 돌려 선의의 제3자에 대하여 책임을 지게 하는 취지가 아니다.

대법원 2003.2.11. 선고 2002다62029 판결

상법 제395조에 정한 표현대표이사의 행위로 인한 회사의 책임이 성립하기 위하여는 회사의 대표이사가 아닌 이사가 외관상 회사의 대표권이 있는 것으로 인정될 만한 명칭을 사용하여 거래행위를 하여야 하고, 그와 같은 명칭이 표현대표이사의 명칭에 해당하는지 여부는 사회 일반의 거래통념에 따라 결정하여야 할 것인데, "경리담당이사"는 회사를 대표할 권한이 있는 것으로 인정될 만한 명칭에 해당한다고 볼 수 없다.

대법원 2003.9.26. 선고 2002다65073 판결

상법 제395조가 규정하는 표현대표이사의 행위로 인한 주식회사의 책임이 성립하기 위하여 제3자의 선의 이외에 무과실까지도 필요로 하는 것은 아니지만, 그 규정의 취지는 회사의 대표이사가 아닌 이사가 외관상 회사의 대표권이 있는 것으로 인정될 만한 명칭을 사용하여 거래행위를 하고, 이러한 외관이 생겨난 데에 관하여 회사에 귀책사유가 있는 경우에 그 외관을 믿은 선의의 제3자를 보호함으로써 상거래의 신뢰와 안전을 도모하려는 데에 있다 할 것인바, 그와 같은 제3자의 신뢰는 보호할 만한 가치가 있는 정당한 것이어야 할 것이므로, 설령 제3자가 회사의 대표이사가 아닌 이사에게 그 거래행위를 함에 있어 회사를 대표할 권한이 있다고 믿었다 할지라도 그와 같이 믿음에 있어서 중대한 과실이 있는 경우에는 회사는 그 제3자에 대하여는 책임을 지지 아니하고, 여기서 제3자의 중대한 과실이라 함은 제3자가 조금만 주의를 기울였더라면 표현대표이사의 행위가 대표권에 기한 것이 아니라는 사정을 알 수 있었음에도 만연히 이를 대표권에 기한 행위라고 믿음으로써 거래통념상 요구되는 주의의무에 현저히 위반하는 것으로서, 공평의 관점에서 제3자를 구태여 보호할 필요가 없다고 봄이 상당하다고 인정되는 상태를 말한다.

대법원 1979.2.13. 선고 77다2436 판결

상법 제395조와 상업등기와의 관계를 헤아려 보면, 상법 제395조는 상업등기와는 다른 차원에서 회사의 표현책임을 인정한 규정이라고 해야 옳으리니 이 책임을 물음에 상업등기가 있는 여부는 고려의 대상에 넣어서는 아니 된다고 하겠다.

16

1인회사에서의 이사의 자기거래

Y 주식회사가 발행한 주식의 100%를 보유하고 있는 甲은 동 회사의 대표이사로서 다른 대표이사 乙과 함께 당해 회사의 경영을 담당하고 있다. 甲은 자신의 개인채무를 변제하기 위하여 乙에게 부탁하여 "Y 주식회사 대표이사 乙"의 명의로 약속어음을 발행하여 甲의 채권자 X에게 교부하였다. 그러나 乙은 약속어음의 발행 및 교부에 관하여 이사회의 승인을 받지 않았고, X도 그러한 사실을 알지 못하였다면 X는 Y 회사에 대하여 어음금을 청구할 수 있는가?

Ⅰ. 문제의 소재

본 사례에서 Y 주식회사는 그 발행주식을 甲이 100%보유하고 있는 1인회사이다. 이러한 1인회사를 법적으로 허용할 수 있는지의 여부가 문제된다. 만일에 1인회사를 인정할 수 없는 경우에는 乙은 실재하지 않는 회사의 명의를 모용한 것으로 된다. 따라서 1인회사의 인정에 관한 학설과 판례를 검토하여야 한다.

甲이 乙에게 부탁하여 자신의 개인채무를 변제하기 위하여 약속어음을 발행하도록 하고, 이를 채권자 X에게 교부한 행위의 성격을 살펴보아야 한다. 그러므로 이러한 이사의 어음행위가 이사의 자기거래(상법 제398조)의 규제대상이 되는지에 관해서 논하여야 한다. 어음행위의 경우에도 상법 제398조에 규정된 이사의 자기거래에 관한 여러 가지 요건을 모두 충족하여야만 그 행위가 유효하게 되는지의 여부를 살펴보아야 한다. 이와 관련하여 이사회의 승인을 받지 않은 자기거래가 유효한지의 여부도 검토하여야 한다.

Ⅱ. 1인회사인 Y 주식회사의 적법성 여부

1. 1인회사의 의의

1인회사라 함은 구성원(사원)이 1인뿐인 회사를 말한다. 1인회사는 형식상으로는 법인기업이지만 실질적으로는 구성원이 1인밖에 없는 개인기업이다. 1인회사가 인적 회사라면 당해 1인이 무한책임을 부담하므로 별 문제가 되지 않는다.

그러나 주식회사의 경우에는 구성원이 유한책임을 지는 까닭에 사실상 1인회사는 유한책임을 부담하는 개인기업에 지나지 않게 된다. 1인회사의 법적 인정 여부에 관하여는 견해가 나누어져 있다.

2. 1인회사의 인정 여부

(1) 학 설

(가) 부정설

1인회사는 상법이 규정하고 있는 회사의 사단성(상법 제169조)에 반하며, 1인회사를 악용하는 폐해가 1인회사를 인정하는 실익보다 크다는 견해이다.

(나) 긍정설

1인회사는 다음과 같은 이유에서 인정된다는 견해이다. 첫째 우리 상법이 발기인의 수에 관한 요건을 규정하지 않고 있어 설립시부터 1인회사가 가능하며(상법 제288조), 둘째 주식회사는 물적 회사이기 때문에 인적구성원이 그 기초가 아니며, 셋째 1인회사에서도 그 1인이 주식을 일부 양도함으로써 사원이 복수로 될 수 있으며, 넷째 지주회사의 경우처럼 모회사가 자회사의 모든 주식을 보유하는 것을 인정할 필요가 있다는 점에서 1인회사를 인정하자는 견해이다.

(2) 판 례

대법원 판례는 일찍부터 1인회사를 인정하여 왔다.[48]

(3) 검 토

우리나라에서 부정설은 역사적인 의미만 있을 뿐 긍정설이 통설이며 판례도 마찬가지이다. 생각건대, 상법이 발기인의 수를 명문으로 규정하지 않는 것은 1인회사의 설립을 허용하는 법적 근거가 된다는 점과 주식양도의 자유로 인하여 1인회사가 항시 복수의 구성원을 가질 수 있는 잠재성을 띠고 있다는 점 및 세계 각국의 통설과 판례가 1인회사를 인정하고 있다는 점에서 긍정설이 타당하다.

2. 사안에 대한 적용

Y 회사는 그 발행주식 모두를 甲이 보유한 1인회사이며 통설과 판례에 따라 그 적법성이 인정된다. 따라서 "Y 주식회사 대표이사 乙"의 명의로 한 어음의 발

---

48) 대법원 2004.12.10. 선고 2004다25123 판결; 동 2006.6.16. 선고 2004도7585 판결 참조.

행은 적법한 "법인"의 어음행위가 된다.

Ⅲ. 甲의 어음행위의 성격

1. 이사의 자기거래의 제한

(1) 의 의

이사의 자기거래란 이사가 회사를 상대방으로 하여 자기 또는 제3자의 계산으로 하는 거래를 말한다(상법 제398조). 이사의 자기거래는 이사와 회사간의 이해충돌로 인하여 불공정하게 이루어질 우려가 크기 때문에 회사의 손해를 방지하는 차원에서 이사회의 승인을 받은 경우에 한하여 유효하다.

(2) 제한대상의 범위

이사의 자기거래 제한은 이사와 회사간의 직접거래뿐만 아니라 간접거래에도 적용된다.[49] 즉, 형식적으로 이사 이외의 제3자와 회사간에 이루어지는 거래라 하더라도 실질적으로 이사와 회사간의 이해충돌을 발생시키는 경우라면 이사의 자기거래의 제한대상에 포함된다.

(3) 어음행위에 대한 상법 제398조의 적용여부

(가) 서 언

이사의 자기거래가 어음행위인 경우에도 상법 제398조가 적용되는지의 여부에 관하여 의견이 일치되지 않고 있다.

(나) 학 설

① 부정설 어음행위는 거래의 수단에 불과한 까닭에 성질상 이사와 회사간의 이해충돌을 초래하지 않으므로 상법 제398조가 적용되지 않는다는 견해이다. 다만, 원인관계에 대하여 이사회의 승인이 없는 경우에는 항변사유가 될 수 있다고 한다.

② 긍정설 어음행위자는 원인관계와는 다른 새로운 채무를 부담하게 되며, 이러한 채무는 항변의 절단, 채무의 독립성 등으로 인하여 원인관계상의 채무보다 엄격하여 불리하므로 이사회의 승인이 필요하다는 견해이다.

---

49) 대법원 1984.12.11. 선고 84다카1591 판결; 동 2006.3.9. 선고 2005다65180 판결.

(3) 판 례

대법원 판례는 긍정설의 입장에 서있다.[50)]

(4) 검 토

상법상 이사의 자기거래제한은 이사와 회사간의 이해충돌을 피하기 위한 것이다. 따라서 어음채무자인 회사에게 엄격한 책임을 부담하게 하는 어음행위에 대해서도 상법 제398조가 적용되어야 한다.

2. 사안에 대한 적용

본 사안에서는 甲이 乙에게 부탁하여 甲 자신의 개인채무를 변제하기 위하여 Y 회사 명의의 어음을 발행하고, 이를 甲의 채권자 X에게 교부한 행위는 상법 제398조의 적용대상이 되는 간접거래에 해당한다.

Ⅳ. 甲의 어음행위에 대한 이사회승인의 요부

1. 1인회사 이사의 자기거래의 유효요건

(1) 서 언

상법상 제한대상인 이사의 자기거래는 이사회의 승인이 있어야 유효하다. 다만, 1인회사의 경우에는 이사회의 승인이 없더라도 1인 주주의 동의가 있는 경우에 유효한지에 관하여 견해가 나누어진다.

(2) 학 설

(가) 승인불요설

1인회사에서는 회사와 1인주주의 이해관계가 일치하므로 이해충돌의 우려가 없으므로 이사회의 승인을 요하지 않는다는 견해이다.

(나) 승인필요설

상법상 이사의 자기거래는 주주의 보호뿐만 아니라 회사재산의 건전성을 유지하는 데에도 그 목적이 있으므로 1인주주의 동의로서 이사회의 승인에 갈음할 수 없는 것으로 보는 견해이다.

---

50) 대법원 1974.1.15. 선고 73다955 판결; 동 1994.10.11. 선고 94다24626 판결; 동 2004.3.25. 선고 2003다64688 판결.

(3) 판 례

대법원 판례는 승인불요설의 입장이다. 즉, 이사회의 승인이 없더라도 총주주의 동의가 있다면 이사의 자기거래는 유효하다고 판시하고 있다.[51]

(4) 검 토

상법이 이사의 자기거래가 유효하기 위한 요건으로서 이사회의 승인을 요구하는 것은 이사와 회사간의 이해충돌을 방지하기 위한 것이다. 1인회사에서는 주주와 회사와의 이익관계가 일치하므로 이사회의 승인이 반드시 필요한 것이 아니다. 따라서 1인주주의 동의만 있으면 이사회의 승인은 필수적인 요건이라 할 수 없다.

만약에 1인회사의 경우에도 이사의 자기거래에 대하여 이사회의 승인이 필요하다는 견해를 취할 경우에는 이사회의 승인을 받지 않은 자기거래의 유효 여부가 문제된다. 이에 대해서는 단을 바꾸어 논하기로 한다.

2. 이사회의 승인을 받지 않은 자기거래의 효력

(1) 서 언

이사회의 승인을 받지 않은 자기거래의 효력에 대해서는 학설과 판례상 많은 논의가 있다. 회사의 이익보호와 거래안전보호 중에서 어느 것을 중시할 것인지에 따라 견해가 나누어지고 있다.

(2) 학 설

(가) 무효설

상법 제398조를 강행규정으로 보아 이사회의 승인 없는 거래행위는 무효이며 제3자는 선의취득의 규정에 의해 보호된다는 견해이다.

(나) 유효설

상법 제398조를 명령규정으로 보아 이사회의 승인이 없는 거래행위도 유효하며, 회사는 이사에 대한 손해배상책임의 추궁과 일반악의의 항변에 의해 보호를 받을 수 있다는 견해이다.

(다) 상대적 무효설

이사의 승인 없는 거래행위는 이사와 회사간에서는 무효이지만 선의의 제3자

51) 대법원 1992.3.31. 선고 91다16310 판결; 동 2002.7.12. 선고 2002다20544 판결.

와의 관계에 대해서는 유효라는 견해이다. 회사가 이사의 자기거래의 무효를 주장하기 위해서는 이사회 승인의 결여와 제3자의 악의를 입증하여야 한다.

(3) 판 례

대법원 판례는 상대적 무효설을 취하고 있다.[52]

(4) 검 토

생각건대, 무효설은 회사의 이익보호에는 철저하지만 거래의 안전을 해하는 단점이 있으며 반대로 유효설은 회사의 이익보호를 경시한다는 문제가 있다. 이에 양 견해를 절충한 상대적 무효설을 취하기로 한다.

3. 사안에 대한 적용

본 사안에서는 Y 회사가 1인회사라는 점에서 甲의 이익과 회사의 이익이 일치한다. 따라서 이사회승인의 불요설과 판례에 의하면 甲의 자기거래는 이사회의 승인이 없다고 하더라도 유효하다. 그러므로 X는 Y 회사에 대하여 어음금을 청구할 수 있다.

1인주주의 동의가 있다고 하더라도 이사회의 승인이 요구된다는 승인필요설에 따를 경우 본 사안에서는 문제된 乙의 어음발행에 대하여 Y 회사 이사회의 승인이 없었으므로 그러한 이사의 자기거래의 유효성이 문제된다. 만약에 무효설에 따를 경우에는 이사의 자기거래는 무효가 되며 반대로 유효설에서는 효력을 가진다. 또한 상대적 무효설을 취한다면 본 사안에서 Y 회사 이사회의 승인이 없었고 그에 대해 X가 악의가 있었다는 것을 입증하지 못하는 한 그러한 자기거래는 대외적으로 유효하게 된다. 이처럼 유효설과 상대적 무효설에 따를 경우에 한하여 X는 Y 회사에 대하여 어음금청구를 할 수 있는 가능성이 있다.

Ⅴ. 사례의 해결

甲은 Y 회사의 발행주식을 모두 보유하고 있으므로 Y 회사는 1인회사이며 오늘날 그 적법성이 인정되며 어음행위의 주체가 될 수 있다. 甲이 자신의 채무를 변제하기 위하여 乙에게 어음행위를 하도록 한 것은 이사의 자기거래에 해당

52) 대법원 1994.10.11. 선고 94다24626 판결; 동 2004.3.25. 선고 2003다64688 판결.

하며, 그에 대하여 상법 제398조가 적용되는지에 관하여 긍정설과 대법원 판례에 의할 경우 이사회의 승인이 요구되지만 부정설에 따르면 그러하지 않다.

1인회사의 경우에는 이사의 자기거래에 대하여 1인주주의 동의로서 이사회의 승인을 갈음할 수 있다고 보는 견해에서는 甲의 어음행위는 유효하며 이를 교부받은 X는 Y 회사에 대하여 어음금을 청구할 수 있다. 1인주주의 동의로서 이사회의 승인을 대체할 수 없다는 이사회승인의 필요설에 따를 경우에는 이사회의 승인을 받지 않은 자기거래의 효력이 문제된다. 이사회 승인이 없는 자기거래를 무효로 보는 견해에 의할 경우 乙의 어음행위는 무효이므로 X는 Y 회사에 대하여 어음금을 청구할 수 없다. 그러나 그러한 자기거래를 유효하다고 보는 유효설에서는 乙의 어음행위는 효력이 있으므로 X의 어음금 청구가 가능하다. 상대적 무효설에서는 X의 어음금청구가 있는 경우 Y 회사가 X의 악의를 입증하지 못하는 한 어음금을 지급할 책임을 부담한다.

◎ 참조 판례

대법원 2004.12.10. 선고 2004다25123 판결

주식회사에 있어서 회사가 설립된 이후 총 주식을 한 사람이 소유하게 된 이른바 1인회사의 경우에는 그 주주가 유일한 주주로서 주주총회에 출석하면 전원 총회로서 성립하고 그 주주의 의사대로 결의가 될 것임이 명백하므로 따로 총회소집절차가 필요 없고, 실제로 총회를 개최한 사실이 없었다 하더라도 그 1인 주주에 의하여 의결이 있었던 것으로 주주총회의사록이 작성되었다면 특별한 사정이 없는 한 그 내용의 결의가 있었던 것으로 볼 수 있고, 이는 실질적으로 1인회사인 주식회사의 주주총회의 경우도 마찬가지이며, 그 주주총회의사록이 작성되지 아니한 경우라도 증거에 의하여 주주총회 결의가 있었던 것으로 볼 수 있다.

대법원 2006.3.9. 선고 2005다65180 판결

주식회사의 대표이사가 회사를 대표하여 회사의 제3자에 대한 채권을 대표이사 자신에게 양도하는 행위는 상법 제398조 소정의 이사의 자기거래행위에 해당하여 이사회의 결의를 거쳐야 할 것인바, 위 채권양도행위에 대하여 이사회의 결의가 있었다거나 그것이 회사의 기존채무 이행을 위하여 행해진 것으로 이사회의 승인을 요하지 않는다는 점에 대하여는 당해 이사가 스스로 주장·입증하여야 할 것이다.

대법원 2004.3.25. 선고 2003다64688 판결

회사의 대표이사가 이사회의 승인 없이 한 이른바 자기거래행위는 회사와 이사 간에서는 무효이지만, 회사가 위 거래가 이사회의 승인을 얻지 못하여 무효라는 것을 제3자에 대하여 주장하기 위해서는 거래의 안전과 선의의 제3자를 보호할 필요상 이사회의 승인을 얻지 못하였다는 것 외에 제3자가 이사회의 승인 없음을 알았다는 사실을 입증하여야 할 것이고, 비록 제3자가 선의였다 하더라도 이를 알지 못한 데 중대한 과실이 있음을 입증한 경우에는 악의인 경우와 마찬가지라고 할 것이며, 이 경우 중대한 과실이라 함은 제3자가 조금만 주의를 기울였더라면 그 거래가 이사와 회사간의 거래로서 이사회의 승인이 필요하다는 점과 이사회의 승인을 얻지 못하였다는 사정을 알 수 있었음에도 불구하고, 만연히 이사회의 승인을 얻은 것으로 믿는 등 거래통념상 요구되는 주의의무에 현저히 위반하는 것으로서 공평의 관점에서 제3자를 구태여 보호할 필요가 없다고 봄이 상당하다고 인정되는 상태를 말한다.

대법원 2002.7.12. 선고 2002다20544 판결

회사의 채무부담행위가 상법 제398조 소정의 이사의 자기거래에 해당하여 이사회의 승인을 요한다고 할지라도, 위 규정의 취지가 회사 및 주주에게 예기치 못한 손해를 끼치는 것을 방지함에 있다고 할 것이므로, 그 채무부담행위에 대하여 사전에 주주 전원의 동의가 있었다면 회사는 이사회의 승인이 없었음을 이유로 그 책임을 회피할 수 없다.

17

겸임이사의 자기거래에 대한 이사회의 추인

Y는 甲 주식회사와 乙 주식회사의 대표이사를 겸하고 있다. Y는 甲 회사가 보유하는 시가 1억원 상당의 부동산을 乙 회사에 5천만원에 매각하였다. 甲 회사의 부동산매도행위가 유효하게 될 수 있는 경우를 제시하고 논하시오.

Ⅰ. 문제의 소재

상법 제398조는 이사는 이사회의 승인이 없으면 자기 또는 제3자의 계산으로 회사와의 거래를 할 수 없는 것으로 하여 이사의 자기거래를 규제하고 있다. 이와 같은 이사의 자기거래에 대한 제한은 회사의 이익을 이사의 이익보다 우선하는 행위에 대한 규제를 그 주된 목적으로 한다. 따라서 甲 회사의 부동산매도거래가 상법 제388조상의 거래에 해당하는지의 여부를 살펴보아야 한다.

그 다음으로는 甲 회사의 부동산매도행위가 유효하게 되는 여러 가지 경우를 제시하여야 한다. 우선적으로 甲 회사의 거래에 대하여 상법 제388조가 적용된다면 그 거래행위는 이사회의 승인이 있어야 유효하다. 또한 甲 회사의 총주주의 동의가 있는 경우 및 甲 회사 이사회의 추인이 있는 경우에 그 거래행위가 유효한지의 여부를 검토하여야 한다. 마지막으로 이사회의 승인이 없는 경우에도 이사의 자기거래가 유효하다고 보는 학설이 있는지의 여부를 살펴보아야 한다.

Ⅱ. 甲 회사의 乙 회사에 대한 부동산매도행위의 성격

1. 이사의 자기거래의 범위

상법 제398조의 적용을 받는 거래라 함은 회사와 이사 사이에 이해충돌의 위험이 있는 모든 재산상의 거래행위를 의미한다. 구체적으로는 이사가 회사의 직접 거래상대방이 되는 직접거래의 경우뿐만 아니라 간접거래도 포함한다. 간접거래의 1 유형으로서 복수(複數)의 회사를 쌍방대리 또는 쌍방대표하는 거래행위가 있다. 예컨대, 2개 회사의 대표이사를 겸하는 자가 그 회사들을 각각 대표하여

양 회사들 사이의 계약을 체결할 때 그 양 회사에 대해서는 모두 자기거래가 된다.[53)]

2. 사안에 대한 적용

본 사안에서 甲 회사와 乙 회사의 대표이사를 겸하고 있는 Y가 행한 양 회사간 부동산매매거래는 자기거래에 해당한다. 따라서 상법 제398조의 적용을 받는다.

Ⅲ. 甲 회사 이사회의 사전승인이 있는 경우

1. 이사의 자기거래에 대한 사전승인

겸임대표이사의 쌍방대표 형태로 이루어진 양 회사간의 거래는 그 거래로 인하여 불이익을 입을 우려가 있는 회사의 이사회의 승인을 받아야 한다. 이사의 자기거래에 대한 이사회의 승인에는 이사 과반수의 출석과 출석이사의 과반수의 찬성이 필요하다(상법 제391조 제1항).

2. 사안에 대한 적용

본 사안에서 甲 회사는 시가의 절반가격으로 부동산을 乙 회사에 매각함으로써 乙 회사에는 유리하고 甲 회사에게는 불이익을 초래하였다. 따라서 甲 회사의 이사회가 부동산매매행위에 대하여 승인을 하였다면 그 매도행위는 유효하다.

Ⅳ. 甲 회사의 총주주의 동의가 있는 경우

1. 총주주 동의에 의한 이사회 승인 갈음 여부

(1) 서 언

상법 제398조의 입법취지가 주주의 이익을 보호하는 데 있는 것인지 아니면 회사채권자의 이익도 함께 보호하자는 것인지에 관하여 의견이 나누어지는 바람에 총주주의 동의에 의해서 이사회의 승인을 갈음할 수 있는지의 여부에 관해서도 의견이 대립하고 있다.

---

53) 대법원 1969.11.11. 선고 69다1374 판결; 동 1984.12.11. 선고 84다카1591 판결; 동 1996.5.28. 선고 95다12101·12118 판결.

(2) 학 설

(가) 긍정설

상법 제398조는 주주이익의 보호를 목적으로 하므로 총주주의 동의가 있으면 자기거래는 유효하다는 견해이다. 총주주의 동의를 얻더라도 이사는 상법 제399조의 책임만이 면제되는 것에 지나지 않으므로(상법 제400조) 회사는 이사에 대하여 그의 불법행위를 원인으로 하는 손해배상청구가 가능하다.

(나) 부정설

상법 제398조는 주주뿐만 아니라 회사채권자의 이익도 보호하는 규정이므로 총주주의 동의에 의해서는 이사회의 승인을 갈음할 수 없다는 견해이다. 즉, 회사재산의 건전한 유지를 위해서는 총주주의 동의로서는 이사회의 승인을 대체할 수 없다는 것이다.

(3) 판 례

대법원 판례는 상법 제398조의 취지가 회사 및 주주에게 예기하지 못한 손해를 끼치는 것을 방지하는 데 있다고 보아 총주주의 동의로 이사회의 승인을 갈음할 수 있는 것으로 판시하고 있다.[54]

(4) 검 토

상법 제398조는 실질적으로 주주의 이익을 보호하는 데 그 목적이 있으므로 회사채권자의 이익은 포함되지 않는 것으로 풀이하여야 한다. 왜냐하면 이사가 주주총회에서 선임된다는 것은 궁극적으로 이사회는 주주보호를 위해 존재하는 것으로 보아야 하기 때문이다.

2. 사안에 대한 적용

총주주의 동의에 의해서 이사회의 승인을 갈음할 수 있다고 보는 긍정설과 대법원 판례에 의하는 경우 甲 회사의 총주주가 동의한다면 부동산매도행위는 유효하다. 그러나 부정설에 의하는 경우에는 설령 甲 회사의 총주주의 동의가 있다하더라도 이사회의 승인을 갈음할 수 없으므로 부동산매도행위는 무효이다.

54) 대법원 1992.3.31. 선고 91다16310 판결; 동 2002.7.12. 선고 2002다20544 판결.

Ⅴ. 甲 회사 이사회의 추인이 있는 경우

1. 이사의 자기거래에 대한 이사회의 추인 가부

(1) 서 언

이사의 자기거래에 대한 이사회의 승인은 원칙적으로 사전에 개별적으로 있어야 한다. 이와 관련하여 이사의 자기거래를 이사회가 사후적으로 승인, 즉 추인 가능한지에 관하여 학설과 판례가 나누어진다.

(2) 학 설

(가) 추인불가설

이사회의 추인이 가능하지 않다는 견해에서는 그 근거로서 이사회의 추인을 인정할 경우 이사로 하여금 자기거래를 부추기는 결과를 야기하게 될 우려가 있어 상법상 자기거래금지의 실효성이 떨어진다는 점과 추인을 허용하면 이사의 자기거래 자체가 유효해지게 되어 이사의 책임을 추궁할 수 없다는 점을 들고 있다.

(나) 추인가능설

상법상 이사의 자기거래금지의 목적은 거래의 공정성을 확보하는 데 있으므로 이 목적을 달성할 수 있다면 굳이 이사회의 승인시기는 중요하지 않다는 견해이다. 다만, 이 견해에서도 추인은 해당 자기거래를 승인하는 것에 지나지 않으므로 회사는 여전히 이사에 대하여 손해배상책임을 추궁하거나 주주총회에서의 해임은 가능한 것으로 풀이한다.[55]

(3) 판 례

대법원 판례는 이사회의 승인을 얻지 못한 자기거래를 한 이사의 행위는 일종의 무권대리인의 행위로 볼 수 있고, 무권대리인의 행위는 추인이 가능하므로 이사회의 사전승인뿐만 아니라 사후승인도 가능한 것으로 보아야 한다고 판시하고 있다.[56]

---

55) 권기범, 「현대회사법론」 제2판(삼지원, 2005), 669-670면.

56) 대법원 2007.5.10. 선고 2005다4284 판결.

(4) 검 토

이사회의 추인을 인정할 경우 이사가 이를 예상하고 자기거래를 할 우려가 있어 상법상 자기거래금지의 실효성이 떨어고 추인이 있기 전의 제3자의 지위가 불안정하게 될 가능성이 있어 추인불가설이 타당하다.

2. 사안에 대한 적용

이사의 자기거래에 대한 추인을 할 수 없다는 견해에 의하는 경우에는 설령 甲 회사의 이사회가 추인하더라도 이는 아무런 의미가 없으므로 甲 회사의 부동산매도행위는 무효이다. 그러나 추인가능설과 대법원 판례의 입장을 취한다면 甲 회사 이사회의 추인이 있다면 부동산매도행위는 유효하다.

VI. 甲 회사의 부동산매도행위가 상법 제398조에 위반한 경우

1. 상법 제398조에 위반한 이사의 자기거래의 효력

(1) 서 언

상법 제398조에 위반하여 이사의 자기거래의 효력에 관해서는 상법은 명문규정을 두지 않아 견해가 대립하고 있다. 이와 같은 견해의 대립이 있는 것은 회사의 이익보호와 거래안전보호의 요청을 어떻게 조화할 것인지에 관하여 의견이 나누어지기 때문이다.

(2) 학 설

(가) 무효설

무효설은 회사의 이익보호를 중시하는 견해로서 상법 제398조에 위반한 자기거래는 선의의 제3자에 대하여도 그 무효를 주장할 수 있다는 입장이다. 이 경우 선의의 제3자는 민법상의 선의취득에 의해서 보호된다.

(나) 유효설

유효설은 거래안전보호를 중시하여 상법 제398조에 위반한 이사의 자기거래는 유효하다는 견해이다. 즉, 상법 제398조는 명령적 규정이므로 이를 위반한 거래라 도 그 행위 자체는 유효한 것으로 풀이된다는 입장이다. 이 경우에도 이사는 그 의무위반에 관하여 회사에 대하여 손해배상책임을 부담한다.

(다) 상대적 무효설

이 견해는 상법 제398조를 위반한 이사의 자기거래는 회사와 거래상대방인 이사간에는 무효이지만 회사와 선의의 제3자간에는 유효한 것으로 풀이한다. 이처럼 이 견해는 회사의 이익보호와 거래의 안전 내지는 선의의 제3자의 보호를 보다 합리적으로 조화시키고자 노력한 결과로 보인다.

(3) 판 례

대법원 판례는 상대적 무효설을 취하고 있다.[57)]

(4) 검 토

이상의 견해들 중에서 상대적 무효설이 실정법상 근거가 불충분하다는 약점이 있지만 회사의 이익보호와 거래의 안전보호라는 상반되는 두가지 요청을 가장 잘 조화시키고 있다. 이에 상대적 무효설을 취하고자 한다.

2. 사안에 대한 적용

상법 제398조에 위반한 이사의 자기거래의 효력에 관하여 상대적 무효설을 취하는 경우 본 사안에서의 부동산매도행위는 무효이다. 왜냐하면 Y가 甲 회사와 乙 회사의 대표이사를 겸하고 있고, 실제적으로 양 회사간 부동산매매행위와 관련하여 쌍방대표하고 있어 "선의"의 제3자가 존재하지 않기 때문이다. 무효설에 의하는 경우에도 부동산매도행위는 무효이다. 하지만 유효설에 의하는 경우 부동산매도행위는 효력이 있다.

Ⅶ. 사례의 해결

Y가 쌍방대표로서 행한 양 회사간 부동산매매거래는 이사의 자기거래에 해당한다. 甲 회사의 부동산매도행위가 유효하기 위해서는 다음과 같은 경우에 해당하여야 한다. 첫째, 甲 회사 이사회가 부동산매도행위에 대하여 사전승인하여야 한다. 둘째, 총주주의 동의에 의해서 이사회의 승인을 갈음할 수 있다는 견해와 대법원 판례에 의한다면 甲 회사 총주주의 동의가 있다면 부동산매도행위는 유효하다. 셋째, 이사의 자기거래에 대한 추인이 가능하다는 견해와 대법원 판례를

57) 대법원 1994.10.11. 선고 94다24626 판결; 동 2004.3.25. 선고 2003다64688 판결.

따르는 경우 甲 회사 이사회의 추인을 전제조건으로 하면 부동산매도행위는 유효하다. 마지막으로 이사의 자기거래가 상법 제398조에 위반하더라도 효력이 있다고 보는 견해에서는 甲 회사의 부동산매도행위는 어떤 경우이더라도 유효하므로 특별히 다른 절차가 요구되지 않는다.

◎ 참조 판례

대법원 1969.11.11. 선고 69다1374 판결

형식상 전연 별개의 회사의 대표이사를 겸하고 있는 자가 그 양 회사를 대표하여 어느 일방회사에 불리한 내용의 협약을 체결할려면 그 불리한 입장에 있는 회사의 이사회의 승인을 받아야 한다

대법원 1996.5.28. 선고 95다12101·12118 판결

갑, 을 두 회사의 대표이사를 겸하고 있던 자에 의하여 갑 회사와 을 회사 사이에 토지 및 건물에 대한 매매계약이 체결되고 을 회사 명의로 소유권이전등기가 경료된 경우, 그 매매계약은 이른바 "이사의 자기거래"에 해당하고, 달리 특별한 사정이 없는 한 이는 갑 회사와 그 이사와의 사이에 이해충돌의 염려 내지 갑 회사에 불이익을 생기게 할 염려가 있는 거래에 해당하는데, 그 거래에 대하여 갑 회사 이사회의 승인이 없었으므로 그 매매계약의 효력은 을 회사에 대한 관계에 있어서 무효이다.

대법원 2007.5.10. 선고 2005다4284 판결

상법 제398조 전문이 이사와 회사 사이의 거래에 관하여 이사회의 승인을 얻도록 규정하고 있는 취지는, 이사가 그 지위를 이용하여 회사와 거래를 함으로써 자기 또는 제3자의 이익을 도모하고 회사 나아가 주주에게 불측의 손해를 입히는 것을 방지하고자 함에 있는바, 이사회의 승인을 얻은 경우 민법 제124조의 적용을 배제하도록 규정한 상법 제398조 후문의 반대해석상 이사회의 승인을 얻지 아니하고 회사와 거래를 한 이사의 행위는 일종의 무권대리인의 행위로 볼 수 있고 무권대리인의 행위에 대하여 추인이 가능한 점에 비추어 보면, 상법 제398조 전문이 이사와 회사 사이의 이익상반거래에 대하여 이사회의 사전승인만을 규정하고 사후승인을 배제하고 있다고 볼 수는 없다.

18

각종 이사의 책임

甲 주식회사의 등기부에는 A가 대표이사로 그리고 B와 C가 평이사(平理事)로 등기되어 있다. 이 가운데 A가 독단적으로 은행으로부터 대규모의 금전을 차입하여 부당하게 과다한 설비투자를 하는 바람에 회사경영이 위태로워지면서 甲 회사의 주가가 폭락하였다. 이 경우 각각의 이사는 甲 회사와 동 회사의 주주에 대하여 손해배상책임을 부담하는가? 단, 2명의 평이사 중에서 C는 실제로는 이 사직을 사임하여 사표가 수리되었지만 아직 퇴임등기가 완료되지 않고 있다.

I. 문제의 소재

본 사례에서는 대표이사 A의 임무해태로 인하여 발생한 손해에 대하여 그를 비롯하여 다른 이사가 甲 회사 및 그 주주에 대해 배상책임을 부담하는지의 여부에 관하여 묻고 있다. 이를 위하여 우선 대표이사 A가 회사에 대하여 부담하는 책임 및 제3자에 대하여 부담하는 책임을 살펴보아야 한다. 그 다음으로 평이사 B가 감시의무를 성실히 수행하였는지의 여부를 판단 한 후 그 책임 유무를 검토하여야 한다. 마지막으로 퇴임등기를 완료하지 못한 퇴임이사 C가 甲 회사와 그 주주에 대해 손해배상책임을 부담하는지의 여부를 논하여야 한다.

Ⅱ. 대표이사 A의 책임

1. 대표이사 책임의 내용

(1) 회사에 대한 책임

대표이사는 그의 직무집행에 관하여 손해배상책임을 부담한다. 즉, 대표이사도 이사이므로 법령 또는 정관에 위반한 행위를 하거나 그 임무를 해태한 때에는 그 이사는 회사에 대하여 연대하여 손해를 배상할 책임을 진다(상법 제399조 제1항). 대표이사의 책임은 회사가 직접 추궁할 수 있음은 물론이고 주주가 회사에 대신하여 대표소송을 제기할 수도 있다(상법 제403조).

(2) 제3자에 대한 책임

(가) 책임의 내용

대표이사도 이사이므로, 그가 악의 또는 중대한 과실로 인하여 그 임무를 해태한 때에는 그 대표이사는 제3자에 대하여 손해배상의 책임을 부담한다(상법 제401조 제1항). 이 경우 회사와 대표이사가 연대하여 배상하여야 한다(상법 제210조, 제389조 제3항).

(나) 법적 성질

대표이사의 제3자에 대한 책임의 법적 성질에 관해서는 제3자를 보호하기 위해서 특별히 결정된 법정책임이라는 견해(법정책임설)와 이사의 책임을 경감하기 위해 책임요건에서 경과실을 면제하였으므로 일반불법행위의 특칙으로 보는 견해(불법행위특칙설), 상법 제401조가 규정한 이사의 책임은 제3자를 보호하기 위하여 이사의 책임의 성립요건을 가중시킨 특수한 불법행위책임으로 보는 견해(특수불법행위책임설)가 있다. 대법원 판례는 법정책임설을 취하고 있다.[58]

이상의 견해 중에서 대표이사의 제3자에 대한 책임은 이사가 직접 제3자와의 관계에서 악의 또는 중과실로 인하여 부담하는 것이 아니므로 불법행위의 요건을 충족한 것으로 풀이하기 어려우므로 법정책임설이 타당하다.

(다) 제3자 및 손해의 범위

대표이사가 제3자에 대하여 부담하는 책임에 있어서 제3자의 범위에 주주가 포함되는지에 관해서는 학설과 견해가 일치되지 않고 있다. 학자들의 통설에 따르면 주주는 제3자로서 대표이사에 대하여 책임을 추궁할 수 있다(포함설). 이와는 달리 회사가 대표소송을 통해 손해를 구제받는다면 주주의 간접적 손해도 회복되므로 제3자에는 주주가 포함되지 않는다는 견해도 있다(불포함설). 대법원 판례는 불포함설의 입장을 취하고 있다.[59]

주주가 부담하는 직접손해에 대하여 대표이사가 책임을 부담한다는 점에 대해서는 이견이 없지만, 주주가 입은 간접손해를 부담하여야 하는지에 대해서는 의견이 나누어진다. 우리나라의 통설은 회사가 손해를 입기 때문에 그 결과로서 주주가 손해를 부담하는 경우에도 주주에 의한 직접 청구를 인정해야 한다고 본다. 이는 우리 상법규정이 배상의 대상이 되는 손해의 종류에 대하여 구분하지 않고 있으므로 주주는 직접손해인지 간접손해인지를 묻지 않고 대표이사에 대해

58) 대법원 2006.12.22. 선고 2004다63354 판결.

59) 대법원 1993.1.26. 선고 91다36093 판결; 동 2003.10.24. 선고 2003다29661 판결.

그 배상을 청구할 수 있다는 것이다. 반면에 대법원 판례는 간접손해를 상법 제401조 제1항의 손해의 범위에서 배제하고 있다.[60]

생각건대, 상법 제401조를 문리적으로 해석할 때 제3자의 범위에 대하여 아무런 제한을 두고 있지 않으므로 주주도 포함된다고 풀이하여야 한다. 대표소송이 주주의 간접손해를 구제하는 수단이기는 하지만 그 제소권자의 자격에 일정한 자격이 있을 뿐만 아니라 담보제공의무 등 절차적인 부담때문에 그것만으로는 주주의 보호에 충분하지 않다. 따라서 상법 제401조의 제3자에는 주주도 포함되는 것으로 해석하여 주주의 간접손해에 대하여도 구제할 수 있다고 보는 것이 타당하다.

2. 사안에 대한 적용

(1) 회사에 대한 책임

대표이사 A가 대규모자본의 차입하여 한 설비투자로 인하여 회사경영이 위태롭게 되었다. 이는 대규모재산의 차입 등과 같은 회사의 업무집행은 중요한 업무집행으로서 이사회의 결의를 거쳐야 한다(상법 제393조 제1항). 따라서 대표이사 A가 독단적으로 친구로부터 대규모의 금전을 차입한 것은 상법 제393조 제1항의 위반으로 된다.

게다가 설비투자를 부당하게 과대하게 한 것은 대표이사 A가 선량한 관리자의 주의로서 사무를 처리할 의무를 위반한 것으로 보인다(상법 제382조 제2항, 민법 제681조). 그러므로 甲 회사는 대표이사 A에 대해 손해배상을 청구할 수 있다(상법 제399조). 만약에 甲 회사가 대표이사 A의 책임추궁을 게을리할 경우 X가 甲 회사의 발행주식 총수의 1% 이상을 가진 주주라면 회사를 위하여 대표이사 A에 대해 대표소송을 제기할 수 있다(상법 제403조).

(2) 제3자에 대한 책임

대표이사 A가 이사회의 결의없이 대규모자본을 독단적으로 차입한 것은 상법 제393조 제1항의 위반이며, 부당하게 과대한 설비투자를 한 것은 선관의무위반이다. 즉, 대표이사 A는 악의 또는 중대한 과실로 인하여 그 임무를 해태한 것으로 되어 손해배상의 책임을 부담한다.

甲 회사의 대표이사 A가 동 회사의 주주에 대하여 손해배상책임을 부담하지

60) 대법원 1993.1.26. 선고 91다36093 판결; 동 2003.10.24. 선고 2003다29661 판결.

의 여부는 학설과 판례에 따라 결과를 달리한다. 이사의 제3자에 대한 책임에 있어서 제3자에 주주를 포함하는 견해에 따르면 주주 X는 대표이사 Y에 대하여 주가폭락으로 입은 손해를 배상할 것을 청구할 수 있다. 이 때 주주가 구제받을 수 있는 손해는 주가의 폭락으로 인해 침해된 경제적 손실이 될 것이다. 그러나 대법원 판례에서는 간접손해에 대한 배상을 인정하지 않고 제3자의 범위에도 주주가 포함되지 않기 때문에 대표이사 A는 주주 X에 대하여 책임을 지지 않는다.

Ⅲ. 평이사 B의 책임

1. 평이사 책임의 내용

이사는 선관의무에 의하여 다른 이사의 직무집행을 감시할 의무를 부담한다. 상법은 이사의 감시의무를 명시적으로 규정하지는 않지만, 대법원 판례는 이 의무를 인정하고 있다.[61]

상법에서 이사의 감시의무를 뒷받침하는 규정으로 생각되는 것들을 간추려 보면 다음과 같다. 첫째, 이사들로 구성된 이사회는 업무집행에 관한 의사결정을 행할 뿐만 아니라 이사의 직무집행을 감독할 의무를 부담한다(상법 제393조 제1항 · 제2항). 이 때문에 이사회의 감독기능을 성실히 수행하기 위해서는 평이사도 이사회를 통하여 대표이사의 직무집행을 감시할 의무를 지는 것으로 해석된다.

둘째, 이사회의 소집권을 가진 이사를 정하지 않은 때에는 각 이사가 이사회를 소집할 수 있다는 규정(상법 제390조)도 이사의 감시의무의 구체적인 발현형태라고 할 수 있다.

셋째, 상법 제393조 제3항이 이사는 대표이사로 하여금 다른 이사 또는 피용자의 업무에 관하여 이사회에 보고할 것을 요구하고 있는데, 이는 간접적이나마 이사의 감시의무의 근거로서 기능할 수 있다.

2. 사안에 대한 적용

본 사안에서 평이사 B는 대표이사 A가 대규모 금전을 차입하고 그것을 설비투자에 사용한 행위에 대하여 이사회를 소집하는 등의 방법을 통해 다른 이사의 직무집행을 감시해야 할 의무가 있었음에도 불구하고 그것을 소홀히 한 이상 선

61) 대법원 1985.6.25. 선고 84다카1954 판결; 동 2004.12.10. 선고 2002다60467 · 60474 판결; 동 2006.7.6. 선고 2004다8272 판결.

관의무를 해태한 것으로 되어 회사에 대하여 손해배상책임을 부담한다(상법 제399조). 이 경우 주주 X가 甲 회사의 발행주식총수의 1% 이상을 가진 주주라면 대표소송을 제기할 수도 있다. 평이사 B가 주주에 대하여 손해배상책임을 부담하는지의 여부는 대표이사 A의 주주에 대한 책임유무와 결론을 같이한다.

Ⅳ. 퇴임이사 C의 책임

1. 퇴임이사 책임의 내용

관념적으로 볼 때 퇴임이사는 임무를 맡지 않으므로 회사에 대한 책임의 근거가 되는 임무해태가 존재할 수 없다. 더 나아가 제3자에 대한 책임의 바탕이 되는 악의·중과실로 인한 임무해태를 생각할 수도 없다.

이사의 성명은 등기사항이다(상법 제317조 제2항 제8호). 이사의 사임은 등기사항의 변경을 초래하므로 변경의 등기를 하여야 한다(상법 제183조, 제317조 제4항). 이에 이사가 퇴임한 경우 회사에 대해 변경등기를 청구할 수 있으며, 회사는 이사의 퇴임으로 인한 변경등기를 하여야 할 사법상의 의무를 진다.

만약에 등기해야 할 사항이 등기되지 않으면 소극적 공시의 원칙에 의해 선의의 제3자에게 대항할 수 없다(상법 제37조 제1항). 이렇게 대항력의 제한을 받는 자는 등기할 사항에 대해 법률관계에 있는 자를 말하는데, 이에는 그 사항을 대외적으로 주장할 법률적 이익을 갖는 자가 모두 포함된다. 그리고 상법 제37조 제1항에서 "선의"라 함은 등기할 사실관계의 존재를 알지 못하는 것(不知)을 뜻하며, "제3자"는 등기사항에 대하여 등기당사자 이외의 자로서 법률상 이해관계가 있는 모든 자를 의미한다. 그러나 주주는 주식회사의 구성원으로서 등기당사자일 뿐만 아니라 이사의 퇴임사실을 알고 있는 것으로 인정되므로 제3자에 해당하지 않는다.

2. 사안에 대한 적용

퇴임이사는 임무를 수행하지 않으므로 임무해태의 문제는 발생하지 않는다. 다만, 퇴임이사 C는 이미 이사직을 그만두었기 때문에 실질적으로 이사가 아니지만 등기상에는 여전히 이사로 되어 있다. 그러나 상업등기의 효력과 관련하여 인정되고 있는 소극적 공시의 원칙에 의해 선의의 제3자에게 대항할 수 없다. 주주는 이사의 퇴임등기에 대해서는 제3자에 해당하지 않으므로 퇴임이사 C는 주주에 대해서는 책임을 지지 않는다.

V. 사례의 해결

대표이사 A는 상법 제393조 제1항과 선관의무를 위반하였으므로 甲 회사는 대표이사 A에 대해 손해배상을 청구할 수 있다. 대표이사 A가 주주 X에 대하여 부담하는 책임에 대해서는 제3자에 주주가 포함되는지에 관한 학설과 판례에 따라 결론을 달리한다. 통설인 포함설에서는 대표이사 A는 주주의 손해에 대해 배상하여야 한다. 그러나 대법원 판례에서는 대표이사 A는 주주에 대하여 책임을 지지 않는다.

평이사 B는 대표이사 A에 대한 감시의무를 해태하여 선관의무를 위반하였으므로 회사에 대해 손해배상책임을 부담한다. 평이사 B가 주주에게 손해배상책임을 부담하는지의 여부는 대표이사 A의 주주에 대한 책임의 경우와 동일하다.

퇴임한 이사 C는 甲 회사는 물론이고 주주에 대해서도 책임을 부담하지 않는다.

◎ 참조 판례

대법원 2002.3.29. 선고 2000다47316 판결

상법 제401조 제1항에 규정된 주식회사의 이사의 제3자에 대한 손해배상책임은 이사가 악의 또는 중대한 과실로 인하여 그 임무를 해태한 것을 요건으로 하는 것이어서 단순히 통상의 거래행위로 인하여 부담하는 회사의 채무를 이행하지 않는 것만으로는 악의 또는 중대한 과실로 그 임무를 해태한 것이라고 할 수 없지만, 이사의 직무상 충실 및 선관의무 위반의 행위로서 위법성이 있는 경우에는 악의 또는 중대한 과실로 그 임무를 해태한 경우에 해당한다.

대법원 2003.10.24. 선고 2003다29661 판결

주식회사의 주주가 이사의 악의 또는 중대한 과실로 인한 임무해태행위로 직접 손해를 입은 경우에는 이사에 대하여 상법 제401조에 의하여 손해배상을 청구할 수 있으나, 이사가 회사재산을 횡령하여 회사재산이 감소함으로써 회사가 손해를 입고

결과적으로 주주의 경제적 이익이 침해되는 손해와 같은 간접적인 손해는 상법 제401조 제1항에서 말하는 손해의 개념에 포함되지 아니하므로 이에 대하여는 위 법조항에 의한 손해배상을 청구할 수 없다.

대법원 2006.7.6. 선고 2004다8272 판결

주식회사의 이사는 이사회의 일원으로서 이사회에 상정된 의안에 대하여 찬부의 의사표시를 하는 데에 그치지 않고, 담당업무는 물론 다른 업무담당이사의 업무집행을 전반적으로 감시할 의무가 있으므로, 주식회사의 이사가 다른 업무담당이사의 업무집행이 위법하다고 의심할 만한 사유가 있음에도 불구하고 이를 방치한 때에는 이사에게 요구되는 선관주의의무 내지 감시의무를 해태한 것이므로 이로 말미암아 회사가 입은 손해에 대하여 배상책임을 면할 수 없다.

19

이사의 제3자에 대한 책임 및 이사의 경업금지의무 등

乙 주식회사는 회사 내적·외적으로 산적한 법적 문제를 해결하기로 결정하였다. 이와 관련하여 다음의 물음에 답하시오

(1) 乙 주식회사의 주주 A는 동 회사의 이사 X가 악의로 이사로서의 임무를 해태한 것을 이유로 그 임무해태사실을 안날로부터 4년이 경과한 현재 그에 대하여 손해배상을 청구하고자 하는데, 가능한가?

(2) 乙 주식회사는 동 회사의 이사 Y가 이사회의 승인 없이 동종영업을 목적으로 하는 다른 회사를 설립하고 그 회사의 이사로서 개업준비작업을 하고 있다는 사실을 이유로 하여 Y에 대해 개입권을 행사하고자 하는데, 가능한가?

(3) 乙 주식회사는 동 회사의 이사에 대하여 정당한 이유의 유무에 상관없이 그 의사에 반하여 이사직에서 해임될 경우 일정한 해직보상금을 지급하기로 약정한 바 있다. 이러한 상황에서 乙 회사는 주주총회를 개최하여 4년전 임무해태를 한 바 있는 이사 X와 다른 회사의 이사로서 개업준비작업을 한 이사 Y를 강제로 해임하였다. 이 경우 X와 Y는 乙 회사에 대하여 해직보상금을 청구하고자 하는데, 가능한가?

Ⅰ. 문제의 소재

설문 (1)에서는 이사의 제3자에 대한 책임에 있어서 주주도 제3자에 포함되는지 여부 및 그 책임의 법적 성격과 그에 따른 소멸시효를 검토하여야 한다. 설문 (2)에서는 상법상 이사의 경업금지의무규정이 개업준비단계에 있는 회사의 이사를 겸한 경우에도 적용되는지 여부가 문제된다. 설문 (3)에서는 회사와 이사 사이에 약정한 해직보상금이 이사의 보수에 해당하는지의 여부를 살펴보아야 한다.

Ⅱ. 설문 (1)에 대하여

1. 이사의 제3자에 대한 책임

(1) 책임의 내용

이사가 악의 또는 중대한 과실로 인하여 그 임무를 해태한 때에는 그 이사는

제3자에 대하여 연대하여 손해를 배상할 책임을 부담한다(상법 제401조 제1항). 이러한 이사의 책임은 제3자를 보호하고 이사로 하여금 신중하게 업무집행을 하게 하는 기능이 있다.

(2) 책임의 법적 성질

(가) 서 언

상법 제401조에 의한 이사의 제3자에 대한 책임의 법적 성질에 대해서는 견해가 법정책임설과 불법행위책임설로 나누어지고 있다.

(나) 학 설

① 법정책임설 상법 제401조는 정책적 배려차원에서 민법상의 불법행위책임과는 달리 법률이 정한 특별책임이라고 한다. 즉, 주식회사가 경제사회에서 중요한 지위를 차지하고 있음에도 불구하고 주식회사의 활동은 그 기관인 이사의 직무집행에 의존하므로, 법은 특별히 정책적으로 제3자를 철저히 보호하기 위하여 이사가 직접 제3자에 대하여 손해배상의 책임을 부담하도록 하고 있다는 것이다.

이 견해에 의하면 이사의 제3자에 대한 책임은 민법상의 불법행위책임과의 경합이 인정되며, 책임의 소멸시효기간은 일반채권과 같이 10년으로 보고 있다.

② 불법행위책임설 상법 제401조에 의한 책임은 민법상의 불법행위책임의 성질을 가지는 것이지만, 경과실이 제외되고 위법성을 요건으로 하지 않기 때문에 불법행위특칙 또는 특수불법행위책임으로 보아야 한다는 견해이다.

불법행위특칙설은 상법 제401조의 이사의 제3자에 대한 책임이 그 본질에 있어서 일반적인 불법행위책임과 다르지 않지만, 경과실을 제외한다는 점에서 일반적인 불법행위의 특칙이라고 한다. 말하자면, 이사는 회사의 업무를 신속하게 처리하여야 하므로 과실로 인해서 제3자에게 손해를 줄 가능성이 많을 것이므로, 상법 제401조의 입법취지는 이사가 악의·중과실인 경우에 한하여 책임을 부담하도록 하여 이사의 책임경감을 도모하는 것에 있다는 입장이다. 민법상 불법행위책임을 배제하므로 청구권 경합이 인정되지 않는다. 책임의 소멸시효기간은 불법행위의 그것과 같이 3년이라고 주장한다.

특수불법행위책임설은 상법 제401조의 책임을 제3자를 보호하기 위하여 이사책임의 성립요건을 가중한 특수한 불법행위책임이라고 본다. 즉, 상법 제401조의 이사의 책임은 민법 제750조의 불법행위책임과 요건을 달리하고 있어 민법 제755

조 내지 제759조에 정한 민법상의 특수불법행위책임과 유사한 것으로 풀이한다. 다만, 책임의 소멸시효기간이 3년이고 민법상의 불법행위책임과의 경합을 인정하는 것을 제외하고는 법정책임설과 큰 차이가 없다.

(다) 판 례

대법원은 상법 제401조에 기한 이사의 제3자에 대한 손해배상책임을 법정책임으로 보고 일반 채권으로서 민법 제162조 제1항에 따라 그 소멸시효기간은 10년이라고 판시하고 있다.[62]

(라) 검 토

상법 제401조의 책임이 법이 정책적으로 인정한 특별책임이라고 해석하는 경우 책임의 성질이 막연하고 불명확하다는 단점이 있기는 하지만, 회사법관계에서 발생하는 이사의 제3자에 대한 손해배상책임은 기존의 불법행위책임의 틀 속에 편입시켜 해석하기 보다는 제3자보호 차원에서 법률이 책임의 성립요건을 특별히 정한 법정책임으로 풀이하는 것이 타당하다.

(3) 책임부담자의 범위

악의 또는 중대한 과실로 임무를 해태한 이사가 제3자에 대하여 책임을 부담하며, 만약 이사가 수인인 경우에는 연대하여 책임을 진다.

(4) 제3자의 범위

(가) 서 언

상법 제401조 제1항에 의하여 이사가 손해배상을 부담하여야 할 대상인 제3자에 주주가 포함되는지에 대하여는 견해가 나누어진다.

(나) 학 설

① 포함설　　상법 제401조에서 말하는 제3자란 당해 이사와 회사 이외의 모든 사람을 뜻하므로 주주도 일반적으로 제3자에 포함된다는 견해이다. 즉, 이사의 행위에 의하여 직접·간접으로 손해를 입은 회사 이외의 모든 자가 제3자의 범위에 속한다.

② 불포함설　　상법 제401조의 제3자에는 주주는 포함되지 않는 것으로 풀이하자는 견해이다. 만약 주주를 포함시키는 경우에는 주주가 회사채권자보다 우선하여 변제를 받는 모순이 발생한다는 점과 회사가 입은 손해로 인하여 주주

62) 대법원 2006.12.22. 선고 2004다63354 판결.

가 간접적으로 받는 손해에 대해서는 대표소송(상법 제403조)에 의하여 회사가 배상받으면 당연히 주주의 손해는 간접적으로 회복된다는 점을 그 이유로 들고 있다.

(다) 판 례

대법원 판례는 주주의 간접손해에 대해서는 책임의 대상범위로부터 제외하고 있어 일관되게 불포함설을 취하고 있다.[63]

(라) 검 토

상법 제401조는 제3자의 범위에 대하여 법문상 아무런 제한을 두고 있지 않다. 또한 대표소송은 소수주주만이 제기할 수 있고 담보제공의무 등의 절차적인 부담으로 인하여 그것만으로는 주주의 보호에 충분하지 않다. 따라서 상법 제401조의 입법취지에 맞게 주주의 간접손해에 대하여도 이사의 책임을 긍정하는 주주포함설이 타당하다.

2. 사안에 대한 적용

본 사안은 이사 X가 악의로 임무해태를 한 결과 주주가 입은 간접손해에 대하여 배상책임의 가능 여부를 묻고 있다. 상법 제401조에 기한 이사의 제3자에 대한 책임에 있어서 제3자의 범위에 관하여 주주를 포함하는 견해에 의할 경우 A는 乙 회사의 주주로서 X를 상대로 손해배상을 청구할 수 있는 자격이 있다. 그러나 불포함설과 대법원 판례에 따를 경우에는 그러한 자격을 가지지 못한다.

더 나아가 乙 회사의 손해배상청구권이 시효로 인해 소멸되었는지의 여부를 살펴보아야 한다. 상법 제401조가 규정한 이사 책임의 법적 성질에 관하여 법정책임설을 취할 경우에는 소멸시효가 10년이다. 이에 따르면 본 사안에서 4년전에 발생한 임무해태로 인하여 손해를 입은 A는 자신의 손해배상청구권의 소멸시효가 경과하지 않았으므로 X를 상대로 손해배상청구소송을 제기할 수 있다. 대법원 판례에 따르는 경우 소멸시효는 마찬가지로 10년이지만, 제3자에 주주가 포함되지 않으므로 소멸시효의 도과여부와 상관없이 A는 손해배상청구소송을 제기할 수 없다. 불법행위책임설의 경우는 소멸시효기간이 3년이므로 A는 X를 상대로 한 손해배상청구소송을 제기할 수 없다.

마지막으로, 설령 X의 임무해태행위가 불법행위의 요건도 구비하고 있더라도

63) 대법원 1993.1.26. 선고 91다36093 판결; 동 2003.10.24. 선고 2003다29661 판결.

불법행위로 인한 손해배상 채권의 소멸시효는 그 손해 및 가해자를 안 날로부터 3년이므로(민법 제766조 제1항), 본 사안에서 임무해태사실을 안 날로부터 4년이 지난 현재의 시점에서는 이미 불법행위의 소멸시효가 경과한 상태이다. 따라서 상법상 이사의 제3자에 대한 책임의 법적 성질에 관련된 각각의 학설에 따라 일반불법행위책임과의 경합 여부는 검토할 실익이 없다.

Ⅲ. 설문 (2)에 대하여

1. 이사의 경업금지의무

(1) 의 의

상법은 회사의 이익과 이사의 이익이 충돌하는 경우에 회사의 이익을 배제 또는 침해하고 자기 또는 제3자의 이익을 도모하여서는 안된다는 취지로 이사에게 경업금지의무를 부과하고 있다. 즉, 상법은 이사회의 승인이 없으면 이사는 자기 또는 제3자의 계산으로 회사의 영업 부류에 속한 거래를 하거나 동종 영업을 목적으로 하는 다른 회사의 무한책임사원이나 이사가 되지 못한다고 규정하고 있다(상법 제397조 제1항). 이처럼 이사의 경업금지의무는 구체적으로는 회사의 이익과 충돌하는 이사의 경업거래와 겸직을 금지하고 있다.

(2) 구체적 내용

(가) 경업거래금지의무의 경우

① 경업거래금지의무의 요건 　　자기 또는 제3자의 계산으로 회사의 영업부류에 속한 거래를 할 수 없다. 이를 나누어서 살펴보면 다음과 같다. 첫째, "자기 또는 제3자의 계산"으로 한다는 것은 누구의 명의로 영업을 하든 불문하고 행위의 경제상의 결과가 자기 또는 제3자에게 귀속하는 것을 의미한다. 둘째, 이사의 경업거래금지의무의 대상인 거래는 회사의 영업부류에 속하는 거래에 한한다.

② 경업거래금지의무의 면제 　　이사회의 승인이 있으면 이사의 경업거래가 가능하다. 이사의 경업거래에 관한 이사회의 승인은 사전에 있어야 한다.

③ 경업거래금지의무 위반의 효과 　　이사가 경업거래금지의무에 위반하여 경업거래를 한 경우 회사는 이사회의 결의에 의하여 그 이사의 거래가 자기의 계산으로 한 것인 때에는 이를 회사의 계산으로 한 것으로 볼 수 있고, 제3자의

계산으로 한 것인 때에는 그 이사에 대하여 이로 인한 이득의 양도를 청구할 수 있다(상법 제397조 제2항). 이러한 회사의 권리를 개입권 또는 탈취권이라고 한다.

이 밖에도 회사는 이사에 대하여 손해배상을 청구할 수 있고(상법 제399조 제1항), 주주총회의 결의에 의하여 이사를 해임할 수 있다(상법 제385조 제1항). 만약에 그 위반거래로 인하여 회사에 회부할 수 없는 손해가 생길 염려가 있으면 이사에 대하여 그 거래의 유지를 청구할 수 있다(상법 제402조).

(나) 겸직금지의무의 경우

① 겸직금지의무의 요건 이사는 동종영업을 목적으로 하는 다른 회사의 무한책임사원 또는 이사의 겸임이 금자된다. 여기서 다른 회사에는 실제거래를 수행하는 회사만을 의미하는 것은 아니다. 대법원 판례에 의하면 아직 영업을 개시하지 못한 채 공장의 부지를 매수하는 등 영업의 준비작업을 추진하는 회사도 포함된다.[64)]

② 겸직금지의무의 면제 이사회의 승인이 있으면 겸직이 가능하다. 만약 어느 이사의 경업거래와 겸직이 동시에 문제가 되는 경우 이사회는 경업거래와 겸직에 관한 승인을 각각 따로 하여야 한다.

③ 겸직금지의무 위반의 효과 이사가 겸직금지의무에 위반하여 다른 회사의 이사로 취임한 경우에는 그 취임 자체는 유효하다. 다만, 회사는 그 이사에 대하여 손해배상을 청구할 수 있으며(상법 제399조 제1항), 주주총회의 결의에 의하여 그 이사를 해임할 수 있다(상법 제385조 제1항). 그러나 상법 제397조 제2항은 "제1항의 규정에 위반하여 거래를 한 경우"에 한하여 회사에게 개입권을 인정하고 있을 뿐이어서 이사의 겸직은 여기서의 "거래"에 해당되지 않으므로 회사는 개입권을 행사할 수 없다.

2. 사안에 대한 적용

乙 회사의 이사인 Y가 이사회의 승인없이 동종영업을 목적으로 하는 다른 회사의 이사로서 개업준비작업을 한 것은 이사의 경업금지의무 중 겸직금지의무위반에 해당한다. 그러나 이사의 겸직금지의무위반에 대해서는 회사의 개입권이 인정되지 않으므로 乙 회사는 개입권을 행사할 수 없다.

---

64) 대법원 1990.11.2.자 90마745 결정; 동 1993.4.9. 선고 92다53583 판결.

Ⅳ. 설문 (3)에 대하여

1. 이사 보수의 의의 및 결정

(1) 이사 보수의 의의

이사의 보수는 회사로부터 받는 이사의 직무집행에 대한 대가를 의미한다. 따라서 회사의 급부가 이사의 직무집행의 대가의 성질을 가진다면 그 명칭에 상관없이 이사의 보수라고 할 수 있다. 일반적으로 월급, 각종의 수당, 상여금 등은 전형적인 이사의 보수라 할 수 있으며, 퇴직위로금도 이사의 보수에 속한다.[65]

(2) 이사 보수의 결정

상법에 따르면 이사의 보수는 정관에 그 액을 정하지 아니한 때에는 주주총회의 결의로써 이를 정하도록 규정되어 있다(상법 제388조). 이처럼 이사 보수의 결정은 회사의 이익과 이사의 개인적 이익이 충돌할 우려가 있어 상법은 강행적으로 정관 또는 주주총회의 결의사항으로 규정하고 있다. 그러므로 이사회나 대표이사, 또는 지배주주가 이사의 보수를 결정할 수는 없다.[66]

2. 해직보상금의 의의 및 결정

(1) 해직보상금의 의의

해직보상금이라 함은 이사가 자신의 의사에 반하여 해임되는 경우에 한하여 지급되는 것이라는 점에서 퇴직위로금처럼 직무집행의 대가로 지급되는 보수의 일종으로 볼 수 없다.[67]

(2) 해직보상금의 결정

이사가 그 의사에 반하여 이사직에서 해임될 경우 퇴직위로금과는 별도로 지급받기로 한 해직보상금은 형식상으로는 보수에 해당하지는 않는다. 그러나 해직보상금은 보수와 함께 고용계약의 내용에 포함되어 그 고용계약과 관련하여 지급된다. 또한 해직보상금이 정당한 이유의 유무를 불문하고 의사에 반하여 해임

---

65) 대법원 2004.12.10. 선고 2004다25123 판결.
66) 대법원 1979.11.27. 선고 79다1599 판결.
67) 대법원 2006.11.23. 선고 2004다49570 판결.

된 이사에 대하여 지급하여야 한다면 이는 이사에게 일방적으로 유리할 뿐 회사는 추가적인 의무를 부담하게 된다. 따라서 해직보상금이 보수에 해당하지 않아 주주총회 결의가 필요하지 않다고 한다면 이사들이 고용계약을 체결하는 과정에서 회사의 이익과 자신의 이익이 충돌하여 과다한 해직보상금을 약정할 가능성이 있다.

그 결과 상법 제388조의 입법 취지가 잠탈(潛脫)됨은 물론이고 해직보상금이 거액일 경우에는 이사해임을 주저하게 될 것이므로 이사선임권을 가진 주주총회의 권한을 사실상 제한하여 주주총회의 기능을 심히 왜곡할 우려가 있다. 따라서 이사의 보수에 관한 상법 제388조를 준용 내지 유추적용하여 이사는 해직보상금에 관하여도 정관에서 그 액을 정하지 않는 한 주주총회 결의가 있어야만 회사에 대하여 이를 청구할 수 있다.[68)]

3. 사안에 대한 적용

乙 회사는 동 회사의 이사 X와 Y에 대하여 지급하기로 한 해직보상금은 형식상으로는 이사의 보수는 아니지만, 회사법상 이사의 보수에 준한 것으로 평가된다. 그러므로 X와 Y는 해직보상금의 금액에 관하여 정관에서 정하고 있는 경우 또는 만약 정관에서 금액을 정하지 않았다면 주주총회 결의가 있는 경우에 한하여 회사에 대하여 청구할 수 있다. 즉, 본 사안에서의 해직보상금은 정당한 이유의 유무에 상관없이 일정한 금액을 지급하도록 되어 있으므로, 만약 정관의 규정이나 주주총회결의에서 정당한 이유의 유무와 상관없이 해직보상금 지급을 인정하거나 그 금액을 승인한 경우에 한하여 X의 임무해태와 Y의 경업금지의무위반의 경우에도 이들은 해직보상금의 지급청구권을 행사할 수 있다.

Ⅴ. 사례의 해결

1. 설문 (1)에서 이사의 제3자에 대한 책임에서 주주가 제3자의 범위에 포함된다는 주주포함설과 이사 책임의 법적 성질에 관하여 법정책임설을 취할 경우에 한하여 주주 A는 이사 X에 대하여 손해배상을 청구할 수 있다. 그러나 불포함설과 대법원 판례에 따를 경우에는 손해배상을 청구할 자격을 가지지 못한다.

상법 제401조의 이사의 책임을 법정책임으로 그 성격을 파악한다면 A는 X를

68) 대법원 2006.11.23. 선고 2004다49570 판결.

상대로 손해배상을 청구할 수 있다. 대법원 판례에 따르면 A는 X에 대하여 손해배상을 청구할 수 있는 자격이 없다. 상법 제401조의 이사책임의 성격을 불법행위책임으로 보는 경우에는 소멸시효의 결과로 인하여 A는 X에 대하여 손해배상을 청구할 수 없다.

2. 설문 (2)에서 乙 회사는 이사 Y의 겸직금지의무위반에 대하여 개입권을 행사할 수 없다

3. 설문 (3)에서 이사 X와 Y는 해직보상금의 금액에 관하여 정관에서 정하고 있거나, 만약 정관에서 그러한 규정이 없다면 주주총회 결의가 있는 경우에 한하여 乙 회사에 대하여 해직보상금을 청구할 수 있다.

참조 판례

대법원 2006.12.22. 선고 2004다63354 판결

상법 제401조에 기한 이사의 제3자에 대한 손해배상책임이 제3자를 보호하기 위하여 상법이 인정하는 특수한 책임이라는 점을 감안할 때, 일반 불법행위책임의 단기소멸시효를 규정한 민법 제766조 제1항은 적용될 여지가 없고, 달리 별도로 시효를 정한 규정이 없는 이상 일반 채권으로서 민법 제162조 제1항에 따라 그 소멸시효기간은 10년이라고 봄이 상당하다.

대법원 1990.11.2.자 90마745 결정

상법 제397조 제1항이 이사의 경업금지의무를 규정한 취지는 이사가 그 지위를 이용하여 자신의 개인적 이익을 추구함으로써 회사의 이익을 침해할 우려가 큰 경업을 금지하여 이사로 하여금 선량한 관리자의 주의로써 회사를 유효적절하게 운영하여 그 직무를 충실하게 수행하지 않으면 안 될 의무를 다하도록 하려는 데 있는 것이므로 아직 영업을 개시하지 못한 채 공장의 부지를 매수하는 등 영업의 준비작업을 추진하고 있는 회사라고 하여 경업이 금지된 위 법조항에 규정된 "동종영업을 목적으로 하는 다른 회사"가 아니라고 볼 것이 아니다.

대법원 1988.6.14. 선고 87다카2268 판결

회사의 업무집행권을 가진 이사 등 임원은 회사로부터 일정한 사무처리의 위임을 받고 있는 것이므로 사용자의 지휘감독 아래 일정한 근로를 제공하고 소정의 임금을

지급받는 고용관계에 있는 것이 아니며 따라서 일정한 보수를 받는 경우에도 이를 근로기준법 소정의 임금이라 할 수 없다.

회사의 규정에 의하여 이사 등 임원에게 퇴직금을 지급하는 경우에도 그 퇴직금은 근로기준법 소정의 퇴직금이 아니라 재직중의 직무집행에 대한 대가로 지급되는 보수의 일종이라 할 것이므로 이사 등 임원의 퇴직금청구권에는 근로기준법 제41조 소정의 임금채권의 시효에 관한 규정이 적용되지 아니하고 일반채권의 시효규정이 적용되어야 한다.

대법원 2004.12.10. 선고 2004다25123 판결

상법 제388조에 의하면, 주식회사 이사의 보수는 정관에 그 액을 정하지 아니한 때에는 주주총회의 결의로 이를 정한다고 규정되어 있는바, 이사에 대한 퇴직위로금은 그 직에서 퇴임한 자에 대하여 그 재직 중 직무집행의 대가로 지급되는 보수의 일종으로서 상법 제388조에 규정된 보수에 포함되고, 정관 등에서 이사의 보수 또는 퇴직금에 관하여 주주총회의 결의로 정한다고 규정되어 있는 경우 그 금액·지급방법·지급시기 등에 관한 주주총회의 결의가 있었음을 인정할 증거가 없는 한 이사의 보수나 퇴직금청구권을 행사할 수 없다.

대법원 2006.11.23. 선고 2004다49570 판결

주식회사와 이사 사이에 체결된 고용계약에서 이사가 그 의사에 반하여 이사직에서 해임될 경우 퇴직위로금과는 별도로 일정한 금액의 해직보상금을 지급받기로 약정한 경우, 그 해직보상금은 형식상으로는 보수에 해당하지 않는다 하여도 보수와 함께 같은 고용계약의 내용에 포함되어 그 고용계약과 관련하여 지급되는 것일 뿐 아니라, 의사에 반하여 해임된 이사에 대하여 정당한 이유의 유무와 관계없이 지급하도록 되어 있어 이사에게 유리하도록 회사에 추가적인 의무를 부과하는 것인바, 보수에 해당하지 않는다는 이유로 주주총회 결의를 요하지 않는다고 한다면, 이사들이 고용계약을 체결하는 과정에서 개인적인 이득을 취할 목적으로 과다한 해직보상금을 약정하는 것을 막을 수 없게 되어, 이사들의 고용계약과 관련하여 그 사익 도모의 폐해를 방지하여 회사와 주주의 이익을 보호하고자 하는 상법 제388조의 입법 취지가 잠탈되고, 나아가 해직보상금액이 특히 거액일 경우 회사의 자유로운 이사해임권행사를 저해하는 기능을 하게 되어 이사선임기관인 주주총회의 권한을 사실상 제한함으로써 회사법이 규정하는 주주총회의 기능이 심히 왜곡되는 부당한 결과가 초래되므로, 이사의 보수에 관한 상법 제388조를 준용 내지 유추적용하여 이사는 해직보상금에 관하여도 정관에서 그 액을 정하지 않는 한 주주총회 결의가 있어야만 회사에 대하여 이를 청구할 수 있다.

20

주주대표소송에 의한 책임추궁범위

비상장법인인 丙 주식회사는 동 회사의 이사 Y에게 1년을 상환기간으로 정하고 1억원을 대여하였는데, Y는 상환기간이 도과하였음에도 불구하고 빌려간 금전을 변제하지 않았다. 丙 회사가 발행한 주식 총수의 2%를 보유한 X는 수차에 걸쳐 동 회사에게 Y로부터 대여금을 반환청구하라고 요청하였으나 동 회사는 이를 받아들이지 않았다. 이에 X는 회사가 1억원을 돌려받도록 하기 위해 대표소송을 제기하고자 하는데, 가능한가?

Ⅰ. 문제의 소재

상법은 주주의 대표소송을 이사의 책임을 추궁하는 소(訴)로서 그 제기권자의 지주율 등의 절차에 관해서만 규정할 뿐 그 대상이 되는 이사의 책임의 범위에 관해서는 언급하지 않고 있다. 여기서는 이사가 회사에 대하여 부담하는 제3자적 채무까지도 주주대표소송에 의한 책임추궁의 범위 내에 포함되는지를 검토하여야 한다. 이에 본 사례에서는 X가 대표소송을 제기할 수 있는 당사자적격이 있는지를 살펴 본 후 대표소송이 인정되는 경우 회사로 부터 금전대부를 받은 Y가 변제를 태만한 경우에는 회사를 대표하여 변제책임을 추궁할 수 있는지를 검토하여야 한다.

Ⅱ. X의 Y에 대한 대표소송의 당사자적격 유무

1. 대표소송의 의의

본래 회사에 대한 이사의 책임은 회사자신이 추궁하는 것이 당연하다. 그러나 현실적으로 회사가 그러한 책임을 추궁할 가능성은 크지 않다. 왜냐하면 회사가 소에 의하여 책임을 추궁하는 경우 원칙적으로 감사가 회사를 대표하여 소의 제기를 결정하여야 위치에 있기는 하나(상법 제394조) 이사와 회사간의 특수한 관계때문에 회사가 적극적으로 이사의 책임을 추궁하는 것은 사실상 기대하기 어렵기 때문이다. 따라서 회사의 이익이 침해되는 것을 방지하기 위하여 소수주주가 회사를 위하여 스스로 이사의 책임을 추궁하기 위한 소송을 제기할 수 있는 상법상의 제도가 대표소송이다.

2. 주주대표소송의 당사자적격

상법에 따르면 발행주식총수의 100분의 1 이상에 해당하는 주식을 가진 자만이 대표소송의 당사자적격을 가진다(상법 제403조 제1항). 대표소송의 제기권을 소수주주권으로 규정하고 있는 것은 남소를 방지하기 위함이다.

주권상장법인 또는 코스닥상장법인의 경우에는 6개월 전부터 계속하여 발행주식총수의 1만분의 1 이상에 해당하는 주식을 가져야만 대표소송의 당사자적격을 가진다(증권거래법 제191조의 13 제1항).

3. 사안에 대한 적용

丙 회사가 비상장법인이고 X가 동 회사의 주식을 1% 이상 소유하고 있어 동 회사의 이사 Y를 상대로 하여 대표소송을 제기할 수 있는 자격이 있다.

Ⅲ. X의 대표소송에 의한 이사의 금전변제책임추궁 가부

1. 대표소송에 의한 책임추궁범위

(1) 서 언

주주대표소송에 의하여 추궁할 수 있는 이사의 책임범위는 상법 제399조 손해배상책임과 제428조의 자본충실책임이 포함된다는 점에는 의견이 일치한다. 그러나 이사가 회사에 대해서 부담하는 차입금채무와 같은 제3자적인 채무도 주주대표소송의 대상에 포함될 것인지에 관해서는 학설이 나누어진다.

(2) 학 설

(가) 전채무설

주주의 대표소송은 이사가 회사에 대하여 부담하는 모든 채무에 대하여 책임을 추궁할 수 있다는 견해로서 우리나라의 통설이다. 그 근거는 다음과 같다.

첫째, 회사의 제소해태가능성과 관련한 논거이다. 즉, 주주의 대표소송이 인정되는 주된 이유는 회사와 이사간의 특수한 관계로 인하여 제소를 해태할 가능성이 있기 때문이다. 이러한 가능성은 이사가 회사에 부담하는 채무에 대해서도 마찬가지로 존재하므로 이 경우에도 주주대표소송의 대상이 되어야 한다.

둘째, 문리적으로 충실하게 해석하여 볼 때, 상법 제403조는 단지 "이사의 책임"이라고 규정할 뿐 다른 제한을 두고 있지 않아 이사의 모든 채무에 대하여 대표소송이 인정된다고 해석할 수 있다.

(나) 한정채무설

대표소송에 의해 추궁당할 수 있는 이사의 책임은 상법 제399조의 손해배상책임과 상법 제428조의 자본충실책임에 한정된다고 보는 견해이다. 다시 말하자면, 상법의 규정(상법 제403조 제3항)에 따르면 회사는 제소 여부의 결정에 관하여 아무런 재량권이 인정되지 않기 때문에 이사의 모든 채무에 대하여 대표소송을 인정하는 것은 불합리하므로 책임면제가 곤란한 이사의 회사에 대한 손해배상책임(상법 제399조, 제400조 참조)과 책임면제가 불가능한 자본충실의 책임에 한정하여야 한다는 것이다. 요컨대, 이는 이사가 회사에 대하여 부담하는 제3자적 채무는 대표소송의 대상이 되지 않는다는 견해로서 소수설이다.

(3) 검　토

회사로 부터 금전대부를 받은 이사가 변제를 해태한 경우 회사를 대표하여 그 금전대부를 한 대표이사와 그 대부에 찬성한 이사들이 부담하는 미변제액의 변제책임에 대해서는 대표소송이 인정되고(상법 제399조 2항) 정작 당해 이사는 소비대차상의 변제책임만을 부담할 뿐 대표소송이 인정되지 않는다면 이는 형평의 관념에 위배된다. 따라서 금전대부를 받은 이사의 변제책임에 대해서도 대표소송이 인정되어야 하므로 전채무설이 타당하다. 더욱이 주주대표소송제도의 입법취지를 제소해태가능성에 두는 경우에도 마찬가지 결론이 나온다.

2. 사안에 대한 적용

X는 대표소송에 의해 추궁가능한 이사의 책임범위를 회사에 대하여 이사가 부담하는 일체의 채무로 볼 경우 Y에 대하여 차용금의 변제책임을 추궁하는 대표소송을 제기할 수 있다. 그러나 한정채무설에 의할 경우에는 대표소송을 통해서는 이사의 미변제액의 변제책임을 추궁할 수 없다.

Ⅳ. 사례의 해결

丙 회사의 주주 X는 이사 Y를 상대로 대표소송을 제기할 수 있는 자격이 있다. X는 대표소송에 의해 이사가 일체의 채무를 추궁할 수 있다는 견해에 의할 경우 Y에 대하여 차용금에 대한 변제의무위반을 이유로 대표소송을 제기할 수 있다. 그러나 한정채무설에서는 그러한 대표소송을 제기할 수 없다.

21

이중대표소송의 허부

甲 주식회사는 건축업을 주된 목적으로 2000년에 설립된 법인으로서 동 회사가 발행한 주식 총수의 약 95%를 소유한 Y가 대표이사로 재직 중이다. 甲 회사는 자동차판매를 영업으로 하는 乙 주식회사까지 설립하고 乙 회사가 발행한 주식 총수의 약 95%를 소유하고 있다. 乙 회사의 대표이사를 겸하고 있는 Y는 자신의 위법행위로 인하여 회사에 손해를 야기하였음에도 불구하고 乙 회사는 Y에 대하여 손해배상을 청구하지 않고 있다. 이에 甲 회사가 발행한 주식 총수의 2%를 소유하고 있는 X는 乙 회사의 대표이사인 Y를 상대로 하여 그의 위법한 행위를 이유로 乙 회사에 손해를 배상할 것을 요구하는 대표소송을 제기하고자 하는데, 가능한가?

Ⅰ. 문제의 소재

본 사례에서는 甲 주식회사는 乙 주식회사의 발행주식 총수의 95%를 소유하고 있고 있다. 상법은 다른 회사의 발행주식 총수의 100분의 50을 초과하는 주식을 가진 회사를 모회사라 하고, 그 다른 회사를 자회사로 보고 있으므로(상법 제342조의 2 제1항 본문) 甲 회사와 乙 회사는 모자회사관계에 있다. 이 경우 모회사의 주주인 X가 자회사의 대표이사인 Y의 책임을 추궁하기 위하여 이른바 "이중대표소송"을 제기할 수 있는 당사자적격을 가지는지의 여부가 문제된다.

Ⅱ. 이중대표소송의 허부

1. 상법 제403조에서의 대표소송의 제소권자

현행 상법상 대표소송을 제기할 수 있는 자는 발행주식 총수의 100의 1 이상에 해당하는 주식을 보유하여야 한다(상법 제403조 제1항). 이와 같은 전형적인 대표소송을 이중대표소송과 구별하기 위하여 단순대표소송으로 칭하기도 한다.

지배회사도 상법 제403조 제1항에서의 당사자적격을 갖추면 종속회사의 "법인주주"로서 종속회사를 위하여 대표소송을 제기할 수 있다. 그러나 상법의 주주대표소송규정은 단독회사를 염두에 두고 마련되었다. 이에 지배·종속관계에 있는 회사에서 지배회사의 이사는 지배회사에 대해, 종속회사의 이사는 종속회사에 대해 각각 별개의 독립적인 직무권한을 가지므로 임무해태의 책임도 각각의 회사에 대하여 부담한다. 본 사안의 경우처럼 모회사의 주주가 자회사의 대표이사를 대상으로 하여 주주대표소송을 제기하는 것은 우리 상법의 제정당시에 고려하지 않은 사항이므로 인정여부에 대해 논란이 있다.

2. 모회사 주주에 의한 이중대표소송의 인정 여부

(1) 서 언

만약에 종속회사 이사의 의무위반에 대하여 책임추궁을 하여야 하는 데도 불구하고 지배회사가 그 책임추궁을 게을리하거나 지배회사의 주주가 지배회사에 대하여 법인주주로서 책임추궁을 할 것을 요청하였으나 종속회사에 대하여 직접 주주대표소송을 제기하지 않은 경우 지배회사의 주주가 종속회사의 이사를 상대로 대표소송을 제기할 수 있는가가 문제된다. 이러한 경우 제기할 수 있는 주주대표소송을 총칭하여 다중대표소송이라 하며, 그 대표적인 유형이 이중대표소송이다. 우리나라에서 이중대표소송을 인정할 수 있는가에 관해서는 학설과 판례상 논란이 있다.

(2) 학 설

(가) 부정설

상법 제403조에 규정한 "주주"의 개념에는 지배회사의 주주는 포함되지 않으므로 모회사의 주주는 자회사의 이사를 상대로 대표소송을 제기할 수 없다는 입장이다. 우리나라의 다수 학자들의 견해이다.

(나) 긍정설

종속회사 이사의 부정을 시정하는 것이 마땅한 일이므로 지배회사 스스로가 그 이사에 대한 책임추궁이 곤란하다면 지배회사 주주의 이중대표소송을 인정하자는 견해이다.

(3) 판 례

서울고등법원은 이중대표소송을 통해 종속회사의 손해를 회복할 수 있는 전보효과와 종속회사의 부정행위에 대한 억제효과를 얻을 수 있기 때문에 인정하여야 한다고 판시하였다.[69] 그러나 동 판결은 대법원에서 지배회사사의 주주는 이른바 이중대표소송을 제기할 수 없다는 이유로 파기되었다.[70]

(4) 검 토

상법 제403조는 단순대표소송을 전제로 하여 규정하고 있으므로 동조를 엄격하게 해석하여 지배회사의 주주는 법인격을 달리하는 종속회사의 이사에 대해 대표소송을 제기할 수 있는 당사자적격을 가지지 못한다고 풀이하는 것이 바람직하다. 따라서 모회사 주주에게는 자회사 이사에 대한 대표소송의 제소자격을 인정할 수 없다는 부정설과 대법원의 태도가 타당하다.

3. 사안에 대한 적용

본 사안에서 부정설과 대법원의 판결에 의하면 모회사 주주 X는 자회사의 대표이사인 Y에 대하여 대표소송을 제기할 수 있는 자격이 인정되지 않는다. 하지만 긍정설과 하급심에 따를 경우에는 정반대의 결론이 나온다.

Ⅲ. 사례의 해결

모회사 주주의 자회사 이사에 대한 이중대표소송을 부정하는 학설과 대법원의 판결에서는 X가 Y에 대하여 이중대표소송을 제기할 적격이 인정되지 않는다. 그러나 긍정설과 하급심 판결에서는 X는 Y에 대하여 이중대표소송을 제기할 수 있다.

◎ 참조 판례

대법원 2004.9.23. 선고 2003다49221 판결

어느 한 회사가 다른 회사의 주식의 전부 또는 대부분을 소유하여 양자간에 지배종속관계에 있고, 종속회사가 그 이사 등의 부정행위에 의하여 손해를 입었다고 하더라도, 지배회사와 종속회사는 상법상 별개의 법인격을 가진 회사이고, 대표소송의 제소자격은 책임추궁을 당하여야 하는 이사가 속한 당해 회사의 주주로 한정되어 있으

---

69) 서울고등법원 2003.8.22. 선고 2002나13746 판결.

70) 대법원 2004.9.23. 선고 2003다49221 판결.

므로, 종속회사의 주주가 아닌 지배회사의 주주는 상법 제403조, 제415조에 의하여 종속회사의 이사 등에 대하여 책임을 추궁하는 이른바 이중대표소송을 제기할 수 없다.

서울고등법원 2003.8.22. 선고 2002나13746 판결

종속회사의 경영진이나 주주들이 여러 가지 이유로 이사들의 종속회사에 대한 부정행위를 시정하지 못하는 경우가 있을 수 있는바, 이러한 경우 이중대표소송을 인정함으로써 종속회사 이사들의 부정행위를 억제할 수 있는 효과를 기대할 수 있고, 종속회사의 손해는 종국적으로 지배회사 주주의 손해로 귀속되므로 이중대표소송을 통하여 종속회사의 손해를 회복함으로써 간접적으로 지배회사 및 지배회사 주주의 손해를 경감하는 효과를 기대할 수도 있다. 이와 같은 이중대표소송의 필요성에 비추어 우리 상법의 해석에서도 대표소송을 제기할 수 있는 주주의 개념에 "회사인 주주의 주주"를 포함함으로써 이중대표소송을 인정할 수 있다고 볼 것이다.

22

신주발행

다음은 甲 주식회사와 乙 주식회사의 신주발행에 관련된 사안인데, 각각의 물음에 답하시오.

(1) 甲 주식회사의 대표이사 A는 자신과 불화가 있는 이사 B에게 소집통지를 하지 않은 채 이사회를 개최하여 신주발행을 결의하고 신주를 발행하였다. 甲 회사의 신주발행은 유효한가?

(2) 乙 주식회사의 대표이사이자 제2대 주주인 C는 최대주주 D와의 불화로 인해 자신의 지위가 위태로워질 것을 우려하여 D의 지주율을 현저히 저하시킬 목적으로 이사회를 소집하고 D에게는 신주를 전혀 배정하지 않기로 결의한 후 신주를 발행하였다. D는 乙 회사가 발행한 신주에 대한 납입이 완료된 지 1월이 지난 시점에서야 비로소 자신의 신주인수권이 무시된 것을 알게 되어 乙 회사의 이사회결의의 하자와 신주발행의 하자를 이유로 소송으로서 그 효력을 다투려고 한다. 어떤 방법이 있는가?

Ⅰ. 문제의 소재

신주발행은 회사가 그 성립 후에 직접 새로이 자금을 조달하기 위한 통상적인 방법이다. 이러한 신주발행은 정관으로 주주총회가 결정할 뜻을 정한 경우를 제외하고는 이사회의 결의에 의거하여 행해진다(상법 제416조). 설문 (1)에서는 일부 이사에 대한 소집통지가 결여된 채 개최된 이사회에서의 결의가 유효한지의 여부를 살펴보아야 하고, 만약 이사회의 결의가 무효라면 그 결의를 기초로 한 甲 회사의 신주발행이 유효한지를 검토하여야 한다.

신주발행을 위한 이사회결의에서 절차상 또는 내용상 하자가 있는 경우에는 그를 다투는 소(訴)를 제기할 수 있다. 신주발행 자체에 하자가 있는 경우에 구제수단으로 신주발행유지청구권(상법 제424조), 신주발행무효의 소(상법 제429조)와 신주발행부존재확인의 소가 있다. 설문 (2)에서는 주주 D의 신주인수권 침해를 결정한 이사회 결의와 그의 신주인수권이 무시된 채 이루어진 신주발행의 효력을 다투기 위한 방법을 검토하여야 한다. 여기서는 신주발행을 위한 이사회결의의 하자가 동시에 이사회 결의를 다투는 소와 신주발행무효의 소의 원인이 되는 경우 이들 소의 관계도 함께 살펴보아야 한다.

Ⅱ. 설문 (1)에 대하여

1. 소집절차에 하자가 있는 이사회결의의 효력 유무

일부 이사에게 소집통지누락이 있는 경우 이사회의 결의는 항상 무효이다. 왜냐하면 이사회와 같은 소수 구성원의 회의체에서는 이사 전원에게 의견발표의 기회를 부여해야만 하며, 또한 이사 1인의 발언이 다른 이사에게 영향을 미칠 가능성이 있으므로 소집통지의 누락으로 발생한 결의의 하자는 치유할 수 없기 때문이다.

2. 무효인 이사회 결의에 기초한 신주발행의 효력

(1) 서 언

이사회의 결의를 바탕으로 한 대표이사의 대외적 거래행위의 효력 유무는 그 거래행위가 개별적인 것인지 또는 집단적인 것인지를 기준으로 판단하여야 한다. 그 이유는 집단적인 거래행위의 효력은 거래안전을 도모한다는 차원에서 개별적인 거래행위와는 차별적으로 판단하여야 하기 때문이다. 그 결과 절차상의 하자로 인하여 무효인 이사회의 결의에 기초한 신주발행의 효력에 관해서는 견해가 나누어지고 있다.

(2) 학 설

(가) 유효설

먼저 주주에 대한 신주발행은 우선적으로 회사와 주주 사이의 문제이기는 하지만, 무효인 이사회결의에 따라 신주가 발행되면 제3자에게 양도되는 가능성이 있으므로 거래안전의 차원에서 그러한 신주발행을 유효한 것으로 보는 입장이다. 즉, 발행된 신주가 유통된 후에 무효가 되면 혼란을 야기할 수 있으므로 그러한 신주발행은 유효로 보자는 견해이다.

(나) 무효설

무효설에 따르면 이사회의 결의는 신주발행에 반드시 필요한 절차이므로 그 결의에 하자가 있다면 신주발행은 무효가 된다. 또한 신주발행은 자본·주주라는 회사의 인적·물적 기초를 확대하는 조직법상의 행위이므로, 거래법상의 행위와는 동일시할 수 없다는 데에서 그 근거를 찾기도 한다. 이 밖에 설령 그러한 신주발행을 무효로 해석하더라도 신주발행무효의 소는 제소기간·제소권자 및 무효판결의 효력이 제한되어 있으므로 거래안전이 심각하게 훼손되지 않는다는 점을 들기도 한다.

(3) 판 례

대법원 판례는 주로 개별적 거래행위의 유효 여부와 관련하여 상대방이 악의이거나 중과실이 있는 경우에는 무효로 된다는 입장을 보이고 있으나,[71] 집단적 거래행위의 유효 여부에 관련된 것은 찾아 볼 수 없다.

(4) 검 토

이상의 학설 중에서 유효설이 타당하다. 그 이유로는 다음의 2가지를 들 수 있다. 첫째, 상법은 수권자본제도를 채택하고 있어 신주발행은 자금조달수단으로서 업무집행에 준하는 것으로 해석하여야 한다. 둘째, 이사회의 결의는 회사내부의 의사결정에 불과하므로 외부에서 그 결의의 존재여부를 알기 어렵고, 만약 발행된 신주가 무효가 된다면 거래안전이 침해되어 새로운 주주나 회사채권자의 이익을 해할 수 있다.

3. 사안에 대한 적용

본 사안에서 이사 B에게 소집통지를 하지 않았으므로 甲 회사의 신주발행을 위한 이사회의 결의는 무효이다. 그러한 무효인 이사회 결의에 기초한 신주발행의 효력과 관련하여 법률관계를 획일적으로 확정하여 거래안전을 도모하는 것을 중시하는 유효설에 따르면 甲 회사의 신주발행은 유효하다. 반대로 신주발행에서의 이사회결의의 중요성을 중시하는 무효설에 따르면 甲 회사의 신주발행은 무효이다.

---

71) 대법원 2005.7.28. 선고 2005다3649 판결.

Ⅲ. 설문 (2)에 대하여

1. 신주발행의 효력을 다투는 수단

(1) 사전적 구제수단과 사후적 구제수단

신주발행에 하자가 있는 경우에 사전적 구제수단으로 신주발행유지청구권(상법 제424조)과 사후적 구제수단으로 신주발행무효의 소(상법 제429조)와 신주발행부존재확인의 소가 있다. 이러한 구제수단 중 신주발행의 효력발생 여부를 기준으로 사전적인 것 또는 사후적인 것을 이용하여야 한다. 신주발행의 효력발생 시점은 납입기일의 다음날이다(상법 제423조 제1항).

(2) 사안에 대한 적용

본 사안에서 D는 발행한 신주에 대한 납입이 완료된 지 1개월이 지난 시점에서야 乙 회사의 신주발행의 효력을 다투려고 한다. 따라서 신주발행의 효력이 이미 발생한 후이므로 사후적 구제수단에 의지할 수밖에 없다. 이에 D는 신주발행에서의 하자의 경중에 따라 신주발행무효의 소 또는 신주발행부존재확인의 소를 선택하여야 한다. 사후적 구제수단 중 어느 것을 선택할지에 관해서는 단을 달리하여 살펴보기로 한다.

2. 신주인수권이 무시된 경우의 구제수단

(1) 신주발행무효의 소

(가) 신주발행무효의 소의 의의

신주발행의 조건이나 절차상 그 효력에 영향을 미칠 수 있는 법령 또는 정관의 위반한 하자가 있는 경우 소송으로 무효를 주장할 수 있다. 다만, 상법은 법률관계의 법적 안정 및 단체적·획일적 처리를 위해 주주·이사 또는 감사에 한하여 신주를 발행한 날로부터 6월 내에 소만으로 이를 주장할 수 있도록 하여 시기와 방법을 제한하고 있다(상법 제429조).

(나) 다른 소송과의 관계

신주발행을 위한 이사회 결의의 하자와 관련하여 신주발행무효의 소와 이사회 결의를 다투는 소의 관계가 문제된다. 신주발행을 위한 이사회의 결의는 신주발행절차의 일부에 지나지 않으므로 신주발행무효의 소가 이사회결의를 다투는

소를 흡수한 것으로 본다. 대법원 판례도 이와 동일한 입장이다.[72]

(다) 신주발행무효의 원인

상법 제429조는 "신주발행의 무효는"이라고 할 뿐 신주발행의 무효원인을 명시하지 않고 있다. 따라서 법령 또는 정관의 규정에 위반한 경우 모두가 신주발행의 무효원인이 된다고도 생각할 수도 있다. 그러나 신주발행이 이미 효력을 발생하여 신주가 양도되어버린 경우에도 무효라고 한다면 주주나 제3자에게 예측할 수 없는 손해를 줄 염려가 있어 거래안전을 해할 우려가 있다. 그래서 개개의 법령 또는 정관규정의 취지・내용 등을 고려하여 신주발행의 무효원인을 판단하여야 한다.

일반적으로 인정되고 있는 신주발행무효의 원인으로는 수권주식총수를 초과하여 신주를 발행하는 경우, 정관이 인정하지 않는 종류의 주식의 발행, 자본충실을 해하는 신주의 발행, 주주의 신주인수권을 무시한 신주발행 등이 있다. 대법원 판례는 선량한 풍속 기타 사회질서에 반하여 현저히 불공정한 방법으로 이루어진 신주발행은 무효로 판단하고 있다.[73]

(라) 신주발행무효의 소의 제소권자

주주나 이사, 감사에 한하여 소를 제기할 수 있으며, 주주의 경우 구주(舊株)의 주주이든 신주(新株)의 주주이든 불문한다.

(마) 제소기간

소는 신주발행일로부터 6월 이내에 제기하여야 한다.

(2) 신주발행부존재확인의 소

신주발행부존재확인의 소는 신주발행에 있어 절차적・실체적 하자가 극히 중대하여 신주발행이 존재한다고 볼 수 없는 경우에 제기할 수 있다. 예컨대, 신주발행의 실체가 전혀 없었음에도 불구하고 신주발행의 변경등기가 있는 경우는 신주발행부존재확인의 소의 원인이 된다.[74] 이 소는 상법 제429조의 제한을 받지 않는다. 따라서 누구라도 언제든지, 어떤 방법으로든 간에 부존재를 주장할 수 있다.

---

72) 대법원 2004.8.20. 선고 2003다20060 판결.
73) 대법원 2003.2.26. 선고 2000다42786 판결.
74) 대법원 1989.7.25. 선고 87다카2316 판결.

(3) 사안에 대한 적용

D는 乙 회사의 주주이므로 신주발행무효의 소는 물론이고 신주발행부존재확인의 소의 제소권자로서의 지위를 가진다. 그러나 본 사안에서 乙 회사의 신주발행은 D의 신주인수권을 무시하였지만 신주발행의 실체는 명확히 존재하고 있으므로 신주발행무효의 소만을 제기할 수 있다.

D는 신주발행을 한 날로부터 6월 내에 제소하여야 한다. 그러나 乙 회사의 이사회가 D에게 신주를 배정하지 않은 결의는 그 내용이 법령(상법 제418조 제1항)에 위반한 하자가 있지만 신주발행무효의 소를 제기하는 경우 별도로 이사회결의의 하자에 관한 소는 제기할 수 없다.

Ⅳ. 사례의 해결

1. 설문 (1)에서 甲 회사의 신주발행을 위한 이사회의 결의는 무효이다. 그러한 이사회 결의가 무효이더라도 회사의 집단적 행위는 그 효력이 획일적이어야 하므로 이사회 결의의 하자에 대한 상대방의 선의·악의를 불문하고 효력을 인정하자는 견해에 따르면 甲 회사의 신주발행은 유효하다. 하지만 후속행위의 무효설에 따르면 甲 회사의 신주발행은 무효이다.

2. 설문 (2)에서 乙 회사의 신주발행은 D의 신주인수권을 무시한 것이므로 그는 신주발행을 한 날로부터 6월 내에 신주발행무효의 소만을 제기할 수 있다. 이사회의 결의에 하자가 있더라도 그러한 하자는 신주발행무효의 원인으로 흡수되기 때문에 별도로 이사회결의의 하자를 다투는 소를 제기할 수 없다.

◎ 참조 판례

대법원 2004.8.20. 선고 2003다20060 판결

상법 제429조는 신주발행의 무효는 주주·이사 또는 감사에 한하여 신주를 발행한 날로부터 6월 내에 소만으로 이를 주장할 수 있다고 규정하고 있으므로, 설령 이사회나 주주총회의 신주발행 결의에 취소 또는 무효의 하자가 있다고 하더라도 그 하자가 극히 중대하여 신주발행이 존재하지 아니하는 정도에 이르는 등의 특별한 사정이 없는 한 신주발행의 효력이 발생한 후에는 신주발행무효의 소에 의하여서만 다툴 수 있다.

대법원 1989.7.25. 선고 87다카2316 판결

주주들에게 통지하거나 주주들의 참석 없이 주주 아닌 자들이 모여서 개최한 임시주주총회에서 발행예정주식 총수에 관한 정관변경결의와 이사선임결의를 하고, 그와 같이 선임된 이사들이 모인 이사회에서 대표이사 선임 및 신주발행결의를 하였다면 그 이사회는 부존재한 주주총회에서 선임된 이사들로 구성된 부존재한 이사회에 지나지 않고 그 이사들에 의하여 선임된 대표이사도 역시 부존재한 이사회에서 선임된 자이어서 그 이사회의 결의에 의한 신주발행은 의결권한이 없는 자들에 의한 부존재한 결의와 회사를 대표할 권한이 없는 자에 의하여 이루어진 것으로서 그 발행에 있어 절차적, 실체적 하자가 극히 중대하여 신주발행이 존재하지 않는다고 볼 수밖에 없으므로 회사의 주주는 위 신주발행에 관한 이사회결의에 대하여 상법 제429조 소정의 신주발행무효의 소의 제기기간에 구애되거나 신주발행무효의 소에 의하지 않고 부존재확인의 소를 제기할 수 있다.

23

중간배당과 감사에 대한 이사회소집통지 등

매년 12월 결산하는 丙 주식회사는 5인의 이사와 감사 1인을 두고 있다. 동 회사는 정관에 중간배당을 영업연도 중 1회에 한하여 매년 6월 1일에 할 수 있다는 규정을 마련해 두었다. 동 회사는 200△년 상반기 동안에 영업실적이 양호하여 중간배당가능이익이 발생하였음에도 불구하고 중간배당을 하지 않는다는 결의를 하기 위하여 이사회를 개최하기로 하였다. 이에 이사 전원에게 소집통지를 하였으나, 감사 Y에 대해서는 소집통지를 하지 않았다. 그러나 실제 이사회 당일에는 이사와 감사가 전원 참석한 상태에서 중간배당을 하지 않기로 결의하였다. 이사회에서 Y는 자신이 통지를 받지 못한 것과 이사회의 무배당결의에 대하여 전혀 이의를 제기하지 않았다. 이 경우 丙 회사의 주주 X의 권리와 관련하여 다음의 물음에 답하시오.

(1) X는 이사회에 대하여 중간배당을 강제하는 소송을 제기하고자 하는데, 과연 허용될 것인가?
(2) X는 Y에 대한 이사회소집통지의 누락을 이유로 이사회 결의의 하자를 주장할 수 있는가?
(3) X는 이사회의 결의가 타당성을 결여한 것으로 보아 Y의 임무해태를 이유로 회사에 대하여 그가 손해배상책임을 부담하여야 한다고 주장하며 그에 대해 대표소송을 제기하려고 한다. 누구를 대상으로 제소청구를 하여야 하며, X의 그러한 주장은 인용될 것인가? 단, X는 대표소송의 당사자적격을 갖고 있다고 가정한다.

Ⅰ. 문제의 소재

본 사례에서는 다음과 같은 사항들을 검토하여 설문들을 해결하여야 한다. 설문 (1)에서는 중간배당을 하지 않기로 한 이사회의 결의에 대하여 주주가 자신의 이익배당청구권을 기초로 그 배당을 강제하는 소송을 제기하는 것이 법적으로 가능한지가 문제된다. 설문 (2)에서는 감사에 대한 소집통지가 결여된 이사회 결의의 효력을 살펴보아야 한다. 다만, 본 사례에서는 감사에 대한 소집통지가 없었지만 감사가 이사회에 참석하여 결의하였다는 점에서 소집통지결여의 하자가 치유될 수 있는지도 가늠하여야 한다. 마지막으로, 설문 (3)에서는 감사에 대하여 주주대표소송이 제기되는 경우(상법 제403조, 제415조) 누가 회사를 대표할 것인지에 관해 현행 상법상 규정이 없기 때문에 이를 어떻게 처리할 것인가와 법원의 주주대표소송에 대한 인용 여부와 관련하여 감사의 권한이 타당성 감사까지 포함하는지를 검토하여야 한다.

Ⅱ. 설문 (1)에 대하여

1. 중간배당

(1) 중간배당의 요건

중간배당이란 연 1회의 결산기를 정한 회사가 정관의 규정에 따라 결산기 중간에 배당을 실시하는 것을 말한다(상법 제462조의 3 제1항). 주식회사에서는 주주유한책임의 원칙을 취하게 된 결과(상법 제331조), 회사재산이 채권자의 유일한 담보가 되므로 그 재산상태의 건전화를 도모할 필요가 있다. 이에 자본유지의 관점에서 이익배당을 위해서는 배당가능이익이 존재하는 것이 필요하다. 따라서 중간배당을 하기 위해서는 직전 결산기의 대차대조표상 이익이 있어야하며, 당해 결산기에도 이익발생이 예상되어야 한다. 이 경우 중간배당의 한도는 직전 결산년도의 대차대조표의 순 자산액에서 직전 결산기의 자본금, 직전 결산기까지 적립된 법정준비금, 직전 결산기의 정기총회에서 이익으로 배당하거나 또는 지급하기로 정한 금액, 중간배당에 따라 당해 결산기에 적립하여야 할 이익준비금 등을 공제한 금액이다(상법 제462조의 3 제2항).

(2) 이사회의 재량사항

중간배당은 이사회 결의로 연 1회에 한하여 인정되며 현금배당만 가능하다(상법 제462조의 3 제1항). 이처럼 중간배당의 여부에 관한 결정은 이사회의 재량사항이다. 이에 배당가능한 이익이 있음에도 불구하고 무배당결의를 한 것에 대한 타당성의 문제는 남을 수 있지만 위법의 문제는 발생하지 않는다.

2. 주주의 이익배당청구권

주주의 이익배당청구권이라 함은 회사에 이익이 있는 경우에 주주가 그 이익의 배당을 청구할 수 있는 권리를 말한다. 주주는 이익배당을 받기 위하여 주식회사의 사원이 되는 것이므로, 주주의 이익배당청구권은 주주의 권리 중에서 자익권의 대표적인 것으로서 가장 중요하고 본질적인 고유권한이다. 이익배당청구권에는 주주권의 내용이 되어 있는 배당을 받는다는 추상적 권리와 주주총회 또는 이사회의 배당결의에 따른 결의내용에 의하여 구체화된 배당금지급청구권으로 나눌 수 있다. 배당금지급청구권은 독립한 금전채권이므로, 주식과는 별개로 양도, 압류, 입질 등의 대상이 된다. 배당금지급청구권은 5년간 행사하지 아니하면 소멸시효가 완성한다(상법 제464조의 2 제2항).

중간배당의 유무 또는 규모에 관한 결정자체는 합리적인 기업경영을 위하여 이사회의 재량에 맡기고 있으므로 주주가 이사회에 대하여 중간배당결의를 청구할 수는 없다.[75] 마찬가지로 이사회의 중간배당결의가 없는 상황에서 주주가 중간배당을 강제하는 소송은 불가능하다. 대법원 판례도 이와 동일한 입장이다.[76]

3. 사안에 대한 적용

상법상 주주의 이익배당청구권은 주주의 본질적 이익에 관한 고유권으로 해석되지만 추상적인 권리에 머무르고 있다. 따라서 본 사안에서 X는 이사회에 대하여 중간배당을 강제하는 소를 제기하는 것은 허용되지 않는다.

Ⅲ. 설문 (2)에 대하여

1. 감사에 대한 소집통지

(1) 소집통지의 필요성

감사는 이사의 직무집행을 감사하는 필요적 기관이므로(상법 제412조 제1항), 이러한 직무집행감사권의 행사를 용이하게 하기 위해서 그에게 이사회 출석권 및 의결진술권이 부여되어 있다(상법 제391조의 2 제1항). 그런 이유로 이사회의 소집은 감사에게 통지되어야 한다(상법 제390조 제3항).

(2) 소집통지가 결여된 경우의 효력

(가) 학설 및 판례

감사에 대한 이사회 소집통지가 결여된 경우 당해 이사회결의의 효력에 대해

75) 서울고등법원 1976.6.11. 선고 75다1555 판결 참조.
76) 대법원 1983.3.22. 선고 81다343 판결.

서는 학설이 나누어진다. 먼저 감사는 본래 이사회의 구성원이 아니며, 이사회의 결의에 대해서 의결권은 가지고 있지 않다는 점에서 감사에 대하여 이사회 소집 통지 없이 개최된 이사회에서의 결의가 유효하게 볼 수 있다는 견해가 있다. 이와 동일한 취지의 하급심 판례도 있다.[77]

반면에 상법이 감사의 권한과 독립성을 강화하는 관점에서 감사에게 이사회 출석권 및 의견진술권을 준 취지를 감안하면 감사에의 소집통지는 절차적으로 중요하기 때문에 감사에 대한 소집통지의 누락은 소집절차에 하자가 있는 것으로 보아야 한다는 견해가 있다.[78]

(나) 검 토

감사에 대하여 소집통지의 누락이 있는 경우는 이사회결의의 성립과정에 중대한 하자가 있으므로 그 결의는 무효라고 해석하여야 한다. 감사의 권한과 독립성을 보장하는 차원에서 살펴본다면 감사에 대한 통지누락은 직무집행감사의 기회를 빼앗는 것이므로 이사회 결의의 중대한 하자라고 해야 할 것이다. 또한 이사회가 소수합의체이므로 해당 감사의 발언에 대한 영향력을 고려하더라도 통지누락이 결의 결과에 영향이 없다고는 단정할 수 없다. 이에 감사에 대한 이사회 소집통지누락은 이사회 결의의 중요한 하자로 보아야 한다.

(3) 통지를 받지 못했던 감사가 이사회에 출석하여 이의를 진술하지 않은 경우의 효력

이 경우는 통지누락의 하자는 치유되고 결의의 효력에 영향은 없는 것으로 해석된다. 사전의 동의가 있다면 소집통지를 받을 권리를 포기할 수 있는 뜻을 규정하고 있는 상법 제390조 제4항을 유추하여 보면 감사가 이사회에 출석하는 것은 소집통지를 받을 권리를 사후적으로 포기할 수 있는 것으로 풀이된다.

2. 사안에 대한 적용

감사에 대한 통지누락이 이사회 결의의 중요한 하자라고 할 경우에는 Y가 이사회 소집통지를 받지 못하였으므로 당해 이사회의 무배당결의는 무효이다. 다만, 본 사안에서 통지를 받지 못했던 Y가 이사회에 출석하여 이의도 진술하지 않은 경우 통지누락의 하자는 치유되고 결의의 효력에 영향은 없는 것으로 된다.

77) 부산고등법원 2004.1.16. 선고 2003나12328 판결.

78) 권기범, 「현대회사법론」 제2판(삼지원, 2005), 772-773면.

한편, 감사에 대한 이사회 소집통지의 누락이 있어도 이사회결의에 영향이 없다는 견해와 하급심 판례에 의하면 본 사안에서의 Y에 대한 소집통지누락이 있어도 이사회의 무배당결의는 유효하다. 따라서 본 사안에서는 어느 학설이나 판례를 따르더라도 결과적으로는 이사회의 무배당결의는 유효하다.

Ⅳ. 설문 (3)에 대하여

1. 제소청구의 상대방

(1) 제소청구요건의 의의

(가) 제소청구요건의 정의와 기능

주주가 대표소송을 제기하기 위해서는 원칙적으로 회사에 대하여 이유를 기재한 서면으로 이사의 책임을 추궁할 소의 제기를 청구하여야 한다. 이를 제소청구요건이라 한다.

우리 상법은 이사와 회사간의 소에 관해서는 감사가 회사를 대표한다는 규정(상법 제394조)을 두고 있으므로 주주가 정식으로 대표소송을 제기하기 전에 소수주주는 감사에 대해 소의 제기를 청구하여야 한다. 이와 같이 소제기 전의 절차를 두고 있는 이유는, 첫째 회사가 대표소송의 주된 이해관계자이며, 둘째 제소여부의 문제는 본래 이사의 경영판단의 범위 내에 속하고, 셋째 제소청구를 통해 회사로 하여금 본격적인 소송의 단계에 들어가기 전에 이사의 행동을 적정하게 하거나 제소청구권자와의 화해를 조장하여 소송의 필요성을 줄일 수 있으며, 넷째 제소절차는 주주들의 남소로부터 이사를 보호하고, 더 나아가 주주들의 위협소송 또는 착취소송을 억제하게 하는 기능을 하기 때문이다.

(나) 제소청구요건과 주주의 소제기

감사가 주주에 의한 제소청구를 받은 날로부터 30일 이내에 제소하지 않는 경우에야 제소를 청구하였던 당해 주주는 비로소 직접 소를 제기할 수 있다(상법 제394조, 제403조 3항). 감사가 소를 제기하지 않은 이유가 무엇인가는 불문한다. 만약에 주주가 상법이 정한 30일의 기간이 경과하기 전에 대표소송을 제기하였다면 법원은 그 소를 부적합한 것으로 보아 각하하여야 한다. 이는 상법상의 주주대표소송이 회사의 의사결정에 대해 보충적 지위에 있음을 보여 준다.

만약 30일의 제소청구기간의 경과 후에 소를 제기하는 경우 회사에 회복할 수 없는 손해가 발생할 염려가 있다면 제소청구가 면제된다(상법 제403조 4항). 예컨대, 이사가 회사의 재산을 은닉하거나 무자력으로 되는 경우 또는 이사에 대하여 가지는 회사의 채권이 시효로 소멸되거나 회사에 대한 이사의 책임이 해제(상법 제450조)될 경우 등에는 즉시 제소할 수 있다.

(2) 감사에 대한 주주대표소송에서 제소청구의 상대방

1인의 감사를 둔 회사의 소수주주가 그 감사의 책임을 추궁하기 위한 대표소송을 제기하고자 할 때 누구를 상대로 제소청구를 하여야 할 것인지가 문제된다. 현행 상법은 이사와 회사간의 소에 대해서는 감사가 회사를 대표한다는 규정(상법 제394조 제1항)과 감사위원회의 위원이 소의 당사자인 경우 감사위원회 또는 이사가 법원에 회사를 대표할 자를 선임할 것을 신청할 수 있다는 규정(상법 제394조 제2항)만을 두고 있어 감사를 대상으로 한 주주대표소송의 제소청구상대방에 대해서는 명문의 규정이 없다.

감사에 대하여 대표소송에 제기되었을 경우 감사위원회의 권한과 의무에 대하여 상법상 감사의 그것을 준용하고 있다는 점(상법 제415조의 2 제6항)을 고려하여 상법 제394조의 제2항을 유추적용하는 방향으로 해석하여 대표이사가 법원에 회사를 대표할 자를 선임하여 줄 것을 신청하여야 한다고 풀이하여야 한다.[79] 이에 감사에 대한 주주대표소송에서는 법원이 선임한 대표자를 상대방으로 하여 제소청구를 하여야 한다.

2. 감사권의 범위

(1) 서 언

감사가 직무집행감사를 함에 있어서 이사의 직무집행의 적법성만을 감사할 수 있는지 또는 그 타당성까지도 감사할 수 있는지에 대해서는 견해가 나누어진다.

(2) 학 설

(가) 무한정설

타당성에 대한 감사를 긍정하는 견해에서는 첫째, 상법은 감사의 권한에 대해 이사의 직무집행을 감사한다는 포괄적인 규정(제412조 제1항)을 두고 있어 아무런 제한도 마련하고 있지 않다는 점과 둘째, 감사가 이사회에 출석하여 의견을

79) 이철송, 「회사법강의」 제14판(박영사, 2007), 671면.

진술할 수 있다고 되어 있는 것(상법 제391조의 2 제2항)은 감사에게 타당성감사까지 기대하는 취지라는 것을 근거로 들고 있다.

(나) 한정설

감사의 감사권이 적법성감사에 한하므로 타당성감사를 할 수 없다는 입장에서는 업무집행권한을 가지고 있지 않은 감사가 그것의 타당성에 대해 적절한 판단을 할 수 있는지는 의문이며, 감사에게 타당성의 권한을 인정한다면 이사회의 업무집행기관으로서의 경영판단에 관한 자유를 부당하게 구속하는 것이 된다는 이유 등을 들고 있다.

(다) 절충설

원칙적으로 감사는 적법성감사에 한하지만 현저히 부당한 업무집행에 대해서는 타당성감사도 할 수 있다는 견해이다.

(3) 검 토

생각건대, 감사의 감사권은 타당성까지는 미치지 않는다고 풀이한다. 회사 내에서 완전히 업무집행의 영역 밖에 있는 감사는 경영정책의 타당성에 대해 적절한 판단을 할 수 있는 지위에 있지 않으며, 감사의 타당성감사를 인정하는 것은 주식회사의 기관분화와 권한분배에 반하기 때문에 타당성의 감사는 이사회가 행해야 할 것이다. 또한 이사의 직무집행이 "현저하게 부당"(상법 제413조, 제447조의 4 제2항 제8호)한 정도이라면 이사의 선관의무·충실의무의 문제로 되므로(상법 제382조 제2항, 제382조의 3), 적법성만이 감사의 대상이 되는 것으로 해석해야 하는 것이 바람직하다.

3. 사안에 대한 적용

X는 Y에 대한 대표소송에서는 법원이 선임한 대표자에게 제소청구를 하여야 한다. 본 사안에서 丙 회사의 이사회결의 내용은 위법하지 않더라도 그것이 타당성이 결여된 것인지에 대해서는 논란이 있을 수 있다. 따라서 법원이 감사의 타당성감사권 여부와 관련하여 한정설을 취하는 경우에는 X의 주장은 인용되지 않을 것이다. 중간배당 여부에 관한 결정은 이사회의 재량사항이므로 이사의 현저히 부당한 업무집행이라 볼 수 없어 절충설에 따를 경우에도 동일한 결론이 나온다. 그러나 법원이 감사가 타당성 감사를 할 수 있다는 무한정설의 입장을 취하는 경우에는 Y가 배당가능이익이 있음에도 불구하고 이사회가 무배당결의를 한

것에 대해 이의를 제기하지 않은 것은 그의 임무해태로 되어 X의 주장이 인용될 여지가 있다.

V. 사례의 해결

1. 설문 (1)에서 주주의 이익배당청구권은 추상적인 권리이므로 X는 이사회에 대하여 중간배당을 강제하는 소송은 허용되지 않는다.

2. 설문 (2)에서 감사에 대한 통지누락이 이사회 결의의 중요한 하자라고 보는 입장을 취할 경우 Y에 대한 이사회 소집통지의 누락으로 인하여 당해 이사회의 무배당결의는 무효이다. 다만, Y가 통지를 받지 못하였음에도 불구하고 이사회에 출석하여 이의를 진술하지 않았으므로 통지누락의 하자가 치유되어 결의의 효력에 영향이 없게 된다. 이에 대하여 감사에 대한 이사회소집통지의 누락은 이사회 결의에 영향을 미치지 않는다는 견해와 하급심 판례에 의하면 Y에 대한 소집통지누락이 있어도 이사회의 무배당결의는 유효하다. 따라서 본 사안에서는 어느 학설이나 판례에 의하더라도 이사회의 무배당결의는 유효하다.

3. 설문 (3)에서 X가 Y에 대해 주주대표소송을 제기하기 위해서는 우선적으로 법원이 선임한 대표자에게 제소청구를 하여야 한다. 본 사안에서 丙 회사의 이사회결가 타당성이 결여된 것인지에 대해서는 검토할 필요가 있다. 법원이 감사의 타당성감사에 대해 부정적인 입장 또는 현저하게 부당한 경우에만 타당성감사를 할 수 있다는 절충설을 취하는 경우에는 X의 주장은 인용되지 않을 것이다. 반면에 법원이 감사의 타당성감사권을 긍정하는 입장을 따를 경우에는 X의 주장이 인용될 가능성이 있다.

◎ 참조 판례

대법원 1983.3.22. 선고 81다343 판결

사원총회의 계산서류승인에 의한 배당금의 확정과 배당에 관한 결의가 없는 경우에는 이익배당금 청구는 이유없다.

서울고등법원 1976.6.11. 선고 75다1555 판결

이익배당의 결정은 주주총회의 권한에 전속하기 때문에 주주총회결의에 의하여 비로소 그 내용이 구체적으로 확정되는 것이고 이익배당이 확정되기 전에는 주주의 이익배당청구권은 일종의 기대권을 내용으로 하는 추상적인 권리에 지나지 않는다고 할 것이므로 …… 주주가 이익배당에 관한 주주총회결의를 강요할 수도 없는 것이므로 …… 적법한 이익배당에 관한 주주총회의 결의가 없다 하여 상법상의 채무불이행 또는 불법행위도 될 수 없다.

부산고등법원 2004.1.16. 선고 2003나12328 판결

감사는 이사회결의에 있어 의견을 진술할 권한이 있을 뿐 의결권은 없어 감사에 대하여 소집통지가 되지 않아 감사가 출석하지 않은 상황에서 이사회결의가 되었다고 하더라도 그 이사회의 의사형성에 결정적인 영향을 미쳤다고 보기가 어려워 그 이사회결의가 무효라고 볼 수 없다.

대법원 2002.3.15. 선고 2000다9086 판결

상법 제394조 제1항에서는 이사와 회사 사이의 소에 있어서 양자간에 이해의 충돌이 있기 쉬우므로 그 충돌을 방지하고 공정한 소송수행을 확보하기 위하여 비교적 객관적 지위에 있는 감사로 하여금 그 소에 관하여 회사를 대표하도록 규정하고 있는바, 소송의 목적이 되는 권리관계가 이사의 재직중에 일어난 사유로 인한 것이라 할지라도 회사가 그 사람을 이사의 자격으로 제소하는 것이 아니고 이사가 이미 이사의 자리를 떠난 경우에 회사가 그 사람을 상대로 제소하는 경우에는 특별한 사정이 없는 한 위 상법 제394조 제1항은 적용되지 않는다.

대법원 1990.5.11. 선고 89다카15199 판결

피고 회사의 이사인 원고가 피고 회사에 대하여 소를 제기함에 있어서 상법 제394조에 의하여 그 소에 관하여 회사를 대표할 권한이 있는 감사를 대표자로 표시하지 아니하고 대표이사를 피고 회사의 대표자로 표시한 소장을 법원에 제출하고, 법원도 이 점을 간과하여 피고 회사의 대표이사에게 소장의 부본을 송달한 채, 피고 회사의 대표이사로부터 소송대리권을 위임받은 변호사들에 의하여 소송이 수행되었다면, 이 사건 소에 관하여는 피고 회사를 대표할 권한이 대표이사에게 없기 때문에 소장이 피고에게 적법유효하게 송달되었다고 볼 수 없음은 물론 피고 회사의 대표이사가 피고를 대표하여 한 소송행위나 피고 회사의 대표이사에 대하여 원고가 한 소송행위는 모두 무효이다.

24

회계장부열람청구권과 실질주주 등

甲 주식회사의 최대주주이자 대표이사로 재직중인 X는 동 회사와 경쟁관계에 있는 乙 주식회사가 발행한 주식 총수의 1%는 자신의 명의로 그리고 2%는 타인의 명의를 빌려서 인수한 상태이다. 甲 회사와 乙 회사 상호간에 상품경쟁이 치열해지자 X는 여유자금을 동원하여 乙 회사를 흡수합병하기로 마음먹고 乙 회사 이사회에 대하여 합병을 제의하였으나 받아들여지지 않았다. 이에 X는 乙 회사의 이사회를 압박하여 합병에 대한 동의를 얻어내려는 차원에서 "회사재산이 적정하게 운용되고 있는지를 조사하기 위해"라는 이유를 붙인 서면에 의하여 乙 회사의 이사회의 의사록과 회계장부에 대하여 열람 및 등사를 청구하였다. 이러한 X의 청구는 정당한가?

Ⅰ. 문제의 소재

주주이면 누구든지 개별적 청구에 의하여 영업시간 내에 이사회의 의사록을 열람 또는 등사청구를 할 수 있다. 乙 회사의 주주인 X는 乙 주식회사 이사회 의사록의 열람·등사청구권을 행사할 수 있는 위치에 있다. 주주가 회사의 이사회 의사록에 대하여 열람을 청구하더라도 회사는 정당한 이유가 있다면 그 청구를 거절하는 것도 가능하다. 따라서 본 사례에서 X의 이사회 의사록을 열람·등사 청구하는 것에 대하여 乙 회사가 거절할 수 있는지를 검토하여야 한다.

주식회사의 회계장부열람을 청구하기 위해서는 발행주식 총수의 3% 이상을 소유하여야 한다. 이와 관련하여 X가 타인명의를 빌려 인수한 2%의 주식에 대한 주주권의 귀속주체가 누구인가에 따라 회계장부열람청구권을 행사할 수 있는지의 여부가 결정된다. 만약에 본 사례에서 X가 실질주주로서 권리를 행사할 수 있는 지위에 있다면 乙 회사 발행주식 총수의 100분의 3에 해당하는 주식을 가지고 있으므로 회계장부열람을 청구할 수 있지만, 명의주주에게 주주권이 귀속할 경우에는 그러하지 않다.

소수주주가 회계장부열람을 청구하기 위해서는 이유를 기재한 서면을 회사측에 제출하여야 한다. 이 경우 "회사재산이 적정하게 운용되고 있는지를 조사하기 위해"라고 제시한 이유가 회계장부열람을 정당화할 수 있을 정도로 충분한 것인지를 검토하여야 한다. 요컨대, 여기서는 기재한 이유의 구체성의 정도가 문제된다.

마지막으로는 X가 회계장부열람청구를 한다고 하더라도 乙 회사가 그 청구의 부당함을 증명하여 그 청구를 거부할 수 있는지를 가늠해 보아야 한다. 본 사례에서는 X 자신이 최대주주이면서 대표이사로 있는 甲 회사와 경쟁상태에 있는 乙 회사와의 합병이 X의 의도대로 이루어지지 않기 때문에 乙 회사의 이사회를 압박하기 위하여 회계장부열람을 청구하였는데, 이 경우가 乙 회사가 열람청구를 거부할 수 있는 사유에 해당하는지의 여부가 문제된다.

Ⅱ. X의 乙 회사 이사회 의사록 열람청구의 정당성 유무

1. 이사회 의사록의 공시와 제한

(1) 이사회 의사록의 의의

이사회는 주주총회와 같이 의사록을 작성하여야 한다(상법 제391조의 3 제1항). 이사회 의사록은 의사에 대한 증거의 역할을 한다. 결의에 참가한 이사가 의사록에 이의를 한 기재가 없는 한 그 결의에 찬성한 것으로 추정한다. 이사회 의사록에는 의사의 안건, 경과요령, 그 결과, 반대하는 자와 반대이유를 기재하고 출석한 이사 및 감사가 기명날인 또는 서명한다(상법 제391조의 3 제2항).

(2) 열람청구권의 내용

주주는 영업시간 내에 개별적인 청구를 통해 이사회 의사록을 열람 또는 등사를 청구할 수 있다(상법 제391조의 3 제3항). 청구의 방법과 관련해서는 상법에 특별히 규정하지 않고 있으므로 제한이 없다. 그러한 주주의 청구에 대하여 회사는 중요한 기밀이 외부에 누출되는 것을 방지하거나 기타 회사의 이익을 위하여 필요하다는 등의 이유를 붙여 거절할 수 있다(상법 제391조의 3 제4항 제1문).

이와 관련하여 대법원 판례도 "주주의 이사회의 의사록 ……에 대한 열람 · 등사청구가 있는 경우, 회사는 그 청구가 부당함을 증명하여 이를 거부할 수 있는바, 주주의 열람 · 등사권행사가 부당한 것인지 여부는 그 행사에 이르게 된 경위, 행사의 목적, 악의성 유무 등 제반사정을 종합적으로 고려하여 판단하여야 할 것이고, 특히 주주의 이와 같은 열람 · 등사권의 행사가 회사업무의 운영 또는 주주 공동의 이익을 해치거나 주주가 회사의 경쟁자로서 그 취득한 정보를 경업에 이용할 우려가 있거나, 또는 회사에 지나치게 불리한 시기를 택하여 행사하는 경우 등에는 정당한 목적을 결하여 부당한 것이라고 보아야 한다"고 판시하고 있다.[80]

(3) 법원의 허가에 의한 열람

설령 회사가 거절하였다고 하더라도 주주는 법원의 허가를 얻어 의사록을 열람 또는 등사할 수 있다(상법 제391조의 3 제4항 제2문). 이는 주주의 열람청구에 대한 회사의 거절행위가 남용되는 것을 견제하기 위하여 마련해 둔 일종의 구제책이다. 따라서 주주가 이사의 책임을 묻기 위하여 필요한 경우이거나 기타 주주의 권리행사에 반드시 필요한 경우라면 회사가 열람청구를 거절하였더라도 법원은 주주의 청구에 대해 허가하여야 할 것이다.

2. 사안에 대한 적용

본 사안에서 X가 주주이므로 이사회 의사록의 열람을 청구할 수 있는 권리를 가진다. 상법상 열람청구의 방법에는 제한이 없으므로 X가 이유를 붙인 서면으로 한 열람청구는 적법하다. 그러나 X의 의사회 의사록에 대한 열람청구가 乙 회사를 합병하기 위하여 이사회에 압력을 가하기 위한 차원에서 이루어졌는데, 이는 회사기밀누출방지나 회사이익보전과는 거리가 있어 주주권의 남용에 해당된다. 따라서 乙 회사는 X의 청구를 거절할 수 있다. 대법원 판례에 의하는 경우에도 동일한 결론이 나온다. 이 때문에 X가 법원에 열람허가를 청구하더라도 법원은 그러한 청구를 받아들이지 않을 것이다.

Ⅲ. X에 대한 乙 회사 주식 2%의 주주권 귀속 여부

1. 타인명의를 차용한 주식인수의 경우 주주권의 귀속관계

(1) 서 언

주식을 인수함에 있어서는 자기의 명의를 사용하지 않고 타인의 명의로 하는 경우가 종종 있다. 예컨대, 자기의 정체를 드러내지 않기 위하여 가설인(假設人)

80) 대법원 2004.12.24.자 2003마1575 결정.

이나 타인의 명의를 이용하여 주식을 인수하는 것이다. 이 때 누구를 주주로 볼 것인지가 문제된다. 즉, 명의주주와 실질주주 중 누가 회사와의 관계에서 주주권을 행사할 수 있는지를 살펴보아야 한다.

상법은 타인의 명의에 의한 주식의 인수에 대하여 회사자본의 충실을 도모하기 위한 차원에서 이원적인 규제를 마련하고 있다. 즉, 상법 제634조는 납입의 책임을 면탈하기 위하여 타인의 명의로 주식을 인수하는 경우에는 그 인수인에게 형벌을 부과한다고 규정하고 있으며, 동법 제332조는 그 경우에 납입책임을 실제 부담하는 자를 명백히 하고 있다.

상법 제332조 제1항은 타인의 승낙없이 그 명의로 주식을 인수한 경우 실제 인수한 자를 주식인수인으로서의 책임을 지게 하였고, 동조 제2항에서는 타인의 승낙을 얻어 그 명의로 주식을 인수하였다면 그 타인과 연대하여 납입할 책임이 있음을 규정하고 있다. 그러나 상법 제332조는 타인을 위하여 타인의 명의로 주식인수를 할 경우에는 적용되지 않는다. 왜냐하면 그 경우에는 행위자는 타인을 위하여 사용되었음에 불과하므로 그 타인이 주식인수인이기 때문이다.

상법 332조는 인수된 주식에 대해 누가 주금을 납입할 책임이 있는가에 관한 규정일 뿐, 이 경우 누가 주주로 되는지에 관해서는 분명히 하지 않고 있다. 그리하여 주주권의 귀속주체와 관련하여 견해가 나누어지고 있다.

(2) 학 설

(가) 형식설

형식설은 명의를 빌려준 자(명의대여자)가 주식인수인으로서 주주가 된다는 견해이다. 이 견해는 주식에 관한 법률관계는 집단적 · 대량적으로 처리하여야 하므로 원칙적으로 외부로부터 용이하게 식별할 수 있게 하는 것이 바람직하다는 점을 근거로 들고 있다. 즉, 형식적이고도 획일적인 표준에 의하여 주주권의 귀속관계를 정하여야 하므로 주식청약서에 기재된 명의에 따라 객관적 · 형식적으로 주식인수인을 결정하는 것이 바람직하다는 입장이다.

(나) 실질설

실질설에서는 명의를 빌려 주식을 인수한 명의차용자가 주주로 보는 입장이다. 말하자면, 상법 제332조 제1항의 문언을 살펴볼 때 실질상의 행위자인 명의차용자가 주주가 되는 것을 규정하고 있으며, 이를 동조 제2항과 균형있게 해석할 경우 동조 제2항에서도 실질상의 행위자인 명의차용자를 주주로 취급하는 것이 타당하다는 입장이다.

(다) 판 례

대법원은 예전부터 일관되게 실질설의 입장을 취하고 있다.[81]

(라) 검 토

타인명의로 주식을 인수한 경우 자기에게 그 효과를 귀속시키려는 의사로 행위를 한 자가 그 의무를 부담한다는 민법의 일반원칙을 기준으로 판단한다면 주식인수의 명의에 상관없이 실질적으로 주식을 인수하고 주금액을 납입한 자를 주주로 된다고 보는 것이 타당하다.

2. 사안에 대한 적용

본 사안에서는 X가 타인의 명의를 빌려서 주식을 인수하고 직접 소유하고 있다는 점에서 타인의 명의로 타인을 위하여 인수한 것으로는 볼 수 없다. 타인명의로 자신을 위한 주식인수와 관련한 형식설을 따를 경우 乙 회사의 발행주식 2%를 자신의 명의로 인수한 것이 아니므로 회계장부를 열람청구할 수 있는 지주율요건인 3% 요건을 갖추지 못하게 된다. 그러나 실질설에 의하면 X가 乙 회사의 발행주식 2%에 대해 주주권을 가지므로 3% 요건을 충족시킨다. 이에 실질설을 전제로 하여 아래에서는 X의 회계장부열람청구권의 행사가 정당한지의 여부를 살펴보기로 한다.

Ⅳ. X의 회계장부열람청구의 정당성 유무

1. 주주의 회계장부열람청구권

(1) 열람청구권자

발행주식 총수의 100분의 3 이상에 해당하는 주식을 가진 주주만이 회계의 장부와 서류의 열람 또는 등사를 청구할 수 있다(상법 제466조 제1항). 이는 상법이 주주의 권한남용을 방지하기 위하여 회계장부열람청구권을 소수주주권으로 규정하고 있다.

회계장부열람청구권은 기업의 전반적인 운영상황에 관한 정보를 획득하기 위한 것으로서 소수주주권 중에서 가장 기본이 되는 권리이다. 소수주주가 회계장

81) 대법원 1975.7.8. 선고 75다410 판결; 동 1985.12.10. 선고 84다카319 판결; 동 1998.4.10. 선고 97다50619 판결; 동 2005.2.18. 선고 2002도2822 판결.

부를 열람함에 있어서는 반드시 주주 스스로가 하여야 하는 것은 아니므로 제3자에게 위임하거나 보조자로서 공인회계사, 변호사, 세무사, 또는 속기사 등을 사용할 수 있다.

(2) 열람청구이유의 구체성 요건

열람청구권을 행사하기 위해서는 주주는 그 이유를 구체적으로 기재하고 열람 또는 등사의 대상을 구체적으로 특정하여야한다. 상법이 열람청구이유의 기재를 요건으로 한 취지는 회사에서 열람·등사에 대응해야 할 회계장부·자료의 범위 등에 대한 판단을 용이하게 하고, 열람청구거부사유의 존재 여부를 판단하는 자료로서 이용하기 위해서이다. 따라서 서면에 기재된 이유로부터 회사가 열람 또는 등사의 청구목적에 필요하다고 생각되는 장부·자료를 특정할 수 있는 정도로 구체적인 기재가 있어야 한다. 대법원 판례도 이와 동일한 입장이다.[82] 하급심 판례도 "회사의 어떤 업무집행행위가 부정한 행위 또는 부적정한 행위에 해당한다는 것인지를 파악할 수 있을 정도로 구체적이어야 하고, 한편 소수주주가 열람청구의 이유로 제시하는 회사의 부정한 행위 또는 부적정한 행위가 사실인지 모른다는 최소한의 합리적인 의심이 생기는 정도이어야 할 것이다"라고 판시하고 있다.[83]

어느 정도의 기재가 구체적이라 할 수 있는지에 관해서는 참조할 만한 하급심 판례가 있다. 이 판례에 따르면 "단지 세무회계상의 이익유무 및 그 규모, …회사의 자산 및 회계현황, 재정상태, 자금의 흐름 등을 파악하기 위하여" 회계장부열람을 청구한 경우에는 열람 및 등사를 구하는 구체적인 이유에 대하여 적시하지 못한 것으로 보아 회사는 이를 거부할 수 있다.[84]

(3) 열람의 대상

소수주주가 열람청구할 수 있는 대상은 회계의 장부와 서류인데,[85] 이는 회사의 경리상황을 나타내는 장부와 서류를 뜻하며 현재 사용중이거나 이미 폐쇄된 것임을 구분하지 않는다. 여기서 회계장부라 함은 상법 제29조에서 정한 회계장부를 가리키며, 그 예로서는 재무제표 및 그 부속명세서의 작성의 기초가 되는

---

82) 대법원 1999.12.21. 선고 99다137 판결.
83) 대구지방법원 2002.5.31.자 2002가합144 결정.
84) 서울지방법원 1998.4.1. 선고 97가합68790 판결.
85) 대법원 2001.10.26. 선고 99다58051 판결 참조.

장부로서 분개장, 원장, 전표 등이 있다. 회계서류는 영수증, 계약서, 또는 납품서와 같이 위 회계장부의 기록을 위한 자료가 되는 서류를 말한다.

(4) 열람청구에 대한 거부

소수주주의 회계장부열람청구에 대하여 회사는 그 청구의 부당함을 증명하지 아니하면 이를 거부하지 못한다(상법 제466조 제2항). 소수주주의 청구가 부당한 경우의 예로서는 회계장부의 열람이 주주의 권리확보나 행사와 무관한 경우, 회사 및 다수주주의 이익을 해하기 위한 경우, 그리고 권리행사자가 회사와 경업관계에 있거나 가까운 장래 경업할 가능성이 있어 회사의 이익을 해할 우려가 있는 경우 등을 들 수 있다.[86]

대법원 판례에 따르면 "주주라는 지위를 내세워 상대방을 압박함으로써 궁극적으로는 자신의 목적인 경영권 인수(적대적 M&A)를 용이하게 하기 위하여" 회계장부에 대하여 열람·등사권을 행사하고, 게다가 "두 회사가 경업관계에 있기 때문에 …… 열람·등사 청구를 통하여 얻은 상대방의 영업상 비밀이 [주주]의 구체적인 의도와는 무관하게 경업에 악용될 우려가 있다"면 그러한 열람·등사청구는 정당한 목적을 결한 것이라고 판시한 바 있다.[87]

회사가 정당한 이유없이 회계장부열람청구를 거부하면 소수주주는 열람청구의 소를 제기할 수 있으며 회계장부나 서류를 은닉·변경할 염려가 있을 때에는 그 장부나 서류의 보전을 위하여 가처분신청할 수 있다. 정당한 사유없이 주주의 열람청구를 거부한 경우 이사는 과태료의 제재를 받는다(상법 제635조 제1항 제4호).

2. 사안에 대한 적용

본 사안에서 X가 을 주식회사의 회계장부를 열람청구할 수 있는 권리를 가졌다고 하더다도 그 열람에 대하여 단지 "회사재산이 적정하게 운용되고 있는지를 조사하기 위해"라는 이유를 붙인 것은 열람청구를 정당화시킬 구체적인 이유를 제시한 것으로 풀이할 수 없다. 더 나아가 X의 열람청구권 행사의 진정한 의도는 자신의 회사와 경쟁관계에 있는 乙 회사를 흡수합병하기 위하여 이사회에 대해 압박을 가하려는 데 있으므로 동 회사는 X의 청구가 상법 제466조 제2항의 열람

86) 대법원 2004.12.24.자 2003마1575 결정 참조.
87) 대법원 2004.12.24.자 2003마1575 결정.

거부사유에 해당된다는 것을 이유로 X의 회계장부의 열람·등사청구를 거부할 수 있다. 대법원 판례에 따르더라도 결론은 이와 동일하다.

Ⅴ. 사례의 해결

주주 X는 乙 회사 이사회의 의사록에 대한 열람을 청구할 수는 있으나 그 청구가 합병을 목적으로 乙 회사의 이사회에 압력을 가하기 위한 차원에서 이루어졌으므로 乙 회사는 X의 청구를 거절할 수 있다. 만약 X가 법원에 열람허가를 청구하더라도 법원은 그러한 청구를 받아들이지 않을 것이다.

타인명의로 한 주식인수에서의 주주권의 귀속주체에 관련된 형식설에 의할 경우 乙 회사의 발행주식 2%에 대해서는 주주권을 가지지 못하므로 회계장부를 열람청구할 수 있는 지주율요건을 충족하지 못한다. 그러나 실질설에 의하면 X는 자신이 보유한 주식 1% 이외에도 乙 회사의 발행주식 2%에 대해 주주권을 가지게 되어 회계장부를 열람청구할 수 있는 3% 요건을 충족한다.

X가 乙 회사의 회계장부를 열람청구하면서 제시한 "회사재산이 적정하게 운용되고 있는지를 조사하기 위해"라는 이유는 그 청구를 정당화시킬 정도로 구체적이지 않아 乙 회사는 그러한 X의 청구를 거부할 수 있다. 또한 X는 乙 회사 이사회에 대해 압박하기 위해 회계장부를 열람청구하는 것이므로 乙 회사는 X의 청구가 부당하다는 이유로 그의 열람·등사청구를 거부할 수 있다. 대법원 판례에 따르더라도 마찬가지로 X의 회계장부의 열람·등사청구를 거부할 수 있다.

◎ 참조 판례

대법원 1985.12.10. 선고 84다카319 판결

실제로 주식을 인수하여 그 대금을 납입한 명의차용인만이 실질상의 주식인수인으로 주주가 된다고 할 것이고 단순한 명의대여자에 불과한 자는 주주로 볼 수 없다.

대법원 1999.12.21. 선고 99다137 판결

주식회사 소수주주가 상법 제466조 제1항의 규정에 따라 회사에 대하여 회계의 장부와 서류의 열람 또는 등사를 청구하기 위하여는 이유를 붙인 서면으로 하여야 하는바, 회계의 장부와 서류를 열람 또는 등사시키는 것은 회계운영상 중대한 일이므로 그 절차를 신중하게 함과 동시에 상대방인 회사에게 열람 및 등사에 응하여야 할 의무의 존부 또는 열람 및 등사를 허용하지 않으면 안 될 회계의 장부 및 서류의 범위 등의 판단을 손쉽게 하기 위하여 그 이유는 구체적으로 기재하여야 한다.

대법원 2001.10.26. 선고 99다58051 판결

상법 제466조 제1항에서 정하고 있는 소수주주의 열람·등사청구의 대상이 되는 "회계의 장부 및 서류"에는 소수주주가 열람·등사를 구하는 이유와 실질적으로 관련이 있는 회계장부와 그 근거자료가 되는 회계서류를 가리키는 것으로서, 그것이 회계서류인 경우에는 그 작성명의인이 반드시 열람·등사제공의무를 부담하는 회사로 국한되어야 하거나, 원본에 국한되는 것은 아니며, 열람·등사제공의무를 부담하는 회사의 출자 또는 투자로 성립한 자회사의 회계장부라 할지라도 그것이 모자관계에 있는 모회사에 보관되어 있고, 또한 모회사의 회계상황을 파악하기 위한 근거자료로서 실질적으로 필요한 경우에는 모회사의 회계서류로서 모회사 소수주주의 열람·등사청구의 대상이 될 수 있다.

대법원 2004.12.24.자 2003마1575 결정

상법 제391조의3 제3항, 제466조 제1항에서 규정하고 있는 주주의 이사회의 의사록 또는 회계의 장부와 서류 등에 대한 열람·등사청구가 있는 경우, 회사는 그 청구가 부당함을 증명하여 이를 거부할 수 있는바, 주주의 열람·등사권 행사가 부당한 것인지 여부는 그 행사에 이르게 된 경위, 행사의 목적, 악의성 유무 등 제반 사정을 종합적으로 고려하여 판단하여야 할 것이고, 특히 주주의 이와 같은 열람·등사권의 행사가 회사업무의 운영 또는 주주 공동의 이익을 해치거나 주주가 회사의 경쟁자로서 그 취득한 정보를 경업에 이용할 우려가 있거나, 또는 회사에 지나치게 불리한 시기를 택하여 행사하는 경우 등에는 정당한 목적을 결하여 부당한 것이라고 보아야 한다.

25

합병의 본질과 합병무효의 소

다음은 흡수합병에 관련된 여러 회사의 사례들이다. 이와 관련하여 다음의 물음에 답하라.

(1) A 주식회사는 합병대차대조표상 채무초과회사인 B 주식회사를 흡수합병할 수 있는가?

(2) C 주식회사가 D 주식회사의 일부를 승계하지 않는다는 취지의 규정을 흡수합병계약서에 명시하고자 하는데, 그러한 규정은 유효한가?

(3) E 주식회사가 F 주식회사를 흡수합병하더라도 F 회사의 주주였던 자가 합병후 E 회사의 신주를 배정받을 수 없는 경우를 제시하고 논하시오.

(4) G 주식회사가 H 주식회사를 흡수합병하기 위해 이사회에서 주주총회의 소집을 결정한 후 적법한 절차에 의하여 주주총회를 소집하였으나, 합병반대주주들이 총회장에 대거 참석할 것이라고 예상한 G 회사의 대표이사이자 대주주인 甲은 자신에게 우호적인 일부주주들로만 별도의 장소에 모여서 합병을 승인하고 합병등기를 하였다. 합병등기가 있은 지 1년이 경과한 현재 G 회사의 주주인 乙은 합병절차상의 하자를 이유로 소송을 제기하고자 한다. 소제기가 가능한가? 가능하다면 어떤 종류의 소송을 제기하여야 하는가?

Ⅰ. 문제의 소재

본 사례에서 검토할 사항은 다음과 같다. 설문 (1)에서는 부실회사를 흡수합병할 수 있는지의 여부는 흡수합병에서 피합병회사와 소멸회사간의 관계를 어떻게 파악할 것인지에 관련되어 있다. 이는 합병의 본질에 관한 학설에 따라 결론을 다르게 된다. 설문 (2)에서는 대상회사의 일부를 승계하지 않는 합병계약이 법적으로 가능한지의 여부가 문제된다. 설문 (3)에서는 정책적 이유로 인해 상법상 예외적으로 소멸회사의 주주에게 존속회사의 합병신주가 배정될 수 없는 경우를 논하여야 한다. 설문 (4)에서는 주식회사의 합병절차에는 합병승인을 위한 주주총회의 특별결의가 필요한데, 만약 그러한 주주총회의 결의에 하자가 있으면 주주가 주주총회결의의 하자를 다투는 소송을 제기하여야 하는지 아니면 합병무효의 소라는 특수한 소를 제기하여야 하는지가 문제된다. 이는 주주총회결의의

하자에 관한 소와 합병무효의 소와의 관계에 관한 학설 및 판례에 따라 결론을 달리한다.

Ⅱ. 설문 (1)에 관하여

1. 합병의 의의

합병이라 함은 2개 이상의 회사가 계약에 의해 하나의 회사로 합동하는 것을 말한다. 합병의 구체적인 유형에는 2개 이상의 회사가 계약에 의하여 그 중의 한 회사가 다른 회사를 흡수하는 흡수합병과 신회사를 설립하는 신설합병이 있다.

2. 합병의 본질과 채무초과회사의 흡수합병 허부

(1) 학 설

(가) 인격합일설

인격합일설은 재산 · 주주 등의 합동이라는 효과를 발생시키는 조직법상의 특수한 계약으로 보는 견해이다. 이 견해는 합병을 인격의 합일(合一)으로 풀이하는 것은 너무 지나치게 비유적이라는 단점이 있지만 합병에 의한 피합병회사의 소멸, 권리 · 의무의 포괄승계, 주주의 수용 등을 설명하기에 편리하다.

채무초과회사를 소멸회사로 하는 흡수합병이 허용되는지의 여부에 관해서는 인격합일설에서도 견해가 다시 나누어진다. 자본충실의 원칙에 따라 이를 허용할 수 없다는 견해가 다수이다. 이 밖에 인격합일설의 입장에서 원칙적으로 채무초과회사를 흡수합병하는 것은 불가능하지만 부실기업정리라든지 국민경제상의 필요에서 일정한 경우에 채무초과회사의 합병이 필요하다는 견해도 있다.[88)]

(나) 현물출자설

이는 합병을 소멸회사의 영업 전부를 현물출자하여 자본을 증가시키거나 회사를 설립하는 것으로 이해하는 입장이다. 이 견해에서는 채무가 자본을 초과한 회사를 소멸회사로 하거나 자본이 증가하지 않는 합병을 설명하기 어렵다. 또한 합병을 현물출자로 보는 경우 소멸회사의 주주가 존속회사의 주주로 되는 것을 설명할 수 없다.

---

88) 권기범, "주식회사의 합병,"「고시계」통권398호(1990), 92면.

(2) 판 례

대법원은 회사의 합병이 "소멸회사의 재산과 사원(주주)이 신설회사 또는 존속회사에 법정 절차에 따라 이전·수용되는 효과를 가져오는 것"으로 풀이하고 있어 인격합일설의 입장을 취하고 있는 것으로 보인다.[89] 하지만 채무초과회사의 흡수합병이 가능한지의 여부에 관하여 명시적으로 대법원의 입장을 밝힌 판례는 아직 없다.

(3) 검 토

이상의 학설 및 판례 중에서 합병은 2개 이상의 회사 법인격이 하나가 되고, 재산 및 주주의 통합이라는 효과를 수반하는 회사법상의 특수한 계약이라는 점에서 인격합일설이 타당하다. 인격합일설에 의하는 경우 채무초과회사를 소멸회사로 하는 흡수합병은 자본충실의 원칙에 반한다는 점, 합병의 공정성을 유지하여 존속회사의 주주와 채권자를 보호할 필요성이 있다는 점, 우리 상법이 합병차익을 전제로 한 규정을 두고 있다는 점(제523조 제1호 내지 제3호, 제459조 제2항)을 고려할 때 채무초과한 회사를 흡수합병하는 것은 상법상 허용되지 않는다.

3. 사안에 대한 적용

인격합일설에 따르든 현물출자설에 따르든 간에 A 회사가 채무초과된 B 회사를 흡수합병할 수는 없다는 견해가 다수이다. 이는 인격합일설에서는 그러한 합병은 자본충실의 원칙에 반하기 때문이며, 현물출자설에서는 채무의 출자에 의한 입사를 결과적으로 인정하게 되므로 허용될 수 없다. 다만, 인격합일설에서도 소수의 견해에 의하는 경우 경제정책적으로 필요하다면 그러한 흡수합병도 가능하다.

Ⅲ. 설문 (2)에 대하여

1. 포괄승계로서의 회사합병

포괄승계라 함은 승계취득의 1 유형으로서, 하나의 취득원인에 의하여 다수의 권리가 일괄해서 취득되는 경우를 의미한다. 포괄승계에서는 승계자와 피승계자

89) 대법원 2003.2.11. 선고 2001다14351 판결.

사이에 인격적 동일성이 있다는 점이 특징이다. 합병은 포괄승계의 대표적인 예이다. 즉, 합병에 의하여 소멸회사의 권리의무는 포괄적으로 승계된다. 그러므로 존속회사가 소멸회사의 일부를 승계하지 않겠다는 약정은 포괄승계의 취지에 반하여 무효이다.

2. 사안에 대한 적용

합병의 법적 성질이 포괄승계이므로 C 회사가 D 회사의 일부를 승계하지 않는다는 취지의 규정은 무효이다.

Ⅳ. 설문 (3)에 대하여

1. 소멸회사 주주에 대한 존속회사의 합병신주 배정여부

(1) 원 칙

합병에 의해서 존속회사는 소멸회사의 재산은 물론이고 주주라는 인적 요소를 포괄적으로 승계하므로 소멸회사의 주주에게 존속회사의 신주를 배정하는 것이 원칙이다. 즉, 흡수합병에 의한 소멸회사의 사원은 원칙적으로 당연히 존속회사의 사원이 된다.

(2) 예 외

(가) 서 언

예외적으로 정책적 이유에 따라 소멸회사의 주주에 대하여 존속회사의 신주가 배정되지 않는 경우도 있다. 이에 관하여 자세히 살펴보면 다음과 같다. 이하의 (나)와 (다)의 경우에 대해서는 학설과 대법원 판례[90]가 일치하고 있다.

(나) 소멸회사 주주가 주식매수청구한 경우

주식매수청구는 합병이 회사의 조직에 중대한 변경을 가져오기 때문에 합병에 반대하는 주주에게 투하자본회수의 길을 열어주기 위해 상법상 인정되고 있다(상법 제522조의 3). 이 경우에는 소멸회사에 대하여 주식매수를 청구한 주주의 경우 주주로서의 지위가 소멸하므로 존속회사의 신주를 배정받을 수 없다.

---

90) 대법원 2003.2.11. 선고 2001다14351 판결.

(다) 소멸회사 단주를 처분한 경우

합병당사회사의 재산상태가 다르다면 합병으로 인하여 소멸하는 회사의 주주에게 교부할 존속회사의 주식의 비율산정과 교부 자체를 용이하게 하기 위해 주식병합을 할 수도 있다. 주식병합으로 인해 발생하는 단주에 대해서는 이를 매각하여 그 대금을 교부하게 되며(상법 제530조 제3항), 그 경우 주주로서의 지위는 소멸한다.

(라) 존속회사가 소멸회사의 주식을 가진 경우

존속회사가 소멸회사의 주식을 가진 경우에도 존속회사의 합병신주가 배정되는지의 여부에 관해서는 견해가 나누어진다. 먼저 배정불가설이 있다. 이 견해는 자기주식의 원시취득이 금지되므로 존속회사에 대한 신주배정도 금지된다는 점과 이러한 형태의 주식취득은 상법이 허용하는 자기주식취득 규정(제341조)이 예정한 범위 밖에 있다는 점을 근거로 들고 있다. 한편, 배정가능설도 있다. 이는 존속회사의 재산 일부를 구성하는 소멸회사의 주식이 합병에 의하여 동일한 경제적 가치를 가지고 있는 존속회사의 신주로 바뀌는 것에 지나지 않으므로 합병신주를 배정하는 것도 무방하다는 견해이다.

생각건대, 이상의 견해 중에서 배정가능설이 타당하다. 그 이유는 다음과 같다. 첫째, 존속회사가 합병 이전에 소멸회사의 주식을 가지고 있다는 우연한 사실때문에 존속회사의 소멸회사에 대한 주주로서의 지위를 그 회사의 다른 주주와 달리 취급할 필요는 없다. 둘째, 상법 제341조 제2호가 "회사의 합병으로 …… 인한 때"라고 규정하고 있는데 이는 합병을 원인으로 한 모든 경우에 자기주식을 취득할 수 있음을 밝히는 것으로 해석된다. 다만, 합병으로 인하여 취득한 자기주식을 존속회사는 상당한 시기에 처분하여야 하므로(상법 제342조) 이상의 견해를 구별하는 것은 배정불가설이 합병차익(상법 제459조 제1항 제3호)이 그만큼 더 많이 발생한다는 점을 제외하고는 큰 실익은 없다.

2. 사안에 대한 적용

E 및 F 회사간에 흡수합병이 있더라도 소멸회사인 F 회사의 주주였던 자에게 존속회사인 E 회사의 합병신주가 배정되지 않는 경우로는 F 회사의 합병승인결의에 반대한 주주가 소정의 절차에 따라 주식매수청구권을 행사한 때와 F 회사가 단주처리의 절차를 취한 때가 있다. 또한 E 회사가 F 회사의 주식을 가진 경우에 합병신주의 배정불가설에 따른다면 E 회사의 합병신주는 배정되지 않는

다. 그러나 배정가능설에 의할 경우에도 존속회사가 가지고 있던 소멸회사의 주식에 대하여 신주를 배정하느냐의 여부는 합병 후의 존속회사의 경영정책에 의해 결정될 사항이므로, E 회사가 스스로의 판단하에 자신이 보유한 F 회사 주식에 대해 신주를 배정하지 않을 수도 있다.

V. 설문 (4)에 대하여

1. 합병절차의 하자와 관련하여 제기가능한 소송

(1) 개 관

주식회사의 합병은 합병등기를 함으로써 비로소 완성된다. 이는 합병의 효력은 합병등기를 함으로써 발생하기 때문이다. 본 사안에서는 합병승인을 위한 주주총회의 개최 및 결의 등의 하자에 대해 합병무효의 소와(또는) 주주총회결의의 하자를 이유로 하는 소송을 제기할 수 있는지의 여하가 문제된다. 그러나 전자와 관련하여 상법은 제소기간을 6월로 규정하고 있는 까닭에(상법 제529조 제2항), 본 사안에서 乙은 그 제소기간을 이미 도과한 상태이다.

따라서 본 사안에서는 乙이 주주총회결의의 하자에 관한 소 중에서도 제소기간의 제한이 없는 결의무효확인의 소 또는 결의부존재확인의 소를 제기할 수 있는 경우에 한하여 소제기가 가능하다. 그러한 소제기가능성 유무는 합병무효의 소와 주주총회결의 하자를 다투는 소와의 관계에 따라 결정되며, 그 다음 단계에서 어떤 종류의 소송을 제기할 수 있는지를 판단하여야 한다.

(2) 합병무효의 소

합병에는 다수의 이해관계자가 존재하므로 단체법상 법률관계를 획일적으로 확정하기 위하여 합병무효의 주장은 소송을 통하여 할 수 있다(상법 제529조 제1항). 합병무효의 소의 제소기간은 6월이다(상법 제529조 제2항).

(3) 주주총회결의의 하자를 다투는 소

상법은 법률관계의 안정을 확보하고 주주 등 이해관계자의 이익보호를 위하여 주주총회의 결의에 하자가 있는 경우 하자의 주장방법을 소의 제기로 가능하게 하되, 그러한 소송은 주주총회의 하자의 유형에 따라 결의취소의 소(제376조),

결의무효확인의 소(제380조), 결의부존재확인의 소(제380조), 부당결의 취소·변경의 소(제381조) 등 4가지를 인정하고 있다.

결의취소의 소는 결의의 성립과정에 하자가 있는 경우 제기할 수 있으며, 성립한 결의의 내용이 법령에 위반한다면 결의무효확인의 소를 제기할 수 있다. 결의부존재확인의 소는 주주총회가 개최되었으나 결의라고 인정할 만한 것이 없는 정도의 중대한 하자가 있는 경우 제기할 수 있다. 부당결의의 취소·변경의 소는 결의에 관하여 특별한 이해관계가 있는 자가 의결권을 행사할 수 없게 된 결과 현저하게 부당하게 된 결의에 대한 취소·변경을 구하는 소이다. 이들 소송 중에서 결의취소의 소와 부당결의 취소·변경의 소의 제소기간은 결의의 날로 부터 2월이지만, 나머지 소송은 제소기간에 제한이 없다. 대체적으로 주주라면 결의취소의 소, 결의무효확인의 소, 결의부존재확인의 소의 당사자적격을 충족하지만, 부당결의 취소·변경의 소는 주주총회결의에 관하여 특별한 이해관계가 있어 의결권을 행사할 수 없었던 자만이 원고가 될 수 있다.

본 사안의 경우는 주주총회의 소집절차를 무시한 채 의견을 같이하는 일부주주들만 모여서 한 결의이므로 주주총회결의부존재확인의 소의 원인이 된다.[91]

2. 합병무효의 소와 주주총회결의하자를 다투는 소와의 관계

(1) 학 설

합병무효의 소와 주주총회 결의하자를 다투는 소와의 관계에 관해서는 합병승인을 위한 주주총회의 결의는 합병절차의 일부에 지나지 않으므로 전자가 후자를 흡수한다는 흡수설과 양자는 그 요건을 달리 하므로 각각 제기할 수 있다고 보는 병존설이 있다.

흡수설에서는 주주총회결의의 하자를 다투는 소의 제소기간이 도과한 경우에는 합병무효의 소를 제기할 수 없지만, 병존설에 의하는 경우에는 결의하자에 관한 소의 제소기간이 경과하기 이전이라면 원고는 합병무효의 소와 주주총회결의 하자를 다투는 소 중에서 자유롭게 선택하여 제기할 수 있다.

(2) 판 례

대법원 판례는 흡수설을 취하고 있다.[92]

91) 대법원 1993.10.12. 선고 92다28235·28242 판결.
92) 대법원 1993.5.27. 선고 92누14908 판결.

(3) 검 토

상법은 주주총회결의하자의 소와는 별도로 특수한 소송으로서 합병무효의 소를 마련하여 합병무효를 반드시 소만으로 주장할 수 있게 하고 있을 뿐만 아니라 주주총회결의의 하자를 다투는 소가 확정된다고 하더라도 이것으로 반드시 합병이 무효로 된다고는 할 수 없다는 점 등을 고려할 때 흡수설이 타당하다.

3. 사안에 대한 적용

乙은 합병무효의 소를 제기하였어야 했는데, 이미 제소기간을 도과하였으므로 흡수설에 따르는 경우 소제기를 할 수 없다. 그럼에도 불구하고 병존설에 따르면 乙은 합병무효의 소는 그 제소기간이 도과한 까닭에 제소할 수 없지만 제소기간의 제한이 없는 결의부존재확인의 소는 제기할 수 있다.

Ⅵ. 사례의 해결

1. 설문 (1)에서 합병의 본질에 관한 인격합일설 또는 현물출자설에 의하든 간에 A는 채무초과회사인 B를 흡수합병할 수 없다. 다만, 원칙적으로는 인격합일설을 취하면서도 경제정책적 필요성을 강조하는 견해에 의하는 경우 그러한 흡수합병도 가능할 여지가 있다.

2. 설문 (2)에서 C 회사가 D 회사의 일부를 승계하지 않는다는 취지의 규정은 무효이다.

3. 설문 (3)에서 소멸회사인 F 회사의 주주였던 자에게 존속회사인 E 회사의 합병신주가 배정되지 않는 경우로는 F 회사의 합병승인결의에 반대한 주주가 주식매수청구권을 행사한 때와 소멸회사가 단주처리의 절차를 취한 때가 있다. 또한 합병신주의 배정불가설에 따를 경우에도 E 회사의 합병신주는 배정되지 않는다. 그러나 배정가능설에 의할 경우에도 E 회사가 보유한 F 회사 주식에 대해 신주를 배정하지 않을 수도 있다.

4. 설문 (4)에서 합병무효의 소와 주주총회결의하자에 관한 소와의 관계에서 흡수설과 판례에 따르는 경우 합병무효의 소의 제소기간이 도과하였으므로 乙은 소제기를 할 수 없다. 하지만 병존설을 취하는 경우 乙은 합병무효의 소는 제기할 수 없어도 제소기간의 제한이 없는 결의부존재확인의 소는 제기할 수 있다.

참조 판례

대법원 2003.2.11. 선고 2001다14351 판결

회사의 합병이라 함은 두 개 이상의 회사가 계약에 의하여 신회사를 설립하거나 또는 그 중의 한 회사가 다른 회사를 흡수하고, 소멸회사의 재산과 사원(주주)이 신설회사 또는 존속회사에 법정 절차에 따라 이전·수용되는 효과를 가져오는 것으로서, 소멸회사의 사원(주주)은 합병에 의하여 1주 미만의 단주만을 취득하게 되는 경우나 혹은 합병에 반대한 주주로서의 주식매수청구권을 행사하는 경우 등과 같은 특별한 경우를 제외하고는 원칙적으로 합병계약상의 합병비율과 배정방식에 따라 존속회사 또는 신설회사의 사원권(주주권)을 취득하여, 존속회사 또는 신설회사의 사원(주주)이 된다.

대법원 1993.10.12. 선고 92다28235·28242 판결

대표이사가 1987.2.26. 10:00 회사 사무실에서 임시주주총회를 개최한다는 통지를 하였으나 주주총회 당일 16:00경 소란으로 인하여 사회자가 주주총회의 산회선언을 하였는데 그 후 주주 3인이 별도의 장소에 모여 결의를 한 것이라면, 위 주주 3인이 과반수를 훨씬 넘는 주식을 가진 주주라고 하더라도 나머지 일부 소수주주들에게는 그 회의의 참석과 토의, 의결권행사의 기회를 전혀 배제하고 나아가 법률상 규정된 주주총회소집절차를 무시한 채 의견을 같이 하는 일부주주들만 모여서 한 결의를 법률상 유효한 주주총회의 결의라고 볼 수는 없다.

대법원 1993.5.27. 선고 92누14908 판결

회사합병에 있어서 합병등기에 의하여 합병의 효력이 발생한 후에는 합병무효의 소를 제기하는 외에 합병결의무효확인청구만을 독립된 소로써 구할 수 없다.

제 3 편

어음 · 수표법

1

어음행위독립의 원칙의 적용범위

乙이 甲 명의를 위작(僞作)하여 자신을 수취인으로 약속어음을 발행하고, 丙에게 동 어음을 교부하였다. 丙은 乙이 어음을 위조한 사실을 알고도 동 어음을 취득한 경우 丙은 乙에 대하여 어음금을 소구할 수 있는가?

I. 문제의 소재

본 사례에서 丙은 乙이 甲의 명의를 위작한 사실을 알고 어음을 취득하였다. 위조의 항변은 물적 항변이므로 피위조자 甲은 丙을 포함한 그 누구에 대해서도 어음상의 책임을 부담하지 않는다.[1] 이 경우 丙은 乙에 대하여 어음금을 소구할 수 있는지가 문제된다. 丙이 乙에게 어음금을 소구하기 위해서는 그 전제로서 乙이 丙에 대하여 배서인의 담보책임을 부담하여야 한다.

본 사례에서는 어음의 발행이 명의의 위작에 의해서 이루어졌기 때문에, 이를 전제로 하는 乙의 배서행위도 무효가 되는지가 문제된다. 이에 배서에 대하여 어음행위독립의 원칙을 적용할 수 있을지를 가늠하여야 한다. 또한 사례에서 丙은 乙이 어음을 위조한 사실을 알고 있다. 그러므로 선행되는 어음행위의 무효에 관하여 어음취득자가 악의인 때에도 어음행위독립의 원칙이 적용되는지를 살펴보아야 한다.

본 사례에서는 먼저 어음행위독립의 원칙에 대한 이론적 근거를 먼저 살펴본 후 이 원칙이 어음의 배서에 대한 적용 여부를 비롯하여 악의의 취득자에 대하여 적용되는지를 검토하여야 한다.

II. 어음행위독립의 원칙의 개념 및 근거

1. 어음행위독립의 원칙의 개념

어음행위독립의 원칙이란 어느 어음행위(발행 제외)에 대해 그것의 전제(前

1) 대법원 1965.10.19. 선고 65다1726 판결; 동 1992.7.28. 선고 92다18535 판결 참조.

提)가 되는 어음행위가 실질적으로 무효가 되는 경우에도 그 어음행위의 효력에는 영향이 없다는 원칙이다. 그 실정법적 근거로서는 어음법 제7조, 제32조 제2항, 제77조 제3항 등을 들 수 있다.

2. 어음행위독립의 원칙의 이론적 근거

(1) 학 설

(가) 특칙설(정책설·예외법칙설)

특칙설은 어음행위독립의 원칙을 어음의 유통보호를 위해서 정책적으로 마련된 예외적인 특별규칙으로 보는 입장이다.

(나) 당연설(당연법칙설)

당연설의 논리는 다음과 같다. 즉, 어음행위는 어음표면상의 기재를 가지고 자신의 의사표시를 내용으로 하는 법률행위이며, 행위자는 의사표시의 결과로서 그 기재문언에 따라서 책임을 부담한다. 그러므로 타인의 행위에 대한 유효·무효에 의해서 영향을 받지 않는 것은 어음행위의 문언적 성질에 입각하여 당연한 것이다.

(2) 검 토

이상의 학설 중에서 어음행위독립의 원칙의 취지에 의하면 본래 후행행위(後行行爲)는 선행행위(先行行爲)의 무효에 따라 무효가 될 수밖에 없지만, 어음의 유통성을 확보하기 위해 정책적으로 인정한 특칙으로 보는 것이 무난하다.

Ⅲ. 배서에 대한 어음행위독립의 원칙의 적용 여부

1. 배서의 담보책임의 근거

(1) 학 설

(가) 의사표시설

이 견해는 배서의 담보책임은 의사표시가 유효인 것을 요건으로 하므로 담보책임은 의사표시의 효과로 이해하는 것이 자연스럽다고 본다.

(나) 법정책임설

이 견해에 따르면 배서는 채무부담 그것 자체를 내용으로 하는 행위가 아니라 권리이전을 내용으로 하는 행위이므로(어음법 제14조 제1항, 제77조 제1항 제1호), 배서인의 담보책임은 배서에 의한 권리이전의 결과 발생하는 법정의 담보책임이다.

(2) 검 토

배서의 담보책임이 의사표시의 효과에 입각한다는 견해에 따르면 담보책임을 부담한다는 취지의 의사표시가 요건으로 되어야 할 것이지만, 어음법 제15조 제1항은 담보책임의 인정에는 의사표시가 요구되지 않으므로 이러한 견해는 타당하지 않다. 따라서 배서의 담보책임은 어음의 유통성 확보를 위해 배서에 의한 권리이전의 결과 발생하는 법적 책임으로 보아야 한다. 왜냐하면 배서는 채무부담 그것 자체를 내용으로 하는 행위가 아니라 권리이전을 내용으로 하는 행위이므로 배서인의 담보책임을 권리이전과 결부시켜서 해석하여야 하기 때문이다.

2. 배서에 대한 어음행위독립의 원칙의 적용문제

어음행위독립의 원칙은 본래 전제(前提)되는 행위에 하자가 있으면 후행(後行)의 행위가 영향을 받을 수밖에 없지만 어음의 유통성을 확보하기 위해 정책적으로 담보책임을 인정하는 데 그 취지가 있다. 그렇다면 배서인의 담보책임에는 어음행위독립의 원칙이 적용되어야 한다. 요컨대, 배서에 대하여 어음행위독립의 원칙이 적용되는지에 대하여는 우리나라에서는 적용긍정설로 통일되어 이설이 없다. 대법원 판례도 같은 입장이다.[2)]

Ⅳ. 악의의 취득자에 대한 어음행위독립의 원칙의 적용 여부

1. 학 설

(1) 적용부정설

어음행위독립의 원칙은 어음의 유통성을 확보하기 위해서 정책적으로 인정된 특별규칙이므로 악의의 어음취득자에 대해서는 정책적으로 보호할 이유가 없어 어음행위독립의 원칙에 대한 적용이 안된다는 입장이다.

(2) 적용긍정설

적용긍정설의 입장에서는 어음행위독립의 원칙은 어음취득자의 선의·악의를

---

2) 대법원 1977.12.13. 선고 77다1753 판결.

불문하고 적용된다고 본다. 적용긍정설은 어음행위독립의 원칙의 근거에 관한 입장에 따라 이유를 달리한다. 먼저 특칙설을 취하는 입장에서는 어음행위독립의 원칙이 선의취득자 보호뿐만 아니라 어음행위의 확실성을 제고하여 신용을 높이기 위한 제도이므로 어음취득자의 선의·악의에 관계없이 동 원칙은 적용되어야 한다고 풀이한다.

이에 대하여 어음행위독립의 원칙을 어음행위의 문언적 성질에 입각한 당연한 원칙이라고 해석하는 당연설은 어음행위자의 책무부담은 문언적 행위를 함에 따라 당연히 인정되는 결과이므로 이 적용을 적용함에 있어서 취득자의 주관적 상태는 불문한다는 입장이다.

2. 검 토

어음행위독립의 원칙은 어음의 유통성 확보를 비롯하여 어음의 신용증진이라는 목적에서 인정되어야 하므로 악의자(惡意者)에 대해서도 어음행위독립의 원칙을 적용하는 것이 바람직하다.

Ⅴ. 사례의 해결

배서에 대하여 어음행위독립의 원칙을 적용하는 견해와 대법원의 입장에서는 乙이 甲 명의를 위작하여 어음을 발행하였다고 하더라도 동 어음을 丙에게 배서양도하였기에 乙은 담보책임을 부담한다. 악의취득자에 대하여 어음행위독립의 원칙의 적용을 긍정하는 입장에서는 丙은 乙에게 소구권을 행사할 수 있다. 그러나 丙에 대하여 어음행위독립의 원칙을 적용할 수 없다는 부정설에 의하면 丙은 乙에 대해 소구권을 행사할 수 없다.

◎ **참조 판례**

대법원 1992.7.28. 선고 92다18535 판결

자신의 배서가 위조된 사실을 알지 못한 채 그 약속어음금의 지급을 위하여 수표를 발행한 후, 약속어음 배서의 위조사실을 알았지만 수표의 부도로 인한 형사책임을 우려하여 수표금을 지급하였다면 그로부터 수표금을 지급받은 자는 부당이득반환의무가 있다.

대법원 1977.12.13. 선고 77다1753 판결

비록 최초의 발행행위가 위조되었다 하더라도 어음행위독립의 원칙상 그 뒤에 유효하게 배서한 배서인에 대하여는 소구권을 행사할 수 있다.

2

어음행위의 취소와 어음의 선의취득

A는 약속어음을 발행하여 미성년자인 B에게 교부하고, B는 법정대리인의 동의없이 동 어음을 C에게 배서양도하였다. 그 후 C는 다시 이를 D에게 배서양도하였다.

(1) B는 법정대리인의 동의 없이 배서를 하였다는 이유로 D를 상대로 하여 어음배서행위를 취소할 수 있는가?

(2) C는 B가 미성년자라는 사실을 전혀 모르고 있었을 뿐만 아니라 모르는 것에 대하여 선의이며 중과실이 없었지만 D는 B가 미성년자라는 사실을 알고서 배서양도 받았는데, 이 경우 D는 어음상의 권리를 취득할 수 있는가?

Ⅰ. 문제의 소재

본 사례는 어음행위의 요건과 어음의 선의취득의 문제가 복합적으로 얽혀져 있다. 설문 (1)에서는 현재의 어음소지자인 D를 상대로 한 미성년자 B의 배서취소가 가능한지를 검토하여야 한다. 이를 위해 미성년자의 어음행위를 취소할 수 있는지와 그 취소의 상대방은 누구인지가 문제된다.

설문 (2)에서 D가 C로부터 배서양도받은 어음에 대하여 권리를 취득하는지의 여부는 우선적으로 C가 B로부터 적법하게 권리를 취득하는지의 여부에 달려 있다. 즉, 단순히 논리적으로만 본다면 본 사례에서 B가 배서취소하여 B의 배서가 소급적으로 무효가 된다면 그 결과 C는 어음상 권리를 승계취득할 수 없으므로 D는 C로부터 어음상 권리를 승계취득하지 못하여야 한다. 그러나 C의 선의취득이 인정되는 경우에는 D는 권리자로부터 어음을 양수받는 것으로 되어 그 취득이 유효할 수 있다. 그 다음으로는 B로부터 배서양도받은 어음에 대하여 C의 선의취득이 인정되지 않더라도 D가 C를 선의취득자로 믿고 그렇게 믿는 것에 대해 악의 또는 중과실이 없다면 D의 선의취득도 가능하다. 결국 여기서는 C가 B로부터 또는 D가 C로 부터 어음을 선의취득할 수 있는지의 여부가 문제된다.

Ⅱ. 설문 (1)에 대하여

1. 미성년자의 어음행위

미성년자가 어음을 교부받는 것은 권리만을 얻는 행위로서 적법하지만 그가 동 어음을 배서양도하는 경우에는 법정대리인의 동의를 얻어야 하고 그 동의를 얻지 못하는 때에는 취소할 수 있다(민법 제5조). 이 경우 어음행위의 취소의 효과는 절대적이므로 어음취득자의 선의·악의의 여부를 불문한다. 미성년자의 어음행위를 취소한 경우 동 어음행위는 소급하여 효력이 없게 된다(민법 제141조).

2. 취소의 상대방

(1) 서 언

민법상의 법률관계에서는 의사표시는 직접상대방에 대해서만 취소할 수 있다(민법 제142조). 이와 달리 어음거래에서의 취소의 상대방에 대해서는 견해가 나누어져 있다.

(2) 학설 및 판례

어음거래의 취소의 상대방과 관련하여 민법과 마찬가지로 직접의 상대방에 한하여 취소할 수 있다(직접상대방한정설)는 견해와 유통증권의 특성으로 인하여 직접 상대방뿐만 아니라 중간 당사자를 포함하여 현재의 소지인에 대해서도 취소할 수 있다는 견해(제3취득자포함설)가 있다.

대법원은 "사기와 같은 의사표시의 하자를 이유로 어음발행행위를 취소하는 경우에 그 취소의 의사표시는 발행행위의 직접 상대방뿐만 아니라 그로부터 어음을 취득하여 어음금의 지급을 청구하고 있는 소지인에 대하여도 할 수 있다"고 판시하여 제3취득자포함설을 취하고 있다.[3)]

(3) 검 토

어음행위의 취소에 의하여 가장 직접적인 이해관계를 가지는 자는 현재의 어음소지인일 뿐만 아니라 어음행위에 있어서는 행위자의 직접상대방뿐만 아니라

---

3) 대법원 1997.5.16. 선고 96다49513 판결.

그 후의 어음취득자와도 관련된다는 점이 쉽게 예견되므로 제3취득자포함설이 타당하다.

3. 사안에 대한 적용

본 사안에서 B는 미성년자임에도 불구하고 어음행위를 하였지만 법정대리인의 동의가 없었으므로 이를 취소할 수 있다. B의 취소상대방에 제3취득자를 포함하는 견해와 대법원 판례에 따르면 B는 현재의 소지인인 D에 대하여 배서행위를 취소할 수 있다. 그러나 직접상대방한정설에 의하는 경우 B는 D에 대하여 배서행위를 취소할 수 없다.

Ⅲ. 설문 (2)에 대하여

1. 어음의 선의취득

(1) 선의취득의 요건

어음의 선의취득은 어음거래의 안전을 위해 배서의 자격수여적 효력의 결과로 인정되는 것이다(어음법 제16조, 제77조 제1항 제1호). 선의취득의 요건은 (ⅰ) 어음법적 양도방법인 배서 내지 교부에 의하여 어음을 취득할 것, (ⅱ) 어음취득자는 형식적 자격이 있을 것, (ⅲ) 어음의 양도인은 선의취득의 보호범위대상일 것, (ⅳ) 어음취득자에게 악의나 중과실이 없을 것, (ⅴ) 어음취득자가 독립된 경제적 이익을 가질 것 등이 있다.

여기서 (ⅱ)는 배서의 연속이 있어야 한다는 것을 의미한다. (ⅳ)의 악의 또는 중과실은 어음취득자와 그 직전의 양도인 간의 관계에서만 문제된다. 예컨대, 어음취득자가 양도인의 전자(前者) 중에 무권리자가 있다는 것을 알고 어음을 취득하였더라도 그 무권리자의 후자(後者)가 어음을 선의취득한 결과 양도인이 어음상의 권리를 가지고 있다고 믿고 그렇게 믿는 데 대하여 중과실이 없다면 어음을 선의취득한다. (ⅴ)는 배서인이 피배서인에게 단지 추심의 대리권을 수여한 것에 불과한 추심위임배서에 의하여 어음을 취득한 경우에는 어음의 선의취득이 인정되지 않는다는 것을 의미한다.

(2) 선의취득의 보호범위

(가) 서 언

과거 종래 우리나라의 통설은 양도인이 무권리자에 한하여 선의취득이 인정되어 하자가 치유된다고 풀이하였다. 그러나 현재는 무권리자뿐만 아니라 무능력자 또는 무권대리인, 나아가 의사표시의 흠결과 하자가 있는 경우에도 선의취득의 요건이 충족되면 하자가 치유되는지에 관하여 견해가 다양하게 제시되어 있다.

(나) 학 설

① 제1설 제1설은 선의취득제도를 양도인이 무권리자임에도 불구하고 배서의 연속의 형식적 자격을 신뢰하여 어음을 취득한 자를 보호하는 제도로 풀이하는 입장이다. 이 견해는 어음법 제16조 제2항이 "환어음의 점유를 잃은 자"라고 규정하고 있으므로 양도인이 무권리자에 한정되는 것으로 보는 것이 타당하다는 주장을 제시하고 있다. 따라서 무능력의 하자가 있는 경우에는 선의취득은 인정되지 않는다(무권리자한정설).

② 제2설 어음거래는 고도의 유통성을 요구하고 있어 민법상 동산의 선의취득의 경우와는 달리 어음취득자를 보다 강력히 더 보호하여야 하므로 무권리자는 물론이고 무능력자, 무권대리, 무처분권자, 의사표시의 흠결과 하자, 인적 동일성의 흠결의 경우에도 선의취득이 가능하다고 보는 견해이다(무제한설·무능력자포함설).

③ 제3설 외관주의의 입장에서 양도인의 무권리자, 무처분권자, 무권대리인인 경우에 한하여 선의취득을 인정하는 견해이다. 이 견해에 따르면 무능력자보호의 취지상 무능력자는 제외된다(무능력자제외설).

(다) 판 례

대법원은 "어음의 선의취득으로 인하여 치유되는 하자의 범위, 즉 양도인의 범위는 양도인이 무권리자인 경우뿐만 아니라 대리권의 흠결이나 하자 등의 경우도 포함된다"고 판시하고 있다.[4] 그러나 동 판례는 무능력자가 선의취득에 의해 보호받는지에 대해서는 분명하지 않다.

(라) 검 토

생각건대, 어음법 제16조 제2항은 "사유의 여하를 불문하고"라고 규정하고 있다는 점, 어음은 유통증권인 까닭에 고도의 유통성확보가 요청된다는 점 및 무능

---

4) 대법원 1995.2.10. 선고 94다55217 판결.

력자의 경우 선의취득을 인정하더라도 무능력의 항변은 물적 항변으로 어음상 책임을 면할 수 있어 무능력자의 보호에 역행하는 것은 아니라는 점 등을 고려할 때 제2설이 타당하다.

2. 사안에 대한 적용

본 사안에서는 형식적 자격을 갖춘 B로부터 배서에 의해 어음을 취득하였으며 C는 B가 미성년자라는 사실에 대해 선의·무중과실이며, B의 배서가 추심위임배서가 아니므로 선의취득의 요건 중 견해가 나누어지는 (iii)을 제외한 나머지 것은 모두 명백히 충족되었다. D의 경우에는 C와는 달리 (iv)를 제외한 다른 요건을 충족하였다.

(iii)의 경우 사안의 B의 어음행위능력상의 하자가 선의취득에 의해 치유될 수 있는지에 관하여는 학설에 따라 결론을 달리하고, 이를 바탕으로 D의 권리취득 여부를 판단하여야 한다. 우선 제2설(무제한설)에 의하면 C가 선의취득의 요건을 모두 충족하므로 어음을 선의취득하고, 그로부터 어음을 취득한 D는 권리자로부터 배서양도를 받은 것이므로 어음상 권리를 유효하게 승계취득한다. 그러나 제1설(무권리자한정설)과 제3설(무능력자제외설)을 따를 경우에는 C는 어음을 선의취득할 수 없으므로 D는 어음상의 권리를 승계취득할 수 없다. 다만, 이 경우에는 선의취득의 요건 중 (iv)와 관련하여 D는 B가 미성년자라는 사실을 알고 있었지만 C가 B로부터 어음을 선의취득한 것으로 믿고 그러한 믿음에 대하여 악의 또는 중과실이 없다면 D는 어음을 선의취득할 수 있다.

Ⅳ. 사례의 해결

1. 설문 (1)에서 취소의 상대방을 제3자까지 포함하는 견해와 대법원 판례에 의하는 경우 법정대리인의 동의 없이 배서행위를 한 B가 어음소지인인 D에 대하여 어음행위를 취소한 것은 유효하다. 그러나 직접상대방에 한정한다는 입장에 따르면 B는 D에 대하여 배서행위를 취소할 수 없다.

2. 설문 (2)에서 C는 형식적 자격을 갖춘 B로부터 배서에 의하여 어음을 취득하였으며, B가 어음행위능력이 없다는 사실에 대해 선의·무중과실이었고, 그 배서가 추심위임배서가 아니므로 어음의 선의취득요건 중 양도인이 선의취득의 보호범위대상이어야 한다는 것 이외에는 다 충족하였다. 그러나 선의취득으로 인해

보호대상이 되는 양도인의 범위에 관해서는 학설에 따라 결론을 달리하므로 C의 선의취득인정 여부에 따라 D의 권리취득가부도 결정된다.

먼저 선의취득의 대상이 되는 양도인의 범위에 제한을 두지 않는 견해에서는 C가 어음을 선의취득하고, 그로부터 어음을 취득한 D도 어음상 권리를 유효하게 취득한다. 그러나 선의취득의 대상이 되는 양도인의 범위를 무권리자로 한정하는 견해와 무능력자를 제외하는 견해에 따른다면 C는 어음을 선의취득할 수 없어 D는 어음상의 권리를 취득할 수 없다. 이 경우에도 D는 B가 미성년자라는 사실을 알고 있었더라도 C가 B로부터 어음을 선의취득한 것으로 악의 또는 중과실없이 믿었다면 D는 그 어음을 선의취득할 수 있다.

참조 판례

대법원 1997.5.16. 선고 96다49513 판결

사기와 같은 의사표시의 하자를 이유로 어음발행행위를 취소하는 경우에 그 취소의 의사표시는 어음발행행위의 직접 상대방에 대하여 뿐만 아니라 어음발행행위의 직접 상대방으로부터 어음을 취득하여 그 어음금의 지급을 청구하고 있는 소지인에 대하여도 할 수 있다고 봄이 상당하다 할 것이지만, 이와 같은 의사표시의 취소는 선의의 제3자에게 대항할 수 없는 것이고, 이 때의 제3자라 함은 어음발행행위의 직접 상대방 이외의 자를 가리키는 것이므로, 어음의 발행인이 어음발행행위의 직접 상대방이 아닌 소지인을 상대로 어음발행행위 취소의 의사표시를 할 수 있다 하여 소지인의 선의·악의를 불문하고 취소의 효과를 주장할 수 있게 되는 것은 아니다.

대법원 1995.2.10. 선고 94다55217 판결

어음의 선의취득으로 인하여 치유되는 하자의 범위 즉, 양도인의 범위는 양도인이 무권리자인 경우뿐만 아니라 대리권의 흠결이나 하자 등의 경우도 포함된다.

대법원 1993.9.24. 선고 93다32118 판결

회사의 직원이 약속어음의 회사 명의 배서를 위조함에 있어 날인한 회사의 인장이 그 대표자의 직인이 아니라 그 대표자 개인의 목도장이고, 그 어음금액이 상당히 고액인 점 등에 비추어, 위 약속어음을 할인의 방법으로 취득한 자에게 배서의 진정여부를 확인 않았으므로 이 사건 어음을 취득한 데에는 중대한 과실이 있다.

대법원 1987.6.9. 선고 86다카2079 판결

어음의 최종소지인이 외관상 연속된 배서에 의하여 어음상의 권리를 취득하였고 어음의 발행인은 누구나 신용을 인정할 만한 회사이며 할인의뢰인은 취득자와 오랫동안 어음할인거래를 해오던 사이라면 어음 취득자가 위 어음을 취득함에 있어 발행인 및 배서인 내지 지급은행에 확인조회를 하지 아니하였다 하여 중과실이 있었다고 볼 수는 없다.

3

융통어음의 항변

甲은 乙에게 자금의 융통을 받게 할 목적으로 乙을 수취인으로 하고 200△년 5월 10일을 만기로 하는 약속어음을 발행하여 교부하였다. 乙은 甲이 발행한 어음을 丙에게 같은 해 4월 30일에 할인하여 자금을 취득하였다. 丙은 甲이 금융목적을 위해서 발행한 어음임을 알고 있었음에도 불구하고 만기에 甲에게 어음금을 청구하였다. 이 경우 甲은 그러한 청구에 대해 어음금지급을 거절할 수 있는가? 그 근거를 제시하여 답하시오.

Ⅰ. 문제의 소재

본 사례에서 甲은 乙에게 자금융통을 목적으로 어음을 제공하였다. 그 후 乙은 甲이 발행한 어음을 丙에게 할인하고 甲에게 만기에 어음금을 지급청구하는 경우 甲은 금융을 목적으로 동 어음을 발행하였다는 이유로 丙의 지급청구에 대하여 거절할 수 있는지의 여부를 검토하여야 한다.

Ⅱ. 융통어음의 의의

1. 융통어음의 정의

융통어음이라 함은 전적으로 타인에게 금전의 융통을 얻게 해주는 것을 목적으로 어음행위가 이루어진 경우의 그 어음을 말한다.[5] 융통어음은 기존의 채무를 원인으로 발행된 것이 아니지만, 어음행위가 유효한 의사표시에 입각하여 교부된 이상 유효하다. 그러므로 소지인은 어음증권에 기재된 대로 어음상의 권리를 가지며 어음상에 기명날인 또는 서명한 자가 어음금지급의 의무를 부담한다.

2. 융통어음의 판단

어음법상 융통어음에 관한 직접적인 규정이 없는 까닭에 어떤 어음이 융통어음에 해당하는지의 여부는 당사자의 주장만에 의할 것은 아니고 구체적인 사실

5) 대법원 1996.5.14. 선고 96다3449 판결.

관계에 따라 판단해야 한다. 대법원 판례도 이와 동일한 입장이다.[6]

Ⅲ. 융통어음의 항변

1. 융통어음의 항변의 내용

융통어음의 발행인(융통자)은 수취인(피융통자)으로부터 지불을 요구받아도 그것이 융통어음인 것을 이유로 지불을 거절할 수 있다. 그러나 발행인은 당해 융통어음이 제3자에게 양도된 경우는, 그 소지인으로부터 지불을 요구받았다면 그것이 융통어음인 것을 이유로 지불을 거절할 수 없다. 이는 대법원의 일관된 입장이기도 하다.[7]

2. 융통어음의 항변에 대한 법적 근거

(1) 학 설

(가) 인적 항변설

이 견해에 따르면 융통의 합의에는 융통계약의 존속 중 이를 융통에 이용한 때에 융통자가 제3자에게 어음상의 의무를 부담하겠다는 내용이 들어 있으므로, 융통어음이라는 항변은 본래 융통어음발행의 직접당사자간에서만 주장해야 할 인적 항변이고 악의의 항변(어음법 17조 단서)이 문제가 될 여지는 없다. 만일 그렇지 않으면 융통어음 그 자체의 본래 취지에 반한다는 것을 그 근거로 들고 있다.

(나) 제한(절단)불요항변설

제한(절단)불요항변설은 융통어음은 융통자가 제3자에 대하여 어음채무를 부담할 의사로 발행한 것이므로, 그 제3자가 선의이든 악의이든 불문하고 어음 항변과 관계없이 당연히 어음금을 지급하여야 한다는 입장이다.

(다) 어음항변이 아니라는 견해

융통어음의 항변은 당사자간에서만 주장할 수 있을 뿐이어서 설령 어음취득자가 어떤 어음이 융통어음이라는 사실을 알고 있더라도 그에 대하여 항변할 수 없으므로, 이를 어음항변의 유형에 속하지 않는다고 풀이하는 것이 타당하다는 견해이다.

---

6) 대법원 1996.5.14. 선고 96다3449 판결.

7) 대법원 1995.9.15. 선고 94다54856 판결; 동 2001.8.24. 선고 2001다28176 판결.

(2) 판 례

대법원은 융통어음의 항변에 관하여 일관되게 인적 항변설을 취하고 있다.[8)]

(3) 검 토

융통어음은 처음부터 제3자에 대하여 어음채무를 부담할 의사로 발행한 것이고, 융통당사자간에 주장된 융통어음의 항변은 다른 인적 항변과 달리 어음의 양수인에게 이전되지 못한다. 그러므로 융통어음의 항변은 그 성질상 제3자에 대해서는 그가 선의이든 악의이든 상관없이 언제나 성립되지 않는다. 따라서 융통어음의 항변은 어음법 제17조 단서가 적용되지 않는 인적 항변으로 보는 것이 타당하다.

Ⅳ. 사례의 해결

본 사례에서 甲이 乙에게 발행한 어음은 乙로 하여금 제3자로부터 금융을 얻게 할 목적이 있는 만큼 그 어음은 융통어음에 해당한다.

융통자는 융통목적을 달성하기 위해서는 단순히 융통어음이라는 것을 알고 어음을 취득한 제3자에 대해서 융통어음의 항변을 주장할 수 없다. 그러므로 甲은 융통어음인 것을 알고 어음을 할인한 丙에 대하여 그가 융통어음이라는 사실을 알고 있어도 어음금을 지급하여야 한다. 그 근거로서는 3가지 학설이 주장되고 있다. 먼저 인적 항변설은 어음소지인이 융통어음이라는 것을 알고 융통어음을 취득한 사유가 있더라도 이는 악의의 항변으로 되지 않는다는 견해이다. 제한불요항변설은 융통자가 제3자에 대하여 어음채무를 부담할 의사로 융통어음을 발행한 것이므로 그 성질상 제3자에 대해서는 융통어음의 항변을 주장할 수 없다는 견해이다. 어음항변이 아니라는 견해는 융통어음의 항변은 일반적인 어음항변의 유형으로 볼 수 없다는 입장이다.

8) 대법원 1957.3.21. 선고 4290민상20 판결; 동 1979.10.30. 선고 79다479 판결; 동 2001.8.24. 선고 2001다28176 판결.

참조 판례

대법원 1996.5.14. 선고 96다3449 판결

융통어음이라 함은 타인으로 하여금 어음에 의하여 제3자로부터 금융을 얻게 할 목적으로 수수되는 어음을 말하는 것이고, 이러한 융통어음에 관한 항변은 그 어음을 양수한 제3자에 대하여는 선의·악의를 불문하고 대항할 수 없는 것이므로 어떠한 어음이 위에서 말하는 융통어음에 해당하는지 여부는 당자사의 주장만에 의할 것은 아니고 구체적 사실관계에 따라 판단하여야 하는데, 어음의 발행인이 할인을 의뢰하면서 어음을 교부한 경우, 이는 원인관계 없이 교부된 어음에 불과할 뿐이고, 악의의 항변에 의한 대항을 인정하지 아니하는 이른바 융통어음이라고 할 수는 없다.

대법원 1999.10.22. 선고 98다51398 판결

융통어음은 융통자와 피융통자 사이의 내부관계에 있어서는 피융통자가 어음금의 결제를 책임지는 것을 당연한 전제로 하여 수수되는 것이므로, 융통어음의 수수 당시 당사자 사이에서는 어음의 만기가 도래하기 이전에 피융통자가 어음을 회수하여 융통어음을 발행한 융통자에게 반환하거나, 융통어음의 결제자금으로 그 액면금에 상당한 금액을 융통자에게 지급하기로 하는 약정이 있었던 것으로 봄이 상당하다.

대법원 2001.8.24. 선고 2001다28176 판결

융통어음의 발행자는 피융통자로부터 그 어음을 양수한 제3자에 대하여는 선의이거나 악의이거나, 또한 그 취득이 기한 후 배서에 의한 것이라 하더라도 대가 없이 발행된 융통어음이라는 항변으로 대항할 수 없으나, 피융통자에 대하여는 어음상의 책임을 부담하지 아니한다 할 것이고, 약속어음금 청구에 있어 어음의 발행인이 그 어음이 융통어음이므로 피융통자에 대하여 어음상의 책임을 부담하지 아니한다고 항변하는 경우 융통어음이라는 점에 대한 입증책임은 어음의 발행자가 부담한다.

대법원 1979.10.30. 선고 79다479 판결

타인의 금융 또는 채무담보를 위하여 약속어음 (이른바 융통어음)을 발행한 자는 피융통자에 대하여 어음상의 책임을 부담하지 아니하나, 그 어음을 양수한 제3자에 대하여는 선의이거나 악의이거나, 또한 그 취득이 기한후 배서에 의한 것이었다 하더라도 대가 없이 발행된 융통어음이었다는 항변으로 대항할 수 없다.

대법원 1994.5.10. 선고 93다58721 판결

피융통자가 융통어음과 교환하여 그 액면금과 같은 금액의 약속어음을 융통자에게 담보로 교부한 경우에 있어서는 융통어음을 양수한 제3자가 그 어음이 융통어음으로 발행되었고 이와 교환으로 교부된 담보어음이 지급거절되었다는 사정을 알고 있었다면, 융통어음의 발행자는 그 제3자에 대하여 융통어음의 항변으로 대항할 수 있다.

4

후자의 항변과 이중무권의 항변

甲은 乙로부터 구입한 자동차매매계약상의 채무를 변제하기 위하여 약속어음을 발행하여 乙에게 교부하였고, 乙은 丙에 대한 건물매매계약상의 대금채무의 변제를 위하여 丙에게 위 어음을 배서양도하였다. 그 후 丙은 乙로부터 위 채무의 전부를 현금으로 변제받았지만 위 어음을 반환하지 않았다. 이에 丙은 위 약속어음을 소지하고 있음을 기화로 甲에 대하여 어음금의 지급을 청구한다면 甲은 이에 응하여야 하는가?

Ⅰ. 문제의 소재

본 사례에서는 먼저 乙이 丙에게 채무를 변제하였으므로 乙과 丙 사이의 원인관계가 소멸하였음에도 불구하고 丙이 어음상 권리를 행사할 수 있는지의 여부가 문제된다. 따라서 어음관계와 원인관계 및 어음행위의 무인성을 검토할 필요가 있다.

약속어음의 발행인인 甲은 그 발행에 의하여 당연히 최종적인 지급채무를 부담하는 주채무자이다. 본 사례에서 丙의 어음상 권리가 인정되는 경우 약속어음의 발행인으로서 어음채무자인 甲이 어떠한 어음항변을 주장할 수 있는지를 가늠해 보아야 한다. 특히 여기서는 乙과 丙 사이의 매매계약상의 채무에 대해 변제가 있었는데, 과연 어음항변의 당사자가 아닌 甲이 후자 乙의 항변사유로서 어음소지인 丙에게 대항할 수 있는지를 논하여야 한다(후자의 항변 문제).

더 나아가 만약에 어음채무자인 甲이 乙에 대한 채무마저 변제하였다면 甲은 과연 甲과 乙간의 원인관계의 소멸로써 丙에게 대항할 수 있는지의 여부를 살펴보아야 한다. 즉, 甲과 乙 사이의 원인관계도 이미 소멸하여 원인관계의 이중적 흠결이 된 상태에서도 어음을 乙에게 반환하지 아니하고 있음을 기화로 발행인 甲에게 어음금을 청구할 수 있는지의 여부까지도 고찰할 필요가 있다(이중무권의 항변 문제).

Ⅱ. 丙의 어음상 권리의 인정 여부

1. 어음행위의 무인성(추상성)

(1) 개 념

어음행위는 일반적으로 매매·금전소비대차 등과 같은 원인관계의 지급수단으로 이루어지지만 원인관계의 부존재·무효·취소 등에 의하여 영향을 받지 않는다. 이와 같이 어음관계와 실질관계가 분리된 특성을 어음행위의 무인성 또는 추상성이라 한다. 이는 어음의 무인증권성을 행위의 측면에서 파악한 개념이다.

(2) 근 거

어음행위의 무인성의 실정법적 근거로서는 어음법상 발행, 인수, 배서 등이 무조건이어야 한다는 것(어음법 제1조, 제12조, 제26조, 제75조)과 이득상환청구권을 인정하고 있다는 것(어음법 제79조)에서 찾을 수 있다.

(3) 기 능

어음행위의 무인성은 어음수수의 직접당사자 간에 인적 항변이 허용되므로 어음채권을 행사할 때에 입증책임을 전환하는 기능, 제3자와의 관계에서 인적 항변이 절단되므로 어음의 피지급성을 확보하여 어음거래의 유통성을 증진시키는 기능(어음법 제17조, 제77조), 어음채권과 원인채권을 별개로 존속·양도할 수 있도록 하는 기능이 있다.

2. 어음의 수수와 원인관계 및 어음관계

(1) 당사자 의사 기준

채무자가 기존채무의 이행과 관련하여 채권자에게 어음을 교부하는 경우 기존채무와 어음채무의 관계는 원칙적으로 당사자의 의사에 따라 결정된다. 그러나 원인관계에서의 의사표시가 명백하지 않은 경우에는 자기앞수표나 은행이 지급보증한 당좌수표와 같이 지급이 확실한 수표를 교부하는 것은 "지급에 갈음하여"로 보아 기존채무는 소멸하고 어음채무만이 남는다. 어음수수의 당사자간에 아무런 특약이 없으면 "지급을 위하여" 또는 "지급을 담보하기 위하여"로 추정된다.[9]

---

9) 대법원 1997.3.28. 선고 97다126·133 판결; 동 2003.5.30. 선고 2003다13512 판결.

제3자가 발행한 어음을 배서·교부하는 경우에는 제3자의 지급이 예정되고 있으므로 지급을 위하여 배서·교부한 것으로 추정되며, 채무자가 직접 어음을 발행하여 채권자에게 교부하였다면 어음상의 유일한 주채무자와 원인관계상의 채무자가 동일한 까닭에 기존채무를 담보하기 위하여 배서·교부한 것으로 추정한다.[10]

(2) 기존채무와 어음채무의 관계

기존채무의 지급을 위하여 어음이 수수된 경우에는 기존채무와 어음채무가 병존하고 당사자간의 특약이 없으면 어음상의 권리를 먼저 행사하여야 한다. 반면에 기존채무의 지급을 담보하기 위하여 수수되는 경우에는 기존채무와 어음채무가 병존은 하지만 어음상의 권리를 먼저 행사할 필요가 없이 채권자가 어느 하나를 임의로 선택하여 행사할 수 있다.

3. 사안에 대한 적용

본 사안에서 乙이 "채무의 변제를 위하여" 제3자인 甲이 발행한 약속어음을 배서양도하였다는 점에서 어음은 지급을 위하여 수수된 것으로 추정된다. 따라서 기존채무의 변제가 있기 전에는 기존채무와 어음채무는 병존한다. 乙이 병존하고 있는 어음채무와 대금채무 중에서 원인관계상 채무를 먼저 변제하였으므로 丙의 대금채권은 목적을 달성하였다. 그럼에도 불구하고 丙은 여전히 어음을 반환하지 않고 소지하고 있어 어음행위의 무인성만을 고려한다면 丙의 어음상 권리는 인정된다.

본 사안에서 어음행위의 무인성을 지나치게 강조하게 되면 甲은 丙의 어음금 청구에 대항할 수 없다. 그러나 이는 형평의 관념에 반드시 일치하는 것으로 볼 수 없는 여지가 있기 때문에 甲이 어음항변을 주장할 수 있는지의 여부를 살펴볼 필요가 있다.

Ⅲ. 甲의 후자의 항변 또는 이중무권의 항변 가부

1. 어음항변의 개념

어음항변이라 함은 "어음채무자가 어음소지인에 대하여 어음상의 권리의 행

10) 대법원 1993.11.9. 선고 93다11203·11210 판결.

사를 거절하기 위하여 제출할 수 있는 모든 항변"을 말한다.[11] 어음항변은 다양한 기준에 의하여 분류할 수 있지만 우리나라의 통설은 물적 항변과 인적 항변으로 나누고 있다. 인적 항변은 직접적 당사자에 대해서만 대항할 수 있을 뿐 다른 당사자에 대하여는 원용할 수 없다. 이와 같은 어음항변의 개별성(속인성)의 원칙을 관철하는 경우에는 불공정한 결과를 초래할 수 있기 때문에 이 원칙에 대해서는 입법과 해석상의 예외로서 제3자의 항변과 이중무권의 항변 등이 인정되고 있다.

2. 제3자의 항변

(1) 개념 및 종류

제3자의 항변이라 함은 어음항변의 당사자가 아닌 어음채무자가 다른 어음채무자의 항변사유로써 어음소지인에 대하여 주장하는 것을 말한다. 이에는 후자(後者)의 항변과 전자(前者)의 항변이 있다.

후자의 항변은 어음채무자가 자기의 후자와 어음소지인 사이의 항변사유를 원용하여 어음소지인의 청구를 배척하는 것을 말하며, 전자의 항변은 어음채무자가 자기의 전자와 어음소지인 사이의 항변사유를 원용하여 어음소지인에게 대항하는 것을 뜻한다. 제3자의 항변의 인정여부 및 근거에 관하여는 어음법에 아무런 규정이 없고, 학설에 맡겨져 있다.

(2) 인정여부 및 인정근거에 관한 학설

(가) 인적 항변 개별성론

어음행위의 무인성을 강조한 견해이다. 즉, 어음채무자의 인적 항변은 각 어음행위자가 자기의 원인관계에 기하여 주장하는 것이기 때문에 직접당사자간에서만 인적 항변으로써 대항할 수 있을 뿐이라는 것이다. 이 견해에서는 타인의 인적 항변을 자기를 위해 원용할 수는 없으므로 후자의 항변은 인정되지 않는다.

(나) 권리남용론

이 견해는 어음행위의 무인성을 인정한다. 그러나 어음소지인이 어음상의 권리를 행사할 실질적인 이유가 없음에도 불구하고 어음을 반환하지 않은 것을 기화로 하여 형식적인 권리에 바탕하여 어음채무자에게 어음상의 권리를 행사하는 것은 권리남용에 해당하는 것으로 풀이한다. 즉, 실질적인 경제적 이익 없이 형식

---

11) 정찬형, 「상법강의(하)」 제9판(박영사, 2007), 365면.

적인 권리만에 의한 어음금지급청구는 권리남용으로서 인정할 수 없다는 입장이다. 따라서 권리남용을 근거로 어음소지인에 대한 어음금의 지급을 거절할 수 있다.

(다) 유인론

이 견해는 어음이론의 수정창조설을 기초로 한 견해이다. 유인론의 내용은 다음과 같다. 어음행위는 어음채무의 부담행위인 어음의 작성과 어음권리의 이전행위인 교부라는 2단계의 행위로 이루어지는데, 어음의 작성행위는 어음행위자의 단독행위에 의한 무인행위이지만 어음의 교부는 어음행위자와 상대방 사이의 계약으로 이루어지는 유인행위이다. 이 견해에 의하면 후자의 항변의 경우 원인관계가 소멸되면 어음상의 권리가 당초부터 이전되지 않으므로 어음채무자는 어음소지인에게 무권리자임을 주장할 수 있다.

(라) 검 토

인적 항변 개별성론은 어음행위의 무인성을 지나치게 강조한 나머지 실질적 무권리자에게 어음채무를 이행하여야 하는 부당한 결과를 초래한다. 또한 법이 인적 항변을 제한하는 취지가 어음거래의 안전을 위하여 어음취득자의 이익을 보호하자는 데 있음을 고려할 때 권리남용의 경우까지 인적 항변 개별성론을 인정하기는 쉽지 않다. 유인론은 어음행위의 무인성을 인정하는 우리의 법의 해석상 무리이며 어음의 유통성보호를 해하는 문제가 있다. 따라서 민법의 일반원칙을 바탕으로 하는 권리남용론이 타당하다.

(3) 사안에 대한 적용

본 사안에서는 乙이 丙에게 채무를 변제하여 원인관계가 소멸하였다는 점을 甲이 주장할 수 있는지의 여부는 후자의 항변을 인정할 수 있는지의 문제와 연결되어 있다. 후자의 항변의 인정 및 그 근거과 관련된 학설로서 권리남용론에 의하면 甲은 丙이 어음을 乙에게 반환하지 아니하고 있음을 기화로 발행인에 대해 어음금의 지급을 청구하는 것이 권리남용에 해당함을 주장하여 어음금지급을 거절할 수 있다. 그러나 인적 항변 개별성론에 의하면 乙과 丙간의 원인관계가 소멸되었다고 하더라도 甲은 丙에 대하여 그것을 원용할 수 없어, 甲은 丙에게 어음상 책임을 부담한다. 유인론에서는 乙의 丙에 대한 어음의 교부는 유인행위이지만 乙과 丙간의 원인관계가 소멸되었으므로 丙은 어음상 무권리자가 된다. 따라서 甲은 무권리의 항변을 주장하여 어음금지급을 거절할 수 있다.

3. 이중무권의 항변

(1) 개 념

이중무권(二重無權)의 항변이라 함은 연속된 어음거래에 대해 항변사유가 연속해서 존재하는 경우 최초의 어음채무자가 어음소지인의 어음금지급청구에 대하여 대항할 수 있는 항변을 뜻한다. 이처럼 이중무권의 항변은 어음소지인과 전자(前者) 및 전자와 전전자(前前者) 사이의 원인관계가 소멸된 경우에 인정된다.

이중무권의 항변은 어음소지인과 그 배서인 사이의 원인관계가 소멸되었다는 점에서 후자의 항변과 유사하다. 그러나 후자의 항변은 어음채무자가 제3자의 항변을 원용하는 것에 지나지 않지만 이중무권의 항변은 어음소지인이 어음에 관하여 정당한 독립된 경제적 이익을 가지지 않기 때문에 어음채무자가 자신이 가지는 항변을 주장하는 점에서 차이가 있다.

(2) 인정 여부 및 인정근거에 관한 학설 및 판례

(가) 학 설

이중무권의 항변의 인정여부 및 그 근거와 관련하여 자세한 논의가 있는 것은 아니다. 그러나 후자의 항변처럼 견해가 나누어진다. 이중무권의 항변을 인정하는 학자들은 그 근거로서 어음에 관하여 정당한 독립된 경제적 이익을 가지지 않는 어음소지인에 대해서는 어음채무자는 어음소지인의 권리남용을 이유로 그에 대하여 자신이 가지는 항변을 주장할 수 있다는 것을 들고 있다. 이 밖에 이중무권의 항변의 인정근거로서 후자의 항변과 동일한 취지로 유인론이 제시되어 있다. 그러나 이중무권의 항변을 부인하는 견해는 후자의 항변과 마찬가지로 인적항변 개별성론에 근거하고 있다.

(나) 판 례

대법원은 예전의 판례에서 어음행위의 무인성만을 강조하여 이중무권의 항변을 인정하지 않다가[12] 최근 들어서는 입장을 변경하여 이를 인정하는 것으로 보인다.[13]

(다) 검 토

후자의 항변의 인정근거와 마찬가지로 어음채무자는 어음에 관하여 정당한

---

12) 대법원 1984.1.24. 선고 82다카1405 판결.

13) 대법원 2003.1.10. 선고 2002다46508 판결.

독립된 경제적 이익을 가지지 않는 어음소지인에 대해서 그의 권리남용을 이유로 항변할 수 있는 것으로 풀이하여야 한다.

(라) 사안에 대한 적용

만약에 甲의 乙에 대한 채무가 이미 변제되어 원인관계가 소멸하였다면 甲과 乙 및 乙과 丙 사이의 원인관계가 이중적으로 흠결된다. 그러므로 이중무권의 항변을 인정하는 권리남용설과 최근의 대법원 판례에서는 甲은 丙에 대하여 어음금 청구를 거절할 수 있다. 유인론에 따를 경우에도 결론은 동일하다. 그러나 어음의 무인성을 강조하는 인적 항변 개별성론에 따르면 정반대의 결론에 도달하게 된다.

Ⅳ. 사례의 해결

甲은 약속어음의 발행인으로서 어음채무자에 해당한다. 乙이 자신의 대금채무를 현금으로 변제하였더라도 어음행위의 무인성이라는 특성에 의하여 어음관계는 존속하므로 일단 丙이 어음상 권리자이다.

丙의 어음금 청구는 乙과 丙 사이의 원인관계가 소멸하였음에도 불구하고 행사하는 것이다. 이와 관련하여서는 후자의 항변의 문제가 제기되며, 후자의 항변의 인정 여부 및 근거에 관하여 학자들의 견해가 나누어져 있다. 우선 권리남용론에 의하면 丙의 어음금청구는 권리남용에 해당하게 되어 甲은 丙에게 어음금을 지급할 필요가 없다. 유인론에 의하는 경우에도 甲은 어음상의 무권리자인 丙에 대하여 어음금을 지급할 필요가 없다. 그러나 인적 항변 개별성론에 따르면 甲은 丙에게 어음금을 지급하여야 한다.

만약 甲의 乙에 대한 채무마저 이미 변제되었다면 甲과 乙 및 乙과 丙 사이의 원인관계가 이중적으로 소멸된다. 이 경우에 이중무권의 항변을 주장할 수 있는지가 문제되며, 이와 관련해서는 아직 학설과 판례의 태도가 일치되지 않고 있다. 이중무권의 항변을 인정하는 권리남용설과 최근 대법원 판례의 입장에서는 甲은 丙의 어음금청구를 거절할 수 있다. 유인론에서도 그 결론은 동일하다. 반대로 무인성을 강조하는 인적 항변 개별성론에 따르면 甲은 丙의 어음금청구를 거절할 수 없다.

◎ 참조 판례

대법원 1997.3.28. 선고 97다126·133 판결

채무자가 기존 채무의 이행에 관하여 채권자에게 어음을 교부하는 경우에 당사자 사이에 특별한 의사표시가 없고, 다른 한편 어음상의 주채무자가 원인관계상의 채무자와 동일하지 아니한 때에는 제3자인 어음상의 주채무자에 의한 지급이 예정되고 있으므로, 이는 "지급을 위하여" 교부된 것으로 추정된다.

대법원 1996.11.8. 선고 95다25060 판결

기존 채무의 이행에 관하여 채무자가 채권자에게 어음을 교부할 때의 당사자의 의사는 기존 원인채무의 "지급에 갈음하여," 즉 기존 원인채무를 소멸시키고 새로운 어음채무만을 존속시키려고 하는 경우와, 기존 원인채무를 존속시키면서 그에 대한 지급방법으로서 이른바 "지급을 위하여" 교부하는 경우 및 단지 기존 채무의 지급 담보의 목적으로 이루어지는 이른바 "담보를 위하여" 교부하는 경우로 나누어 볼 수 있는데, 당사자 사이에 특별한 의사표시가 없으면 어음의 교부가 있다고 하더라도 이는 기존 원인채무는 여전히 존속하고 단지 그 "지급을 위하여" 또는 그 "담보를 위하여" 교부된 것으로 추정할 것이며, 따라서 특별한 사정이 없는 한 기존의 원인채무는 소멸하지 아니하고 어음상의 채무와 병존한다고 보아야 할 것이고, 이 경우 어음상의 주채무자가 원인관계상의 채무자와 동일하지 아니한 때에는 제3자인 어음상의 주채무자에 의한 지급이 예정되고 있으므로 이는 "지급을 위하여" 교부된 것으로 추정하여야 한다.

어음이 "지급을 위하여" 교부된 경우에는 채권자는 어음채권과 원인채권 중 어음채권을 먼저 행사하여 만족을 얻을 것을 당사자가 예정하였다고 할 것이므로 채권자로서는 어음채권을 우선 행사하고, 그에 의하여서는 만족을 얻을 수 없을 때 비로소 채무자에 대하여 기존의 원인채권을 행사할 수 있다고 하여야 하며, 나아가 이러한 목적으로 어음을 배서양도받은 채권자는 특별한 사정이 없는 한 채무자에 대하여 원인채권을 행사하기 위하여는 어음을 채무자에게 반환하여야 하므로, 채권자가 채무자에 대하여 자기의 원인채권을 행사하기 위한 전제로서 지급기일에 어음을 적법히 제시하여 소구권 보전절차를 취할 의무가 있다고 보는 것이 양자 사이의 형평에 맞는다.

대법원 1984.1.24. 선고 82다카1405 판결

어음행위는 무인행위로서 어음수수의 원인관계로부터 분리하여 다루어져야 하고 어음은 원인관계와 상관없이 일정한 어음상의 권리를 표창하는 증권이라 할 것인바, 원인채무가 변제된 백지약속어음을 소지함을 기화로 이를 부당보충하여 실질적 원인관계없이 배서양도하였다 하더라도 무인성의 법리에 비추어 그 양수인의 약속어음금 청구가 바로 신의성실의 원칙에 어긋나는 것으로서 권리남용에 해당한다고 볼 수 없다.

대법원 2003.1.10. 선고 2002다46508 판결

어음에 의하여 청구를 받은 자는 종전의 소지인에 대한 인적 관계로 인한 항변으로써 소지인에게 대항하지 못하는 것이 원칙이지만, 이와 같이 인적 항변을 제한하는 법의 취지는 어음거래의 안전을 위하여 어음취득자의 이익을 보호하기 위한 것이므로 자기에 대한 배서의 원인관계가 흠결됨으로써 어음소지인이 그 어음을 소지할 정당한 권원이 없어지고 어음금의 지급을 구할 경제적 이익이 없게 된 경우에는 인적 항변 절단의 이익을 향유할 지위에 있지 아니하다고 보아야 할 것이다.

어음의 배서인이 발행인으로부터 지급받은 어음금 중 일부를 어음 소지인에게 지급한 경우, 어음소지인은 배서인과 사이에 소멸된 어음금에 대하여는 지급을 구할 경제적 이익이 없게 되어 인적 항변 절단의 이익을 향유할 지위에 있지 아니하므로 어음의 발행인은 그 범위 내에서 배서인에 대한 인적 항변으로써 소지인에게 대항하여 그 부분 어음금의 지급을 거절할 수 있다.

5

어음의 실질관계와 이득상환청구권

甲은 乙로부터 매입한 물건에 대한 대금의 지급에 갈음하여 약속어음을 乙에게 발행하였다. 乙은 동 어음을 丙에 대한 채무의 지급에 갈음하여 丙에게 배서양도하였다. 그 후 丙은 동 어음을 분실하였음에도 불구하고 그 사실을 오랫동안 모르는 바람에 甲과 乙에 대한 어음채권이 시효에 의하여 소멸되었다. 이 경우에 甲·乙·丙간의 법률관계를 논하시오.

Ⅰ. 문제의 소재

본 사례에서는 어음발행인 甲은 乙에게, 乙은 丙에게 기존채무의 지급에 갈음하여 어음을 수수하였다. 그러므로 먼저 어음관계가 원인관계에 미치는 영향을 통해 甲과 乙 사이 및 乙과 丙 사이의 법률관계를 살펴보아야 한다.

또한 본 사례에서 丙은 어음을 분실하고 어음채권이 시효로 소멸되었다. 이 경우 丙은 원인관계에서 이득을 얻고 있는 甲에 대하여 이득상환청구권을 행사할 수 있는지를 검토하여야 한다. 이를 위해 이득상환청구권의 행사의 당사자 및 발생·행사요건을 논함으로써 甲과 丙 사이의 법률관계를 파악할 수 있을 것이다.

Ⅱ. 甲과 乙 사이 및 乙과 丙 사이의 법률관계

1. 어음관계가 원인관계에 미치는 영향

(1) 의 의

어음관계라 함은 어음수수 그 자체에 의하여 형성되는 법률관계를 뜻한다. 원인관계는 어음의 배후에 숨어있는 어음수수의 직접 당사자 사이의 법률관계를 뜻한다.

(2) 어음관계의 원인관계에 대한 영향

(가) 개 관

어음이 원인관계에서 기존채무에 대한 지급과 관련하여 어음이 수수된 이상 어음관계가 원인관계에 대하여 영향을 미치게 되는데, 그 영향의 태양은 원인관계의 목적에 따라 다음의 3가지로 분류할 수 있다.[14)]

(나) 기존채무의 지급에 갈음하여(지급 자체로서) 어음이 수수되는 경우

이 경우 원인채권(기존채권)은 소멸하고 어음채권만이 존재한다.[15)] 기존채권의 소멸을 주장하기 위해서는 그 주장자가 당사자간에 이러한 의사가 존재하였다는 것을 입증하여야 한다.

기존채권의 소멸원인에 대해 한때 경개설(更改說), 대물변제설(代物辨濟說), 당사자의 의사를 기준으로 하여 어느 것인지를 결정하여야 한다는 견해 등이 있었다. 그러나 경개(更改)로 풀이하는 경우에는 구채무가 존재하지 않으면 신채무(어음채무)도 발생하지 않는 것으로 되어 어음의 무인성과 배치되므로 지금은 학자들의 견해는 대체적으로 대물변제설에 수렴되어 있다.

(다) 기존채무의 지급을 위하여(지급의 방법으로) 어음이 수수된 경우

이 경우에는 기존채권은 소멸하지 않고 채권자는 어음채권을 추가로 취득한 것으로 되어 두 채권이 병존한다. 다만, 어느 일방이 이행되면 타방도 소멸한다. 채권의 행사순서는 당사자간의 특약에 따르되 특약이 없으면 어음상의 권리를 먼저 행사해야 한다.[16)] 이는 어음이라는 채무자 이외의 자로부터 지급받는 수단을 제공하였기 때문이다.

(라) 기존채무의 지급을 담보하기 위하여 어음이 수수되는 경우

이 경우 기존채권과 원인채권이 병존한다.[17)] 채권의 행사순서는 임의로 하나를 선택하여 행사할 수 있다. 만약 원인채권을 행사하는 경우 채무자의 이중지급의 위험으로부터 채무자를 보호하기 위하여 채권자는 원인채권을 어음과 상환하여서만 행사할 수 있다고 풀이한다. 이러한 동시이행항변권설이 대법원 판례의 태도이다.[18)]

2. 사안에 대한 적용

(1) 甲과 乙 사이의 법률관계

甲은 물건대금의 지급에 갈음하여 乙에게 약속어음을 발행하였다. 이러한 어

---

14) 대법원 1993.11.9. 선고 93다11203·11210 판결.
15) 대법원 1960.5.19. 선고 4292민상784 판결 참조.
16) 대법원 2001.2.13. 선고 2000다5961 판결.
17) 대법원 2002.12.24. 선고 2001다3917 판결.
18) 대법원 1999.7.9. 선고 98다47542·47559 판결; 동 2001.5.8. 선고 2000다58880 판결.

음수수의 효과로서 원인관계상의 채무가 소멸하였으며, 어음상의 채권도 시효로 소멸하였기 때문에 乙은 甲에 대하여 원인관계상 및 어음상의 권리를 행사할 수 없다.

(3) 乙과 丙 사이의 법률관계

이 경우도 乙이 丙에게 기존채무의 지급에 갈음하여 甲이 발행한 어음을 수수한 것이다. 여기서 원인관계상 채무도 소멸하였고 丙의 乙에 대한 어음관계는 시효로 소멸하였으므로 丙은 乙에 대하여 원인채권 및 어음채권을 가지지 못한다.

Ⅲ. 甲과 丙 사이의 법률관계

1. 이득상환청구권의 주요내용

(1) 개 념

어음관계는 추상적 법률관계이므로 원인관계로부터 분리된다. 그러나 어음의 유통을 해하지 않는 범위 안에서는 원인관계를 어음관계에 반영함으로써 양자의 견련이 허용되는데, 이득상환청구권이 인정되는 것도 그러한 예(例) 중의 하나이다. 여기서 이득상환청구권이라 함은 어음상의 권리가 절차의 흠결 또는 시효에 의해 소멸한 경우 소지인이 발행인·인수인 또는 배서인에 대하여 그가 받았던 이익의 한도에서 상환청구를 할 수 있는 권리를 말한다(어음법 제79조). 이러한 이득상환청구권은 어음상 권리는 그 유통성의 확보를 위하여 형식성을 요구하는 대신 법률관계의 안정을 위하여 단기의 시효, 소구권 보전절차의 엄격 등을 요하게 하여 소멸우려가 많다는 점을 고려하여 어음관계 당사자간 실질관계상 형평을 도모하기 위하여 인정하고 있다.

(2) 법적 성질

(가) 서 언

이득상환청구권의 성질을 어떻게 보느냐에 따라 그 권리의 양도방법, 행사방법, 담보권의 이전 및 시효기간 등을 달리 보아야 한다.

(나) 학 설

① 지명채권설 지명채권설에 따르면 이득상환청구권은 어음법상의 권

리이지만, 어음상의 권리가 아니라 형평의 관점에서 법의 규정에 의해서 인정된 지명채권의 일종이다. 따라서 실효한 어음은 증명증서에 불과하다.

② 잔존물설(변형물설) 이득상환청구권은 어음상의 권리가 소멸함과 동시에 발생하는 어음상의 권리에 대한 잔존물 또는 변형물이다. 따라서 어음상의 권리로서 실효한 어음면에 나타나게 된다.

(다) 판 례

대법원 판례는 일관되게 이득상환청구권은 법률의 규정에 의하여 어음의 효력이 소멸할 당시의 소지인에게 형평의 관점에서 부여한 지명채권이라고 하여 지명채권설을 취하고 있다.[19]

(라) 검 토

이득상환청구권은 어음상 권리가 소멸한 후에 어음법이 실질적인 면에서의 형평의 원칙상 인정하고 있다. 따라서 이를 어음상 권리의 일종으로 볼 수는 없기 때문에 법률의 규정에 의하여 인정한 지명채권으로 보는 것이 타당하다.

(3) 당사자

(가) 권리자

이득상환청구권자는 보전절차의 흠결 또는 시효에 의하여 어음상의 권리가 소멸할 당시의 정당한 권리자를 말한다. 따라서 법정요건을 결한 불완전어음 또는 백지어음(미완성어음)의 소지인은 이 권리를 가질 수가 없다. 배서가 단절되어 형식적 자격은 없으나 실직적 권리자임을 입증할 수 있는 경우는 이득상환청구권의 정당한 권리자가 될 수 있다.

(나) 의무자

약속어음의 이득상환의무자는 발행인 및 배서인 중 어느 한사람이다. 이 가운데 흔히 약속어음발행인이 이득상환의 의무자가 된다. 배서인이 이득상환의무자가 되는 경우에는 형식적으로만 배서인이고 실질적으로 발행인과 같은 지위에서 이득을 얻고 있어야 하는데, 그러한 경우는 드물다.

(4) 발생요건

(가) 과거 완전한 어음상의 권리자

이득상환청구자가 완전한 어음상의 권리자이었기에, 절차의 흠결 또는 시효의

19) 대법원 1970.3.10. 선고 69다1370 판결; 동 1983.3.8. 선고 83다40 판결.

완성이 없었더라면 어음상의 권리를 행사할 수 있었어야 한다. 그러므로 불완전 어음이나 백지어음의 소지인은 이 권리를 취득할 수 없다.

(나) 어음상의 권리소멸

어음상의 권리가 절차의 흠결이나 시효로 인하여 소멸하여야 한다. 이는 가장 핵심적인 요건이므로 그 이외의 사유로써 어음상의 권리가 소멸하더라도 이득상환청구권은 발생하지 않는다(어음법 제89조).

(다) 다른 구제수단의 소진

이득상환청구권은 어음상의 권리의 사실에 대한 특별한 구제 수단으로서 형평의 견지에서 인정된 것이다. 그러므로 어음법상의 다른 구제수단이 존재하는 경우에는 그 방법에 의하여 어음상의 권리를 보전하여야 하기 때문에 곧바로 이득상환청구권을 행사할 수는 없다. 여기서 어느 정도 다른 구제수단을 갖지 않아야 하는가에 관하여 견해가 다음과 같이 나누어진다.

제1설은 이득상환청구권은 형평의 관점에서 인정된 권리이고 어음소지인에 대한 최종적 구제수단이기 때문에, 다른 어음상의 권리뿐만 아니라 민법상의 구제방법도 모두 상실하여야 한다는 주장이다. 이러한 견해가 대법원의 일관된 입장이다.[20]

제2설은 이득상환청구권은 다른 어음채무자 모두에 대한 어음상의 권리가 소멸하는 것을 필요로 하지만, 민법상의 구제수단은 있어도 좋다는 견해이다.

제3설은 이득상환청구권은 청구상대방에 대하여 어음상의 권리소멸만을 갖추어도 충분하므로 원인관계상의 구제수단까지 소진할 것을 필요로 하지 않는다고 보고 있다.

생각건대, 이상의 견해 중에서 제1설이 타당하다. 왜냐하면 이득상환청구권은 형평의 관점에서 인정된 것이므로 최후적인 수단으로 인정되어야 하기 때문이다.

(라) 어음채무자의 이득 존재

어음채무자에게 재산상의 이익, 즉 이득이 있어야 한다. 여기서 이득이라 함은 어음상의 권리가 소멸함으로써 그 지급이 필요없게 된 것 그 자체를 말하는 것이 아니라 실질관계에서 현실로 발생한 재산상의 이익을 말한다.[21] 이러한 이익과 그 한도에 관한 입증책임은 어음소지인인 이득상환청구자가 부담한다.[22]

---

20) 대법원 1970.3.10. 선고 69다1370 판결; 동 1974.7.23. 선고 74다131 판결; 동 1993.3.23. 선고 92다50942 판결.

21) 대법원 1993.7.13. 선고 93다10897 판결.

22) 대법원 1994.2.25. 선고 93다50147 판결.

(5) 행사요건

이득상환청구권을 취득하기 위해서는 어음의 소지가 필요한지의 여부가 문제된다. 이득상환청구권의 법적 성질을 지명채권으로 볼 경우 이득상환청구권은 어음과는 별개의 권리이므로 그 권리의 취득에는 증권은 불필요하다. 잔존물설의 경우 이득상환청구권은 어음상의 권리에 대한 잔존물이므로 어음에 결합하고 있는 권리이므로 어음의 소지가 요구된다.

2. 사안에 대한 적용

丙은 시효의 완성이 없었더라면 어음상의 권리를 행사 할 수 있었던 자이다. 이 경우 이득상환청구권을 행사할 수 있는가에 대해서는 견해가 나누어진다. 어음상의 권리뿐만 아니라 민법상의 구제방법도 모두 상실하여야 한다는 견해(제1설)와 대법원 판례의 입장에서는 丙은 甲과 乙에 대하여 민법상 원인채권을 행사할 수 없어 이득상환청구권을 행사할 수 있다. 다른 어음채무자 모두에 대한 어음상 권리의 소멸만 요건으로 할 뿐 민법상의 구제수단이 있어도 좋다는 입장(제2설) 및 청구상대방에 대하여 어음상의 권리소멸만을 갖추어도 이득상환청권을 행사할 수 있다는 견해(제3설)에서는 丙은 甲 및 乙에 대한 어음상의 권리와 원인채권이 소멸하였으므로 이득상환청구가 가능하다.

본 사안에서 丙의 甲에 대한 어음채권이 시효소멸함에 따라서 결국 甲은 물건대금상당액의 이득을 얻게 된다. 乙과 丙 사이에도 지급에 갈음하여 어음이 수수되었기에 원인채권이 소멸되었을 뿐만 아니라 어음채권도 시효로 소멸되어 기존채무를 면하게 되지만, 원인관계에서 이득을 얻지 못한 상태이므로 이득상환의무자가 아니다.

丙이 甲에 대하여 이득상환청구권을 행사할 수 있다고 하더라도 丙은 어음을 분실한 상태이다. 어음의 현실적인 소지없이 이득상환청구권을 행사할 수 있는지에 관해서도 이득상환청구권의 법적 성질에 따라 결론을 달리한다. 그 법적 성격을 지명채권으로 볼 경우 丙은 어음을 현실적으로 소지하지 않더라도 이득상환청구권을 행사할 수 있다. 잔존물설에 의하는 경우 이득상환청구권을 행사하기 위해서는 어음의 소지가 요구된다. 하지만 사안에서는 어음이 분실된 상황이므로 丙이 제권판결을 얻은 후에 甲에 대하여 이득상환청구권을 행사하여야 한다.

Ⅳ. 사례의 해결

1. 甲과 乙 사이의 법률관계

甲은 乙에 대해서는 기존채무의 지급에 갈음하여 어음을 발행한 경우이다. 어음상의 채권이 시효로 소멸하였으므로 乙은 甲에게 원인관계 및 어음상의 권리를 행사할 수 없다.

2. 乙과 丙 사이의 법률관계

乙이 丙에게 기존채무의 지급에 갈음하여 甲이 발행한 어음을 배서양도한 것이므로 丙은 乙에 대하여 원인채권은 물론이고 시효소멸로 인하여 어음채권도 가지지 않는다.

3. 甲과 丙 사이의 법률관계

시효의 완성이 없었더라면 어음상의 권리를 행사 할 수 있었던 자인 丙은 이득상환청구권의 발생요건으로서 다른 구제수단의 존재유무에 관련한 어떠한 학설이나 판례를 따르더라도 이득상환청구가 가능하다. 사안에서 이득상환의무자는 원인관계에서 이득을 얻고 있는 甲이다. 하지만 丙은 어음을 분실한 상태인데, 이득상환청구권의 법적 성격을 지명채권으로 볼 경우 丙은 어음을 현실적으로 소지하지 않더라도 이득상환청구권을 행사할 수 있지만, 반대로 잔존물설의 경우에는 이득상환청구권을 행사하기 위해서는 어음의 소지가 요구되므로 丙은 제권판결을 얻은 후에 甲에 대하여 이득상환청구권을 행사하여야 한다.

◎ 참조 판례

대법원 1993.11.9. 선고 93다11203 · 11210 판결

채무자가 채권자에게 기존채무의 이행에 관하여 어음이나 수표를 교부할 때 당사자의 의사는, (1) 기존의 원인채무를 소멸시키고 새로운 어음·수표채무만을 존속시키고자 할 경우로서 "지급에 갈음하여" 또는 "변제에 갈음하여" 하는 경우, (2) 어음·수표를 기존원인채무에 대한 지급수단 그 자체로서 주고 받고자 하는 경우로서 "지급을 위하여" 또는 "지급의 방법으로" 하는 경우, (3) 기존원인채무의 지급을 담

보하기 위하여 그에 덧붙여 어음·수표상의 권리를 부여하고자 할 경우로서 "지급확보를 위하여" 또는 "담보를 위하여" 하는 경우의 세 가지 형태가 있다고 할 것이다.

대법원 1960.5.19. 선고 4292민상784 판결

수표로서 변제제공하는 경우에 있어서는 특별히 채권자의 주소지에 소재하는 은행의 수표만으로 한다는 특약이 있는 등 특단의 사유 없는 한 신용 있는 은행의 수표제공은 일반거래상 현금의 제공과 동일하게 볼 것이므로 이를 채무본지에 따른 현실제공으로 해석할 것이다.

대법원 2001.2.13. 선고 2000다5961 판결

어음이 "지급을 위하여" 교부된 것으로 추정되는 경우 채권자는 어음채권과 원인채권 중 어음채권을 먼저 행사하여 만족을 얻을 것을 당사자가 예정하였다고 할 것이어서 채권자로서는 어음채권을 우선 행사하고 그에 의하여 만족을 얻을 수 없는 때 비로소 채무자에 대하여 기존의 원인채권을 행사할 수 있는 것이므로, 채권자가 기존채무의 변제기보다 후의 일자가 만기로 된 어음을 교부받은 때에는 특단의 사정이 없는 한 기존채무의 지급을 유예하는 의사가 있었다고 보아야 한다.

대법원 1999.6.11. 선고 99다16378 판결

원인채권의 지급을 확보하기 위한 방법으로 어음이 수수된 경우에 원인채권과 어음채권은 별개로서 채권자는 그 선택에 따라 권리를 행사할 수 있고, 원인채권에 기하여 청구를 한 것만으로는 어음채권 그 자체를 행사한 것으로 볼 수 없어 어음채권의 소멸시효를 중단시키지 못한다.

대법원 2002.12.24. 선고 2001다3917 판결

수표가 기존원인채무의 지급확보를 위하여 또는 그 담보를 위하여 발행 또는 교부된 경우에, 채권자가 그 수표를 유상 또는 무상으로 타인에게 양도하였다고 하더라도 그에 의하여 바로 기존원인채무가 소멸하는 것이 아니고, 수표를 양도한 채권자가 수표상의 상환의무를 종국적으로 면하게 될 때 비로소 기존원인채무가 소멸한다고 보아야 한다.

대법원 2000.5.26. 선고 2000다10376 판결

원인관계상의 채무를 담보하기 위하여 어음이 발행되거나 배서된 경우에는 어음채권이 시효로 소멸되었다고 하여도 발행인 또는 배서인에 대하여 이득상환청구권은 발생하지 않는다고 할 것인바, 이러한 이치는 그 원인관계상의 채권 또한 시효 등의 원인으로 소멸되고 그 시기가 어음채무의 소멸 시기 이전이든지 이후이든지 관계없이 마찬가지이다.

대법원 1970.3.10. 선고 69다1370 판결

이득상환청구권이 발생하는 데 있어서는 모든 어음상의 또는 민법상의 채무자에 대하여 각 권리가 소멸되었음을 요한다 이득상환청구권은 지명채권양도의 방법에 의하여 양도할 수 있고 약속어음상의 권리가 소멸된 이후 배서양도만으로서는 양도의 효력이 없다.

대법원 1983.3.8. 선고 83다40 판결

정당한 수표소지인이 수표를 양도하는 것이 아니라, 수표상의 권리가 소멸할 당시의 정당한 소지인이 누구인지를 가려볼 자료가 없는 수표를 제시기간 경과 후에 양수한 자는 지명채권양도의 방법에 따른 절차를 밟음이 없는 한 이득상환청구권을 양도받았음을 발행인에게 주장할 수 없다.

대법원 1993.3.23. 선고 92다50942 판결

어음법에 의한 이득상환청구권이 발생하기 위하여는 모든 어음상 또는 민법상의 채무자에 대하여 각 권리가 소멸되어야 하는 것인바, 원인관계에 있는 채권의 지급을 확보하기 위하여 발행된 약속어음이 전전양도(轉傳讓渡)되어 최후의 소지인이 어음상의 권리를 상실한 경우라도 원인채무는 그대로 존속하는 것이므로 발행인이 바로 어음금액 상당의 이득을 얻고 있다고는 할 수 없다.

대법원 1993.7.13. 선고 93다10897 판결

어음법 제79조에서 말하는 "받은 이익"이라는 것은 어음채무자가 어음상의 권리의 소멸에 의하여 어음상의 채무를 면하는 것 자체를 말하는 것이 아니라 어음수수

의 원인관계 등 실질관계(기본관계)에 있어서 현실로 받은 재산상의 이익을 말하는 것이다.

대법원 1994.2.25. 선고 93다50147 판결

어음채무자에게 어음법 제79조 소정의 "받은 이익"이 있음과 그 한도에 관하여는 어음소지인인 이득상환청구자가 이를 주장 입증하여야 한다.

6

어음의 기재사항

甲 주식회사가 국내에서 유통시킬 목적으로 다음과 같이 여러 장의 확정일출급 약속어음을 발행한 경우, 각각의 어음이 유효한지의 여부를 논하시오.

(1) 지급지는 "인천"으로 기재하였으나 발행지가 기재하지 않은 어음
(2) 인쇄된 어음용지상의 지시문구를 말소하지 않고 지시금지문구를 기재한 어음
(3) 만기일을 발행일보다 앞선 일자로 기재한 어음

Ⅰ. 문제의 소재

어음은 불특정다수인 사이를 전전유통하는 유가증권이며, 가급적이면 그것의 유통성과 지급의 확실성을 도모할 필요가 있다. 그런 이유로 어음상의 권리는 원인관계로부터 분리되어 원칙적으로 증권의 작성에 의해서 발생하고(무인성·설권증권성), 어음채무의 내용은 증권의 기재만으로 결정된다(문언성). 또한 어음은 엄격한 요식증권이다. 그래서 어음법은 어음이 유효하기 위한 최소한도의 기재사항인 어음요건을 정하고 있다(어음법 제1조, 제75조). 이러한 어음요건을 흠결한 어음은 원칙적으로 무효이다.

엄격한 요식증권성도 궁극적으로는 거래의 안전을 위해서 요청된 것이므로 공연히 어음을 무효로 하는 것은 오히려 그 취지에 반하는 것이 된다. 따라서 권리내용의 확정이라는 엄격한 요식증권성의 요청과 당사자의 의사존중이라는 요청과의 조화를 상호 도모하기 위해 사회통념상 합리적 판단에 따라 해석하고, 그 범위에서 가능한 한 어음이 유효하게 되도록 해석하고 있다. 본 사례에서의 설문은 어음요건과 관련한 어음의 유효 여부를 묻고 있다.

Ⅱ. 설문 (1)에 대하여

1. 지급지의 의의 및 기재방법

지급지(어음법 제1조 제5호, 제75조 제4호)란 어음의 필요적 기재사항으로서

어음금액의 지급이 이루어져야 할 일정한 지역을 의미한다. 지급지의 기재가 요구되는 것은 지급장소(어음법 제4조, 제27조 제2항)를 찾는 데 단서가 되는 지역이기 때문이다. 이러한 취지에서 지급지는 장소가 아니라 지역으로서 최소독립행정구역이면 충분하다. 대법원 판례도 동일한 입장이다.[23]

2. 발행지의 의의 및 그 기재가 흠결된 어음의 효력

(1) 발행지의 의의 및 기능

발행지(어음법 제1조 제7호, 제75조 제6호)란 어음의 필요적 기재사항으로서 어음이 발행된 곳을 뜻한다. 이는 어음에 기재된 지역을 의미할 뿐 실제로 발행된 지역과 반드시 일치할 필요는 없다. 어음의 발행지는 다음의 사항을 정하는 표준으로서의 기능을 한다.

첫째, 발행지와 세력(歲曆)을 달리하는 지(地)에서 지급할 어음의 경우 그 만기의 날은 지급지의 세력에 의하여 결정되는데, 발행지의 기재는 이의 결정의 표준이 된다(어음법 제37조 제1항, 제77조 제1항 제2호).

둘째, 어음의 발행국과 지급국이 동명이가(同名異價)를 가진 통화에 의하여 어음의 금액을 정한 때에는 지급지의 통화에 의하여 정한 것으로 추정되는데, 발행지의 기재는 이의 결정의 표준이 된다(어음법 제41조 제4항, 제77조 제1항 제3호).

셋째, 국제사법상 어음행위의 방식의 결정(국제사법 제53조 제1항, 제2항)에 있어서 발행지의기재는 준거법을 정하는 표준이 된다.

이 밖에 약속어음에서의 발행지는 약속어음상에 다른 표시가 없는 때에 지급지와 발행인의 주소지로 의제되는 기능을 한다(어음법 제76조 제3호). 요약하자면, 어음법상 발행지는 준거법을 정하는 기준이 되는 외에는 별다른 구실을 하지 않는다.

(2) 발행지의 기재가 흠결된 어음의 효력

국내거래에 관한 어음에 있어서 발행지는 특별한 기능이 없다. 대법원 판례는 과거에 발행지의 기재가 흠결된 어음을 무효로 본 적이 있으나,[24] 현재의 대법원은 그간의 입장을 변경하여 국내에서 이용되는 어음에 관하여는 어음요건 중에 발행지의 요건성을 부정하고 있으며, 설령 발행지가 기재되지 않은 어음이라도

23) 대법원 1981.12.8. 선고 80다863 판결.
24) 대법원 1985.8.13. 선고 85다카123 판결.

유효하다고 보고 있다.[25)]

3. 사안에 대한 적용

본 사안에서 지급지를 최소독립행정구역인 "인천"으로 기재하고 발행지 기재를 흠결하더라도 그 어음이 국내에서 발행되고 국내에서 지급될 국내어음으로 발행되었으므로 당해 어음은 유효하다. 현재의 대법원 판례에 따를 경우에도 동일한 입장이다.

Ⅲ. 설문 (2)에 대하여

1. 어음면상 지시문구와 지시금지문구가 병존하는 어음의 효력

(1) 서 언

어음면상 지시문구라 함은 어음의 필요적 기재사항인 일정한 금액의 지급위탁(어음법 제1조 제2호) 또는 지급약속(어음법 제75조 제2호)을 뜻하는 문구 속에 포함되어 있는 "귀하의 지시인에게"가 이에 해당한다. 지시금지문구는 어음의 유익적 기재사항이다(어음법 제11조 제2항, 제75조 제1항 제1호).

어음은 법률상 당연한 지시증권이지만(어음법 제11조 제1항, 제77조 제1항 제1호), 배서금지어음("지시금지어음"이라고도 함)을 발행하는 것도 가능하다(어음법 제11조 제2항, 제77조 제1항 제1호). 배서금지어음은 이미 부동문자로 인쇄되어 있는 지시문구를 말소하고 지시금지문구를 기재하여 배서성을 박탈하는 방식으로 이루어진다. 그러나 지시문구를 말소하지 않은 채 지시금지문구를 기재하는 경우에는 이들 문구 사이에 상호 모순이 존재하게 되어 어음의 효력이 문제된다.

(2) 학 설

(가) 무효설

지시문구와 지시금지문구의 병존으로 인해 어음상의 기재에 모순이 존재하게 되므로 어음이 무효가 된다는 견해이다.

(나) 지시식어음설

지시문구가 기재된 지시어음에서 지시금지문구를 기재하는 것은 위법한 것이

25) 대법원 1998.4.23. 선고 95다36466 판결.

므로 지시금지문구가 없는 지시식어음으로서의 효력을 가진다는 견해이다.

(다) 배서금지어음설

발행인이 지시금지문구를 기재한 것을 고려할 때 배서금지어음으로 하려고 하는 의사가 있다고 풀이하는 것이 타당하다는 견해이다.

(3) 판 례

대법원 판례는 다른 특별한 사정이 없는 한 어음에 인쇄된 지시문구를 말소하지 않고 지시금지문구를 기재한 경우 지시금지문구의 효력이 우선하고, 따라서 그 어음은 배서금지어음에 해당되므로 유효하다고 판시하고 있다.[26]

(4) 검 토

어음행위의 합리적인 외관해석을 하는 경우 어음행위자가 직접 지시금지문구를 기재한 것은 이를 배서금지어음으로 하려고 하는 의사가 있는 것으로 해석되므로 배서금지어음설과 대법원 판례의 입장이 타당하다.

2. 사안에 대한 적용

어음용지상의 지시문구를 말소하지 않고 지시금지문구를 기재한 어음은 배서금지어음설과 판례에 따르면 배서금지어음이다. 그러나 무효설에 의하면 그러한 어음은 무효가 되며, 지시식어음설에 따르면 지시식어음으로 된다. 이처럼 무효설을 취하지 않는 한 본 사안에서의 어음은 유효하다.

Ⅳ. 설문 (3)에 대하여

1. 만기의 의의 및 종류

만기라 함은 어음의 기재상 어음금액이 지급되어야 할 날을 말하며 만기일 또는 지급기일이라고도 한다. 어음법은 만기의 종류를 일람출급, 일람 후 정기출급, 발행일자 후 정기출급, 확정일출급의 4가지만 인정하고 있다. 만기의 표시는 어음의 필요적 기재사항이므로(어음법 제1조 제4호, 제75조 제3호), 이 밖의 만기는 무효로 한다. 만기를 기재하지 않은 어음은 일람출급의 어음으로 본다(어음법 제2조

26) 대법원 1987.4.28. 선고 86다카2630 판결.

제2항, 제76조 제2항).

2. 만기의 요건

(1) 서 언

어음의 만기는 단일하고, 확정 및 가능하여야 하며 어음 자체에 의하여 알 수 있는 날이어야 한다. 그러나 발행일 이전의 날을 만기로 한 어음의 경우 그 만기가 가능하지 않으므로, 그러한 어음의 유효 여부에 관하여 견해가 나누어져 있다.

(2) 학 설

(가) 무효설

이는 만기일자가 발행일보다 선일자로 기재된 확정일출급 약속어음을 무효로 보는 견해이다. 그 근거로서는 첫째, 발행인이 발행일 보다 앞선 일자에 지급약속을 하는 것은 지급의 가능성이 결여된 것이라는 점과 둘째, 그러한 어음의 경우 지급제시가 가능하지 않음은 물론이고 지급거절증서도 작성할 수 없다는 점 등을 들 수 있다.

(나) 일람출급어음설

일람출급어음설에서는 그러한 어음을 일람출급의 어음으로 보는 것이 합리적이라고 주장한다.[27] 즉, 일람출급어음설은 어음법이 만기의 기재가 없는 어음을 일람출급어음으로 보고 있기 때문에 발행일의 선일자(先日字)를 만기로 하는 어음은 만기의 기재가 없는 것과 동일하게 취급하자는 것이다.

(3) 판 례

대법원 판례는 만기일이 발행일보다 앞선 일자로 기재된 확정일출급 약속어음은 무효라고 판시하고 있다.[28]

(4) 검 토

어음은 요식증권 내지 문언증권이므로 어음요건의 성립 여부는 어음상의 기재만에 의하여 판단할 수밖에 없으며, 따라서 가능하지 않는 일자를 만기로 기재한 어음은 무효로 보는 것이 타당하다. 이에 무효설과 판례의 태도가 바람직하다.

---

27) 이철송, 「어음・수표법」 제8판(박영사, 2006), 221면.

28) 대법원 2000.4.25. 선고 98다59682 판결.

3. 사안에 대한 적용

만기일이 발행일보다 앞선 일자로 기재된 어음은 무효설과 대법원 판례에 의할 경우 무효이다. 그러나 이와는 달리 일람출급어음설에 따르면 일람출급어음으로서 유효하게 된다.

Ⅴ. 사례의 해결

1. 설문 (1)에서의 어음은 유효하다. 대법원 판례에 따르는 경우에도 마찬가지이다.

2. 설문 (2)에서의 어음은 배서금지어음설과 대법원 판례에 따르면 배서금지어음으로서 유효하다. 지시식어음설에서는 지시식어음으로서 유효하다. 그러나 무효설에 의하면 그러한 어음은 무효이다.

3. 설문 (3)에서의 어음은 무효설과 대법원 판례에 의할 경우 무효이다. 하지만 일람출급어음설에 따르면 일람출급어음으로서 유효하다.

◎ 참조 판례

대법원 1981.12.8. 선고 80다863 판결

약속어음의 지급지를 기재함에 있어 원칙적으로 독립된 최소행정구역을 기재하여야 하나, 서울특별시의 경우는 "서울"이라고만 기재하면 되고, 반드시 그 구까지를 표시하여야 하는 것이 아니다.

대법원 2001.11.30. 선고 2000다7387 판결

어음면상 지급지에 관한 특별한 표시가 없다 할지라도 거기에 지급장소의 기재가 있고 그것이 지(地)의 표시를 포함하고 있어 그로부터 지급지에 해당하는 일정 지역이 추지될 수 있는 경우에는 지급지의 기재가 이에 의하여 보충되는 것으로 볼 수 있다.

대법원 1998.4.23. 선고 95다36466 판결

어음에 있어서 발행지의 기재는 발행지와 지급지가 국토를 달리하거나 세력(歲曆)을 달리하는 어음 기타 국제어음에 있어서는 어음행위의 중요한 해석기준이 되는 것이지만 국내에서 발행되고 지급되는 이른바 국내어음에 있어서는 별다른 의미를 가지지 못하고, 또한 일반의 어음거래에 있어서 발행지가 기재되지 아니한 국내어음도 어음요건을 갖춘 완전한 어음과 마찬가지로 당사자 간에 발행·양도 등의 유통이 널리 이루어지고 있으며, 어음교환소와 은행 등을 통한 결제 과정에서도 발행지의 기재가 없다는 이유로 지급거절됨이 없이 발행지가 기재된 어음과 마찬가지로 취급되고 있음은 관행에 이른 정도인 점에 비추어 볼 때, 발행지의 기재가 없는 어음의 유통에 관여한 당사자들은 완전한 어음에 의한 것과 같은 유효한 어음행위를 하려고 하였던 것으로 봄이 상당하므로, 어음면의 기재 자체로 보아 국내어음으로 인정되는 경우에 있어서는 그 어음면상 발행지의 기재가 없는 경우라고 할지라도 이를 무효의 어음으로 볼 수는 없다.

대법원 1987.4.28. 선고 86다카2630 판결

어음의 발행인이 어음용지에 부동문자로 인쇄된 지시문구를 말소하지 아니한 채 그 지시문구 다음에 "지시금함"이라고 기재한 지시금지문구를 병기하였다면 특단의 사정이 없는 한 지시금지문구의 효력이 우선한다.

대법원 2000.4.25. 선고 98다59682 판결

어음의 요식증권 내지 문언증권으로서의 성질상 어음요건의 성립 여부는 어음상의 기재만에 의하여 판단하여야 하고, 어음요건의 기재가 그 자체로 불가능한 것이거나 각 어음요건이 서로 명백히 모순되어 함께 존립할 수 없게 되는 경우에는 그와 같은 어음은 무효라고 봄이 상당하고, 한편 약속어음의 발행일은 어음요건의 하나로서 그 기재가 없는 상태에서는 어음상의 권리가 적법하게 성립할 수 없는 것이므로, 확정된 날을 만기로 하는 확정일출급 약속어음의 경우에 있어서 만기의 일자가 발행일보다 앞선 일자로 기재되어 있다면 그 약속어음은 어음요건의 기재가 서로 모순되는 것으로서 무효라고 해석하여야 한다.

7

백지보충권의 남용

甲은 문구점에서 구입한 인쇄된 어음용지를 사용하여 후일 乙로 하여금 기재시킬 의사로 어음금액란을 백지로 한 어음을 乙에게 발행하였고 乙은 그 어음을 다시 丙에게 배서양도하였다. 甲과 乙간에는 어음금액을 10억원으로 보충하는 합의가 있었지만, 乙은 丙에게 20억원의 보충권이 있다고 기망하였다. 이에 丙은 甲에게 어음금액에 대한 조회 없이 동 어음을 20억원으로 보충하고 만기에 어음금지급을 청구하는 경우 甲은 丙에 대하여 얼마를 지급하여야 하는가?

Ⅰ. 문제의 소재

본 사례에서는 甲의 丙에 대한 책임을 판단하기 위해서는 그가 발행한 어음이 유효한지를 먼저 검토하여야 한다. 여기서는 동 어음의 백지어음인지의 여부가 문제된다. 다음으로 乙이 보충권의 범위를 기망한 결과 丙이 본래의 보충권의 범위를 넘어 보충하였다면 어음법 제10조에 의하여 보호받을 수 있는지의 여부가 문제된다. 궁극적으로 丙이 어음금액을 조회하지 않음으로 인하여 보충전의 백지어음에 대한 선의취득이 인정되지 않는 경우 甲이 丙에 대하여 지급하여야 하는 금액을 가늠해 보기로 한다.

Ⅱ. 甲이 발행한 어음의 유효 여부

1. 백지어음의 판단기준

(1) 서 언

백지어음이라 함은 어음요건의 전부 또는 일부를 기재하지 않은 서면에 기명날인 또는 서명을 하여 그 기재하지 않은 요건을 후일 소지인으로 하여금 보충시킬 의사로 발행된 미완성어음을 말한다.

어음요건이 흠결된 어음이 무조건적으로 백지어음으로 되는 것은 아니다. 백지어음은 어음요건을 흠결한 불완전어음과는 구별하여야 한다. 이들은 모두 어음요건을 기재하지 않은 점에서는 공통되지만 전자는 후일에 소지자로 하여금 보충시킬 의사가 있지만, 후자는 그러하지 않다는 점에서 본질적인 차이가 있다. 특히 백지어음은 조건부 유효어음이지만 불완전어음은 무효이다. 그러므로 사례에서의 어음이 백지어음인 경우에 한하여 유효하게 된다. 어음이 백지어음인지의 여부는 보충권의 존재 유무를 기준으로 판단한다. 백지보충권의 존재를 판단하는 기준에 관해서는 견해가 나누어져 있다.

(2) 학 설

(가) 주관설

이 견해는 보충권의 존재 유무를 기명날인 또는 서명한 자의 의사를 기준으로 한다.[29] 즉, 백지어음이 유효한 것은 기명날인 또는 서명한 자가 후일 타인에게 요건을 보충시킬 의사를 가지고 있기 때문이라는 입장이다. 만약에 보충권수여의 합의의 존재가 다투어질 경우에는 그 존재에 대한 입증책임은 불완전어음이라는 사실을 주장하는 자가 부담한다. 주관설을 취하는 경우에도 권리외관이론에 따라 선의취득자에 대해서는 기명날인자 또는 서명한 자가 불완전어음이라는 항변을 제출할 수 없다고 한다.

(나) 객관설

객관설은 어음의 외관상의 보충이 예정되어 있는지의 여부를 기준으로 하여 구별하는 견해이다. 따라서 어음의 외관상 보충이 예견되면 기명날인 또는 서명한 자가 보충권을 수여할 의사가 실제로 있었느냐는 불문한다. 이 학설에 의하면 인쇄된 어음용지를 사용하여 발행한 어음의 경우 일부요건을 누락하더라도 보충이 예정된 것으로 본다.

(다) 절충설

절충설은 주관설을 바탕으로 객관설을 절충하는 입장이다. 즉, 백지어음은 기명날인 또는 서명한 자가 후일 흠결된 요건을 보충시킬 의사로써 작성·교부되는 것이 원칙이지만, 어음의 외관상 보충이 예정된 것으로 볼 수 있는 경우에는 기명날인 또는 서명한 자의 명백한 반증이 없는 한 백지어음이 된다고 한다. 따라서 인쇄된 어음용지에 어음금액을 기재되지 않은 경우에도 그 외관상 장래 보충할 의사가 있는 것으로 인정되므로 백지어음으로 볼 수 있게 된다.

29) 최준선, 「어음·수표법」 제3판(삼영사, 2007), 273면.

(3) 판 례

대법원은 인쇄된 어음용지에 어음요건의 일부를 기재하지 않고 발행한 경우에는 백지어음으로 추정하고 있다.[30] 다른 판결에서 대법원은 수취인 기타 어음요건을 백지로 두고 발행된 어음을 백지어음으로 추정하되 그 발행인이 백지어음이 아니라 불완전어음임을 입증할 책임이 있는 것으로 판시하고 있어 일종의 절충설을 취하는 것으로 풀이된다.[31]

(4) 검 토

주관설은 기명날인 또는 서명한 자의 의사만을 기준으로 백지어음 여부를 판단한다는 점에서 어음거래의 안전을 해할 염려가 있다. 객관설은 기명날인 또는 서명한 자의 의사를 전혀 무시한다는 한계가 있다. 이에 절충설의 입장에서 보충권의 유무는 기명날인 또는 서명한 자의 의사를 기준으로 판단하되 다툼이 있는 경우에는 기명날인 또는 서명한 자가 이를 입증하도록 하는 것이 바람직하다고 생각한다.

2. 사안에 대한 적용

본 사안에서는 甲은 인쇄된 어음용지에 후에 소지인이 보충할 의사로 어음금액란을 공란으로 하여 발행하였기에 위의 어느 학설이나 대법원 판례에 따르더라도 백지어음에 해당되므로 유효하다.

Ⅲ. 甲의 丙에 대한 책임

1. 개 관

백지어음은 보충에 의하여 완성된다. 그러나 백지보충권자가 백지어음행위자와 수취인 사이의 어음 외적인 합의에 의한 보충권수여행위 또는 신의칙에 의하여 결정된 보충권의 범위, 행사 및 시기 등에 관한 제한을 위반하여 보충권을 남용하는 경우가 발생할 수 있다. 이에 거래안전을 도모하는 차원에서 어음법은 백지어음의 기명날인 또는 서명자는 부당하게 보충된 기재를 신뢰하고 어음을 취

30) 대법원 1965.5.25. 선고 64다1657 판결; 동 1966.10.11. 선고 66다1646 판결; 동 1976.3.9. 선고 75다984 판결.

31) 대법원 1984.5.22. 선고 83다카1585 판결; 동 2001.4.24. 선고 2001다6718 판결.

득한 자에 대하여 그 취득자가 선의이고 중대한 과실이 없으면, 합의의 위반을 이유로 대항할 수 없다고 규정함으로써 기재된 문언에 따른 책임을 인정하고 있다(어음법 제10조, 제77조 제2항). 그러나 보충되지 아니한 백지어음을 선의취득한 자에게도 어음법 제10조가 적용되는지에 관해서는 견해가 나누어진다.

2. 보충 전 취득자에 대한 어음법 제10조의 적용 여부

(1) 학 설

(가) 긍정설

어음법 제10조는 어음표면에서 알 수 없는 보충의 합의에 대해 선의·무중과실의 취득자를 보호하고 그로 인해서 어음유통을 확보하는 취지의 규정이다. 따라서 백지어음의 보충 전후를 막론하고 합의를 알 수 없는 취득자를 보호해야 한다는 점에는 변함이 없으므로 부당보충 전의 어음취득자에게도 어음법 제10조가 적용되어야 한다는 견해이다.

(나) 부정설

부당보충 전의 취득자는 어음법에 의하여 보호할 필요성이 적으므로 외관상 백지의 존재가 분명한 어음의 취득자에 대해서는 그가 스스로 보충권의 존재·범위에 대해 위험을 부담하여야 한다는 입장이다.

(2) 판 례

대법원은 백지어음행위자의 직접 상대방이 어음요건의 전부 또는 일부를 백지인 채로 제3자에게 양도하여 그로 하여금 보충권을 남용하게 한 경우에도 일단 어음법 제10조를 적용하되, 금액란과 같은 중요한 기재가 공란인 경우에는 취득자가 금액란의 기재에 대해 조사하지 않으면 중과실이 있는 것으로 되어 어음법 제10조 단서를 적용하여 선의취득을 인정하지 않고 있다. 대법원 판례의 입장은 긍정설을 기본으로 하지만 결과에 있어서는 부정설과 차이가 없다.[32]

(3) 검 토

어음법 제10조는 어음증권상 알지 못하는 보충의 합의에 대해 선의·무중과실의 취득자를 보호하고 그로 인해서 어음의 유통성을 확보하는 취지의 규정이

32) 대법원 1978.3.14. 선고 77다2020 판결; 동 1995.8.22. 선고 95다10945 판결; 동 1995.12.8. 선고 94다18959 판결.

다. 이와 같은 이유라 한다면 어음의 취득자가 보충 전 또는 보충 후를 막론하고 그 합의를 알지 못한 취득자를 보호해야 한다는 점에서 어음법 제10조의 적용을 긍정하는 견해가 타당하다.

3. 사안에 대한 적용

甲과 乙 사이에는 어음금액을 10억원으로 보충하는 합의가 있었지만, 해당어음을 백지인 채로 취득한 丙은 그러한 합의를 모르는 상태에서 乙에게 기망당하여 20억원으로 보충하였다. 보충 전 취득자에 대한 어음법 제10조의 적용과 관련된 긍정설에 따르면 丙은 동 어음이 인쇄된 어음용지에 후일에 보충할 의사로 발행된 백지어음이라는 사실을 알고 있는 이상 20억원이라는 고액의 보충권의 내용에 관하여 백지어음행위자에게 직접 조회를 하지 않고 乙에게 기망당한 것은 그에게 중과실이 있는 것으로 보인다. 따라서 결과적으로 甲은 10억원의 범위 내에서 책임을 지게 된다. 이러한 결론은 부정설이나 대법원의 입장과도 큰 차이가 없다.

Ⅳ. 사례의 해결

본 사례에서는 丙은 甲에 대해 어음금액의 확인을 하는 등의 사정이 인정되지 않아 중과실이 있다고 할 수 있다. 따라서 丙이 만기에 20억원을 지급청구하더라도 甲은 乙과의 합의한 보충권의 범위 내에서 책임을 부담하므로 丙에 대하여 10억원을 초과한 금액에 대해서는 지급에 응할 필요가 없다.

◎ 참조 판례

대법원 2001.4.24. 선고 2001다6718 판결

백지약속어음의 경우 발행인이 수취인 또는 그 소지인으로 하여금 백지부분을 보충케 하려는 보충권을 줄 의사로서 발행하였는지의 여부에 관하여는 발행인에게 보충권을 줄 의사로 발행한 것이 아니라는 점, 즉 백지어음이 아니고 불완전어음으로서 무효라는 점에 관한 입증책임이 있다.

대법원 1978.3.14. 선고 77다2020 판결

어음금액이 백지인 어음을 취득하면서 보증권한을 부여받은 자의 지시에 의하여 어음금액란을 보충하는 경우 보충권의 내용에 관하여 어음의 기명날인자에게 직접 조회하지 않았다면 특별한 사정이 없는 한 취득자에게 중대한 과실이 있다.

대법원 1999.2.9. 선고 98다37736 판결

어음금액란의 기재는 대단히 중요한 사항이므로 어음금액란을 백지로 하는 어음을 발행하는 경우에 발행인은 통상적으로 그 보충권의 범위를 한정한다고 봄이 상당하다.

대법원 1995.8.22. 선고 95다10945 판결

어음법 제10조 소정의 "중대한 과실"에 관하여 "어음금액이 백지로 된 백지어음을 취득한 자가 그 어음의 발행인에게 보충권의 내용에 관하여 직접 조회하지 않았다면 특별한 사정이 없는 한 취득자에게 중대한 과실이 있는 것이라고 보아야 한다"고 판시한 대법원 판결(1978.3.14. 선고 77다2020)은, 비록 백지약속어음에 관한 것이기는 하지만, 백지수표에 관한 수표법 제13조의 규정과 백지어음에 관한 어음법 제10조의 규정은 백지수표와 백지어음의 보충권의 남용 내지 부당보충에 관하여 동일한 법리를 규정하고 있으므로, 백지어음의 부당보충에 관한 위 판결이 취하고 있는 견해는 백지수표에 관하여도 그대로 적용되어야 한다.

8

배서의 연속이 흠결된 어음에서의 권리행사방법

다음은 어느 어음의 앞면과 뒷면이다.

어음의 앞면	어음의 뒷면
수취인 A	피배서인 배서인 A 印
1억원	피배서인 C 배서인 B 印
발행인 Y 印	피배서인 X 배서인 D 印

위 어음의 소지인 X가 Y에 대해 어음금지급청구권을 행사하기 위해서는 어떠한 방법이 요구되는가?

Ⅰ. 문제의 소재

본 사례에서의 어음은 배서가 연속되지 않았다. 따라서 어음의 소지인 X가 Y에게 어음금지급청구권을 행사하기 위해서는 그 어음에 대하여 실질적 권리를 증명하거나 배서의 연속을 창출하기 위해 배서를 말소하여야 한다. 이에 X의 실질적인 권리증명과 배서의 말소에 관하여 살펴보고자 한다.

Ⅱ. 위 어음에서의 배서의 연속 여부

1. 배서의 연속

(1) 개 념

배서의 연속이라 함은 어음표면상의 기재에 있어서 수취인에서 최후 소지인에 이르기까지 각 배서가 끊임없이 계속 이어지고 있는 것을 말한다. 배서가 연속하는 어음의 소지인은 어음상의 권리자로 추정된다(어음법 제16조 제1항 제1

문). 말하자면, 배서의 연속이 있는 경우 실질적 권리를 증명할 필요 없이 어음상의 권리를 행사할 자격이 인정된다(자격수여적 효력).

(2) 판단기준

배서의 연속은 형식적 근거에 의하여 판단한다. 즉, 배서의 연속은 형식적으로 존재하면 족하다.[33]

(3) 백지식 배서와 배서의 연속

피배서인을 기재하지 아니하고 하는 배서를 백지식 배서라 한다(어음법 제13조 제2항). 배서의 중간에 백지식 배서가 있는 경우 백지를 보충하지 않더라도 다음 배서의 배서인이 백지식 배서에 의하여 어음을 취득한 것으로 보아 배서의 연속이 인정된다(어음법 제16조 제1항 제4문).

2. 사안에 대한 적용

본 사안에서의 어음에 대한 제1 배서는 피배서인의 명칭을 기재하지 않은 백지식 배서에 해당하며, 이와 같은 배서가 있는 경우에도 배서는 연속하고 있는 것으로 본다. 그러나 제2 배서에서 제3 배서 사이에서, 즉 C에서 D로의 권리이전의 관계에서는 배서가 연속하고 있지 않은 것은 분명하다. 따라서 단순히 위의 어음 자체만으로는 소지인 X가 Y에 대하여 어음금을 확실하게 지급받을 수 있는 자격수여적 효력이 인정되지 않는다.

Ⅲ. 실질적인 권리증명을 통한 X의 어음금지급 청구권행사

1. 실질적인 권리증명의 의의

배서의 연속은 어음요건과 달리 권리행사의 요건이 아니며, 어디까지나 권리추정의 요건이다. 따라서 배서불연속한 어음의 소지인은 그러한 실질적 권리의 이전을 증명한다면 권리를 행사할 수 있다. 왜냐하면 어음법 제16조가 규정한 배서의 연속에 의한 자격수여적 효력은 법이 권리행사의 편의성을 위하여 인정된

33) 대법원 1999.3.9. 선고 97다7745 판결.

수단이므로, 설령 배서의 연속이 흠결되어도 이는 간편하게 권리행사할 수 있는 자격이 결여된 것에 지나지 않기에 실질적 권리의 증명을 통해 보정할 수 있기 때문이다. 다만, 실질적 권리의 입증을 통한 권리행사를 긍정한 경우에도 그 입증해야 할 범위에 대해서는 견해가 나누어진다. 이에 관해서는 단을 바꾸어 소개한다.

2. 실질적 권리의 입증범위에 관한 학설 및 판례

(1) 학 설

(가) 전과정증명설(비한정설)

일단 배서가 불연속하다면 자격수여적 효력이 전체적으로 파괴된다. 따라서 일반원칙대로 소지인은 자신에게 이르는 어음상 권리이전의 모든 과정을 실질적으로 증명하여야만 권리를 행사할 수 있다.

(나) 흠결부분증명설(가교설, 한정설)

배서의 연속효과는 개개의 자격수여적 효력이 집적된 것이므로, 배서가 연속된 부분의 권리이전에 대해서는 배서의 자격수여적 효력이 당연히 인정된다. 그러므로 어음소지인이 배서의 연속이 흠결된 부분에 대해서만 실질관계를 증명하면 배서의 불연속이 가교되어 형식적 자격을 회복한다는 견해이다.

(2) 판 례

대법원 판례는 흠결부분증명설의 입장을 취하고 있다.[34]

(3) 검 토

배서의 불연속한 부분에 대해서만 실질관계를 증명할 수 있으면 충분하다는 흠결부분증명설이 타당하다. 그 이유는 배서의 연속이 흠결된 부분이 있더라도 그 이외의 배서에 있어서는 자격수여적 효력이 소멸되지 않을 뿐만 아니라 이로써 실질상의 권리가 절대적으로 부정되는 것도 아니므로 단절된 부분만 가교하면 배서의 연속은 회복된다고 풀이하여야 하기 때문이다.

3. 사안에 대한 적용

본 사안에서는 X가 Y에 대하여 어음금지급청구권을 행사하기 위해서는 흠결

---

34) 대법원 1969.12.9. 선고 69다995 판결; 동 1995.9.15. 선고 95다7024 판결.

부분증명설에 의할 경우 배서가 단절된 부분, 즉 C와 D 사이의 승계사실만을 증명하는 것으로 충분하다. 그러나 전과정증명설에 따를 경우에는 수취인 A에서 어음소지인 X까지 모든 과정의 권리이전을 입증하여야 한다.

Ⅳ. 배서의 말소를 통한 X의 어음금지급청구권행사

1. 배서의 말소의 의의

배서의 말소라 함은 어음의 기재 중에서 배서를 제거하는 것을 의미한다. 말소된 배서는 배서의 연속과의 관계에서는 기재되지 않은 것으로 본다(어음법 제16조 제1항 제3문). 이러한 말소는 그것이 권한에 입각해서 이루어진 것인지 아닌지를 불문하다. 왜냐하면 배서가 연속하고 있는지의 여부는 형시상 결정되어야 하므로 어음표면의 기재만을 보고 판단해야 하기 때문이다.[35]

또한 언제 말소되었는지를 묻지 않으므로 재판 중에 상대방으로부터 불연속을 지적받아 말소시키더라도 여전히 그 배서는 없는 것으로 보아 배서의 연속 여부를 판단한다. 배서의 연속 여부를 판단하는 시점은 변론종결시까지이다. 다만, 피배서인의 명칭을 말소한 경우 그 효과에 대해서는 견해가 나누어진다. 이에 관해서는 아래에서 단을 바꾸어 논하기로 한다.

2. 피배서인 명칭말소의 효과에 관한 학설

(1) 전부말소설

배서는 하나의 의사표시로서 일체를 이루는 것이라는 점에서 피배서인을 지정하는 것은 중요한 사항이므로 피배서인 명칭의 말소는 배서전체의 파괴를 의미한다는 견해이다. 이 견해는 만약 피배서인 명칭이 말소된 것을 백지식 배서로 풀이하는 경우 부정취득자가 최후 피배서인의 기재를 말소하여 용이하게 자신의 형식적 자격을 만들어 낼 수 있어 배서의 말소가 남용될 위험이 크므로 배서 전체가 말소된다고 해석해야 하는 것이 바람직하다는 입장이다.

(2) 백지식 배서설

배서의 연속 유무는 외형적으로 판단해야 한다. 그러므로 피배서인의 명칭만이 말소된 경우에는 그 기재가 없는 것으로 보아 백지식 배서로 인정하여야 한다

35) 대법원 1964.5.12. 63아55 판결; 동 1995.2.24. 선고 94다41973 판결.

는 견해이다. 이 견해는 배서말소를 부정이용할 위험은 오히려 배서의 연속을 형식적·외형적으로 판단하는 법리 자체에 내재하고 있는 것일 뿐 피배서인 명칭이 말소된 경우에만 특별히 이러한 위험을 중시하는 것은 타당하지 않다고 보고 있다.

(3) 검 토

어음법이 백지식 배서를 인정하고 있다는 것은 역설적으로 피배서인 명칭의 기재가 배서에 있어서 매우 중요한 것은 아니라는 것을 뜻한다. 게다가 말소가 교묘하게 이루어지다 보니 처음부터 백지식 배서로만 보이는 경우 이를 배서전부의 말소로 취급하는 것은 어음취득자에게 예측할 수 없는 피해를 가져다 줄 우려가 있다. 따라서 피배서인 명칭만이 말소되고 배서인의 기명날인은 말소되지 않았다면 당사자가 그 효력을 남겨두고자 하는 의도가 있는 것으로 해석하는 것이 사회통념에 일치하므로 백지식 배서설이 타당하다.

3. 사안에 대한 적용

제2의 배서 전체를 말소한다면 제1의 배서가 백지식이기 때문에 제3의 배서와 연속하게 되며, 따라서 X는 형식적 자격을 갖게 된다. 만약에 제2 배서에서 피배서인 명칭 C를 말소하는 경우에도 백지식 배서설에 의하면 제2 배서가 백지식 배서로 되어 X는 어음금지급청구권을 행사할 수 있다. 전부말소설에 따르면 제2 배서에서 피배서인 명칭 C를 말소하면 그 효과로써 문자 그대로 제2 배서 전부가 말소되므로 그 배서는 없는 것으로 본다. 따라서 제1의 백지식 배서에 이어 배서가 연속하는 것으로 되는 결과 X는 자격수여적 효력에 의하여 어음금청구청구권의 행사가 가능하다.

Ⅴ. 사례의 해결

1. 본 사례에서의 어음은 C에서 D로의 권리이전이 외관상 단절되어 있어 배서가 연속하지 않고 있다.

2. X는 실질적 권리의 증명을 통하여 Y에 대해 어음상의 권리를 행사할 수 있다. 다만, 실질적 권리의 증명의 범위에 관해서는 학설이 나누어진다. 즉, 흠결부분증명설에서는 C→D 사이의 승계사실만을 증명하면 되지만, 전과정증명설에

서는 A에서 X에 이르기까지의 권리이전을 전부 입증하여야 한다.

3. 우선 X는 제2 배서 전체를 말소하여 X가 어음금지급을 청구할 수 있다. 또한 X가 제2 배서에서 피배서인의 명칭을 말소함으로써 형식적 자격을 갖게 되는 방법도 있다. 만약 제2 배서에서 피배서인 명칭 C를 말소하는 경우 학설에 따라 논리전개가 달라지지만, 결과에서는 차이가 없다. 먼저 백지식 배서설에 의하는 경우 제2 배서가 백지식 배서로 되어 X는 어음금지급청구권을 행사할 수 있다. 전부말소설에 따르면 제2 배서 전부가 말소되므로 X는 제1의 백지식 배서에 이어 배서가 연속하는 것으로 되어 어음금을 청구할 수 있는 자격수여적 효력을 가진다.

◎ 참조 판례

대법원 1999.3.9. 선고 97다7745 판결

어음의 배서연속은 형식상 존재함으로써 족하고 또 형식상 존재함을 요한다 할 것이므로, 그 배서가 배서의 요건을 모두 갖춘 유효한 배서이어야만 그 어음상의 권리는 적법하게 이전되는 것이며, 그 배서가 배서의 요건을 갖추지 못한 경우에는 그 어음상의 권리는 적법하게 이전될 수 없다.

대법원 1995.9.15. 선고 95다7024 판결

어음에 있어서의 배서의 연속은 형식상 존재함으로써 족하고 또 형식상 존재함을 요한다 할 것이나, 형식상 배서의 연속이 끊어진 경우에 딴 방법으로 그 중단된 부분에 관하여 실질적 관계가 있음을 증명한 소지인이 한 어음상의 권리행사는 적법하다.

대법원 1995.2.24. 선고 94다41973 판결

말소된 배서는, 그 말소가 권한 있는 자에 의하여 행하여진 것인지 여부나 그 방법, 시기에 관계없이, 배서의 연속에 관하여는 존재하지 아니하는 것으로 보는 것이다.

9

악의의 항변과 환배서

甲은 乙과 자동차매매계약을 체결하고 매매대금의 지급을 위해 乙에게 약속어음을 발행하여 교부하였다. 乙은 이행기가 도래하지 않아 아직 甲에 대하여 자동차를 인도하지 않은 상황에서, 그러한 사정을 알고 있으면서도 예전과 다름없이 이행기 이전에 자동차인도가 있을 것으로 믿은 丙에게 그 어음을 배서양도하였다. 그러나 乙이 이행기를 도과한 후에도 자동차를 인도하지 않는 바람에 甲은 자동차매매계약을 해제하였다. 이러한 사실을 우연히 알게 된 丙은 乙로부터 배서양도받은 약속어음을 乙에게 다시 배서양도하였다. 이에 乙은 발행인 甲에게 어음금지급을 청구하였는데, 甲은 어음금을 지급하여야 하는가?

Ⅰ. 문제의 소재

본 사례에서 丙은 甲과 乙 사이의 매매계약이 해제된 사정을 알고 있다. 우선적으로 丙이 가지고 있는 어음상의 권리가 항변이 부착되지 않는 완전한 것인지의 여부를 살펴보아야 한다. 이에 甲이 丙에 대하여 악의의 항변이 가능한지의 여부를 검토하여야 한다. 그 다음으로 乙이 丙으로부터 환배서에 의해 어음을 재취득하여 어음금을 청구한 경우 甲은 乙에 대하여 어음의 원인관계상의 사유를 항변으로 주장할 수 있는지의 여부를 논하여야 한다.

Ⅱ. 甲의 丙에 대한 악의의 항변 가능 여부

1. 악의의 항변

(1) 의 의

어음에 대한 배서를 채권을 이전하는 방법으로 본다면 어음에 부착된 모두 항변사유도 승계된다는 것이 민법의 일반원칙이다(민법 제451조 제2항 참조). 그러나 어음에 기재되어 있지 않은 사항으로 인해 선의의 전득자(轉得者)의 권리행사가 방해받는다면 어음의 유통성을 지나치게 해할 수 있다. 이에 어음에 부착하여 본래 당연히 승계될 인적 항변이 거래의 안전을 위해서 절단된다는 것이 인적 항변의 절단(어음법 제17조 본문)이며, 어음의 취득자가 악의의 경우는 거래의 안전을 고려할 필요가 없어 인적 항변이 승계되는 것이 악의의 항변(어음법 제17조 단서)이다.

(2) 악의의 내용

악의의 항변에서 악의가 무엇을 의미하는지에 관해서는 공모설(共謀說), 단순인식설(單純認識說), 해의설(害意說)의 3가지 입장이 있다. 첫째, 공모설은 소지인과 전자와의 사이에 "채무자를 해할 의사로서 하는 통모"가 있어야 한다는 견해로서 악의의 내용을 가장 좁게 해석한다. 둘째, 단순인식설은 소지인이 전자에 관한 항변존재의 사실을 아는 것만으로 충분하다는 입장으로서 악의의 내용을 가장 넓게 해석한다. 셋째, 해의설은 항변사유의 존재를 인시만으로는 부족하고, 그 외에 자신의 어음취득으로 항변이 절단되고, 그 결과 채무자가 해를 입는다는 것까지도 알아야 한다는 견해이다.

우리 어음법 제17조 단서는 해의설의 입장을 취하고 있다. 대법원 판례도 같은 취지로 판시하고 있다.[36]

(3) 해의와 악의의 구별

어음법 제17조 단서의 "채무자를 해할 것을 알고"의 의미에 관하여 우리나라의 통설은 적극적으로 채무자를 해할 의사까지는 요구되지 않는 것으로 풀이하고 있다. 즉, 어음소지인이 인적 항변사유의 존재를 알면서 어음을 취득하였다면 특별한 사정이 없는 한 자신의 어음취득으로 항변이 절단된다는 것도 알고 있는 것으로 풀이하여 해의를 인정한다. 다만, 어음소지인이 자신의 전자(前者)에게 항변사유가 존재하는 것을 알면서도 전자와 채무자 사이에서 그 항변사유가 원만히 잘 해결되리라 믿고 배서를 받는 경우에는 해의가 존재하지 않는 것으로 해석한다.

(4) 해의의 존재시기

해의의 유무는 어음의 취득시기를 기준으로 판단한다. 만약 사후에 항변사유를 알게 된 때에는 악의의 항변은 허용되지 않는다.

36) 대법원 1995.1.20. 선고 94다50489 판결; 동 1996.5.14. 선고 96다3449 판결.

2. 사안에 대한 적용

본 사안에서 丙은 乙로부터 어음을 취득하는 당시 乙이 甲에게 자동차 인도를 하지 않았지만 예전처럼 그 이행이 있을 것으로 믿었다. 따라서 어음취득 당시에 항변사유가 존재하지 않으므로 해의가 인정되지 않는다. 이에 甲은 丙에 대하여 악의의 항변으로 대항할 수 없다.

Ⅲ. 甲의 乙에 대한 어음금지급 요부

1. 환 배 서

(1) 환배서의 의의

환배서라 함은 이미 어음에 서명하고 어음채무를 부담하고 있는 자에 대한 배서를 말한다(어음법 제11조 제3항). 환배서에 의한 어음취득자는 어음채무부담 후 다시 어음을 취득하기까지의 어음의 유통에 관여한 자에 대해 채권을 취득함과 동시에 채무를 부담한다. 민법상의 혼동(민법 제507조)의 법리에 의하면 채권과 채무가 동일인에게 귀속된다면 그 채권 및 채무는 소멸한다. 그러나 어음법은 환배서에 대해서는 민법상 혼동의 법리를 적용하지 않는다. 이처럼 어음법이 혼동의 법리를 배제한 것은 어음채권의 성질상 당연한 것이며, 어음법 제11조 제3항은 이를 주의적으로 규정하고 있다.

(2) 어음항변에 대한 환배서의 효과

인적 항변은 어음소지인과 피청구자 간의 특수한 법률관계에서 발생한 속인적인 항변일 뿐 어음상의 권리의 객관적인 존재 또는 내용에 관한 것은 아니다. 즉, 인적 항변은 어음에 부착하는 것이 아니라 인격에 부착하는 것이다. 따라서 어음채무자가 특정한 배서인에 대항할 수 있는 인적 항변은 설령 다시 선의의 제3자에 대해 배서양도하여 일단 항변이 절단되었더라도 환배서에 의해 다시 어음을 취득하였다면 항변절단의 효과는 없고 종전 어음항변에 의한 대항을 받는다. 대법원 판례도 이와 동일한 입장이다.[37)]

37) 대법원 1997.5.16. 선고 96다49513 판결.

2. 사안에 대한 적용

甲은 丙에 대하여 악의의 항변을 대항할 수 없다. 이는 丙이 가지고 있는 어음상의 권리는 인적 항변이 절단된 완전한 것을 의미한다. 그러나 丙으로부터 환배서에 의해 어음을 양도받은 乙은 항변이 없는 완전한 어음채권을 행사할 수는 없다. 말하자면, 乙은 어음유통상 제3자인 丙이 개재되더라도 종전의 인적 항변의 대항을 받을 수밖에 없다. 따라서 甲은 乙에 대하여 매매계약의 해제에 기인한 항변으로 대항할 수 있으므로 어음금을 지급할 필요가 없다.

Ⅳ. 사례의 해결

甲은 제3자인 丙이 어음유통상 개재되더라도 乙에 대해서 매매계약의 해제에 기인한 항변을 할 수 있으므로 어음금의 지급을 거절할 수 있다.

◉ 참조 판례

대법원 1996.5.14. 선고 96다3449 판결

이른바 악의의 항변이라 함은 항변사유의 존재를 인식하는 것만으로는 부족하고 자기가 어음을 취득함으로써 항변이 절단되고 채무자가 해를 입는다는 사실까지도 알아야 한다.

대법원 1997.5.16. 선고 96다49513 판결

어음행위에 착오·사기·강박 등 의사표시의 하자가 있다는 항변은 어음행위 상대방에 대한 인적 항변에 불과한 것이므로, 어음채무자는 소지인이 채무자를 해할 것을 알고 어음을 취득한 경우가 아닌 한, 소지인이 중대한 과실로 그러한 사실을 몰랐다고 하더라도 종전 소지인에 대한 인적 항변으로써 소지인에게 대항할 수 없다.

대법원 2002.4.26. 선고 2000다42915 판결

약속어음 발행인으로부터 인적 항변의 대항을 받는 어음소지인은 당해 어음을 제3자에게 배서·양도한 후 환배서에 의하여 이를 다시 취득하여 소지하게 되었다고 할지라도 발행인으로부터 여전히 위 항변의 대항을 받는다.

10

숨은 추심위임배서

甲은 乙에게 매매계약을 체결하고 그 대금지불을 위해서 약속어음을 발행하였다. 乙은 동 약속어음의 지급청구를 위한 대리권을 丙에게 수여하려는 목적을 가지고 있었지만 형식적으로는 통상의 양도배서의 방식으로 배서하였다. 그 후 乙이 매매계약을 제대로 이행하지 않자 甲은 그 계약을 해제하였다. 이 경우 甲은 甲과 乙 사이의 매매계약의 해제에 관한 사정을 전혀 모르는 丙으로부터의 만기에 어음금지급청구를 받았다면 이를 거절할 수 있는가?

Ⅰ. 문제의 소재

본 사례에서는 배서인 乙 은 피배서인 丙에게 숨은 추심위임배서를 하였지만 주채무자인 발행인 甲과 배서인 乙 사이의 매매계약이 해제되었다. 이 경우 甲은 乙과의 매매계약의 해제를 이유로 丙에 대하여 대항할 수 있는지의 여부가 문제된다. 따라서 본 사례에서는 甲과 乙 사이의 매매계약해제의 의의를 고찰하는 것으로부터 시작하여 숨은 추심위임배서의 법적 성질을 살펴 본 후 甲이 乙에 대한 항변사유로 丙에 대하여 대항할 수 있는지를 검토하기로 한다.

Ⅱ. 甲과 乙 사이의 매매계약해제의 의의

1. 서　　언

본 사안에서 甲은 乙과 체결한 매매계약이 제대로 이행되지 않자 이를 해제하였는데, 이와 같은 매매계약의 해제가 어음항변이 되는지가 문제된다.

2. 항변의 의의 및 분류

어음항변이라 함은 어음소지인으로부터 어음에 의하여 청구를 받은 자가 그 청구를 거절하기 위한 모든 사유 또는 그 사유의 주장을 의미한다. 항변은 전통적으로 물적 항변과 인적 항변으로 나누고 있다. 전자는 모든 청구인에 대하여 주장할 수 있는 항변인 반면에, 후자는 특정한 청구인에 대하여만 주장할 수 있다. 물적 항변에는 어음의 기재로부터 생기는 항변, 어음행위의 유효한 성립을 부정하는 항변, 어음채무의 소멸 또는 어음의 실효에 관한 항변 등이 있으며 인적 항변에는 실질관계에 기한 항변, 어음행위성립의 하자로 인한 항변, 어음상의 권리가 소멸하였다는 항변, 무권리의 항변 등이 있다.

3. 사안에 대한 적용

甲이 乙 사이의 매매계약을 해제한 것은 원인관계로부터 발생하는 항변으로서 인적 항변의 유형 중에서 실질관계에 기한 항변에 해당한다.

Ⅲ. 乙의 丙에 대한 숨은 추심위임배서의 법적 성질 및 효력

1. 서 언

본 사례에서는 乙과 丙 사이의 배서가 실질적으로는 추심위임의 목적임에도 불구하고 양도배서의 형식을 취하고 있다. 이처럼 배서가 보통의 양도배서의 형식을 취했지만 당사자 사이에는 추심위임의 목적이 있는 경우를 숨은 추심위임배서라고 하고, 이 종류의 배서가 소송목적을 가지지 않는 한 유효하다.[38]

숨은 추심위임배서의 경우에는 형식과 실질이 일치하지 않으므로 그 차이를 어떻게 해석하느냐에 따라 그 법적 성질과 효력에 관련된 이론의 구성을 달리한다.

2. 숨은 추심위임배서의 법적 성질

(1) 학 설

(가) 신탁양도설

숨은 추심위임배서가 보통의 양도배서라는 형식을 이용한다는 점을 중시한 견해로서 어음상의 권리는 피배서인에게 이전하고, 추심위임의 실질은 당사자간의 어음 이외의 채권관계에 불과하다.

(나) 자격수여설

이는 실질을 중시한 입장이다. 이 견해는 피배서인에게 어음상의 권리 그 자체를 이전시킨 것이 아니라 단지 자기명의로서 배서인의 계산으로 어음상의 권리를 행사하기 위한 권한과 형식적 자격을 수여한 것으로 풀이한다.

38) 대법원 1990.4.13. 선고 89다카1084 판결.

(다) 절충설(의사설)

이 견해는 숨은 추심위임배서가 신탁양도 또는 자격수여의 여부는 당사자의 의사에 의하여 결정하되, 당사자의 의사가 분명하지 않은 때에는 자격수여를 위한 배서라고 추정하여야 한다는 입장이다.

(2) 판 례

대법원은 숨은 추심위임배서에 관련된 판례에서 그 법적 성질에 관하여 판단을 유보하고 있다.[39]

(3) 검 토

어음은 불특정다수인 간을 전전유통하는 유통증권이며, 어음거래의 안전을 도모할 필요가 있기 때문에 어음행위의 법적 성질은 그것의 외형으로 판단해야 한다. 따라서 숨은 추심위임배서가 보통의 양도배서의 형식으로 이루어진다는 점을 중시하여 어음상의 권리는 피배서인에게 이전하고, 추심위임의 실질은 인적 항변 사유가 되는 것에 불과하다고 보아야 한다. 따라서 신탁양도설이 타당하다.

3. 인적 항변과 숨은 추심위임배서의 법적 성질과의 관계

(1) 개 관

숨은 추심위임배서의 법적 성질을 신탁적 양도설로 볼 경우 배서에 권리이전적 효력과 자격수여적 효력은 있으나 담보적 효력은 없다. 한편, 자격수여설에 따르면 문자 그대로 숨은 추심위임배서에 대해서는 자격수여적 효력만 인정될 뿐이므로 권리이전적 효력 및 담보적 효력은 없다.

(2) 배서인에 대한 인적 항변으로 피배서인에 대항가능 여부

(가) 신탁적 양도설의 경우

배서인이 숨은 추심위임배서를 한 경우에 어음채무자가 배서인에 대한 인적 항변으로 피배서인에 대하여 대항할 수 있는지에 관하여 신탁적 양도설의 경우 배서인의 권리가 피배서인에게 완전히 이전되므로 인적 항변이 절단되어 피배서인에 대하여 대항할 수 없게 된다. 그러나 이러한 논리는 실질과 부합하지 않으므로 피배서인은 독립된 고유의 경제적 이익을 가지지 않는 까닭에 인적 항변이

39) 대법원 1982.3.23. 선고 81다540 판결.

절단되지 않으므로 어음채무자는 배서인에 대한 인적항변으로 피배서인에 대하여 대항할 수 있는 것으로 풀이한다.

(나) 자격수여설의 경우

자격수여설에서는 어음상의 권리가 여전히 배서인에게 있는 까닭에 피배서인은 단지 배서인을 위하여 어음상의 권리를 행사하는 것에 지나지 않으므로 어음채무자는 배서인에 대한 인적 항변으로 피배서인에 대하여 대항할 수 있다.

(다) 판례의 경우

대법원 판례는 숨은 추심위임배서에 의해서는 인적 항변이 절단되지 않는다는 입장이다.[40]

(라) 검 토

고유의 경제적 이익을 가지고 있지 않은 자에게는 인적 항변이 절단을 인정하는 것은 부당하다. 즉, 숨은 추심위임배서의 피배서인에게는 고유의 경제적 이익이 없는 이상 어음채무자(발행인)은 배서인에 대한 인적 항변으로 피배서인에게 대항할 수 있다고 해석해야 할 것이다.

4. 사안에 대한 적용

숨은 추심위임배서의 법적 성질에 관련한 어떤 학설에 따르더라도 甲은 배서인 乙에 대한 인적 항변으로 피배서인 丙에 대항하여 지급청구를 거절할 수 있다.

Ⅴ. 사례의 해결

본 사례에서 甲은 甲과 乙 사이에 어음의 원인관계 해제에 기인하여 乙에 대하여 행사할 수 있는 인적 항변사유로써 丙의 지급청구를 거절할 수 있다.

◎ 참조 판례

대법원 1982.3.23. 선고 81다540 판결

이른바 숨은 추심위임배서는 어음상의 권리를 신탁적으로 양도한다는 입장에서나 어음상의 자격을 수여하는 것이라는 입장에서나 또는 당사자의 의사에 따라 신탁적 양수로 보거나 자격수여로 본다는 입장에서나 그 어떠한 관점에서든 간에 신탁법 제

40) 대법원 1990.4.13. 선고 89다카1084 판결; 동 1994.11.22. 선고 94다30201 판결.

7조는 소송행위를 하게 하는 것을 그 주된 목적으로 하여 재산권의 이전 기타 처분을 하는 것을 금하고 이에 반하는 행위를 무효로 하고 있으므로 이와 같은 숨은 추심위임을 위한 어음배서가 소송행위를 하게 하는 것을 그 주된 목적으로 행하여졌을 경우에는 어음상의 권리이전행위인 배서는 그 효력을 발생할 수 없는 법리이다.

대법원 1990.4.13. 선고 89다카1084 판결

추심위임의 목적으로 하는 통상의 양도배서 즉 숨은 추심위임배서도 유효하고 이 경우 어음법 제18조의 규정에 의하여 인적 항변이 절단되지 아니한다.

대법원 1994.11.22. 선고 94다30201 판결

채무자(B)가 어음할인의뢰시 행한 양도배서는 추심위임을 위한 배서로 유용되어 은행(C)은 숨은 추심위임배서의 피배서인의 지위에 서게 되므로, 어음채무자(A)는 배서인(즉 채무자, B)에 대한 인적 항변사유로서 은행(C)에 대항할 수 있다고 보아야 한다.

11

소구권행사의 요건 및 거절증서작성의 면제

甲은 약속어음을 발행한 후 수취인 乙에게 교부하였으며, 乙은 이를 丙에게 배서양도하였다. 丙은 어음의 만기에 甲에게 어음을 제시하면서 어음금의 지급을 청구하였으나 거절당하였다.

(1) 丙은 乙에 대하여 어음금 및 기타 비용의 지급을 청구할 수 있는가? 어음금 및 기타 비용의 지급청구를 위해서는 어떠한 요건을 갖추어야 하는가?
(2) 甲은 거절증서의 작성을 면제할 수 있는가?

Ⅰ. 문제의 소재

어음의 만기에 지급거절되었거나 또는 만기 전에 인수거절 또는 지급가능성이 현저하게 감소되었을 때에 어음소지인이 전자에 대하여 본래의 지급에 갈음하여 어음금 기타 비용을 청구하는 것을 어음의 소구 또는 상환청구라 한다. 본 사례에서 丙은 甲이 발행한 약속어음을 수취인 乙로부터 배서양도를 받았으며 그러한 승계취득과정에서 특별한 하자가 발견되지 않는다. 이에 丙은 甲이 만기에 지급을 거절할 경우에 乙에 대하여 소구할 수 있다.

설문 (1)에서는 丙이 乙에 대하여 소구할 수 있는 당사자인지의 여부와 그 소구를 하기 위한 요건을 검토하여야 한다. 소구에는 만기 전 소구와 만기 후 소구가 있으나, 본 사례에서 살펴볼 소구는 만기에 지급제시하고 지급거절 후에 이루어지는 만기 후 소구이므로 이의 요건을 중심으로 살펴보고자 한다. 설문 (2)에서는 소구의 형식적 요건과 관련하여 소구의무자가 아닌 주채무자인 약속어음의 발행인 甲이 거절증서작성의 면제권자인지를 가늠해 보아야 한다.

Ⅱ. 설문 (1)에 대하여

1. 소구의 당사자

소구를 할 수 있는 자는 제1차적으로는 최후의 정당한 어음 소지인이다(어음법 제43조).[41] 그 다음으로는 어음소지인으로부터 소구를 받아 소구의무를 이행한 후 어음을 환수하여 새로이 소지인으로 된 자이다(어음법 제47조 제3항, 제49조). 소구의무자는 어음의 유통과정에 있어서 소지인의 전자, 즉 환어음의 발행인(어음법 제9조 제1항), 배서인(어음법 제15조 제1항), 보증인(어음법 제32조 제1항)이다

2. 소구의 요건

(1) 실질적 요건

만기 후 소구의 실질적 요건은 정당한 어음의 소지인이 적법한 방법과 장소에서 지급제시기간 내에 지급제시하였지만 약속어음의 발행인 또는 지급담당자가 지급거절을 하여야 한다(어음법 제43조 본문, 제77조 제1항 제4호).

(2) 형식적 요건

지급의 거절은 공정증서에 의하여 증명하여야 한다(어음법 제44조 제1항). 이러한 공정증서를 거절증서라 한다. 따라서 거절증서라 함은 어음상의 권리의 행사 또는 보전에 필요한 행위를 한 것과 그 결과를 증명하는 공정증서를 말한다. 이처럼 거절증서는 소구의 목적을 위하여 소구권 행사의 실질적 요건인 지급제시 및 지급이 거절되었다는 사실을 증서에 의해 간단하고 신속하게 입증하기 위한 것이다.

거절증서는 그 작성기간 내에 작성되어야 한다(어음법 제44조 제3항). 다만, 거절증서의 작성이 면제된 경우(어음법 제46조), 인수거절증서를 이미 작성한 경우(어음법 제44조 제4항), 불가항력으로 인하여 30일 이상 거절증서를 작성할 수 없는 경우(어음법 제54조 제4항·제5항)에는 거절증서를 작성하지 않고서도 소구가 가능하다. 한편, 소구통지는 소구권행사의 요건이 아니어서 소구통지를 해태하면 단지 그로 인한 손해배상책임만을 부담하게 될 뿐이다(어음법 제45조 제6항).

3. 사안에 대한 적용

丙은 어음의 소지인으로서 소구할 수 있으며, 乙은 어음에 배서한 자로서 소구의무를 부담한다. 따라서 丙은 乙에 대하여 어음금 및 기타 비용을 청구할 수 있다. 본 사안에서 丙이 만기에 甲에게 적법하게 지급제시하였으나 지급거절을

41) 대법원 1987.5.26. 선고 86다카1559 판결 참조.

당하였으므로 소구의 실질적인 요건을 충족하였다. 이 경우 甲의 지급거절은 작성기간 내에 작성된 공정증서에 의하여 증명하여야 한다.

Ⅲ. 설문 (2)에 대하여

1. 거절증서작성의 면제의 의의

위에서 언급한 바처럼 소구의 형식적 요건으로서 원칙적으로 거절증서작성이 필요하다. 그러나 거절증서는 소구의무자의 이익을 보호하기 위한 제도이므로 소구의무자가 거절증서의 작성을 면제할 수 있다(어음법 제46조, 제77조 제1항 제4호). 즉, 소구의무자가 거절증서작성의 비용을 부담하게 되는데, 만약 그가 자신이 의사로 소구요건의 입증상의 이익을 포기하여 거절증서의 작성을 면제한다면 그는 거절증서의 작성비용의 부담을 면할 뿐만 아니라 지급거절의 사실이 공표되는 것도 방지할 수 있다.

거절증서작성의 면제권자는 발행인, 배서인, 보증인이다(어음법 제46조 제1항). 여기서 발행인에는 소구의무자인 환어음의 발행인이 포함됨은 당연하다. 그러나 소구의무자가 아니라 주채무자인 약속어음의 발행인도 이에 해당하는지의 여부에 대해서는 견해가 나누어져 있다.

2. 약속어음발행인이 면제권자에 해당하는지 여부

(1) 학 설

(가) 부정설

약속어음의 발행인은 거절증서 작성의 면제권을 가지지 않는 것으로 보는 견해이다. 그 이유는 약속어음의 발행인은 주된 채무자이어서 소구의무와 무관한 자이므로 면제권자에 해당하지 않는다는 것이다. 이에 따르면 발행인은 면제권이 없으므로 거절증서의 면제문언을 기재한다고 하더라도 효력이 없다.

(나) 긍정설

약속어음의 발행인도 거절증서작성의 면제권자라는 견해이다. 그 이유는 첫째, 어음법 제46조는 약속어음에도 준용되며(어음법 제77조 제1항 제4호) 둘째, 환어음의 발행인과 약속어음의 발행인은 그들이 부담하는 책임의 내용은 다를지라도 기본적 어음의 작성자라는 점에서는 차이가 없으며 셋째, 발행인이 작성면제를 하면 모든 소구의무자에 대한 작성면제의 효과가 미치게 되는 실익이 있기 때문이다.

(2) 검 토

거절증서는 소구의 형식적 요건으로서 필요하고 소구의무자의 이익을 위한 것이기는 하지만 그렇다고 해서 면제권자를 소구의무자에 한정시킬 필요는 없다. 발행인이 거절증서의 작성을 면제한 경우 그 이후의 모든 소구의무자에게 효력이 미치는 실익이 있으므로 약속어음의 발행인도 면제권자라고 보아야 한다. 따라서 긍정설이 타당하다.

3. 사안에 대한 적용

본 사안에서 약속어음의 발행인을 거절증서작성면제권자로 보는 긍정설에 따르는 경우에 한하여 甲은 거절증서작성을 면제할 수 있다.

Ⅳ. 사례의 해결

1. 설문 (1)에서 丙은 만기에 甲에게 적법하게 지급제시하였으나 지급거절을 당하였으므로 작성기간 내에 작성된 공정증서에 의하여 甲의 지급거절을 증명하여 乙에 대하여 어음금 및 기타 비용을 청구할 수 있다.

2. 설문 (2)에서 약속어음의 발행인도 거절증서작성을 면제할 수 있는 자로 보는 긍정설에 의하는 경우 甲은 거절증서작성을 면제할 수 있다. 그러나 그에게는 그러한 권한이 없다고 해석하는 부정설에서는 甲은 거절증서작성을 면제할 수 없다.

◎ **참조 판례**

대법원 1987.5.26. 선고 86다카1559 판결

은행이 만일 예입받은 수표가 부도가 된 경우에는 수표상의 권리자로서 그 수표채무자에게 상환청구를 하든가 혹은 즉시 당해수표를 예금자에게 반환하고, 그대신 금원을 청구할 수 있다.

12

소구권행사와 숨은 어음보증

甲은 乙로부터 200△년 11월 6일 금전을 차용하고 수취인과 발행일자를 백지로 하고 200☆년 2월 6일을 만기로 하는 약속어음을 발행한 후 乙의 요구에 때문에 어음금지급의 보증을 목적으로 丁 회사의 대표이사 X의 명의로 배서를 받아 乙에게 교부하였으며, 乙은 다시 丙에게 배서양도하였다. 만기에 丙은 수취인과 발행일을 공란으로 둔 채 甲에게 지급제시하였으나 어음금을 지급받지 못하였다. 이 경우 丙은 丁 회사에 대하여 어떠한 권리를 행사할 수 있는가? 단, 당해 약속어음은 지급거절증서의 작성이 면제되어 있다.

Ⅰ. 문제의 소재

丙이 어음에 배서를 한 丁 회사에 대하여 어음금지급의 담보책임을 물을 수 있는지가 문제된다. 이에 소구권행사의 요건이 충족되었는가의 여부를 검토하여야 한다. 소구를 하기 위해서는 우선적으로 적법한 지급제시가 있어야 하는데, 본 사례에서 수취인과 발행일을 기재하지 않은 채로 지급제시한 것이 적법한 지급제시로서 인정될 수 있는지를 가늠해 보아야 한다.

그 다음으로 숨은 어음보증의 경우에 숨은 어음보증인이 민사상의 원인채무에 대한 보증책임도 부담하는지를 살펴보아야 한다. 즉, 丙이 소구권보전절차를 흠결한 경우 보증의 목적으로 배서를 한 丁 회사에 대하여 차용금에 대한 민사상 보증책임을 물을 수 있는지가 문제된다.

마지막으로 丙이 丁 회사에 대하여 소구책임과 민사보증책임을 물을 수 없는 경우 다른 권리행사방법이 있는지가 문제된다. 본 사례에서는 기타의 권리로서 이득상환청구권과 불법행위에 기한 손해배상청구권 행사의 가능성도 검토하여야 한다.

Ⅱ. 丙의 丁 회사에 대한 소구권행사 가부

1. 소구권행사요건의 충족여부

(1) 소구권행사의 요건

어음상에 배서한 자는 특별한 반대의 문언이 없는 한 피배서인과 후자 전원에 대하여 어음금지급의 담보책임을 진다(어음법 제15조 제1항, 제77조 제1항 제1호). 이에 어음소지인이 지급기일에 약속어음의 발행인 또는 지급담당자에게 지급제시였으나 지급거절을 당하면 배서인에게 소구권을 행사할 수 있다(어음법 제43조, 제77조 제1항 제4호). 어음금지급을 보증하기 위해 배서한 자도 비록 보증의 목적을 가지고 있었다고 하더라도 배서의 형식을 갖추어 어음행위를 한 것이므로 담보책임을 부담한다(어음법 제32조 제1항, 제77조 제3항).

약속어음의 소지인이 배서인에게 소구권을 행사하기 위해서는 실질적 요건과 형식적 요건을 충족하여야 한다. 전자로서는 어음소지인이 지급제시기간 내에 완전한 어음을 면전에서 적법하게 지급제시를 하였음에도 불구하고 약속어음의 발행인 또는 지급담당자가 지급거절을 할 것을 요한다. 후자로서는 지급거절증서를 작성할 것을 요한다. 지급거절증서의 작성이 면제된 경우에는 지급거절증서를 작성할 필요가 없다.

(2) 사안에 대한 적용

본 사안에서는 만기에 지급제시하였음에도 불구하고 지급이 거절되었기에 소구권행사의 실질적 요건을 충족한다. 또한 본 사안에서 지급거절증서의 작성이 면제되었다고 밝히고 있어 형식적 요건은 문제되지 않는다. 따라서 본 사안에서의 지급제시가 과연 적법하였는가를 살펴볼 필요가 있다.

2. 수취인이 흠결된 어음의 지급제시의 적법 여부

(1) 수취인의 의의

수표법은 수취인을 수표요건으로 규정하지 않고 있으므로(수표법 제1조) 수취인을 기재하지 않고 발행하는 이른바 소지인출급식 수표가 인정된다(수표법 제5조 제1항 제3호), 어음법은 수취인을 어음요건으로 규정하고 있다(어음법 제1조 제6호, 제75조 제5호). 이러한 법률상 수표요건과 어음요건이 다른 상황에서 수취인을 공란으로 하여 소지인출급식으로 발행한 어음이 수취인의 보충 없이도 유효한 어음이 될 수 있는지 문제된다.

만약에 수취인의 기재를 생략한 소지인출급식 어음의 발행을 허용한다면 어음은 수표와 같은 역할을 하게 될 것이다. 그러나 ① 어음은 어음법이 수취인을 어음요건으로 규정하고 있다는 점, ② 지급제시기간이 10일로 한정되어 있는 수표와는 달리 어음은 장기간 유통된다는 점, ③ 어음에서는 수취인의 신용이 어음의 신용과 직결되므로 수취인의 기재는 어음취득자에게 신용판단의 자료가 된다는 점 등에서 수취인의 기재가 흠결된 어음은 효력이 없다.[42] 헌법재판소도 어음에서 수취인을 필요적 기재사항으로 규정한 것은 수표와의 차별을 위한 것으로 판시하고 있다.[43] 요컨대, 수취인을 기재하지 않은 어음에 의하여 한 지급제시는 지급제시로서의 효력이 없는 것이므로 그와 같은 경우에는 피소구권자에 대한 소구권을 상실한다.[44]

(2) 사안에 대한 적용

수취인의 기재는 약속어음의 필요적 기재사항이므로 丙이 수취인을 공란으로 둔 채 미완성의 어음으로 지급제시한 것은 적법한 지급제시가 될 수 없다.

3. 발행일이 흠결된 어음의 지급제시의 적법 여부

(1) 발행일 기재의 의의

발행일이라 함은 어음이 발행된 일로서 어음면에 기재된 날짜를 의미한다. 어음법은 발행일은 어음요건으로서 반드시 기재하도록 하고 있다(어음법 제75조 제6호, 제1조 제7호). 발행일은 ① 발행일자 후 정기출급어음의 만기를 정하는 표준이 되고(어음법 제36조 제1항・제2항), ② 일람출급어음에서 지급제시기간을 정하는 기준이 되며(어음법 제34조 제1항 제2문), ③ 일람 후 정기출급어음에서 인수제시기간을 산정하는 기준이 된다(어음법 제23조 제1항). 그런데 확정일출급어음에 있어서는 발행일이 큰 의미를 갖지 않으므로 이를 어음요건으로 고집할 것인지에 대하여는 논의가 있다.

---

42) 대법원 1992.3.10. 선고 91다28313 판결.
43) 헌법재판소 2000.2.24. 97헌바41 결정.
44) 대법원 1986.9.9. 선고 85다카2011 판결 참조.

(2) 확정일출급어음에서 발행일의 어음요건 여부에 관한 학설 및 판례

(가) 학 설

① 비요건설 확정일출급어음에 있어서는 발행일은 특별한 의미가 없으므로 이를 어음요건으로 할 필요가 없다는 견해이다.

② 요건설 발행일은 발행인의 능력 및 대리권의 유무를 정하는 기준이 되고 어음법도 이를 명문으로 필요적 기재사상으로 하고 있으므로(어음법 제1조, 제75조) 확정일출급어음에서도 어음요건으로서의 의미가 있다는 견해이다.

(나) 판 례

대법원은 확정일출급어음에 있어서 발행일의 기재를 어음요건으로 보지 말아야 한다는 견해를 현행법의 해석론으로서는 받아들일 수 없다는 입장이다.[45] 헌법재판소도 어음법이 발행일을 필요적 기재사항으로 규정한 것은 발행인의 능력과 대리권의 유무를 판단함에 있어서 기준이 되기 때문이라는 등의 이유를 제시하고 있다.[46]

(다) 검 토

발행일은 발행인의 능력 및 대리권의 유무를 판단하는 기준이며 어음법 제1조와 제75조가 명문으로 어음요건으로 규정하고 있는 이상 확정일출급어음의 경우에도 발행일은 필요불가결한 어음요건으로 보아야 한다.

(3) 사안에 대한 적용

甲이 발행한 약속어음이 확정일출급어음이기는 하지만 丙은 만기에 발행일을 보충함이 없이 지급제시하였는 바 이는 어음요건을 갖추지 않은 미완성어음을 지급제시한 것으로서 적법한 지급제시가 아니다.

4. 소 결

丙은 수취인과 발행일의 기재가 흠결된 미완성어음을 지급제시하였으므로 적법한 지급제시를 하지 않았다. 설령 이미 지급제시기간이 경과된 상태에서 발행일과 수취인을 보충하는 경우라도 적법한 지급제시를 할 방법이 없으므로 결국 丙의 소구권행사는 그 요건을 충족하지 못하여서 인정될 수 없다.

---

45) 대법원 1979.8.14. 선고 79다1189 판결.

46) 헌법재판소 2000.2.24. 97헌바41 결정.

Ⅲ. 丙의 丁회사에 대한 민사상 보증채무 이행청구 가부

1. 민사상 보증채무의 의의

민사상의 보증채무는 계약당사자의 보증의사의 합치에 의하여 성립하므로 반드시 보증인의 보증의사표시가 있어야 한다. 다만, 의사표시의 해석상 명시적으로 의사표시를 하지는 않았지만 보증인의 보증의사를 인정할 수 있는 사정이 있다면 이를 묵시적 의사표시로 인정하여 보증계약의 성립을 긍정할 수 있다.

2. 숨은 어음보증에 있어서 민사상 보증채무 이행청구 가부

(1) 서 언

어음보증은 어음행위에 의하여 생긴 어음상의 채무를 담보하는 것을 목적으로 하는 어음행위이다. 공연한 어음보증은 어음의 신용이 없다는 것을 공표하는 결과가 되어 어음의 신용을 저해하므로 거의 이용되지 않는 반면에, 실제에 있어서는 어음채무의 담보를 목적으로 하되 그 형식은 발행, 배서(특히 담보배서), 인수 등의 방법에 의하는 숨은 어음보증이 이용되고 있다.

어음금지급의 숨은 어음보증인이 민사상의 보증채무도 부담하는지의 여부는 구체적으로는 배서인의 의사해석에 관련된 사항이다. 만약에 배서인이 원인채무의 보증의사를 표시하였다면 보증계약의 성립이 인정되므로 어음상 배서인으로서의 책임 이외에 민사상의 보증책임도 인정된다. 그러나 배서인의 명시적 의사가 표시되지 않은 경우 어음상의 책임과 별도로 그 원인관계상의 채무도 보증하는지에 관하여는 견해가 나뉜다.

(2) 학 설

(가) 긍정설

거래의 실정에 비추어 볼 때 어음보증을 위해 배서한 것은 어음교부의 원인채무에 대해 민사상 보증책임을 부담한다는 의사가 있었다고 풀이할 수 있다는 견해이다. 따라서 어음소지인이 보증인에 대하여 민사상의 보증책임을 물리기 위해서는 보증인의 배서가 담보목적으로 이루어졌다는 사실만을 입증하면 된다. 다만, 배서인이 원인채무의 보증의사가 없었음을 입증한다면 민사상 보증책임을 면할 수 있다.

(나) 부정설

숨은 어음보증은 어음채무를 담보하기 위한 것에 지나지 않기에 민사상의 보증계약의 의사가 있다고 볼 수 없어 그에게 민사보증채무의 부담을 지우는 것이 가혹하다는 견해이다. 그러나 어음소지인이 어음보증인은 담보목적으로 어음에 배서하였음은 물론이고 민사상의 원인채무까지 보증하겠다는 뜻으로 배서하였다는 특별한 사정이 있음을 입증한다면 예외적으로 그에 대하여 원인채무에 대한 보증책임까지 물을 수 있다.

(2) 판 례

대법원 판례는 1990년대 이후로 단순히 숨은 어음보증인에 대해서는 민사상의 보증책임까지 부담시키지는 않고 있어 부정설의 취지로 판시하고 있다.[47] 더 나아가 대법원 판례는 부정설에서 언급한 "특별한 사정"의 유무는 "구체적인 경우에 있어서 원인채무의 발생근거가 된 법률관계로 인한 이익의 실질적 귀속, 원인채무의 채권자 및 채무자와 어음배서인의 관계, 배서에 이르게 된 경위와 배서 당시의 정황 등 관계된 제반사정을 종합하여 판단하여야 한다"고 판시하고 있다.[48]

(3) 검 토

민사상의 보증계약은 보증인의 의사를 필요로 함은 물론이고 단순한 배서를 한 어음행위자에 대하여 본래 의도하지 않은 원인관계상의 채무에 대하여도 보증책임을 부담하게 하는 것은 숨은 어음보증인에게 가혹하므로 부정설 및 판례의 태도가 타당하다.

2. 사안에 대한 적용

甲이 乙에게 발행한 어음은 차용증서에 갈음하여 발행된 것으로 보인다. 丁회사 대표이사 X는 어음보증을 목적으로 배서하였을 뿐 민사상의 책임을 부담한다는 직접적인 의사표시가 없을 뿐만 아니라 그러한 의사가 있다고 인정할 특별

---

47) 대법원 1997.12.9. 선고 97다37005 판결; 동 1998.6.26. 선고 98다2051 판결; 동 2005.10.13. 선고 2005다33176 판결.

48) 대법원 2004.9.24. 선고 2004다29538 판결.

한 사정이 존재하지 않는 것으로 판단되므로 丁 회사에게 원인채무에 대한 보증의사가 있었다고 판단할 수 없다. 따라서 丙은 丁회사에 대하여 차용금에 대한 민사상 보증채무의 이행청구를 할 수 없다고 본다.

Ⅳ. 丙의 丁회사에 대한 기타 권리행사의 가능 여부

1. 이득상환청구권의 행사가능 여부

어음소지인이 이득상환청구권을 행사하기 위해서는 ① 어음상 권리가 유효하게 존재하여야 하며 ② 어음상 권리가 보전절차의 흠결 또는 소멸시효의 완성으로 인하여 소멸하여야 하며 ③ 소지인이 다른 구제수단을 가지고 있지 않아야 하며 ④ 청구의 상대방이 실질관계에서 현실적으로 이득을 취하고 있어야 한다.

본 사안에서는 丙이 수취인과 발행일을 공란으로 두고 지급제시하였기 때문에 丁 회사에 대한 어음상의 권리, 즉 소구권이 처음부터 유효하게 존재하지 않으므로 이득상환청구권의 행사는 인정되지 않는다.

2. 불법행위에 기한 손해배상청구권 행사가능 여부

민법상의 불법행위책임이 인정되기 위해서는 가해자에게 귀책사유가 있어야 한다(민법 제750조). 본 사안에서는 대표이사 X가 어음금지급을 보증할 목적으로 어음에 배서한 사실만을 가지고는 丙에 대해 귀책사유가 있는 것으로 볼 수 없으므로 불법행위책임은 인정되지 않는다.

Ⅴ. 사례의 해결

丙이 수취인과 발행일을 보충하지 않은 채 만기에 甲에게 지급제시한 것은 부적법한 지급제시이므로 소구권행사의 요건을 충족시킬 수 없다. 따라서 丙은 丁 회사에 대하여 어음금지급의 담보책임을 물을 수 없다. 게다가 丁 회사가 민사상의 보증채무를 부담할 의사가 있는 것으로 볼 수 없으므로 丙은 丁 회사에 대해 차용금에 대한 보증책임을 물을 수 없다. 이 밖에 丙의 이득상환청구권이나 불법행위에 기한 손해배상청구권의 행사도 인정되지 않는다. 요컨대, 丙은 丁 회사에 대해서는 어음채무와 원인채무에 대한 보증책임을 물을 수 없으며 이득상환청구권이나 불법행위에 기한 손해배상청구권의 행사도 할 수 없다.

참조 판례

헌법재판소 2000.2.24. 97헌바41 결정

입법자가 … 법률조항들을 형성함에 있어서 발행일을 필요적 기재사항으로 규정한 것은 발행일이 발행일자 후 정기출급어음의 만기를 정하고 일람출급어음의 지급제시기간을 정하는 표준이 되며, 확정일출급어음의 경우에는 발행인의 능력과 대리권의 유무를 판단함에 있어서 기준이 되고, 장기어음임을 은폐하기 위하여 발행일을 백지로 하여 어음을 발행하는 폐단을 방지해 주기 때문이다. 그리고 수취인을 필요적 기재사항으로 규정한 것은 수취인을 기재하지 아니한 어음이 "소지인출급식 어음"이 되어 수표와 다를 바 없게 되기 때문이다.

대법원 1986.9.9. 선고 85다카2011 판결

약속어음의 소지인이 피소구권자에 대한 소구권을 행사하기 위하여는 어음법 제75조 소정의 법정기재사항이 기재된 약속어음에 의하여 적법한 지급제시를 한 것을 요하고 위 법정기재사항의 일부라도 기재되지 아니한 약속어음에 의하여 한 지급제시는 어음법 제76조의 규정에 의하여 구제되지 않는 한 적법한 지급제시로서의 효력이 없는 것이므로 그와 같은 경우에는 피소구권자에 대한 소구권을 상실한다.

대법원 1992.3.10. 선고 91다28313 판결

수취인은 어음요건의 하나로서 그 기재를 결한 어음은 완성된 어음으로서의 효력이 없어 어음상의 권리가 적법하게 성립되지 않으므로, 이러한 미완성어음으로 지급제시를 하였다고 하여도 적법한 지급제시의 효력이 없어 발행인을 이행지체에 빠뜨릴 수 없다.

대법원 2004.9.24. 선고 2004다29538 판결

다른 사람이 발행 또는 배서·양도하는 약속어음에 배서한 사람은 배서행위로 인한 어음법상의 채무만을 부담하는 것이 원칙이나, 어음의 채권자에 대하여 자기가 약속어음 발행 또는 배서·양도의 원인이 된 민사상의 채무까지 보증하겠다는 뜻에서 배서한 것으로 볼 만한 특별한 사정이 있는 경우에는 발행인의 채권자에 대한 민사상 채무에 관하여도 보증책임을 부담한다고 할 것이고, 그러한 특별한 사정의 유무는

구체적인 경우에 있어서 원인채무의 발생근거가 된 법률관계로 인한 이익의 실질적 귀속, 원인채무의 채권자 및 채무자와 어음배서인의 관계, 배서에 이르게 된 경위와 배서 당시의 정황 등 관계된 제반사정을 종합하여 판단하여야 할 것이다.

13

시효의 중단

甲은 약속어음을 발행한 후 수취인 乙에게 교부하였으며, 乙은 이를 丙에게 배서양도하였다. 丙은 어음의 만기일인 2003년 7월 30일에 甲에게 어음금의 지급을 청구하였으나 거절당하였다. 그 후 위의 약속어음이 화재로 인하여 소실되자 丙은 2006년 5월에 공시최고의 신청과 함께 甲에 대하여 어음금지급을 청구하는 소를 제기하였다. 丙은 2007년 1월에서야 제권판결을 취득하였다. 그러나 甲은 丙의 청구에 대하여 자신의 어음금지급채무는 2006년 7월 30일에 시효기간의 경과로 소멸하였다고 주장하고 있다. 이러한 甲의 주장이 타당한가?

Ⅰ. 문제의 소재

본 사례에서 甲은 자신의 丙에 대한 어음금지급채무가 시효기간의 경과로 소멸하였다고 주장하고 있다. 이러한 甲의 주장이 정당한지 여부를 검토하기 위하여 해결하여야 하는 사항들은 다음과 같다. 첫째, 丙의 어음이 화재로 소실되었지만 그 후에 제권판결을 취득하였다는 점에서 어음의 제시 없이 권리행사가 가능한지의 여부가 문제된다. 즉, 어음은 제시증권(어음법 제38조, 제77조 제1항 제3호)과 상환증권(어음법 제39조 제1항, 제77조 제1항 제3호)으로의 성질을 가지고 있는데, 과연 어음을 상실한 丙이 공시최고절차를 거치고 제권판결을 취득하여 어음상의 권리행사를 할 수 있는지를 살펴볼 필요가 있다.

둘째, 丙이 2007년 1월에 제권판결을 취득하여 甲에 대하여 어음 없이 권리를 행사할 수 있기 위해서는 甲의 어음채무가 그 때까지 유효하게 존재하여야 하는데, 이와 관련하여 어음금청구권의 시효기간과 그 중단사유가 문제된다. 따라서 어음소지인의 주채무자에 대한 어음금청구권의 시효기간(어음법 제70조 제1항, 제77조 제1항 제8호) 및 시효중단의 사유로서 청구(민법 제168조 제1호)에 어음의 제시가 필요한지의 여부 등에 관하여 검토할 필요가 있다.

Ⅱ. 어음을 상실한 丙의 어음금지급청구방법

1. 어음상실의 의의

어음의 상실이란 절대적 상실, 상대적 상실 및 어음의 동일성을 해할 정도의 말소·훼손 등을 포함하는 개념이다. 어음은 권리표창의 수단일 뿐 권리 그 자체는 아니므로 어음을 상실해도 권리를 상실하는 것은 아니다. 그러나 어음상 권리자는 어음을 절대적으로 상실하면 어음의 제시증권성·상환증권성을 갖출 수 없어 어음상 권리를 행사할 수 없게 되는 바, 이를 구제하기 위하여 공시최고에 의한 제권판결제도가 인정되고 있다(민사소송법 제475조 이하).

2. 공시최고절차 및 제권판결

(1) 공시최고절차의 의의

어음의 분실 등에 대한 공시최고는 특정한 어음이 상실되어 소정의 기간 내에 이해관계인이 신고하지 않으면 그 증권을 무효로 한다는 공고이다(민사소송법 제495조). 공시최고기간 내에 권리신고가 없는 때에는 법원은 소정의 절차를 밟은 후 제권판결의 신청이 이유있다고 인정하는 때에는 제권판결을 선고한다(민사소송법 제487조 제1항).

(2) 제권판결의 효력

소극적 효력으로서는 상실된 증권은 제권판결시부터 장래에 향해 무효가 된다(민사소송법 제496조). 적극적 효력으로서 증권의 상실자는 증권채무자에 대하여 증권 없이도 권리를 주장할 수 있다(민사소송법 제497조). 이처럼 제권판결은 증권의 점유에 부여된 형식적 자격을 인정하는 효력이 있다.

3. 사안에 대한 적용

丙이 소지하고 있던 어음이 화재로 인하여 소실된 것은 절대적 상실에 해당한다. 이에 丙은 공시최고절차를 거쳐 제권판결을 취득할 수 있다. 丙은 2007년 1월에 제권판결을 취득하였는바, 그 적극적 효력으로 乙에 대해 어음 없이도 권리행사를 할 수 있게 되었다.

Ⅲ. 甲의 어음금지급채무의 존속 여부

1. 주채무자의 어음금지급채무의 시효기간

어음채무는 일반채무에 비하여 엄격하므로 이를 완화할 필요가 있고, 어음거래는 신속한 결제를 요하는 까닭에 어음채무에 대하여는 단기의 소멸시효가 인정되어 있다. 어음에 관련된 소멸시효는 어음법에 규정된 어음시효에 대한 특칙 이외에는 민법이 적용된다. 어음법에 따르면 주채무자는 약속어음발행인의 지급채무는 만기의 날로부터 3년이 경과하면 소멸한다(어음법 제70조 제1항, 제77조 제1항 제8호, 제78조 제1항).

2. 시효중단

(1) 시효중단의 사유 및 효력

어음상 권리의 시효중단사유에 대하여 어음법은 소송고지로 인한 시효중단사유에 관해서만 규정하고 있을 뿐(어음법 제80조), 그 외에는 모두 민법의 규정에 의한다. 민법에 따른 어음의 시효중단사유에는 ① 청구(민법 제168조 제1호), ② 압류, 가압류, 가처분(민법 제168조 제2호), ③ 승인(민법 제168조 제3호)이 있다.

시효중단은 그 사유가 생긴 자에 대해서만 효력이 발생한다(어음법 제71조, 제77조 제1항 제8호). 왜냐하면 어음행위는 각각 독립하여 존재하기 때문이다. 시효가 중단된 때에는 중단시까지 경과한 시효기간은 이를 산입하지 않고 중단사유가 종료한 때로부터 새로이 진행한다(민법 제178조 제1항).

(2) 어음의 제시가 없는 청구에 의한 시효중단 여부

(가) 서 언

시효중단사유인 청구라 함은 시효의 목적인 사법상 권리를 재판상 및 재판외에서 실행하는 행위이고, 재판상 청구는 그 권리를 민사소송의 절차에 의하여 주장하는 것을 말한다. 시효중단의 사유로서의 청구에 어음의 제시를 요하는지의 여부에 관해서는 견해가 나누어진다.

(나) 학 설

① 제시필요설　　어음의 제시증권성에 비추어 시효중단을 위한 청구에

어음이 제시되어야 한다고 보는 견해이다.

② 제시불요설　　시효중단사유로서의 청구는 권리자가 권리위에 잠자고 있지 않음을 표시하는 것으로 족하므로 어음시효의 중단효력을 발생시키는 청구는 재판상·재판외의 청구를 불문하고 어음의 제시가 필요하지 않는다고 보는 견해이다.

(다) 판　례

대법원 판례는 재판상 청구과 재판외의 청구를 구분하여 후자에 대하여는 어음의 제시를 요한다는 입장을 취하고 있다. 즉, 대법원은 어음상의 권리에 의한 재판상의 청구에 있어 어음을 제시하지 않더라도 시효중단의 효력이 있다고 판시한 반면[49] 재판외의 청구에 대하여는 어음을 제시하여야 시효중단의 효력이 있다고 판시하고 있다.[50]

(라) 검　토

시효제도는 권리행사를 게을리한 자를 보호할 필요가 없다는 취지에서 나온 것이다. 이행지체의 요건으로서 어음상 권리의 청구에는 어음의 제시가 요구되지만 이와는 취지를 달리하는 시효중단의 경우에는 어음의 제시를 요한다고 볼 필요가 없다. 따라서 권리자의 적극적인 권리행사의지만 확인된다면 그것이 재판상 또는 재판외 청구를 불문하고 어음의 제시를 요하지 않는다고 보는 제시불요설이 타당하다.

3. 사안에 대한 적용

본 사안에서 甲은 약속어음의 주채무자인 바 어음소지인 丙의 어음금지급청구권은 만기의 날로부터 3년이 경과하면 소멸시효가 완성된다. 따라서 시효중단이 없는 한 만기일인 2003년 7월 30일로부터 3년 후인 2006년 7월 30일에 시효기간의 경과로 甲의 어음금지급의무는 소멸한다.

본 사안에서 丙은 2007년 1월에서야 제권판결을 취득하였으므로, 그 이후에는 어음없이도 어음상의 권리를 행사할 수 있다. 丙은 시효만료 전인 2006년 5월에 甲에게 어음금지급을 청구하는 소를 제기하였는데, 이 시점에서는 甲의 어음은 이미 상실되었으며 제권판결을 취득하기 이전이다. 그러므로 시효중단의 사유로서 청구에 어음을 제시할 필요가 없다는 제시불요설과 재판상 청구와 재판외의

49) 대법원 1962.1.31. 선고 4294민상110·111 판결; 동 1998.6.12. 선고 98다1645 판결.
50) 대법원 1962.12.20. 선고 62다680 판결.

청구를 구분하는 대법원 판례의 입장에 의하는 경우 어음의 제시없이한 丙의 재판상 청구로 인하여 시효는 중단되므로 甲의 주장은 타당하지 않다. 그러나 시효중단을 위한 청구에 어음의 제시를 요구하는 견해에서는 시효중단의 효력은 발생하지 않으므로 甲의 주장은 타당하다.

Ⅳ. 사례의 해결

본 사례에서 丙은 2006년 5월 어음 없이 재판상 청구를 하였으며, 제권판결을 취득한 2007년 1월 이후에는 어음 없이도 어음상의 권리를 행사할 수 있다. 재판상 또는 재판외의 청구를 불문하고 어음의 제시가 요구되지 않는다는 학설(제시불요설)에 따르면 丙의 재판상 청구는 시효중단사유이므로 甲의 주장은 타당하지 않다. 재판상·재판외 청구를 구분하여 어음제시요부를 나누는 대법원 판례의 입장에서도 2006년 5월에 시효중단된 것으로 볼 수 있어 甲의 주장은 역시 타당하지 않다. 다만, 청구에 어음이 제시되어야만 시효중단의 효력이 있다는 제시필요설의 견해에서는 丙의 재판상 청구는 어음의 제시 없이 이루어진 까닭에 시효중단의 효력이 발생하지 않으므로 甲의 주장은 타당하다.

◎ 참조 판례

대법원 1962.1.31. 선고 4294민상110·111 판결

어음상의 권리에 의한 재판상의 청구에 있어서는 어음을 제시하지 아니하여도 시효중단의 효력이 있다.

대법원 1998.6.12. 선고 98다1645 판결

전소(前訴)인 약속어음금 청구소송에서 원고의 피고에 대한 약속어음채권이 확정된 이상 그 확정된 채권의 소멸시효의 중단을 위하여 제기한 소송에서 원고의 약속어음의 소지 여부를 다시 심리할 수는 없다고 할 것이고, 이러한 법리는 약속어음에 제시증권성 및 상환증권성이 있다고 하여 달리 취급할 것은 아니다.

제 4 편

보험 · 해상법

1

영업양도에 의한 보험관계 이전의 추정

Y 주식회사는 甲 보험회사의 화재보험에 가입한 공장을 비롯하여 영업 전부를 X 주식회사에게 양도하였다. 영업이 양도된 다음날 공장이 화재로 인하여 전소하였다. 이 경우 X 회사가 甲 회사에 화재보험금을 청구하고자 하는데 어떠한 요건을 갖추어야 하는가? 단, X 회사는 영업양수 후에 아직 지급기일이 도래하지 않아 보험료를 지급한 적이 없을 뿐만 아니라 공장을 부보(附保)하기 위하여 甲 회사와 새로운 화재보험계약을 체결하지도 않았다.

Ⅰ. 문제의 소재

보험목적의 양도라 함은 피보험자가 보험의 대상인 목적물을 그의 의사표시에 의해 타인에게 개별적 이전하는 것을 말한다. 상법은 이 경우에 양수인이 보험관계, 즉 보험계약상의 권리·의무를 승계한 것으로 추정한다(상법 제679조 제1항). 피보험자가 보험의 목적을 양도하면 피보험이익이 상실되어 기존의 보험계약이 실효한다. 그 결과 양도인이 이미 지급한 보험료가 무의미해지고, 양수인으로서는 새로운 보험계약을 체결할 때까지 보험의 목적은 무보험상태가 되며, 보험자로서도 고객을 유지할 수 없게 된다. 이러한 현실적인 불합리를 극복하기 위해 보험목적이 양도되면 보험관계의 권리·의무가 승계하는 것으로 추정하고 있다.[1] 본 사례는 영업양도를 통해 보험목적이 양도된 경우 영업양수인인 X 회사가 보험금을 청구하는 데 필요한 요건을 묻고 있다.

Ⅱ. 영업양도에 의한 보험관계 이전의 추정

1. 보험관계 이전의 추정요건 및 효과

(1) 보험관계 이전의 추정요건

보험관계의 이전이 추정되기 위해서는 보험목적의 양도 당시에 보험관계가

1) 대법원 1996.5.28. 선고 96다6998 판결.

있을 것, 보험목적이 물건일 것, 보험목적이 양도되었을 것, 당사자간 상법 제679조의 적용배제약정이 없을 것 등의 요건이 필요하다. 이를 자세히 살펴보면 다음과 같다.

첫째, 보험관계가 존재하여야 한다. 즉, 보험목적의 양도가 있다는 것은 그 양도 당시에 이미 목적물에 대해 유효한 보험관계가 있어야 함을 의미한다.

둘째, 보험목적은 특정되고 개별화된 물건이어야 한다. 보험목적은 물건이어야 하되 동산·부동산을 불문한다. 또한 특정되고 개별화되어야 하며, 거래의 대상이 될 수 있는 물건이어야 한다. 그러나 상법은 선박의 양도에는 보험자의 동의를 받도록 규정하고(상법 제703조의 2), 자동차의 양도에도 보험자의 승낙을 받아야 보험계약상의 권리·의무를 승계할 수 있는 것으로 규정하고 있으므로(상법 제726조의 4) 선박과 자동차와 같은 보험목적의 양도에 대해서는 보험관계의 이전이 추정되지 않는다.

셋째, 물권적 양도방법에 의한 보험목적이 양도되어야 한다. 예컨대, 동산의 경우는 인도에 의해서 그리고 부동산의 경우는 부동산 소유권 이전의 합의에 의해서 그 물권이 양수인에게 이전되어야 한다.

넷째, 상법 제679조의 보험목적의 양도에 의한 보험관계 이전의 추정규정은 임의규정이므로 당사자간의 계약에 의하여 본조의 적용을 배제할 수 있다. 그러므로 당사자간 적용을 배제하는 약정이 없는 경우에 한하여 보험관계의 이전이 추정된다.[2)]

(2) 영업양도시 보험관계 이전의 추정 여부

보험목적의 양도에는 영업양도에 의한 경우도 포함된다. 즉, 영업양도에서는 영업재산이 채권계약에 의하여 개별적으로 이전절차를 밟고 보험관계의 이전이 추정되는 것이다.

(3) 당사자간 보험목적양도의 효과

피보험자가 보험목적을 양도한 때에는 양수인이 보험계약상의 권리와 의무를 승계한 것으로 추정한다(상법 제679조 제1항). 따라서 양수인은 보험금청구권 이외에도 보험료지급의무, 위험변경·증가통지의무, 손해방지의무, 보험사고발생통

2) 대법원 1991.8.9. 선고 91다1158 판결.

지의무 등 보험계약상의 여러 가지 의무도 부담하게 된다. 다만, 보험목적의 양도로 인해 양수인이 보험계약상의 권리·의무를 승계하는 것으로 추정될 뿐이므로 당사자가 반대의 입증을 하는 경우에는 이전의 효력이 발생하지 않는다.[3]

(4) 보험목적의 양도의 통지의무

보험목적의 양도가 있는 경우에 그의 양도인 또는 양수인은 보험자에 대하여 지체없이 그 사실을 통지하여야 한다(상법 제679조 제2항). 이러한 통지의 성격에 대해서는 보험자 또는 제3자에 대한 대항요건으로 보는 견해와 단순히 보험자의 보호를 위한 규정으로 보는 견해가 있다. 즉, 대항요건설은 보험관계이전의 추정은 양도당사자 사이에서만 효력이 있으므로 보험자 또는 제3자에게 대항하기 위해서는 보험목적의 양도의 사실을 보험자에게 통지하여야 한다는 견해이다. 비대항요건설은 보험목적의 양수인은 별다른 대항요건을 갖추지 않더라고 보험관계의 이전의 추정은 보험자 기타 제3자에 대하여도 그 효력이 미친다는 견해이다.

이상의 견해 중에서 상법 제679조 제2항이 단순히 "통지하여야 한다"라고 규정하고 있어 이를 문리해석상 대항요건으로 이해하기 어려우며, 보험목적의 양도에 의한 보험관계 이전추정의 법리는 당사자뿐만 아니라 보험자 기타 제3자에 대하여도 적용되어야만 그 실익이 있다는 점에서 비대항요건설이 타당하다.[4] 그러므로 설령 양수인이 보험목적 양도의 사실을 보험자에게 통지하지 않았더라도 보험목적의 양수사실을 입증하면 보험금을 청구할 수 있다고 풀이된다.

2. 보험계약의 유상·쌍무계약성

보험계약은 보험계약자가 보험료를 지급하고 보험자는 보험사고가 생길 경우에 일정한 급여를 할 것을 약정한다는 점(상법 제638조)에서 유상계약이고, 보험자의 급여의무와 보험계약자의 그것이 대가관계에 있는 점에서 쌍무계약이다.

Ⅲ. 사례의 해결

본 사례에서 영업양도 당시에 화재보험계약이 존재하고, 보험목적이 공장이므로 특정되고 개별화된 물건이며, 물권적 양도방법에 의하여 보험목적이 양도되었

3) 대법원 1997.11.11. 선고 97다35375 판결.
4) 정찬형, 「상법강의(하)」 제9판(박영사, 2007), 633-634면.

다. 따라서 당사자간에 상법 제679조를 적용배제하는 약정이 없는 한 화재보험계약상의 권리·의무의 승계가 추정된다. 보험계약의 유상·쌍무계약적인 성격과 화재보험상의 의무를 승계한다는 점을 고려할 때 현재 X 회사는 보험료지급의무를 부담하지만, 본 사례에서는 아직 보험료 지급기일이 도래하지 않은 시점이므로 보험료를 현실적으로 지급하지 않았더라도 위험변경·증가통지의무, 손해방지의무, 보험사고발생통지의무 등의 의무를 제대로 수행하였다면 보험금지급을 청구할 수 있다.

양도인 또는 양수인의 보험자에 대한 통지의무의 성격을 비대항요건으로 보는 경우 X 회사는 보험자에 대한 통지를 하지 않더라도 보험목적을 양수한 사실을 입증하면 보험금청구가 가능하지만, 이를 대항요건으로 본다면 Y 회사 또는 X 회사는 보험자에 대하여 지체없이 보험목적이 양도된 사실을 통지하여야만 보험금을 청구할 수 있다. 만약 甲 회사가 보험계약상의 권리·의무의 승계추정에 대해 반대의 입증을 하는 경우에는 X 회사는 보험금지급을 청구할 수 없다.

◎ 참조 판례

대법원 1996.5.28. 선고 96다6998 판결

상법 제679조 제1항이 양도된 보험목적에 관하여 보험의 필요성이 상존하는 한 기존의 보험을 이용시켜 그대로 보험계약관계를 유지시키는 것이 보험자나 원래의 보험계약자인 양도인, 보험목적의 양수인 모두에게 바람직스럽다는 측면에서 존재하게 된 것이라 할 것이다.

대법원 1997.11.11. 선고 97다35375 판결

상법 제679조에서 피보험자가 보험의 목적을 양도한 때에는 보험계약으로 인하여 생긴 권리를 동시에 양도한 것으로 추정한다고 규정하는 취지는 보험의 목적이 양도된 경우 양수인의 양도인에 대한 관계에서 보험계약상의 권리도 함께 양도된 것으로 당사자의 통상의 의사를 추정하고 이것을 사회경제적 관점에서 긍정한 것이라고 할 것인바, 위 추정은 보험 목적의 양수인에게 보험승계의 의사가 없다는 것이 증명된 경우에는 번복된다.

2

책임보험에 있어서 제3자의 직접청구권

甲은 200△년 9월 10일 승용차를 운전하던 중 乙이 운전부주의로 중앙선을 침범하여 오는 바람에 정면충돌하여 그 자리에서 사망하였다. 이에 甲의 유족인 X는 상대방 승용차소유자인 乙을 상대로 손해배상청구의 소를 제기하여 사고발생 후 3개월이 지난 200□년 12월 10일에 승소확정판결을 받아 乙의 책임이 확정되었다. 그러나 X는 乙이 지급능력이 없다는 사실을 알고 사고차량에 관하여 자동차책임보험계약을 체결한 Y 보험회사를 상대로 사고발생 후 32개월이 경과한 200☆년 1월 10일에 보험금 직접청구권을 행사하고자 한다. 이에 대하여 Y 회사는 X의 직접청구권은 시효에 의하여 소멸되었다고 주장하고 있다. Y 회사의 주장은 정당한가? 여기서 상법에 대한 특별법상의 논의는 제외한다.

Ⅰ. 문제의 소재

책임보험계약이라 함은 피보험자가 보험기간 중의 사고로 인하여 제3자에게 손해배상책임을 진 경우에 보험자가 이로 인한 손해를 배상할 것을 목적으로 하는 손해보험계약으로 정의된다(상법 제719조). 책임보험은 가해자에 대한 자위적 수단으로서의 기능이 있어 기업의 유지·발전에 기여한다. 또한 책임보험은 가해자의 무자력으로 인하여 피해자가 충분히 보상받지 못할 우려를 줄이는 방편이 되므로 피해자의 이익에 봉사하는 기능을 가진다. 이에 상법은 피해자인 제3자에게 가해자의 보험자를 상대로 직접 보험금을 청구할 수 있는 권리를 부여하고 있다(상법 제724조 제2항). 다만, 상법 제724조 제2항에 규정된 제3자의 직접청구권의 법적 성질을 어떻게 보는가에 따라 그 소멸시효가 달라진다는 점이 특색이다.

본 사례에서 X는 Y 회사를 상대로한 보험금의 직접적인 지급청구가 가능한 것을 전제로 하고 있다. 다만, 그 청구시점이 손해사고 발생시점보다 3년이 경과하지는 않았으나, X의 승소가 확정된 시점으로부터 2년 이상이 도과하였다. 따라서 제3자의 직접청구권의 성격에 따라 Y 회사의 주장의 정당성여부가 좌우되는 상황이다. 이에 제3자의 직접청구권의 법적 성질을 먼저 살펴본 후 그와 관련한 소멸시효기간을 검토하기로 한다.

Ⅱ. 제3자의 직접청구권의 법적 성질 및 소멸시효기간

1. 직접청구권의 의의

피보험자가 보험기간 중 사고로 인하여 제3자에게 손해를 가한 경우 피해자인 제3자는 피보험자에게 책임을 추궁할 수 있다. 원칙적으로 제3자는 보험계약과는 무관하므로 보험계약에서 직접적으로 보호를 받을 수 있는 지위에 있지 않다. 그럼에도 불구하고 상법은 피해자로 하여금 피보험자가 책임을 질 사고로 입은 손해에 대하여 보험금액의 한도 내에서 보험자에게 직접 보상을 청구할 수 있다고 규정하여(상법 제724조 제2항 본문) 제3자를 보호하고 있다.

2. 직접청구권의 법적 성질

(1) 학 설

(가) 손해배상청구권설

책임보험계약에서 제3자의 직접청구권은 보험자가 피보험자(가해자)의 손해배상채무를 중첩적으로 인수한 것으로 보고, 보험자 · 피보험자는 연대채무관계에 있는 것으로 이해하는 견해이다. 그 근거로서는 본래 제3자(피해자)와 보험자간에는 보험계약관계가 존재하지 않기 때문에 보험금청구권으로 볼 수 없다는 점과 연혁적 내지 비교법적 이유에 비추어 보험자는 피보험자의 손해배상채무를 병존적으로 인수한 것으로 이해하여야 한다는 점 등을 제시하고 있다.

(나) 보험금청구권설

책임보험계약에서 제3자의 직접청구권은 제3자(피해자)가 법의 규정에 따라 피보험자가 책임을 질 사고로 입은 손해의 보상을 청구하는 것이다. 따라서 보험자에 대한 피해자의 보험청구권은 손해보상청구권의 성격을 가지므로 손해배상청구권으로 이해할 수는 없다는 견해이다. 이처럼 보험자에게 손해사고에 대한 귀책사유가 없으므로 제3자의 직접청구권은 법률의 규정에 따른 보험자에 대한 보험청구권으로 본다.

(2) 판 례

대법원 판례는 제3자(피해자)의 직접청구권의 법적 성질을 일관되게 판단하고 있는 것은 아니다. 판례의 입장은 수시로 바뀌어 왔는바, 처음에는 보험금액청구권이라는 입장이었다가[5] 최근에는 손해배상청구권설을 취하고 있다.[6]

(3) 검 토

제3자의 직접청구권은 피보험자(가해자)와 피해자간의 관계(책임관계)가 보험자까지 확대되어 법률의 규정에 의하여 보험자까지 피해자에 대해 손해배상책임을 부담한다고 이해하는 것이 타당하다. 이렇게 풀이하여야만 피해자로 부터의 손해배상청구를 보험자가 피보험자와 연대하여 이행하게 됨으로써 피해자보호에 충실할 수 있다.

3. 직접청구권의 소멸시효기간

(1) 소멸시효기간

제3자의 직접청구권의 소멸시효기간은 직접청구권의 법적 성질과 밀접한 관련이 있다. 손해배상청구권설에 따르면 불법행위로 인한 손해배상청구권은 손해 및 가해자를 안 날로부터 3년, 불법행위가 있은 날로부터 10년의 경과로 소멸한다(민법 제766조). 그러나 보험금청구권설을 취할 경우에는 이를 2년간 행사하지 않으면 소멸시효가 완성되는 것으로 보아야 한다(상법 제662조).

대법원 판례 중에는 직접청구권의 성질을 손해배상청구권이라고 보면서도 2년의 시효로 소멸된다고 판시한 것도 있으나,[7] 최근 들어서는 손해배상청구권설을 일관되게 유지하면서 민법 제766조 제1항에 따라 피해자 또는 그 법정대리인이 그 손해 및 가해자를 안 날로부터 3년간 이를 행사하지 아니하면 시효로 인하여 소멸한다는 입장을 취하고 있다.[8]

(2) 소멸시효의 기산점

소멸시효는 원칙상 권리를 행사할 수 있는 때로부터 진행한다(민법 제166조 제1항). 직접청구권의 소멸시효기간은 그 법적 성질에 관하여 어떠한 견해를 취하는지에 따라 기산점이 달라진다. 손해배상청구권설을 취하는 경우에는 보험사

---

5) 대법원 1993.4.13. 선고 93다3622 판결.

6) 예컨대, 대법원 1994.5.27. 선고 94다6819 판결; 동 1998.7.10. 선고 97다17544 판결; 동 2000.12.8. 선고 99다37856 판결; 동 2005.10.7. 선고 2003다6774 판결 등.

7) 대법원 1993.4.13. 선고 93다3622 판결; 동 1997.11.11. 선고 97다36521 판결.

8) 대법원 2005.10.7. 선고 2003다6774 판결.

고 발생일로부터 시효가 진행된다. 그러나 보험금청구권설에 의하면 보험사고가 확정된 때부터 시효가 진행된다. 다만, 피보험자의 책임이 확정되지 않은 경우에는 피해자보호라는 관점에서 피보험자의 손해배상책임이 확정된 때로부터 시효가 진행된다.[9]

Ⅲ. 사례의 해결

상법상 제3자의 직접청구권을 인정하는 취지가 피해자에게 사고로 인한 피해에 대한 실질적인 구제에 있으므로 손해배상청구권으로 보는 것이 타당하다. 손해배상청구권설에 의하면 甲과 乙의 승용차가 충돌한 시점으로부터 10년이 경과하지 않은 기간 동안에는 Y 회사에 대하여 보험금을 직접 청구할 수 있으므로 Y 회사의 주장은 정당하지 않다. 최근 제3자의 직접청구권에 대해 손해배상청구권설을 취하면서도 소멸시효기간을 제3자가 그 손해 및 가해자를 안 날로부터 3년으로 보고 있는 대법원 판례에 따르는 경우에도 사고발생 후 3년이 경과하지 않은 까닭에 X는 Y 회사에 대하여 보험금의 직접지급을 청구할 수 있으므로 Y 회사의 주장은 정당하지 않다. 그러나 만약 제3자의 직접청구권의 법적 성질을 보험금청구권으로 풀이한다면 X는 직접청구권을 乙의 책임을 확정한 판결이 나온지 2년 이상이 경과한 시점에서 행사하려는 것이므로 X의 Y 회사에 대한 직접청구권의 소멸시효기간이 도과한 것으로 되고, 따라서 Y 회사의 주장은 정당하다.

◎ 참조 판례

대법원 1995.9.26. 선고 94다28093 판결

상법 제724조 제1항은 피보험자가 상법 제723조 제1, 2항의 규정에 의하여 보험자에 대하여 갖는 보험금청구권과 제3자가 상법 제724조 제2항의 규정에 의하여 보험자에 대하여 갖는 직접청구권의 관계에 관하여, 제3자의 직접청구권이 피보험자의 보험금청구권에 우선한다는 것을 선언하는 규정이라고 할 것이므로, 보험자로서는 제3자가 피보험자로부터 배상을 받기 전에는 피보험자에 대한 보험금지급으로 직접청구권을 갖는 피해자에게 대항할 수 없고, 따라서 보험자는 제3자가 피보험자로부터 배상을 받기 전에는 상법 제724조 제1항의 규정을 들어 피보험자의 보험금지급 청구를

9) 대법원 2002.9.6. 선고 2002다30206 판결 참조.

거절할 권리를 갖게 된다.

대법원 2005.10.7. 선고 2003다6774 판결

상법 제724조 제2항에 의하여 피해자가 보험자에게 갖는 직접청구권은 보험자가 피보험자의 피해자에 대한 손해배상채무를 병존적으로 인수한 것으로서 피해자가 보험자에 대하여 가지는 손해배상청구권이므로 민법 제766조 제1항에 따라 피해자 또는 그 법정대리인이 그 손해 및 가해자를 안 날로부터 3년간 이를 행사하지 아니하면 시효로 인하여 소멸한다.

대법원 2006.4.13. 선고 2005다77305, 77312 판결

상법 제724조 제2항에 의하여 피해자가 보험자에게 갖는 직접청구권과 피보험자의 보험자에 대한 보험금청구권은 별개의 청구권이므로, 피해자의 보험자에 대한 손해배상청구에 의하여 피보험자의 보험자에 대한 보험금청구권의 소멸시효가 중단되는 것은 아니다.

3

타인의 생명보험에서 동의의 방식

甲과 X는 모자관계에 있는데, X는 甲을 피보험자로 하되 X를 보험계약자 및 보험수익자로 하고 甲의 사망을 보험사고로 하는 보험계약을 Y 보험회사와 체결하였다. 보험계약체결과정에서 甲과 X가 참석한 자리에서 Y 회사는 X에게 약관을 교부하고 그 약관의 중요한 내용을 알려 주었으며, 甲에게도 보험계약의 내용을 설명하고 일단 구두로 명시적으로 동의를 받았다. 그러나 甲은 한글을 모르는 까닭에 자신의 아들 X에게 보험청약서의 피보험자의 자필서명란에 자신을 대행하여 서명하도록 요청하였으며, 이에 X는 甲의 이름을 그곳에 기재하여 서명하였다. 그 후 甲이 보험사고의 직접적인 원인이 된 심근경색으로 사망하자 X는 Y 회사에 대하여 보험금을 청구하였다. 그러나 Y 회사는 동의흠결을 이유로 보험금지급을 거절하였다. 이와 관련하여 다음의 물음에 답하시오.

(1) 보험계약체결시 아무런 이의가 없던 Y 회사가 보험사고가 발생하여 X가 보험금지급을 청구하였을 때야 비로소 동의흠결을 문제삼는 것은 신의칙위반이 아닌가?

(2) 위의 보험계약에서 甲의 동의방식은 법적으로 유효한가?

Ⅰ. 문제의 소재

본 사례에서는 보험계약자인 X가 제3자인 甲을 피보험자로 하여 보험계약을 체결하였다. 이처럼 보험계약자가 자기 이외의 제3자를 피보험자로 하는 보험을 타인의 생명보험이라 한다. 이 종류의 보험에서는 보험이 도박화할 우려와 피보험자인 제3자의 생명을 해칠 위험이 있어 상법은 "타인의 사망을 보험사고로 하는 보험계약에는 보험계약체결시에 그 타인의 서면에 의한 동의를 얻어야 한다"고 규정(상법 제731조 제1항)하여 타인의 생명보험에 대하여 일정한 제한을 가하고 있다.

설문 (1)에서는 보험자가 계약체결시에 문제삼지 않던 동의흠결의 여부를 보험사고 발생 후 이에 관하여 다투는 것이 신의칙에 위반되는지의 여부를 검토하여야 한다. 설문 (2)에서는 서면동의를 할 권한을 구체적·개별적으로 수여받은 자가 타인을 대행한 경우 그러한 서면동의가 법적으로 유효한지의 여부를 살펴보아야 한다.

Ⅱ. 설문 (1)에 대하여

1. 동의흠결을 이유로 한 무효주장과 신의칙과의 관계

타인의 생명보험에서 타인의 서면에 의한 동의를 요구하는 상법 제731조 제1항은 강행규정이다. 그러나 대량의 계약을 체결하는 보험자가 보험계약을 체결할 때마다 각각의 보험계약에서 일일이 그 실질적 동의 여부를 검토하고 판단할 것을 기대하기 어렵다. 말하자면, 어쩔 수 없이 특정한 보험사고가 발생한 후 계약을 검토하는 과정에서 동의흠결의 여부를 판단할 수밖에 없다. 그러므로 계약체결시에 이의를 제기하지 않더라도 보험사고 발생 후 동의흠결을 다투는 것은 적법하며 신의칙에도 반하지 않는다.[10]

대법원 판례도 상법 제731조 제1항의 입법취지가 도덕적 위해를 방지하자는 데 있다는 점을 고려할 때 계약체결시에 침묵하던 보험자가 보험사고 발생 후 동의흠결을 주장하는 것은 신의성실 또는 금반언의 원칙에 반하지 않는다고 보고 있다.[11]

2. 사안에 대한 적용

보험자가 동의흠결을 주장하는 것은 보험체결시는 물론이고 보험사고의 발생시에도 가능할 뿐만 아니라, 설령 보험체결시에 이의를 제기하지 않더라도 보험사고 발생 후 보험금지급청구를 받은 시점에서도 가능하다. 따라서 보험사고 발생 후에 Y 회사가 동의흠결을 이유로 무효를 주장할 수 있으며, 이는 신의칙위반이 아니다.

Ⅲ. 설문 (2)에 대하여

1. 타인의 생명보험에서 동의의 방식

상법은 보험계약 당사자 사이의 법률관계를 확실히 해서 분쟁의 소지를 없애기 위해 계약체결시에 피보험자의 서면에 의한 동의를 얻도록 규정하고 있다(상

10) 김성태, 「보험법강론」(법문사, 2001), 842면.
11) 대법원 1999.12.7. 선고 99다39999 판결.

법 제731조 제1항). 이처럼 서면에 의한 명시적인 사전동의만이 유효하다. 따라서 구두 또는 묵시적이거나 추정적인 동의는 인정되지 않는다. 또한 피보험자의 동의는 각 보험계약에 관하여 개별적으로 하여야 하므로 포괄적인 동의는 효력이 인정되지 않는다.[12] 다만, 피보험자인 타인의 서면동의는 타인이 직접할 필요는 없다. 서면동의를 할 권한을 구체적 · 개별적으로 수여받은 사람이 타인을 대리 또는 대행하여 서면동의를 한 경우, 그 서면동의는 유효하다.

이와 관련하여 대법원 판례는 "그 타인으로부터 특정한 보험계약에 대하여 서면동의를 할 권한을 구체적 · 개별적으로 수여받았음이 분명한 자가 그 권한 범위 내에서 그 타인을 대리 또는 대행하여 서면동의를 한 경우에도, 그 타인의 서면동의는 적법한 대리인에 의하여 유효하게 이루어진 것"으로 판시하고 있다.[13]

2. 사안에 대한 적용

본 사안에서는 甲과 X가 참석한 자리에서 보험계약을 체결하였다는 점, 계약 체결 당시 甲은 Y 회사로부터 보험계약의 내용을 설명을 듣고 이에 구두로 나마 명시적으로 동의한 후 자신이 한글을 모르기에 어쩔 수 없이 X에게 보험청약서의 피보험자 자필서명란에 자신을 대행하여 서명하도록 요청하였다는 점, 이에 따라 X가 그 자리에서 甲을 대행하여 보험청약서의 피보험자 자필서명란에 甲의 이름을 기재하여 서명하였다는 점을 고려할 때 甲의 서면동의는 그로부터 서면동의를 대행할 권한을 구체적 · 개별적으로 수여받은 X에 의하여 법적으로 유효하게 이루어졌다.

Ⅳ. 사례의 해결

1. 설문 (1)에서 Y 회사는 타인의 생명보험에서의 동의흠결을 문제삼을 수 있으며, 이는 신의칙위반이 아니다.

2. 설문 (2)에서 X는 甲으로부터 서면동의를 할 권한을 구체적 · 개별적으로 수여받은 자이며, 따라서 그가 甲을 대행하여 서면동의를 한 것은 법적으로 유효하다.

---

12) 대법원 2006.9.22. 선고 2004다56677 판결.

13) 대법원 2006.12.21. 선고 2006다69141 판결.

◎ 참조 판례

대법원 2006.9.22. 선고 2004다56677 판결

상법 제731조 제1항에 의하면 타인의 생명보험에서 피보험자가 서면으로 동의의 의사표시를 하여야 하는 시점은 "보험계약체결시까지"이고, 이는 강행규정으로서 이에 위반한 보험계약은 무효이므로, 타인의 생명보험계약 성립 당시 피보험자의 서면동의가 없다면 그 보험계약은 확정적으로 무효가 되고, 피보험자가 이미 무효가 된 보험계약을 추인하였다고 하더라도 그 보험계약이 유효로 될 수는 없다.

대법원 2006.12.21. 선고 2006다69141 판결

타인의 사망을 보험사고로 하는 보험계약에 있어 피보험자인 타인의 동의는 각 보험계약에 대하여 개별적으로 서면에 의하여 이루어져야 하고 포괄적인 동의 또는 묵시적이거나 추정적 동의만으로는 부족하나, 피보험자인 타인의 서면동의가 그 타인이 보험청약서에 자필서명하는 것만을 의미하지는 않으므로 피보험자인 타인이 참석한 자리에서 보험계약을 체결하면서 보험계약자나 보험모집인이 타인에게 보험계약의 내용을 설명한 후 타인으로부터 명시적으로 권한을 수여받아 보험청약서에 타인의 서명을 대행하는 경우와 같이, 타인으로부터 특정한 보험계약에 관하여 서면동의를 할 권한을 구체적·개별적으로 수여받았음이 분명한 사람이 권한범위 내에서 타인을 대리 또는 대행하여 서면동의를 한 경우에도 그 타인의 서면동의는 적법한 대리인에 의하여 유효하게 이루어진 것이다.

4

사망보험의 보험자 면책규정

甲 보험회사는 사망보험약관에 "보험자는 피보험자의 중대한 과실로 인하여 발생한 사망에 대하여는 보험금을 지급하지 않는다"라는 규정을 두고 있다. 甲 회사 약관상의 이 규정의 성격과 그 효력을 논하시오.

Ⅰ. 논　　점

본 사례는 보험자의 보험금지급의무와 관련하여 甲 회사의 책임을 면제한 약관규정의 성격과 효력을 논하여야 한다. 먼저 甲 회사의 약관규정의 성격을 규명하여야 한다. 그 다음으로 사망보험의 피보험자가 중과실이 있는 경우 보험자가 면책된다고 규정한 甲 회사의 약관규정이 유효한지를 검토하여야 한다.

Ⅱ. 甲 회사 약관규정의 성격

1. 보험자의 면책사유와 면책규정

(1) 면책사유의 의의와 취지

보험자는 보험계약에 의거해서 보험사고가 발생하였을 경우에 보험금 지급의 의무를 지고 있지만(상법 제638조), 특정의 사유가 생겼을 때에는 예외로 그 의무를 면하게 되어 있다. 이러한 특정의 사유를 면책사유라 한다.

면책사유를 인정하는 것은 대수(大數)의 법칙을 적용하기 어려운 비정상적인 상태에서 발생한 위험에 대하여 보험자의 책임을 면제함으로써 도덕적 위험을 방지할 수 있으며, 이를 통해 보험기업의 원활한 유지도 도모할 수 있다.

(2) 면책규정의 개념

보험자의 면책사유는 법률에 의해서 정해져 있는 것과 보험약관에 의해서 정해져 있는 것이 있다. 후자처럼 보험계약에서 보험자가 책임이 면제되는 위험이나 사유에 관해서 약관규정으로 정한 경우를 약정면책사유 또는 면책규정이라 한다.

2. 사안에 대한 적용

甲 회사의 사망보험약관상의 규정은 보험자의 책임을 면제하는 면책규정에 해당한다.

Ⅲ. 甲 회사의 면책규정의 효력 검토

1. 법정면책사유

보험사고가 보험계약자 또는 피보험자나 보험수익자의 고의 또는 중대한 과실로 인하여 생긴 때에는 보험자는 보험금액을 지급할 책임이 없다(상법 제659조 제1항). 이 경우에는 보험사고의 우연성이 결여되어 있으며 공서양속 및 신의칙에도 반하기 때문에 보험자가 면책된다.

이에 대하여 인보험상의 특칙이 있다. 즉, 사망을 보험사고로 한 보험계약에는 사고가 보험계약자 또는 피보험자나 보험수익자의 중대한 과실로 인하여 생긴 경우에도 보험자는 보험금액을 지급할 책임을 면하지 못한다(상법 제732조의 2). 이는 유가족의 보호라는 인도적 차원에서 중과실인 경우에도 보험자의 보상책임을 인정하고 있다. 이는 상해보험에도 준용된다(상법 제739조).

2. 불이익변경금지의 원칙

사법상의 일반원칙인 계약자유의 원칙에 의하여 면책규정도 당사자가 자유롭게 결정할 수 있어야 한다. 그러나 실제에 있어서는 보험계약자 등은 그에게 일방적으로 불리하게 작성된 면책규정으로 인하여 상대적으로 불리한 지위에 놓일 수 있다. 게다가 만약 면책규정을 무제한으로 인정하면 공서양속 및 신의성실 등에 반할 수 있으므로 그에 대해서는 합리적인 통제가 필요하다. 이와 관련하여 상법 제663조는 보험법 통칙규정은 당사자의 특약으로 보험계약자 또는 피보험자나 보험수익자의 불이익으로 변경하지 못하는 것으로 규정하고 있으며, 이는 보험자에 대항하여 보험계약자 또는 피보험자나 보험수익자의 이익을 보호하기 위한 강행규정이다.

3. 사안에 대한 적용

본 사안에서 제시된 甲 회사의 약관은 사망보험약관이다. 甲 회사의 면책규정은 보험자의 법정면책사유에 대한 인보험 특칙인 상법 제732조의 2에 위반된다. 또한 상법 제663조상의 불이익변경금지의 원칙은 甲 회사와의 보험계약에도 그대로 적용되므로 甲 회사의 면책규정은 무효이다.

Ⅳ. 결　　론

甲 회사의 사망보험약관상의 규정의 성격은 보험자의 면책규정이다. 동 면책규정은 보험자의 법정면책사유에 관한 인보험 특칙인 상법 제732조의 2와 불이익변경금지의 원칙을 규정한 상법 제663조에 위배되므로 무효이다.

◎ 참조 판례

대법원 1998.10.20. 선고 98다34997 판결

이 사건 보험계약에 적용되는 보통약관은 제7조 제1항에서 "회사는 그 원인의 직접, 간접을 묻지 아니하고 아래의 사유로 생긴 손해는 보상하여 드리지 아니합니다"라고 규정하면서 그 제3호로 피보험자의 범죄행위 등을, 그 제4호로 피보험자의 무면허 또는 음주운전을 들고 있는(이하 "이 사건 면책약관"이라 한다) 사실을 인정한 다음, 원고에게 이 사건 보험사고로 인한 보험금지급의무가 있는지 여부와 관련하여, 상법 제732조의 2는 "사망을 보험사고로 한 보험계약에는 사고가 보험계약자 또는 피보험자나 보험수익자의 중대한 과실로 인하여 생긴 경우에도 보험자는 보험금액을 지급할 책임을 면치 못한다"라고 규정하고 있고, 위 규정은 상법 제739조에 의해 상해보험계약에도 준용되며, 한편 상법 제663조는 당사자간의 특약으로 보험계약자 또는 피보험자나 보험수익자에게 불이익하게 위 각 규정을 변경하지 못하도록 규정하고 있는데, 이 사건 보험계약은 상해 또는 사망을 보험사고로 하는 보험계약임이 분명하므로 위 각 규정들은 위 보험계약에도 그대로 적용될 것이고, 따라서 이 사건 면책약관이 만일 보험사고가 전체적으로 보아 고의로 평가되는 행위로 인한 경우뿐만 아니라 과실(중과실 포함)로 평가되는 행위로 인한 경우까지 보상하지 아니한다는 취지라면 과실로 평가되는 행위로 인한 사고에 관한 한 위 각 규정들에 위배되어 무효라고 봄이 상당하다.

대법원 1984.1.17. 선고 83다카1940 판결

보험계약의 보통약관 중 "피보험자에게 보험금을 받도록 하기 위하여 피보험자와 세대를 같이하는 친족 또는 고용인이 고의로 사고를 일으킨 손해에 대해서는 보험자가 보상하지 아니한다"는 내용의 면책조항은 그것이 제3자가 일으킨 보험사고에 피보험자의 고의 또는 중대한 과실이 개재되지 않은 경우에도 면책하고자 한 취지라면 상법 제659조, 제663조에 저촉되어 무효라고 볼 수밖에 없으나, 동 조항은 피보험자와 밀접한 생활관계를 가진 친족이나 고용인이 피보험자를 위하여 보험사고를 일으킨 때에는 피보험자가 이를 교사 또는 공모하거나 감독상 과실이 큰 경우가 허다하므로 일단 그 보험사고 발생에 피보험자의 고의 또는 중대한 과실이 개재된 것으로 추정하여 보험자를 면책하고자 한 취지에 불과하다고 해석함이 타당하며, 이러한 추정규정으로 보는 이상 피보험자가 보험사고의 발생에 자신의 고의 또는 중대한 과실이 개재되지 아니하였음을 입증하여 위 추정을 번복할 때에는 위 면책조항의 적용은 당연히 배제될 것이므로 위 면책조항은 상법 제663조의 강행규정에 저촉된다고 볼 수 없다.

5

감항능력주의의무위반과 보험자의 면책 여부

X는 Y 보험회사와 丙 선박에 선적된 화물에 대하여 적하보험계약을 체결하였다. 그러나 丙 선박이 발항할 당시 해상운송인 甲이 조금만 주의를 기울여서 조사하였더라면 쉽게 발견하여 예방할 수 있었을 화물저장시설의 명백한 흠으로 인하여 적재된 화물이 훼손되었다.

(1) 甲은 감항능력주의의무를 위반하였는가?

(2) X는 甲의 감항능력주의의무 위반으로 화물이 훼손되었다고 주장하면서 Y 회사에 대하여 보험금을 청구하였으나, Y 회사는 보험금을 지급할 책임이 없다고 항변하고 있다. Y 회사의 항변은 정당한가?

Ⅰ. 문제의 소재

해상운송인은 감항능력주의의무를 부담한다(상법 제787조). 상법은 선박 또는 운임보험의 경우 운송인이 감항능력주의의무위반을 한 경우 해상보험자는 면책된다는 규정을 두고 있다(상법 제706조 제1호). 설문 (1)에서 선박의 화물저장시설의 하자로 인하여 적하가 훼손된 경우 감항능력주의의무위반이 되는지의 여부를 살펴보아야 한다. 설문 (2)에서는 보험에 붙인 화물이 감항능력이 없는 선박에 선적되어 손상된 경우 적하보험의 보험자가 면책되는지의 여부를 검토하여야 한다.

Ⅱ. 설문 (1)에 대하여

1. 감항능력주의의무

(1) 의 의

선박은 해상기업의 가장 중요한 물적 설비이다. 상법상 선박이라 함은 상행위 기타 영리를 목적으로 항해에 사용하는 것을 말한다(상법 제740조). 해상운송의 경우 그 특유의 해상위험 때문에 선박이 통상의 해상위험을 견디고 안전하게 항해를 할 수 있는 능력, 즉 감항능력(堪航能力)이 있어야 한다. 이에 해상운송인은 감항능력이 있는 선박을 제공함에 있어서 상당한 주의를 다하여야 하는바, 이를 감항능력주의의무라고 한다(상법 제787조).

(2) 감항능력주의의무의 법적 성질

상법상 감항능력주의의무에 관한 규정은 편면적 강행규정이다. 해상운송인은 선박의 감항능력에 관하여 상당한 주의를 다하였다면 불감항사실로 인해 손해가 발생하였더라도 책임을 지지 않으므로, 이 의무는 상대적 의무이고 감항능력주의 의무위반으로 인한 책임은 과실책임이다. 이 의무의 위반은 면책사유가 되지 않는다는 점에서 해상운송인이 부담하는 엄중한 의무이며, 우선적, 기본적, 최소한도의 의무이다.

(3) 감항능력주의의무의 내용

상법 제787조에 따르면 운송인의 감항능력주의의무는 3가지 사항으로 나누어진다. 첫째, 선체능력이다(상법 제787조 제1호). 선박이 안전하게 항해를 하기 위해서는 우선 선박 자체가 항해를 감당할 수 있는 상태에 있어야 하는데,[14] 이를 협의의 감항능력이라고도 한다. 둘째, 운항능력이다(상법 제787조 제2호). 선박을 운항하기 위하여는 필요한 선원이 승선하고 선적의장과 필요품이 보급되어야 한다.[15] 셋째, 감하능력이다(상법 제787조 제3호). 선박은 예상되는 위험에도 불구하고 안전하게 특정계약화물을 운송함에 적절하여야 하는데 그러기 위해서는 선창, 냉장실 기타 운송물을 적재할 선박의 부분을 운송물의 수령, 운송과 보존을 위하여 적합한 상태에 두어야 한다.[16]

(4) 감항능력에 관한 주의의 시기 및 정도

운송인이 주의를 하여야 할 시기는 선적항에서의 발항 당시인데(상법 제787조 본문), 이는 선적개시시부터 발항시까지를 의미한다. 감항능력에 관한 주의의무는 항해에 제공될 선박의 안전에 관하여 상당한 주의를 기울여야 하는 의무를 말한다.[17]

---

14) 대법원 1985.5.28. 선고 84다카966 판결 참조.
15) 대법원 1989.11.24. 선고 88다카16294 판결 참조.
16) 대법원 1998.2.10. 선고 96다45054 판결 참조.
17) 대법원 1998.2.10. 선고 96다45054 판결.

2. 사안에 대한 적용

丙 선박의 발항 당시 甲이 상당한 주의를 기울였다면 화물저장시설의 흠을 사전에 발견하여 사고를 예방할 수 있었을 것이지만, 그러한 주의의무를 다하지 않아 선적한 화물이 훼손되었다. 이는 甲의 감항능력주의의무위반으로 된다.

Ⅲ. 설문 (2)에 대하여

1. 감항능력주의의무위반에 대한 보험자의 면책

(1) 감항능력주의의무위반의 효과

해상운송인은 감항능력에 관하여 상당한 주의를 다하였다는 것을 증명하지 아니하면 운송물의 멸실, 훼손 또는 연착으로 인한 손해를 배상할 책임이 있다. 감항능력주의의무의 위반으로 인한 손해배상책임을 경감하는 당사자간의 특약은 무효이다.

(2) 보험자의 면책사유로서의 감항능력주의의무 위반

선박 또는 운임을 부보한 경우 해상운송인의 감항능력주의의무위반으로 인한 손해에 대해서 보험자는 보상책임을 면한다(상법 제706조 제1호). 이러한 면책은 적하보험에 대해서는 적용되지 않는다.[18)]

2. 적하보험에서의 보험자의 면책

적하보험의 경우에 보험의 목적을 관리하는 지위에 있는 용선자 · 송하인 또는 수하인이 고의 또는 중대한 과실로 인하여 생긴 손해에 대해서는 보험자는 면책된다(상법 제692조, 제706조 제2호).

3. 사안에 대한 적용

甲은 감항능력주의의무를 위반하였지만 X는 Y 회사에 대하여 선박 내지 운임이 아닌 적하를 부보하였고, X의 귀책사유로 인하여 화물이 훼손된 것도 아니므로 Y 회사는 화물훼손에 대한 보상책임을 면할 수 없다. 따라서 Y 회사의 항변

18) 대법원 1986.11.25. 선고 85다카2578 판결.

은 정당하지 않다.

Ⅳ. 사례의 해결

1. 설문 (1)의 경우 丙 선박의 발항 당시 감항능력에 관한 상당한 주의를 해태하였으므로 甲은 감항능력주의의무를 위반하였다.

2. 설문 (2)의 경우 Y의 항변은 정당하지 않다. 왜냐하면 X는 Y 회사와 선박 또는 운임보험이 아니라 적하보험을 체결하였기에 甲이 감항능력주의의무위반으로 훼손된 화물에 대하여 보상책임을 부담하기 때문이다.

참조 판례

대법원 1998.2.10. 선고 96다45054 판결

선박은 약정된 항해에서 통상 예견되는 황천(荒天) 기타 기상이변에 대비한 준비가 되어 있어야 할 것인바, 해당 항로를 항해하는 선박이 통상 예견할 수 있는 정도의 돌풍이나 삼각파도에 의하여 선체 자체의 손상이나 인명피해 없이 화물창구 덮개의 일부만이 파손되었다면 발항 당시 선박이 불감항의 상태에 있었고, 선주 또는 그 선박사용인이 발항 전 상당한 주의로써 선체의 각 부분을 면밀히 점검 조사하여 감항능력의 유무를 확인하였더라면 화물창구 덮개의 노후 등 하자를 발견하여 안전성을 확보할 수 있었는데도 이를 다하지 아니함으로써 선박의 화물창구 덮개 일부가 파손되고 거기로 해수가 유입되어 운송물이 침수되는 사고가 발생하였다고 봄이 상당하다.

대법원 1986.11.25. 선고 85다카2578 판결

상법 제706조 제1호는 선박 또는 운임을 보험에 붙인 경우 보험자의 면책에 관한 규정으로서 적하를 보험에 붙인 경우에는 적용되지 않는다.

판례색인

사항색인

ㅇ

ㅈ

[저자약력]

연세대학교 법과대학 졸업(법학사)
연세대학교 대학원 졸업(법학석사)
미국 버클리대학교 법과대학원 졸업(LL.M.)
미국 조지타운대학교 법과대학원 졸업(S.J.D.)
현, 경희대학교 법과대학 교수

〈저서 및 역서〉

「주식소각제도」
「인터넷 접속서비스 제공계약 및 이용약관에 관한 사법적 검토」
「미국의 사례를 통해 알아본 증권집단소송의 이론과 실제」(공역) 외 다수

〈주요논문〉

"회사기회의 법리"
"이중대표소송의 허부에 대한 비교법적 검토"
"주주총회의 전자화"
"볼레로형 전자선하증권에 관한 법적 연구" 외 다수

商法事例演習

2007년 9월 20일 초판 인쇄
2007년 9월 24일 초판 1쇄발행

著 者 權 載 烈
發行人 裵 孝 善
發行處 圖書出版 法 文 社

413-756 경기도 파주시 교하읍 문발리 526-3
등 록 1957년 12월 12일 제2-76호(윤)
전화 (031)955-6500~6, 팩스 (031)955-6500
e-mail(영업) : bms@bobmunsa.co.kr
(편집) : edit66@bobmunsa.co.kr
홈페이지 http : // www. bobmunsa.co.kr

조 판 대 경 문 화 사

정가 20,000원 ISBN 978-89-18-01578-1